公務員人事改革

最新 米・英・独・仏の動向を踏まえて

村松岐夫
Muramatsu Michio
［編著］

学陽書房

はしがき

　本書は 2008 年 6 月に上梓した『公務員制度改革——米・英・独・仏の動向を踏まえて』の後継に当たる書物である。しかし、本書は、前著の改訂版ではない。本書は、本書執筆者の紹介に示す新しい執筆者が、数回にわたって研究会を続け、到達して得た知見が主要な内容であり、焦点は、公務員制度の中でも人事改革にある。研究者側から参加したメンバーは前回と同じであるが、各研究者も、本書における米英独仏の公務員制度を分析する諸章を読みながら、それぞれの関心に従って、米英独仏の諸国について最近の公務員制度から見えるものを論じている。

　最近の公務員制度改革と言えば、日本では、2008 年 6 月に国家公務員制度改革基本法が成立したことが大きい。その後、公務員制度改革法案は、数度にわたる法案の提出・廃案が繰り返された。この頃の政治を見ると、2009 年には民主党政権が登場し、2012 年には、自民党の政権復帰があって、政治も激動期であった。公務員制度改革は、2014 年、内閣人事局が設置され、幹部人事の内閣による一元管理（2014 年「国家公務員法等の一部を改正する法律」）が成立して、大きな改革となった。

　改正後どういう変化が生じたであろうか。誰もが関心を持つことであるが、2014 年の改革の後、まだ 4 年がたつにすぎず、この改正の評価をするには、時期尚早であろう。例えば、いわゆるキャリア組と言われる幹部の育成システムは法的な仕組みではなかったことはよく知られている。しかし、長期にわたって安定的に維持された仕組みであって、社会科学に言う「制度」ではあったのである。今回の改革で、幹部育成には、従来よりも法的基礎が与えられている。結果がどれだけ変わるかはまだ知るところではないが、法的な整備が何をもたらすかは興味のあるところである。あるいは、人事評価についても、従来にも存在した昇進評価の仕組みに法制度で変化を与えようとしている。従来の人事評価は、時に準市場的とも表現され、上司も、部下も、他の部門の評判も勘案するもので、評判で決まる傾向があった。この方法は、独自に客観性があるとして、関係者の間の信頼があったように思われる。それだけに、この人事評価の中でどういう変化が生じるであろうか、注目されるところである。いずれにせよ、なかなか大きい一歩を踏み出しているよう

に思われる。

　前著の出版から10年が経過した今、公務員制度の在り方には再び注目が高まっていることも確かである。この間、各国においても公務員制度に関して種々の改正が行われており、改めて最新の各国の最新の動向を踏まえた比較研究が求められるに至った。このような問題意識で執筆に取り組むこととなった本書であるが、単なる前著の改訂ではなく、タイトルを『公務員人事改革―最新 米・英・独・仏の動向を踏まえて―』と改め、この方向で内容を充実させることとした。その意図は、人事評価、人材配置、幹部人事管理など、人事管理にかなりの重点があることをここで述べておきたい。

　本書では、国別の専門家による米英独仏各国の詳細な研究（2章～5章）に基づき、4ヶ国の個別制度と個別制度を包括する歴史的背景や政治行政の全体構造にも言及しながら、第6章では、諸外国との比較のうえで、日本の公務員人事管理の特徴を分析しようとした。第7章では、これらの個別の諸章を踏まえて、諸外国と日本の双方の状況に詳しい大学研究者がそれぞれの観点から執筆している。

　本書は、読み手の問題意識によって、タテにもヨコにも活用できる。国ごとに読み進めることで、各国の公務員人事管理を体系として理解することもできよう。一方、各国研究部分の項目は共通性を持たせているので、関心のあるテーマについて横断的に読んでいくことも可能である。様々な読者の関心にこたえることができれば幸いである。

　本書の出版に当たっては、前著と同様、人事院有志と、稲継裕昭（早稲田大学）、野中尚人（学習院大学）、原田久（立教大学）の三氏の協力を得た。人事院からは前回以上に多くの有志の参加を得て、前述のように1年あまりの間に数回の研究会を重ね、研究者と実務専門家は、各国の改革状況を材料にして、多面的に意見交換を行った。各章の担当者は巻末に掲げたとおりである。

　本書が、公務員制度の理解に少しでも貢献ができるところがあれば望外の幸いである。

2018年6月

村松　岐夫

目　次

はしがき……………………………………………………………………3

第1章　公務員制度比較研究の目的

第2章　アメリカ合衆国の公務員制度

1　概観……………………………………………………………………19
　（1）統治・政治形態……………………………………………………19
　（2）公務員制度の沿革…………………………………………………20
　（3）人事管理の仕組み…………………………………………………21
2　職業公務員の採用・昇進の制度・実態……………………………28
　（1）採用システムの概要………………………………………………28
　（2）職業公務員の昇進・育成…………………………………………35
　（3）女性の採用・登用、ダイバーシティー…………………………38
　（4）上級管理職（SES）制度…………………………………………39
3　政と官──政治任用制度とその実態………………………………41
　（1）歴史的経緯…………………………………………………………41
　（2）政治任用の制度と実情……………………………………………41
　（3）政治任用者の役割と評価…………………………………………46
4　労働基本権と給与その他勤務条件…………………………………48
　（1）労働基本権と勤務条件の決定システム…………………………48
　（2）給与…………………………………………………………………49
　（3）人件費管理…………………………………………………………56
　（4）勤務時間、休暇等の概況…………………………………………57
　（5）テレワークの推進等（働き方改革）……………………………58
5　人事評価………………………………………………………………60
　（1）人事評価とその活用に関する制度………………………………60

（2）運用実態···62
　6　退職管理と年金···64
　　（1）年齢差別禁止と退職の実態···64
　　（2）年金制度と実情···65
　　（3）再就職に関わる規制···67
　7　最近の主な改革と今後の動向···68
　　（1）1980年代以降の改革の流れ··68
　　（2）今後の動向··68
　8　地方公務員制度···69
　　（1）地方自治体の概況···69
　　（2）地方公務員数···70
　　（3）地方公務員の分類···70
　　（4）地方公務員の適用法規、勤務条件の決定方法等··············71
　　（5）給与及び年金···72

第3章　イギリスの公務員制度

　1　概観···87
　　（1）統治機構··87
　　（2）官僚制の沿革···89
　　（3）人事管理の仕組み···90
　2　任用（採用・昇進）・人材育成···93
　　（1）採用の基本··93
　　（2）採用の制度・実態、異動··94
　　（3）人材育成·· 103
　　（4）女性の採用・登用、ダイバーシティー························ 107
　　（5）上級公務員（SCS）の任用······································ 108
　3　政と官··· 111
　　（1）政官関係の特質·· 111
　　（2）特別顧問（Special Adviser）································· 112
　4　労働基本権と給与その他の勤務条件································ 115

（1）労働基本権 ……………………………………………… 115
　　（2）給与 ……………………………………………………… 116
　　（3）人件費管理の在り方 …………………………………… 121
　　（4）勤務時間・休暇、服務 ………………………………… 122
　5　人事評価 ……………………………………………………… 125
　　（1）能力評価のためのツール ……………………………… 125
　　（2）上級公務員（SCS）の評価システム ………………… 125
　　（3）一般職員の評価システム ……………………………… 126
　　（4）評価結果の活用 ………………………………………… 126
　6　退職管理と年金 ……………………………………………… 127
　　（1）退職 ……………………………………………………… 127
　　（2）年金 ……………………………………………………… 127
　　（3）再就職に関する規制 …………………………………… 130
　7　最近の主な改革と今後の動向 ……………………………… 131
　　（1）公務改革計画（Civil Service Reform Plan）………… 131
　　（2）働き方改革（スマートワーク、IT化等）…………… 132
　8　地方公務員制度 ……………………………………………… 133

第4章　ドイツの公務員制度

　1　概観 …………………………………………………………… 147
　　（1）統治機構 ………………………………………………… 147
　　（2）公務員の種類と数 ……………………………………… 147
　　（3）公務員法制 ……………………………………………… 150
　　（4）人事行政機関・人事管理の仕組み …………………… 151
　　（5）ドイツ公務員制度の歴史的概観 ……………………… 151
　　（6）伝統的な職業官吏制度の諸原則と官吏のエートス … 153
　2　任用の制度・実態 …………………………………………… 155
　　（1）ラウフバーン制度 ……………………………………… 155
　　（2）採用、異動 ……………………………………………… 158
　　（3）昇進、人材育成 ………………………………………… 165

（4）女性の採用・登用、ダイバーシティー················168
3　**政と官、官民関係**··169
　　（1）官吏の政治的中立性··169
　　（2）政治的官吏···170
　　（3）連邦政府における政策立案・決定過程と連邦首相府との人事交流········175
　　（4）議会・政党と官吏の関係······································176
　　（5）官民関係··176
4　**労働基本権と給与その他の勤務条件**······················177
　　（1）労働基本権と勤務条件の決定システム···················177
　　（2）給与··179
　　（3）人件費管理···181
　　（4）勤務時間と多様な勤務形態··································181
　　（5）その他の勤務条件··183
5　**人事評価**··184
6　**退職管理と恩給**··185
　　（1）定年と退職管理···185
　　（2）恩給··186
　　（3）再就職規制···187
7　**最近の主な改革と今後の動向**································188
　　（1）将来の職員構成への対処······································188
　　（2）EUとの関係···189
8　**地方公務員制度**··191
　　（1）概況··191
　　（2）連邦制改革、州における改革·······························192

第5章　フランスの公務員制度

1　**概観**···203
　　（1）統治・政治形態···203
　　（2）公務員制度の沿革等··204
　　（3）人事管理の仕組み··206

2 任用（採用と昇進） ··· 212
- （1）任用の基本 ·· 212
- （2）採用の制度・実態、異動 ·· 215
- （3）昇進・人材育成 ·· 221
- （4）身分保障 ·· 225
- （5）女性の採用・登用、ダイバーシティー ···························· 225

3 政と官 ·· 228
- （1）政治任用のポスト ·· 228
- （2）政治任用者の服務及び身分保障等 ································ 230
- （3）政治任用の任命手続き等 ·· 231
- （4）政治任用者の役割（職業公務員との役割分担） ···················· 233
- （5）政治任用職を退いた後の行き先等 ································ 234

4 労働基本権と給与その他の勤務条件 ··································· 237
- （1）労働基本権 ·· 237
- （2）給与 ·· 241
- （3）人件費管理 ·· 247
- （4）勤務条件・服務等 ·· 248
- （5）テレワークの推進（働き方改革の動き） ·························· 251

5 人事評価 ·· 251

6 退職管理と年金 ·· 252
- （1）定年と退職管理 ·· 252
- （2）退職年金制度 ·· 253

7 最近の主な改革と今後の動向 ·· 254
- （1）幹部公務員の任命 ·· 254
- （2）グラン・コールの改革 ·· 255
- （3）その他 ·· 255

8 地方公務員制度 ·· 255
- （1）地方公共団体の概要 ·· 255
- （2）地方公務員制度 ·· 256

第6章 各国の比較からの知見

1　制度別にみた各国の状況 266
　（1）採用 266
　（2）昇進 268
　（3）育成 269
　（4）政と官 269
　（5）労働基本権と給与その他勤務条件 270
　（6）人事評価 271
　（7）退職管理と年金 272
　（8）ダイバーシティーと働き方改革 272
　（9）地方公務員制度 273
2　各国との比較からみた日本の特徴 273
　（1）採用・昇進制度 274
　（2）給与制度と人事評価制度 279
　（3）日本の特徴 283
3　比較分析からみた日本の課題 288
　（1）職業公務員の専門性の向上 288
　（2）職業公務員の多様性 289
　（3）これからの公務員の役割 290

第7章　研究者による各国比較からみえたもの

Ⅰ　NPMと公務員制度改革―英米独仏日の状況 294
1　NPMと諸外国における普及 294
2　NPMと公務員制度改革 296
　（1）人事評価結果に基づく給与への動き 297
　（2）公務を分解する動き 300
　（3）人事管理権限・給与決定権限の分権化の動き 301
3　まとめ 302

Ⅱ　人的資源管理の変容 304
1　各国における近年のHRM改革 304
（1）HRM改革に関する各国別記述部分の要約 304
（2）リーマン・ショック以降におけるHRM改革 305
2　リーマン・ショック後の各国におけるHRMの類型化 307
（1）HRMの類型的把握 307
（2）HRMの国際比較 308
3　HRMとしてのダイバーシティー？ 310

Ⅲ　比較政官関係論からみた日本の公務員制度 314
1　各国における政官関係の基本構造とその変化 314
（1）アメリカ 314
（2）イギリス 314
（3）ドイツ 316
（4）フランス 317
2　比較からみた日本の政官関係 318
（1）日本―55年体制時代 320
（2）日本―近年の変化 321
（3）日本の変化をめぐるいくつかの論点 322

Ⅳ　外国事例からの観察 325

主要参考文献 329
用語索引 337
執筆者紹介 338

コラム目次

官職分類の実際──要素別評価システムによる等級への格付け……27
連邦公務員のキャリアアップのための取り組み〜人事管理庁・国務省の内から見えた実像……37
議会による政治任用の審査……47
「働きやすい職場」3年連続1位のNASAの現場とは……59
影響力を発揮するユニークなNPO……72
公務員コンピテンシー・フレームワーク（Civil Service Competency Framework）……104
ダイバーシティー推進のためのファストストリーム・インターンシッププログラム……107
公務改革計画（2012年）でのSCS任用に関する2つの提言……110
EMO（Extended Ministerial Office）の設置と廃止……114
事務次官の議会に対する説明責任……124
イギリス公務における弾力的な人員配置……134
ドイツの教育システム……156
連邦行政大学における一般行政官の育成……159
オーストリア連邦官吏の給与制度改革……193
フランスの「半大統領制」の構造変化？……205
マクロン大統領の登場……211
フランスの高等教育制度……227
大臣キャビネ体験談……235
公務員・公共部門のストの受け止められ方……240
EU事務局の職員構成……258
韓国の高位公務員団の導入とその後……282
カナダの地方公務員給与について……299
スウェーデンの国家公務員制度……312
OECD理事会は公務員倫理に関する新たな勧告を採択……327

第1章
公務員制度比較研究の目的

1997年の行政改革会議最終報告以降、公務員制度改革の議論が本格化し、2001年の中央省庁再編以降も続いてきた。

　2007年には国家公務員法（国公法）が改正され、能力・実績主義人事推進の観点から人事管理の原則及び人事評価制度の導入、職制上の段階及び標準職務遂行能力の設定（職階制の廃止）が、再就職規制の厳正化の観点から各府省のあっせん禁止等の再就職規制の見直しが行われた。

　2008年には、幹部人事の一元管理的方策の導入など、その後の公務員制度改革の方向性とスケジュールを定めた国家公務員制度改革基本法が成立した。

　さらに2014年、同法に掲げられた項目を中心に国公法等が改正され、政府として、府省の枠を超えた機動的な人材配置等を実現するため、幹部職員人事の一元管理的方策等が導入されたほか、級別定数の設定・改定等について人事院の意見を十分に尊重し内閣総理大臣が定める仕組みに改められた。また、これらの事務や従前は総務省人事・恩給局、行政管理局等が担ってきた事務を行うため、内閣人事局が設置され、公務員制度改革の議論は一つの結着を見た。

　したがって、現時点は、その改革の意味を考察し、この新制度がどのように機能するのか新しい展望を試みる良いタイミングであると思われる。

　そのために本書がとった方法は、近代公務員制度を共有する主要国における最近の諸改革の比較である。各国の公務員制度及びその運用の比較においては、前著『公務員制度改革―米・英・独・仏の動向を踏まえて』の諸章のタイトルとして用いた「採用・昇進」「政と官」「労働基本権と給与その他勤務条件」「退職管理と年金」「地方公務員制度」に、本書の新タイトルとして「最近の主な改革と今後の動向」を加えた。また、日本では2007年改正で取り入れられた「人事評価」も加えた。

　前著では、ニュー・パブリック・マネジメント（NPM）の動きが広がる中で、各国がどのような公務員制度改革で対応したか、に関心を持ったが、本書では、逆に従前の制度が維持されている部分が重要である、という問題意識に立っている。

　さらに、本書は、日本の公務員制度の類型として、重要な知見を得た。すなわち、公務員制度には「開放型」と「閉鎖型」があると言われてきたが、しかし、各国の動向を詳細に見ると、こうした呼称や、両類型への各国制度の分類は、必ずしも適切ではない面もあるように思う。特に、「開放」が良いニュアンスを持ち、「閉鎖」がネガティブな意味を持っているところに、この用語法の問題がある。日本の公務員制度を外国と比較するとき、当該国

の制度が恒久的性格をどの程度持っているかが重要な基準となるのではないかと思われた。

　また、個別の動きで特に注目してほしいのは以下のような点である。まず、幹部人事一元管理的方策やそれに関連する論点である。これは、身分保障との関連も出てくる。また、人事評価をどう使うかが、最近の改革の中で人事管理の重要なテーマになってきたことである。さらに、ダイバーシティーの重要性が増しており、これは、我が国の場合、男女共同参画、働き方改革とも密接に関連する論点である。

　また、より一歩深い分析を行うため、第7章の研究者論文では、①各国においてある程度共通的に改革の論点となったと見られるNPM、②NPM時代の共通のテーマである人的資源管理の数量分析と専門性の視点、③政官関係の3点について、研究者による分析が行われている。

　さらに、各章の所見に関連する最近の変化については、コラムとして整理した。

第2章
アメリカ合衆国の公務員制度

要 旨

概観・改革の動向
- 大統領制の下、政権交代時に、大統領任命幹部職など多数の政治任用者が入れ替わる一方、一般公務員は成績主義に基づき競争試験により採用され、同一機関で比較的長期に勤務するという人事管理の大枠は変化なし。
- カーター政権時の1978年公務員改革法により部課長級への上級管理職（SES）制度の導入や人事評価、業績給など能力主義人事推進のための改革が進められた以降も、人材の誘致・育成策など新たな取り組みが推進。
  2000年以降、人事制度の弾力化の動きもあるが、定着せず。
  人員削減の取り組みも断続的に行われているが、総数で見ると大きな変化なし。

任用・昇進・育成
- 採用試験は、日本とは異なり、職階制の下、空席官職ごとの審査が通例。1990年代以降、規制緩和の中、採用手続きの簡素化が行われたが、近年も審査手続期間の短縮が課題。
  人材誘致のため、大統領研修員プログラム（有給）など若者向けプログラムの整備がなされ、多くの研修生は引き続き正規職員に任用。
  ダイバーシティー強化のため、計画を定め採用促進。
- 人事異動も空席への応募が原則だが、勤務成績に応じた内部昇任（キャリア昇任）も多く、一般俸給表（GS）上位級の在職割合は増加傾向。
  当局、職員とも人材育成、能力向上への関心が高く、各行政機関で研修計画を作成し、人事管理庁主催の研修を含め各種研修に積極参加。
- SESには、独自の選考手続きや育成プログラムが設けられており、機関間異動の促進が課題。

政と官
- 政治任用者は、大統領任命幹部職、一部SES（全体の10％が上限、中立性が必要な半数のSES官職は対象外）、一部一般職員の約4,000人で増加傾向。

労働基本権と勤務条件
- 法定勤務条件には協約締結権はなく、争議行為も単純参加を含め罰則で禁止され、給与は、雇用経費指数や官民比較により決定されるのが基本。近年、給与改定の凍結もあるが、マイナス改定はなし。
  テレワークなど弾力的勤務制度の活用を推進。
  日本のような定員管理はなく、パートタイム勤務者を含め、予算上のフルタイム換算で各行政機関が任用し、人員配置。

人事評価
- 人事評価は業績給などに反映。SESの場合をはじめ上位評価が大多数の傾向。

退職管理と年金
- 年齢差別に当たるとされ定年制はないが、年金受給権発生時の退職が通例。
  新年金制度導入により給付水準は大きく変動する見込み。

地方公務員
- 共通の地方公務員制度はなく、任用・給与や労働基本権を含め、各州、各団体により多様。労働基本権制約強化の動きも。

1 概観

(1) 統治・政治形態

　アメリカ合衆国は、50の州から構成される連邦制国家である。連邦政府は国防、外交、造幣、国際・州際間通商の規制といった憲法で委任された権限のみを有し、それ以外の権限は州に帰属している（合衆国憲法第1条第8節）。

　大統領制の国家形態をとり、厳格な権力分立の原則の下、抑制と均衡に基づく三権の関係が成立している[1]。行政権は大統領に属し、大統領は国家元首でもある。その任期は4年で、再選は1回のみ可能となっている（憲法修正条項第22条）。大統領は全国民から選ばれる唯一の公職であり（形式的には大統領選挙人による間接選挙）、議会ではなく国民に対して直接責任を負う。

　大統領の下には、副大統領、大統領行政府のほか、国務省や財務省など15の省と各種の機関が置かれている。各省の長官（Secretary）は、大統領によって任命され、大統領に対してのみ責任を負う。イギリス、ドイツそして日本のように大臣の大多数が国会議員から選ばれている議院内閣制とは異なり、フランスと同様、各長官は連邦議会議員との兼職を禁じられ（憲法第1条第6節第2項）[2]、議会の討論に参加することも認められておらず、召喚されたときに議会証言できるだけである。行政部の責任と権限は大統領に集中しており、各省の長官は内閣（Cabinet）の構成員であるが、内閣は大統領の助言機関であり、重要事項を決定する合議体ではない[3]。

　連邦議会は上院（各州2人の100人、任期6年）と下院（各州の人口比による435人、任期2年）で構成され、議会や議員の活動を補佐するスタッフも充実している。上院の議長は副大統領が兼任するが、大統領と議会の関係は、議会の法律制定に対する大統領の拒否権、各省の長官をはじめとする大統領任命幹部職[4]に対する上院の承認権などがある一方、大統領の議会解散権や議会の大統領不信任決議権はない[5]。大統領の属する党と議会の多数党が異なる場合も多いものの、各議員の独立性は高く、各議案における党の組織的拘束力は弱い[6]。

　第3節で見るとおり、連邦政府には、幹部職員を中心に伝統的に多数の政治任用者が存在することが、日本をはじめ、イギリス、ドイツ、フランスなどと比較して特徴的である。大統領任命幹部職や一部の上級管理職（Senior Executive Service: SES）は政治的に任命され、その多くは大統領の交代と共に、あるいはより早期に政府を去る[7]。

　一方、メリット・システムにより任用される中堅層や一般職員層の職業公

務員は身分が保障され、政権が交代しても引き続き在職し、政治的中立性の保持の下、行政の継続性維持に貢献している[8]。

(2) 公務員制度の沿革

アメリカ合衆国の公務員制度は、猟官主義と成績主義の相克の歴史を持ち、各時代でどのような政治的価値を重視しているかを反映している。

① 政府創設当時

まず、初代大統領ワシントンは、公務員の任命に当たって、議会や独立戦争の功労者に意を用いるとともに[9]、能力のほか、家柄が良く、高等教育を受け、大統領への忠誠心が高いなどの特質を有する、評判の良い人物を行政官に任命することを重視していた。初期の公務員のデータを見ると、その65％は大地主や大事業家等の富裕層の出身者であった[10]。

② 猟官制の拡大

19世紀の前半、白人男性を対象とした普通選挙制度の拡大は、国民大衆を基盤とした政党制の発達を促し、大統領の選挙を支援した支持者等を幅広く政治任用する「猟官制（spoils system）」が一般的になっていった[11]。特に、第7代ジャクソン大統領（1829-1837年）は、「政府の仕事は単純で市民ならば誰でもできるもの」[12]であるので公職を民衆に開放することが民主制にかなうものであり、地位を保障された公務員層は民主制に対して危機をもたらすとして、大幅な更迭人事を断行した（Jacksonian Democracy）。これは、必ずしも猟官を目的としたものではなく、民主制の理念に忠実となるべくとられたものであったが、現実には、その後更迭人事の応酬が政治的に繰り返されることにより4年ごとの政権交代が公務員にとって「回転ドア（revolving door）」となっていき[13,14,15]、猟官制やパトロネージ[16]任用が顕著になった。

③ 職業公務員制度の確立

1870年代になると、イギリスの公務員制度改革の影響を受けて[17]、アメリカでも猟官制の改革について議論がなされるようになった。1881年の猟官失意者によるガーフィールド大統領暗殺事件[18]で猟官制、パトロネージ任用の弊害が認識され[19]、また、政府の官職の専門性向上という事情も背景に、1883年、資格任用制と政治的中立性を根幹としたペンドルトン法（連邦公務員法）が制定されるに至った[20]。主要な内容として、独立の人事機関である連邦人事委員会の設置[21]、公開競争試験制度の原則化などが挙げられる。加えて、上院審議で、公務サービスを可能な限り民主的にするため、(ⅰ)競争試験は実践的であること、(ⅱ)開放的任用制を志向し、外からの入職が可能となるよう、下位の等級からしか応募できないという条項の削除、(ⅲ)イギリス

のような学歴と公務等級の連動を避けることなど、いくつかの修正が原案に加えられた[22,23]。以上は、現在に至るまでアメリカ合衆国の職業公務員制度の基本的特徴となっている。

20世紀に入り、科学的管理法の公的部門への導入が進められ、人事管理の集権化と標準化が促進された。その流れを受け、1923年分類法（職階法）が制定され、分類制度に基づく統一的な給与制度が確立された。メリット・システムに基づく職業公務員は、1884年時点では下級公務員を中心に全体の1割強程度に過ぎなかったが、第1次世界大戦終了時には70％を超えるに至った[24]。

④　その後の公務員制度改革

その後の主な改正としては、1939年のハッチ法（Hatch Act）の制定（政治的行為の制限）、1949年の分類法の全部改正（各行政機関の官職分類機能の強化）があるほか、ブラウンロー委員会報告（1937年）やフーバー委員会報告（1949年、1955年）に基づく連邦行政機構の見直し・効率化の観点からの諸改革、そして1978年の公務員改革法（Civil Service Reform Act）による公務員制度全般にわたる改革が挙げられる。公務員改革法では、従前の人事委員会を改め、人事管理庁（Office of Personnel Management）、メリット・システム保護委員会（Merit Systems Protection Board）等を設置するとともに、管理職について官職から職能をより重視し、柔軟な人事異動を促すことを目的としたSES制度の創設、人事評価制度の見直しなどを行った[25]（(3) ②、第2節(4)、第5節(1)参照）。

(3) 人事管理の仕組み

①　公務員法制

アメリカ合衆国の連邦公務員制度は、連邦議会制定の法律で詳細に規定されており、合衆国法典（United States Code: U.S.C.）の主として第5部「政府組織及び職員」に集成されている。法規定の少ないイギリスはもとより、日本、ドイツ、フランスと比べても法律の改廃を通じた公務員制度への議会の関与度は高いと言える。近年の主な改正としては、先述の1978年の公務員改革法制定のほか、1989年の倫理改革法（Ethics Reform Act）の制定、1990年の連邦職員給与比較法（Federal Employees Pay Comparability Act）の制定などが挙げられる。

②　人事行政機関

公務員人事管理に関わる機関として人事管理庁のほかメリット・システム保護委員会、連邦労使関係院、特別検察官局、政府倫理庁がある。いずれも

特定省の傘下ではなく独立の機関（independent agencies）であり[26]、役割や組織は以下のようになっている。

ア 人事管理庁

連邦公務員の任用、給与、能率、服務、退職などの分野を所管し、公務員関係の法令の実施、能率的な公務を促進するための施策に関する大統領への助言、人事管理改善方策の調査研究などを行う。連邦政府職員の公募等システムであるUSAJOBSを運営するほか、毎年数十万人に及ぶ採用候補者の身元調査も行っている。職員数は約5,400人であり、全米に約20の地域事務所や連邦幹部研修所（ヴァージニア州シャーロッツビル）、東西のマネジメント開発センター（ワシントンDC及びコロラド州デンバー）が設けられている[27]。

イ メリット・システム保護委員会

メリット・システム（④参照）保護のために準司法的役割を担う機関である。不利益処分についての審査請求事案の審理・決定やメリット・システムに関する調査研究などを行う。委員会は3人の委員で構成され、同一政党の支持者は3人中2人までとされている。職員数は約230人であり、全米に8の地域・フィールド事務所を設けている。

ウ 連邦労使関係院（Federal Labor Relations Authority）

安定的、建設的な労使関係を推進するために、労使紛争の予防・処理を担い、不当労働行為の申立ての審査、排他的代表（第4節（1）参照）の決定などを行う。院は3人の委員で構成され、同一政党の支持者は3人中2人までとされている。職員数は約150人であり、全米に7の地域事務所を設けている。

エ 特別検察官局（Office of Special Counsel）

メリット・システムを保護するため、法律に定められた人事上の禁止行為（差別、政治的行為の強要、競争の妨害、人事上の報復など）に関する調査・是正要求や内部告発者の保護等を行う。メリット・システム保護委員会の1部局であったが、1989年に分離・独立した。現在、検察官出身の局長（大統領任命幹部職）をトップに職員数約140人を擁し、全米に3のフィールド事務所を設けている。

オ 政府倫理庁（Office of Government Ethics）

利益相反の問題を防止するため、各機関への指導や監視を行う独立機関であり、一定の職員の資産報告の審査、各機関の倫理担当職員への研修、議会への意見提出などを行う。大統領任命幹部職の候補者についての利益相反のチェックも行っている[28]。人事管理庁内の1部局であったが、1988年に同庁から分離・独立した。職員数は約70人。

③ 公務員の種類と数

公務員（Civil Service）とは、「制服組を除いた行政、立法、司法における全ての任命による官職」と定義されており[29]、ドイツやフランスのような官吏と非官吏などの身分・雇用関係の法的性格の違いによる区別はない。

公務員の種類としては、メリット・システムの下、競争試験により任用される「競争職（Competitive Service）」の職員のほか、「上級管理職（SES）」の職員及びそれ以外の「除外職（Excepted Service）」の職員に大別される。「除外職」は様々なものの総称であり、代表的なものとして、大統領任命幹部職や、高官の側近等の政治任用職である「スケジュールC」[30]が挙げられる。また、現業業務職員である「郵政公社職員」[31]や「賃金職員（Federal Wage System Employees）」[32]、外交官や司法省連邦捜査局（FBI）職員なども除外職の職員とされている。

一方、公務員を官吏（Officer）と職員（Employee）に分けて定義する場合もある（合衆国法典第5部第2104条及び第2105条）。官吏は、大統領、裁判所、各行政機関の長、軍の長官によって任命される者であり、職員は、官吏に加え、議会や議員、郵政公社等の政府経営企業体の長等によって任命された者である。本稿は、主として行政部門の官吏を念頭に置いて記述する。

公務員の数は、表2-1のとおり、2016年現在で、約275万人、そのうち郵政公社を除く行政部門の数は約206万人である。公務員数は、2つの世界大戦の戦間期に大幅に増加したが、第2次世界大戦以降は、おおむね200万人台後半（郵政公社を除く行政部門では200万人前後）で推移している[33]。ただ、その大部分を占める一般俸給表（General Schedule: GS）（第4節（2）②参照）適用職員の人員構成を見ると、職員の在職状況（等級分布）は典型的なピラ

✦ 図2-1 公務員の種類のイメージ（本省組織の場合）

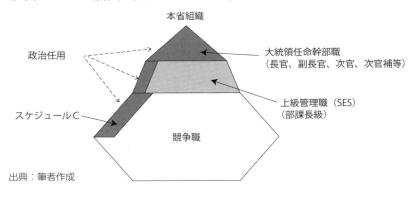

出典：筆者作成

❖ 表2−1 連邦政府公務員（軍人を除く）の数
（2016年現在）

単位：FTE（注）

立法部門		29,718
司法部門		32,657
行政部門		2,689,532
	うち郵政公社	632,276
	郵政公社以外	2,057,256
合計		2,751,907

注：第4節（3）参照
出典：Office of Management and Budget, *President's Budget FY2018, Analytical Perspectives*, p.62.

ミッド型からトップヘビー型に変化している。

また、公務員数については先述のとおり大きな変動はないものの、小さな政府を目指し、業務のアウトソーシングが行われたため、民間委託業務が増加し、実質的に政府が大きくなっているとの指摘もある[34]。

定員管理は、日本のような総定員法による仕組みではなく、予算によるフルタイム換算によって行われており、各行政機関がその枠内でパートタイムで雇用することも可能である（第4節（3）参照）。

連邦政府の役割が限られているため、省別の公務員数は、制服組を除いても、軍関係が圧倒的で、国防総省が約74万人、退役軍人省が約37万人である。なお、最も小さい省は約4,000人の教育省であるが、このほか多くの独立機関がある。

❖ 図2−2 省別の公務員数

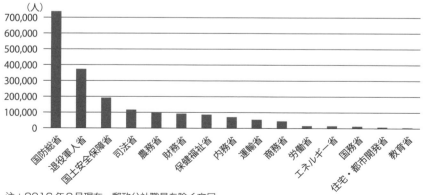

注：2016年9月現在。郵政公社職員を除く文民。
出典：人事管理庁の統計データベース"FedScope"を基に筆者作成

④ メリット・システムと官職分類

　先述の猟官制・パトロネージ任用と能力実証主義（成績主義）に基づく任用（メリット・システム）との拮抗の歴史の中で、職業公務員の範囲には時代によって変動があるものの、1883年のペンドルトン法制定以来、職業公務員についてはメリット・システムの原則が基本理念として確立されており、専ら成績に基づいて人事管理が行われることになっている。

　メリット・システムの原則は、法律上、次のように個別具体的に定められており、任用に限らず、処遇等の在り方を含めたより広い概念として用いられている[35]。日本の公務員制度を考える上でも参考となろう。

(ⅰ) 採用は公開公正の競争試験によること
(ⅱ) 職員、応募者に対する平等取り扱いの原則
(ⅲ) 同一価値労働同一給与の原則、全米・地域ごとの官民給与均衡の原則、高い勤務成績に対する適切な報酬によるインセンティブ付与の原則
(ⅳ) 公共の利益に対する高い水準の行動・関心の維持
(ⅴ) 連邦の労働力は、効率的・効果的に用いられるべきこと
(ⅵ) 不適切な職務行動は是正され、勤務成績が基準に達しない者は免職されるべきこと
(ⅶ) 職員には効果的な研修が付与されること
(ⅷ) 職員は、個人的なひいきや、党派的行動から保護されるとともに、地位を利用した選挙活動は禁止されること
(ⅸ) 職員が証拠に基づいて行った違法行為の通報等に対する報復措置から保護されること

　このようなメリット・システムが直接適用となる官職が先述の「競争職」であり、これに就く公務員は全体の約半数（約150万人）である。なお、上級管理職（SES 第2節(4)参照）のうちの職業公務員は、職能中心（rank-in-person）のため形式的には競争職の職員ではないが、成績主義の考え方は当然に当てはまるものであり[36]、外交官、郵政公社職員や賃金職員なども除外職の職員だが、それぞれの仕組みで成績主義に基づく制度が設けられている。

　競争職を中心とする一般官職では官職分類が行われ、人事管理の基礎として活用されている。官職分類は、20世紀初頭のシカゴ市で手法が開発され、連邦には1923年の分類法の制定によって導入され、1949年の分類法で各行政機関の長が実際の分類を行うことになった。

　具体的には、23の職群（occupational group）の下、約400の職列（occupational series）が設定されており、各官職は、その職務内容に応じていずれかの職

列に分類されるとともに、困難・責任の度等に応じて俸給表上の等級に格付けられる。なお、職員は、各機関の行う分類について、人事管理庁に対して不服審査請求をすることが認められている[37]。

例えば、比較的小規模の人事管理職群（GS-0200）は、「人事管理の様々な段階に関する業務についての助言、運営、監督、実施を職務内容とする官職全てが含まれる」とされ、人事管理職列、人事管理補佐職列、調停職列、研修職列等の7つがあり、詳細に職務内容の定義等がなされている[38]。

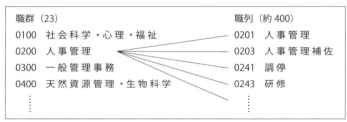

❖ 図2-3　職群・職列の例

出典：人事管理庁ウェブサイトを基に筆者作成

官職分類の最小単位は、職級（class）であり、責任の度が異なるが職務の種類を同じくするものを大括りにしたものが、先述の職列である。職群、職列は異なるが、困難・責任の度が同等な職級は、GS（15等級制）の同一の等級（grade）に格付けられ、同一の給与額（の幅）が支給されるのが制度上の建前である[39,40]。

しかしながら、現在は、各官職の職務記述書の内容に基づいて9つの要素ごとに職務内容を評価して点数付けし、合計ポイントに応じて直接GSの等級に格付けする要素別評価システムが主流となっており、職級の概念は事実上形骸化しているとも言える。いずれにせよ、人事管理庁は、官職のグループに応じてGSの等級ごとの資格要件の基準やコンピテンシーを示したりしており、官職分類は実際の給与格付けや昇進などの任用に活用されている。

⑤　任命権の所在 ── 一括管理か行政機関別管理か

憲法上、上位の官職は、上院の助言と同意を得て大統領が任命し、下位の官職については、連邦議会は、任命権を法律によって大統領あるいは各省の長官に与えることができると規定しており（憲法第2条第2節第2項）、大統領制の下においても、理念的には、行政部門の公務員の任命権は、議会、さらには議会を通じて国民にその淵源があるものと言えよう。

大統領が直接の任命権者であるのは、大統領任命幹部職やホワイト・ハウ

スのスタッフなどである。職業公務員の実際の人事管理は、法律や規則に基づく共通制度の下、各行政機関の長が任命権者として、行政機関ごとに人事管理を行う。したがって、大統領任命幹部職以外の職員は、人事管理庁などの一定の関与はあるものの、政治任用者も含めて「行政機関別管理」ということになろう。

任用制度以外の各人事管理制度では、共通制度の下、例えば、人事評価の評価段階の設定が各行政機関に委ねられたり（第5節（1）参照）、職員が年次休暇を融通し合う「休暇銀行」の制度を各行政機関の判断で設けることができる（第4節（4）参照）など、各行政機関の業務や特性、職員のニーズなどに応じた弾力的な制度運用も認められている[41]。

Column

官職分類の実際——要素別評価システムによる等級への格付け

現在、官職分類に用いられている要素別評価システムは、官職の職務内容を、9つの要素についてそれぞれ評価して点数（ポイント）を付け、その合計点数に応じてGSの等級に格付ける。その要素とそれぞれの点数は以下のとおりである。

(i) 職務に必要とされる知識：50点～1,850点（9段階）
(ii) 監督者によるコントロール：25点～650点（5段階）
(iii) 職務に必要とされる判断：25点～650点（5段階）
(iv) 職務の複雑度：25点～450点（6段階）
(v) 職務の範囲と影響：25点～450点（6段階）
(vi) 他者との接触：10点～110点（4段階）
(vii) 他者との接触の目的：20点～220点（4段階）
(viii) 身体的負荷：5点～50点（3段階）
(ix) 勤務環境：5点～50点（3段階）

合計点数とGSの等級との対応表も示されており、例えば855点～1,100点であれば5級、4,055点以上であれば15級などとなっている（5級は大卒の初任係員レベル、15級は課長レベルに相当）。

一部の職列については対応等級が1級置きに設定されており（two-grade interval）、こうした職列では、例えば、5級⇒7級⇒9級などと「飛び級」的に早く昇格することが可能である。

2 職業公務員の採用・昇進の制度・実態

(1) 採用システムの概要

① 採用の方法
ア 概況

メリット・システムの下、官職への任用は「公正で公開の競争試験により、能力、知識、技能の比較に基づいて」行うことが基本原則である[42]。

メリット原則に基づく公開の採用試験は、各行政機関が、人事管理庁との協議を経て受権し、同庁のノウハウを得ながら行っている。なお、連邦公務員に任用されるには、職務の特殊性のため応募者が極めて限られる場合等を除き、合衆国市民（citizen）であることが必要である。ただし、二重国籍者に係る特段の制限規定はない。

採用者数は、例えば大卒のエントリーレベル（GS5級及び7級）の場合、2017年度で約46,000人となっている[43]。

イ PACE試験

アメリカにおいても、過去、日本と同様、各行政機関共通の競争試験として広く専門職・行政職をカバーするPACE試験（Professional and Administrative Careers Examination）は、大卒のエントリーレベル（GS5級及び7級）の採用試験としてほぼ全ての連邦行政機関で利用されてきた。しかしながら、この試験は黒人やヒスパニックなどマイノリティーに不利であるとの裁判が提起され、1981年の連邦地方裁判所での同意審判[44]により、政府はPACE試験を廃止した。

ウ ACWA試験

PACE試験の廃止後、1990年に導入されたのがACWA（Administrative Careers with America）試験である。PACE試験と同様、大卒のエントリーレベル（GS5級及び7級）の採用試験であり、数種の職種（健康・安全・環境、広報、財務管理、人事管理、税、法律執行・調査等）を対象にしている。この試験は、(i)職務遂行能力を検証する試験（口頭試問及び読解力・数学力を試す筆記試験）、(ii)個人の業績を判定する多肢選択方式の試験（連邦職員の好業績の者の職務行動から抽出）から成り、採用に当たって、各任命権者は人事管理庁に対してACWAのツールを提供することを求める。ただ、煩雑で手続きに時間がかかる、適切な人材が得られないといった理由で、各行政機関の評判は芳しくない[45]。

このような批判を受けて、近年では人事管理庁が民間企業と共同して

USA Hire という試験を開発した。評価過程にはコンピュータ端末を用いた筆記試験（CBT）があり、会計・人事・IT などの職種ごとに数的処理や読解力など多様な種目が用意されている。USA Hire 導入後は、ACWA 試験の利用が減少傾向にあると言われている[46]。

エ　外交官試験

外交官について、FSO テスト（Foreign Service Officer Test）が選考の最初のステップとして設けられている。これは、CBT で行われ、知識、職務遂行能力、文章力などを検証するものであり、歴史・文化、心理学、マネジメント、金融・経済などの分野から多肢選択方式の試験と小論文が課される。

毎年3回（2月・6月・10月）行われ、全米のテストセンターのほか、国外のテストセンターや大使館などで受験することもできる。同一年の受験は1回に限られるが、受験回数の上限制限はない。応募者は5ドルの着席手数料を支払う必要があるが、受験後に返金される。応募者が FSO テストを欠席する場合は、受験日の2日前に申告する必要があり、怠れば72ドルの課徴金が賦課される。

その後、FSO テストの合格者を対象に、リーダーシップやコミュニケーション能力などについての経験等の調査（Personal Narratives）等が行われ、最終段階として、ワシントン DC 等でグループワーク、面接やケーススタディなどが行われ、採用者が決定される。

受験に当たって、応募者は(ⅰ)領事担当、(ⅱ)経済問題担当、(ⅲ)マネジメント担当、(ⅳ)政治問題担当、(ⅴ)広報交渉担当（Public Diplomacy）のキャリア・トラックを事前に選ぶことになっている[47]。

オ　現在の一般的取り扱い

現在の一般的な採用方法は、官職ごとの個別の採用審査である。各行政機関で空席補充が必要になるごとに募集をかけ、応募者の中からその官職に最も適した人物を選ぶという方式である。公務に職を得ようとする者は、人事管理庁が管理する公募システム USAJOBS をはじめ各行政機関のウェブサイトや掲示板、新聞などに掲載される空席公告に応募する。USAJOBS には、日々14,000以上の空席公告が掲載されており、毎年、2,200万もの応募がある[48]。ただし、空席公告の中には、現職公務員や公務員 OB に応募資格が限られているものもある。

このほか、USAJOBS のデータベースに、採用希望者が履歴書等を登録することが試行的に行われている[49]。登録された履歴書を採用担当者が閲覧し、採用候補者になり得る者を発見した場合には、直接、空席応募を呼びかけたりすることができる仕組みであり、人材確保での一定の役割が期待されている。

さらに、人事管理庁は各行政機関の採用事務を技術的にサポートするために、USA Staffing と呼ばれるソフトウェアを提供し、空席公告や空席ポストの職務分析、応募者の審査などをオンライン上でサポートしている[50]。
　選考方法は、任命権者が決定するが、通常、書類審査、面接、学校の教師や元上司など応募者をよく知る関係者への照会などによる選抜が行われる。採用予定部局も選考に関わるため、人事担当部局は、メリット・システムの原則が遵守されるよう、採用業務の支援や選考方法のチェックなどを行っている。なお、採用者の決定に当たっては、アメリカの特色として、退役軍人に対する優遇措置が設けられている。
　後述のとおり（②参照）、アメリカの新規学卒者の雇用市場の特性を反映して、インターンシップ等から競争職への転換により任用される者も多く、インターンシップの選考が実質的に職員採用の第一歩となっている。

カ　カテゴリーレイティングの導入
　従来の選考方法は、手続き開始から実際の任用まで平均 100 日を超えており[51]、その結果、欠員ポストを多く抱え、円滑な業務に支障を生じさせるなどの指摘がなされてきた。そこで、優秀な人材を効率的に採用するために、2010 年 11 月に連邦政府全体で選考方法が見直された。この見直しでは、最初の書類審査の段階での小論文の義務付けをやめたほか、従来活用されていた 3 人ルール（採用候補者リストの上位 3 人から採用者を決定）ではなく、カテゴリーレイティング（category rating 最上位層のカテゴリーから任意に採用者を決定）を原則として柔軟な選考を実施できるようにした[52]。採用期間を 80 日以下に短縮するのが目標であるが、依然として採用の手続きが複雑で、多くの時間を要しているとの指摘もある[53]。
　カテゴリーレイティングの導入の際、公平・公正を確保するため、人材統括官（Chief Human Capital Officers）法が制定され、各行政機関に成績主義に基づいた選考や研修等を行うよう幹部を補佐する人材統括官を設けるとともに、カテゴリーレイティングの導入から 3 年間は、その利用に関し、採用人数、退役軍人やマイノリティーの採用への影響及び制度利用時の管理職への研修方法について、毎年議会及び人事管理庁に報告することを義務付けた[54]。
　以上のようにアメリカの競争試験では、近年、効率化、簡素化が進められ、実質的に個別官職ごとの面接中心の選考となっており、メリット・システムの原則の下、恣意的な任用に陥らない運用が肝要となる。
　人事管理庁は、各行政機関のカテゴリーレイティングによる評価過程の質の改善などのために、各行政機関の人事担当とともに支援チーム（Mobile Assistance Teams）を結成したり、ワークショップ開催等により研修機会を提

供したりしている[55]。

キ　新規採用時の身分及び給与格付け等

採用後1年間（国防総省については2年間）は試用期間（probationary period）とされ、当該期間を含めた3年間の任用期間を経て、終身職（career tenure）となる。なお、試用期間においては、上司による職員の業績評価により、通常の手続きによらずに職員を解雇することができる[56]。

新規採用者の給与格付けは、大学新規卒業者はGS5級、大学を成績優秀で卒業した場合や1年間の大学院レベルの研究をして就職する場合は7級、大学院（修士）を修了して就職する場合等は9級、さらに、博士号取得者は11級の官職に就くことが一般的である[57]。

②　人材の供給源

アメリカは労働力流動性が高く、公務においてもその影響が見られる。エントリーレベルでは、高校や大学を卒業した後の最初の就職先として政府を選ぶ場合もあるが、企業やNGOで数年働いたり、更にその後大学院に進んだりして後に公務員になる場合も多い。

連邦政府は、優秀な学生にとって必ずしも魅力的な就職先とは言えなかったようである。特に、1970年代から80年代にかけての時代には、大統領選候補者が公務員たたきをするなど、公務員の士気や就職先としての公務のイメージが傷つけられた。このため、1989年にポール・ヴォルカーが委員長となった有識者委員会（いわゆるヴォルカー委員会）が大統領と議会に提出した報告書では、優秀な大卒者の採用が困難であるという危機感を示し、学生の公務への関心を高めるために、大学生向けの奨学金事業の導入、就職説明会など広報活動の推進、採用手続きの簡素化など多くの提言を行った[58]。

その後、公務員たたきの傾向は減少したが、依然として政府は質の高い人材の確保に頭を痛めているようだ[59]。もちろん、仕事上の魅力のほか、ワーク・ライフ・バランスや退職年金や健康保険の面など学生にとっての公務の魅力は存在する[60]。しかしながら、年金の職員拠出率が2013年採用者から引き上げられるなど、従来、魅力と感じられたものが、それほどでもなくなったとも言われている[61]。

実際、アメリカには公共政策系の大学院が数多く存在するが、こうした大学院でも連邦政府に就職する卒業生は必ずしも多くはない。

例えば、図2-4のとおり、公共政策系大学院のネットワーク団体によると、2017年、連邦政府へ就職する公共政策系大学院修了生は全体の10％に過ぎず、州や市等の地方政府、NPO・NGO、コンサルティングなど民間企業に次ぐ状況にある。しかしながら、表2-2のとおり、挑戦できるレベル

❖ 図2-4　公共政策系大学院卒業生（2017年）の就職先

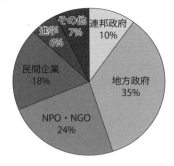

出典：NASPAA（Network of Schools of Public Policy, Affairs, and Administration），*2017 Alumni Survey* のデータを基に筆者作成

❖ 表2-2　就職先における満足度　　　　　　　　　　　　　　　　（単位：％）

	連邦政府	民間企業	NPO・NGO
社会における仕事の価値	93	74	91
挑戦できるレベル	82	84	83
給料	86	73	69

出典：NASPAA, *2015-2016 Alumni Survey* のデータを基に筆者作成

に対する満足度はいずれの就職先においても80％程度と変わらず、社会における仕事の価値に対する満足度は、連邦政府が民間企業よりも高く、NPO・NGOと同程度に高い。また、給与面でも、必ずしも給与水準を示すものではないものの、その満足度は、連邦政府は民間企業より10ポイント以上、NPO・NGOより約20ポイント高くなっており、総じて公務の潜在的魅力ないし誘引力は高いものがあると言えよう。

③　採用プログラム

　連邦政府では、若く優秀な学卒者や院卒者を公務に誘致するため、競争職への転換が可能な有報酬のインターンシップの仕組みを設けている。

ア　大統領研修員プログラム

　カーター政権下の1977年、大統領研修員プログラム（Presidential Management Internship Program）が創設された。これは、優秀な大学院修了者を連邦政府に誘致するため、2年間の実務や座学を通じて人材を育成するものであり、当初は公共政策系の学位取得者を対象としていたが、1982年よ

り専攻分野の限定はなくなり、公共政策に関心を持つ大学院修了者を広く対象とするようになった。その後も、制度改正を加えながら幹部候補生の採用・育成システムの一環とされてきた。

このプログラムの対象は、大学院の修了予定者及び修了から2年以内の者で[62]、原則アメリカ市民に限られる。人事管理庁が試験により最終候補者を選抜し、その中から、各行政機関は、就職説明会での面接などを通じて採用者を決定する。各行政機関は、試験や就職説明会、オリエンテーションの実施などの費用として、1人につき7,000ドルを人事管理庁に支払う。採用者は、2年間の研修期間中、複数の部局で職務経験を積むとともに、年80時間の研修を受け、4～6ヶ月にわたる課題を扱う。

大統領研修員プログラムは、優秀者を連邦政府に誘致する手段として有効との評価があった一方、等級格付けが硬直的である、能力開発機会が不十分である、やりがいある仕事を提供できていない等の指摘があったほか[63]、要件を満たせば競争職に転換されるものの、採用後10年頃まで在職している者は約半数に留まり、十分に人材を活用しているとは言えなかった[64]。

このため、2003年の制度改正で、定員枠の撤廃がなされたほか、採用時に可能な等級格付けや研修修了時までに昇格可能な等級格付けの引き上げがなされるなど、柔軟な処遇が可能とされた。従前は、1年目にGS9級の官職に就き、2年目にGS11級、研修を修了すればGS12級（課長補佐級）の官職に就くのが通例であったが、各機関の判断で当初からGS11級や12級への格付けや研修修了時までにGS13級まで昇格が可能となった。この改正時に、Presidential Management Fellowship Programに名称変更されている。

近年、6,000人を超える応募者があり、人事管理庁は、書類審査、CBTで行われる多肢選択式試験、面接により、400人強の最終候補者を選抜している。試験では、問題解決能力、リーダーシップ、コミュニケーション能力などを評価している。表2-3のとおり、2017年に選抜された最終候補者425人の出身大学は多様であり、諸外国の主要な大学も含まれるほか、上位出身大学はアメリカ国内の有名校が挙げられる。

なお、このプログラムの経験者であることが、上級管理職（SES）への昇進に制度的に結び付くわけではなく、幹部候補生の採用・育成システムとしてどれほど有効性が向上するかは、今後の課題であると言えよう。

ちなみに、各行政機関独自の類似の取り組みもあり、例えば、保健福祉省では優秀な大卒者の確保のために「リーダー育成プログラム（Emerging Leaders Program）」を設けている。これは、修士等を対象とした2年間のプログラムであり、GS9級で研修員に採用され、修了時にはGS12級になる[65]。

表2-3 大統領研修員プログラム最終候補者の主な出身大学(2017年)

大学	最終候補者数(人)
ジョンズホプキンス大学	25
ジョージワシントン大学	21
ジョージタウン大学	20
ハーバード大学	13
コロンビア大学	13
ミシガン大学	12
アメリカン大学	11

出典:人事管理庁ウェブサイトのデータを基に筆者作成

イ 連邦キャリア・インターン・プログラム及びパスウェイズ・プログラム

クリントン政権時の2000年に導入された連邦キャリア・インターン・プログラム(Federal Career Intern Program)は、各行政機関ごとに行われる2年間のプログラムで、修了後は書類手続きで競争職に移ることが可能な仕組みであった。しかし、必ずしも公募手続きが行われない同プログラムの出身者が2005年には新規採用の45%、GS5級、GS7級では60%を占めるようになり[66]、また、2010年11月にはメリット・システム保護委員会が、インターン生が公募を経ずに募集されていたことから同プログラムは退役軍人優先法に違反するとの判定を下した[67]。

こうした中、オバマ政権下、2010年12月の大統領令により、連邦キャリア・インターン・プログラムを2011年3月末で終了させるとともに学生や新規卒業者を公務に引き付けるためのパスウェイズ・プログラムが設けられ、2012年7月に新規則が施行された[68]。

パスウェイズ・プログラムは、高校生や大学(院)生など現役学生対象のインターンシップ・プログラム、学位取得後2年以内の既卒者対象の1年間の卒業者プログラム(Recent Graduates Program)、既存の大統領研修員プログラムの総称である。これらの採用は原則USAJOBSを通じて公募され、採用者は2014年度で約15,000人に上る[69]。特に、連邦キャリア・インターン・プログラムに代わる枠組みとして、卒業者プログラムがどのように運用されていくかが注目される。

(2) 職業公務員の昇進・育成

① 昇進と公募

　他の先進諸国と同様、日本のような定期的な人事ローテーションは、外交官など一部の職種を除いて通常見られず、昇進を希望する者は、他の行政機関を含めた空席ポストの公告に応募し、競争の結果その官職を得ることによって昇任すること（メリット昇任）が原則である。ただし、そのほかに、機関内で公募を経ず勤務成績等を通じて昇任する方法（キャリア昇任）も広く認められている。

　競争によって空席補充をする場合、各行政機関は、募集の対象（機関内に限るか、他機関も含めるか、又は公務部外も含め公募するか）を独自に決定できる。同じ官職であっても、公務部外の者が就く場合は新規採用となり、公務部内の者が就く場合は昇任や転任などになる。

　キャリア昇任は、同じ官職を占めたまま、勤務成績が良好であれば、他の者との競争を経ずに昇任できるものであり、官職中心主義を修正した、一定程度「人」の要素を考慮した仕組みと言えよう。ある官職でどの等級まで昇進し得るかは、空席公告に「昇任可能限度：GS13級」などと示されており、良好な成績で勤務していれば、その等級まで昇任できるのが一般的である。

　これらのほか、官職の格付け変更による昇任がある。これは、ある官職の業務や責任が新たに付加された場合に、官職をより高い等級に分類し直し、その官職に就いている者は競争を経ることなく昇任するというものである。

　したがって、勤務成績が良好で、昇任可能限度に至った場合、官職の格付け変更がなければ、他の空席に応募するか、又は昇任を希望しなければ、引き続きその官職で勤務することとなる。

　人事管理の実情は行政機関によって異なり、(i)国防省・軍、FBI、国務省（外交官）など主として係員クラスで採用し部内育成する（クローズド・システム）行政機関もあれば、(ii)いずれの役職段階でも外部、内部の双方から人材登用する（オープン・システム）行政機関もある。

　ここで、職員の平均年齢と在職年数を見ると、平均47.4歳、平均在職年数13.5年である。在職年数が短い順に並べた場合、短い方から4分の1の在職年数は5.8年、半分の在職年数は10.7年、4分の3に達する職員の在職年数は20.0年となっている[70]。また、離職者は、下位級では多いが上位級になるほど少なく、例えば、GS5～7級では離職率は1～2割程なのに対してGS8級以上では1割未満となっている[71]。すなわち、若年層のエントリーレベルでは、比較的流動性は高いものの、アメリカの職業公務員の在職期間は、

政治任用者とは異なり比較的長く、いわゆる「回転ドア」は当てはまらないと言えよう。

また、転任を含め行政機関間の人材の流動性も低い。2017年9月時点における過去5年間の空席補充状況の平均値を見てみると、内部昇進が62％、公務外も含めたその他の機関からの補充が36％であるのに対して、行政機関間の異動は2％に留まり[72]、同一機関での長期在職が一般的であることがうかがえる。

なお、(i)のクローズド・システムは、幹部職員に昇進できなければ組織を離れる「up-or-out feature」を含むものとされ、日本の「キャリア・システム」の早期退職慣行との類似性も認められる。

② 人材育成

各行政機関は、職員の能力向上のために研修プログラムを作ることとされている。具体的内容は各行政機関に委ねられているが、例えば、学費・研修費用の全額又は一部を補助したり、知識・技能を高めるための研修プログラムを設けたりなどしている。即戦力の外部調達というアメリカ公務員制度に対する一般的な先入観からすると意外かもしれないが、各行政機関も人事管理庁も、職員の能力向上に対しては極めて積極的かつ熱心である。

具体的なプログラムとしては、大学等の外部機関への委託がある。例えば、ワシントンDC所在のアメリカン大学、ジョージタウン大学、ジョージワシントン大学等は、各行政機関の職員向けのリーダーシップ育成等を図るプログラムを設け、複数の行政機関と契約しているほか、パートナーシップ・フォー・パブリック・サービス（72頁コラム参照）等のNPOにおいてもプログラムを請け負っている。

また、人事管理庁は、本庁のほか、連邦幹部研修所、東西2つのマネジメント開発センターで、各行政機関の職員向けに研修を行っている。幹部職員が備えるべき資格要件（(4)③参照）を持つ人材を育成するため、係員級からSESまで、各段階の職員を対象にリーダーシップ、マネジメントに関する研修を行っており、各行政機関は必要な受講費用を負担し、職員に受講させている。

最近の動向としては、2011年、人事管理庁は各行政機関に置かれた人材統括官と連携し、連邦政府全体で職員のスキルギャップを縮減する取り組みを始めた。スキルギャップによる任務遂行への影響が特に大きいと考えられる6つの職種（サイバーセキュリティー、調達、経済分析、人事管理等）を定め、これらの職種への人材確保、能力強化の戦略について検討を進めている。このうち人事管理の分野では、人的資源大学（HRU）と称するウェブサイトで[73]、

各行政機関の研修プログラムの情報や研修教材等が提供され、行政機関横断的に活用されている。

　一方、幹部候補者（原則としてGS15級相当者）を対象にSESに必要な資格要件を認定するための研修として、SES候補者育成プログラムがある。対象者は、人事管理庁がUSAJOBS上に公告を出して選抜する。選抜者は、12ヶ月の間、合宿研修を含む、座学、実務、フィールドワーク、SES職員

Column

連邦公務員のキャリアアップのための取り組み
～人事管理庁・国務省の内から見えた実像

　職員は、政府機関が提供する研修のほか、外部の研修機関も活用してキャリアアップを図っている。民間の社会人向け研修機関であるGraduate School USAは、連邦公務員専用のコースを専門分野別・役職段階別に設けている。人事管理庁のある上級人事専門官（GS13級）は、「戦略的人的資源管理」や「批判的思考によるクリアな文章作成」などのプログラムを年数回受講している。参加希望の研修は自分で探し、上司に相談して許可を得る。研修費用は機関が負担する。積極的に能力開発の機会を付与する組織の方針もあり、上司は研修に参加しやすいよう業務面での配慮もしてくれる、と述べていた。また、上司の視点からは、研修への積極的な参加や習得した知識・能力の業務への貢献度合いを、職員の人事評価を行う際のエビデンスの一つとして活用するケースもあるようだ。

　国務省は、職員への意識調査の結果に基づき、職務へのモチベーションや組織への貢献度に大きく影響する要素の一つである「能力開発の機会の充実」に力を入れている。研修には、必修のものや職員の希望によるもののほか、上司の推薦が必要な選抜型の研修もある。同省人事局ワーク・ライフ・バランス部署に所属する30歳代半ばのマネジメント・アナリスト（GS12級）は、上司の推薦で、将来各機関でリーダーとなる素養のある職員を対象とした政府横断的な研修に選抜されたことについて、「とても名誉なことであり、上司が日頃から自分の素質や能力、職務への取組姿勢を適切に評価し、自分のキャリアについて真剣に考えてくれていることが感じられた。今後のキャリアにプラスになることはもちろんだが、職務へのモチベーションもさらに上がった」と述べていた。

によるメンタリングなどを組み合わせた研修を受ける。各行政機関は、研修費用として1人につき25,000ドルを人事管理庁に支払う。各機関でもこのプログラムを実施できるが、初めて行う際にはプログラム内容について人事管理庁の承認が必要である。

　プログラム修了後、資格審査委員会（(4)③参照）によりSESとなるための要件を身に付けたと認められた者は、競争せずにSESの職を得ることができる。

(3) 女性の採用・登用、ダイバーシティー

　連邦政府における多様性推進の取り組みは、1972年に策定されたマイノリティー雇用計画に始まる。この計画は、1964年の公民権法による人種、宗教、性別等に基づいた雇用差別の禁止を受けて策定されたもので、各行政機関に対して女性を含むマイノリティー（アフリカ系やヒスパニック系）の雇用計画の策定と計画実施のための雇用機会均等担当官の配置を求めたものである。さらに、1978年の公務員改革法により、女性を含むマイノリティー職員の割合を、アメリカ全体の労働力人口に占める割合と同水準とする目標が定められ、行政機関ごとにマイノリティー雇用計画を策定・実施することとなった。人事管理庁は各行政機関の雇用計画や実施状況の評価及び監査を行い、その結果を連邦雇用機会均等採用計画報告書として毎年議会に提出している。2014年9月の連邦政府（郵政職員及び臨時の職員を除く）における女性の割合は、全体で43.2％、ホワイトカラーで46.7％、SESで33.9％である[74]。

　障害者は、まず除外職で採用され、2年間良好に勤務すれば競争せずに競争職に移行できる仕組みが設けられている。人事管理庁や各行政機関では、障害者を対象とした就職フェアの開催など、広報活動も積極的に行っている。また、応募の際に障害者であることを申告すれば、必要な補助も付けることができる。2010年には、障害者の採用促進のための措置を各行政機関に命じる大統領令が定められた。

　さらに、2011年には、政府における多様性を一層高め、全ての職員が持てる力を最大限発揮できるようにするため、各行政機関に多様性や包摂性の促進を命じる大統領令が定められ、人事管理庁等が政府全体の「多様性・包摂性戦略計画」を策定することとなった。また、各行政機関においても、人材統括官が、雇用機会均等の担当官らと協力して戦略計画を策定・実施することのほか、正式な多様性・包摂性促進委員会（Diversity and Inclusion Council）の設置が求められることとなった。なお、「多様性・包摂性戦略計画」には女性やLGBT等を含むマイノリティーのほか、退役軍人及び障害

者も含まれる。

(4) 上級管理職（SES）制度

① SESの制度概要

SESの制度は、カーター政権において、公務に対する批判の高まりへの対応の一つとして、1978年に成立した公務員改革法により設けられ、翌年7月に導入された。SESは従来のGS16～18級と一部の大統領任命幹部職を統合して作られた部課長級の職であり、政府が統一的に幹部職員のマネジメントを行えるようにすることが導入の狙いであった。従来は、一般の職員と同様、処遇を具体的な官職に結び付ける（rank-in-position）システム（官職中心主義）をとっており、これが人事異動を妨げてきたとの反省があった。そこで、幹部職員に幅広い視野を持たせるために、個人の資格要件と結び付ける（rank-in-person）システム（職能主義）に改め、柔軟な人事異動を促すことを目的とした。

SESの官職には、職業公務員のみが就ける官職（Career Reserved position）と特に限定のない一般官職（General position）があり、政治任用の公務員が就くのは後者のみである。前者は主に監査、捜査、契約、補助金、税の関係など中立性が特に必要とされる官職で、法律で下限数を定めることになっており、SES官職全体の約半数を占めている。

SESの官職の数は、各行政機関からの要求に基づき、2年ごとに人事管理庁が行政管理予算局と協議の上で行政機関ごとに数を割り当てる。SESのうち政治任用者は、法律により、政府全体でSESの10％を超えてはならず、各行政機関内でSESの25％を原則超えてはならないとされている。

加えて、公務における経験と政府としての継続性を担保する観点から、SESの少なくとも70％は、SESになる直前5年間を連邦政府で勤務していた者でなければならないとされている。

② SESの在職状況

2014年9月現在、SES職員は約7,800人で、そのうち、職業公務員は約7,000人、政治任用である非職業公務員は約700人、臨時で任用されている者は約100人であり、女性の占める割合は約34％となっている。職業公務員のSESは、初めてSESに就任するまでの平均勤務年数は18.4年、連邦政府での平均勤務年数は23.4年、SESとしての平均在職年数は6.6年となっている。一方、政治任用である非職業公務員のSESは、初めてSESに就任するまでの平均勤務年数は8.3年、連邦政府での平均勤務年数は7.9年、SESとしての平均在職年数は3.1年となっている[75]。SESの6割が、退職して年

金を受給できる年齢に既に達している[76]。

③ SESの任用手続き

既にSESの官職に就いている職員や先述のSES候補者育成プログラム修了者を除いて、各行政機関がSESの官職に職業公務員を採用しようとする場合は、政府内全体に対して、最低でも14日間公告しなければならず（公務外も対象にするかは各行政機関の判断による）、それはUSAJOBSに掲載される。行政機関内に長官が指名する副長官・部局長級職員から成る幹部人材委員会が設けられ、応募者を絞り込み、順位付けした候補者のリストを任命権者に推薦し、任命権者が最終判断を行う。任命権者が選んだ任用予定者は、人事管理庁の資格審査委員会に諮られる。資格審査委員会は、所属機関が異なる3人のSES（うち少なくとも2人は職業公務員）によって構成され、候補者がSESに必要なリーダーシップなど資格要件を備えているかを審査し、合格すれば、任命の手続きが進められることになる。

人事管理庁は、SESが備えるべき幹部職員の5つの能力として、変革する力（Leading Change）、人を導く力（Leading People）、結果志向（Results Driven）、実務の才覚（Business Acumen）、人と連携する力・コミュニケーション力（Building Coalitions / Communication）を定めている。

④ SES制度の評価

高い能力を備えた人材を登用し、官職間を異動させ、活用するという理念で創設されたSESの制度であるが、現在に至るまで流動性は低く、現在もSES職員の機関間異動は11％程度であるなど[77]全政府的なリーダー集団の形成という当初の目的に沿った運用とはなっていない。

例えば、ニューヨーク大学のポール・ライト教授は「SES職員の流動性は非常に低い。彼らはポストを変わりたがらないし、変わらなくても不利益を被らないため変わる必要もない。SES制度は、導入時の理念は良かったが実際には機能していない」と指摘する。メリーランド大学のドナルド・ケトル教授も「政策分野に関する専門的知識はどうしても必要だが、それはすぐに身に付くものではないので、急に新たな分野に飛び込むのは無理である」と流動性が低い理由を分析する[78]。

また、メリット・システム保護委員会は、仕事から離れる時間が取れないことや予算不足のため研修の機会が不十分であり、育成のニーズが満たされていないと考えるSES職員が3割に上ることなどを挙げ、研修の強化を訴えている[79]。

こうした状況も踏まえ、(2)②で述べたSES候補者育成プログラムの実施に加えて、オバマ政権の下、新たな人材育成プログラムの導入やSESの行

政機関間の異動を促す取り組みが行われたほか、SES辞職者への意識調査や各行政機関の後継者育成計画の調査等により、公務への人材誘致や育成面での強化が図られている。

3 政と官──政治任用制度とその実態

(1) 歴史的経緯

ヨーロッパ主要国とは異なり、歴史の短いアメリカには官僚制や職業公務員制の伝統は存在せず、また、議院内閣制をとらない政治体制の下、大統領がその政策を推進するため、行政機関の中核ポストに自らが信を置く者を政治任用することは、独立時、連邦政府の創設当初から想定されたものであった。先述（第1節（2）参照）のとおり、19世紀における猟官制の拡大とその弊害の反省に立った職業公務員制度の拡大という経緯があるが、職業公務員が多数を占める現在においても、幹部を中心とした政治任用者の存在はアメリカ連邦公務員制度の特色となっている。

第2次世界大戦後、政治任用に関する制度上の大きな見直しはないが、1957年に幹部職以外の政治任用職である「スケジュールC」の制度が創設されたこと、1978年にSESの制度が導入され、その中での政治任用が10％以内に留められたことが挙げられよう。

(2) 政治任用の制度と実情

「政治任用」の語は、日本でも一般に広く用いられているが、コンセンサスのある明確な定義があるわけではない。アメリカ連邦政府の場合、日本や他の多くの先進国と異なり、上院議長を兼ねる副大統領を除いて、各省長官を含め行政部門のポストに議会の議員が就任することは認められていないため、政治家が就任するという意味での「政治」任用はない。「政治任用者（political appointee）」とは、より広義、すなわち成績主義に基づく任用（メリット・システム）による職業公務員ではなく、大統領や各省長官などの任命権者が能力の実証を求めることなく自らに忠誠を誓う者を、「自由」に任命した者である。したがって、一般に政権交代に伴い異動する者と言うことができよう[80]。なお、「政治任用者」は、アメリカでも法令用語ではなく、職業公務員（career employee）ではないという意味で、"non-career"の用語が用いられている。

① 政治任用の種類と在職状況

　アメリカ連邦政府の政治任用者は、ポストの高さや任命方式の違いによって、大統領任命幹部職、SES の一部、スケジュール C の 3 種類に大別される。

　まず、大統領任命幹部職とは、大統領に直接任命される上位官職であり、ホワイト・ハウスの主要職員や各省の長官（Secretary）、各独立機関の長、副長官（Deputy Secretary）、次官（Under Secretary）、次官補（Assistant Secretary）などがこれに該当する。上院の承認の要否によって、PAS（Presidential appointment with Senate confirmation）（上院の承認が必要）、PA（Presidential appointment without Senate confirmation）（承認不要）に分かれる。これらの官職や、次に述べる SES 及びスケジュール C の官職の一覧については、4 年ごとの大統領選の直後に、上院国土安全保障・政府問題委員会及び下院監視・政府改革委員会が交互に公表することとされ、「プラム・ブック」と呼ばれている（正式名称は United States Government Policy and Supporting Positions）。プラム・ブックによれば、2016 年 6 月末現在で、PAS 官職 1,242、PA 官職 472 となっている。PA 官職は、ホワイト・ハウスの大統領補佐官等である。PAS 官職は、国務省及び司法省で突出して多いが（それぞれ 266、210）、大使や連邦検察官（US Attorneys）・執行官（US Marshals）が PAS 官職に含まれているからである。国務省・司法省以外では、財務省 32、国防総省 30（軍を除く）などとなっている。PAS 官職は、原則として法律で設置されているが、中には、法律で上限数を定め、具体的な配置については大統領に委ねている場合もある。

　次に、SES であるが、各行政機関の長等によって任命される SES は、政府全体で 1 割を限度に政治任用が認められている（第 2 節（4）①参照）。行政の中立性（impartiality）が求められる職業公務員指定官職である約半数の官職を除いた、残りの一般官職に政治任用者を就けることができ、主として政策決定等に関与する職に従事している。人事管理庁が各行政機関に割り当てた SES の官職のうち、実際に職員が就いているのは近年では 8,000 前後で、そのうち政治任用者は、プラム・ブックによれば、2016 年 6 月末現在、761 となっている。761 官職の内訳は、保健福祉省 80、国防総省 63（軍を除く）、司法省 55 などとなっている。

　最後に、スケジュール C は、機密事項を扱うか、政策決定に関わるため、政治任用職として、メリット・システムを適用せず、除外職とされており（連邦規則第 5 部第 1 章第 213 節）、高官との信頼関係に基づく秘書・側近等がこれに当たる。直接の上司は、職業公務員であってはならず、政治任用者（た

だし、SES の一般官職に就いている職業公務員は可能）に限られている。給与は、GS が適用されている。プラム・ブックによれば、2016 年 6 月末現在、1,538 官職であり、ホワイト・ハウスのほか、一般の行政機関では、農務省 165、教育省及び国務省 123 などとなっている。PAS 官職の幹部を補佐するポストや、広報、メディア対応、議会との連絡調整業務を行うポストが典型的で[81]、より上位の政治任用ポストへの経験の場とも見られている。

　ちなみに、政治任用官職の地域的所在を見ると、先述の大使や連邦検察官などを除けば、大多数がワシントン DC 所在となっている。例えば、全省で約 9 万人を擁する財務省の PAS 官職 32 は、全てワシントン DC 所在であり、SES 及びスケジュール C も同様に全てワシントン DC 所在である。

　政治任用者の数については、長期的に増加しているという指摘がある一方、諮問的な官職や無給の職などを除けば、むしろ減っているという指摘もある[82]。プラム・ブックに掲載された PAS 官職、PA 官職、SES の政治任用者、スケジュール C 官職を合わせた数は、2016 年で約 4,000 であり、20 年前の約 3,500 に比べて約 500 増加している。

② 政治任用者の任用方法

　政治任用者は、政治主導により任用されるものであり、能力実証のための選考の必要はない。様々な方法で候補者が選定され、知人等を通じた自薦・他薦のほか、公募や専門のリクルーターを使った募集も行われている[83]。

　大統領任命幹部職にあっては、大統領及びホワイト・ハウス大統領人事事務所による身上調査を含めた候補者選定の後、PAS 官職については、上院の承認が必要となる。候補者の選定について、ホワイト・ハウスで行うのか、ある程度各省長官等に委ねるのか、また、大統領がどの程度直接関与するかは、その時々の政権によって異なる[84]。

　各行政機関の幹部ポストについては、政権交代時に新任者が着任するまで長い時間がかかることが以前から問題とされている。例えば、2009 年のオバマ政権発足時には、長官、副長官など 60 の主要ポストに限っても、発足から 1 ヶ月以内に上院の承認を得られたのは約半数に留まり、全ての承認を得るには 1 年近くかかった[85]。また、資産公開や身元調査等、PAS 候補者が上院の承認手続きに至るまでの過程が極めて煩雑であることも指摘されている[86]。このため、議会の休会中任命（recess appointment）（憲法第 2 条第 2 節第 3 項）という方法により、議会の承認手続きを経ずに任命されることもある（次の会期の終了時点まで有効）ほか、政治任用者が着任するまでの間、一時的に職業公務員が代理を務めることも多い。

　SES の政治任用者の任命は、各省長官など各行政機関の長によるものが

中心である。先述のとおり、政治任用は、政府全体でSESの1割が限度となっているが、行政機関によってその割合は異なってもよく、個別の行政機関では最大4分の1が限度となっている。任命に当たって、各行政機関は、人事管理庁とホワイト・ハウスの事前承認を得る必要がある（人事管理庁は政府全体の任用枠の観点で情報を把握）。加えて、各行政機関は、一度政治任用者として採用したSESについて、人事管理庁等の事前承認を得て、本人の同意なく他のSES一般官職に異動させることもできる。

また、スケジュールCも、各行政機関任命とされている。スケジュールCの官職を設ける場合には、メリット・システムの例外として適切な官職であるか、人事管理庁の事前の調査・分析等を通じた承認が必要である。ただし、政権移行期ないし長官の交代期等において緊急に必要な場合には、120日を限度に人事管理庁の承認を経ずに任命することが特例的に認められている。人事管理庁は、新たに採用になったスケジュールC職員に対して、政府倫理やハッチ法その他について研修（1日程度）を行っている。なお、スケジュールCの在職者が離職すれば、当該官職は自動的に廃止される。

これら政治任用者の採用状況は、毎月、人事管理庁が官報（Federal Register）に掲載している。法律上、任期の定めのあるFBI職員などを除き（注7参照）、任命権者の随意で任期を設定することができ、また、いつでも雇用を終了でき、前日の通告で足りる。このような解雇について、メリット・システム保護委員会に不服申立てをすることはできない。

一般に政治任用者は、政権と進退を共にしているが、実際の在職期間は、就任時期が遅れることもあって2～3年と大統領の任期より短い傾向にある（大統領任命幹部職では平均18月～24月という統計もある[87]）。

③ 政治任用者の人材供給源

以上のとおり、政治任用者は、政権と進退を共にし、大統領などとの政治的、個人的な関係を基に選ばれるものと観念され、選挙の功労者をはじめ、学者、シンクタンク研究者、弁護士、民間経営者などから採用されるが、政府内部を昇進してきた職業公務員が任命される例も多い。

また、政権交代とともに政府を去った後は、企業、法律事務所、ロビイング事務所、広報関係、非政府組織などに再就職することが多いようである。このほか、数は多くないものの、職業公務員になって政府に残る場合もある[88]。行政機関において長い経験を持つ幹部行政官が少ない一方で、多数のシンクタンク[89]やロビイストなどの、政治任用者の供給源と離職後の受け皿が発達しているところが、日本との大きな違いと言えよう。

ちなみに、職業公務員のSESであった者が、大統領任命幹部職に任用さ

れた場合には、(i)報奨、休暇、退職年金、地域均衡給などの職業公務員としての権利を継続できるほか、(ii)不正行為等により離職する場合を除いて、SES に復職（reinstatement）する権利が認められている。復職希望者は離職後 90 日以内に人事管理庁に復帰の申出を行わなければならず、申出を受けて、人事管理庁は職員に復帰する官職を、元の所属機関、大統領任命幹部職として勤務した機関の順に、ポストを探して割り当てなければならないという厚い身分保障のある制度になっている。しかし、特定の政権に忠誠を尽くした者が、他の政権下でこの復職の権利を活用して職務遂行できるかは疑問があり、アメリカ合衆国の雇用市場の流動性が高いことや多くは退職して年金を受給できる年齢になっていることから、あまり活用されていない。

④ 政治任用者の給与処遇と服務規制

政治任用者のうち、大統領任命幹部職には、原則として幹部職俸給表（Executive Schedule）が適用される[90]。幹部職俸給表は 5 段階の定額制で、給与水準は、GS の改定率に則して改定されている。

政治任用の SES に対しては、SES の俸給制度（等級のないバンド給（第 4 節(2) 参照））が適用され、具体的な俸給額は、毎年、業績等を反映して決定される。スケジュール C については、先述のとおり、GS が適用される。

一方、服務義務については、原則として職業公務員と同一の義務が課せられる（第 4 節（4）、第 6 節（3）参照）。

大統領任命幹部職も含め、政治任用者が離職した場合は、労働省管轄の連邦職員失業給付計画（UCFE）の対象となり、一般に失業給付を受給することができるが、政権交代や任命権者の主導による離職であることを強調することが有利なようである。給付額は、州によって異なっている。

✣ 表 2-4　政治任用者（大統領任命幹部職）の給与処遇（年間）

（2018 年 1 月現在）

第 1 水準	各省長官、連邦準備制度会議議長　等	年(US $) 210,700
第 2 水準	各省副長官等	189,600
第 3 水準	各省次官、各独立委員会委員長　等	174,500
第 4 水準	各省次官補、各独立委員会委員	164,200
第 5 水準	その他（官職は法律で個別列記）	153,800

出典：人事管理庁ウェブサイトを基に筆者作成

(3) 政治任用者の役割と評価

　政治任用者は、(2)①の類型によって、求められる役割は同一ではないが、企画立案や政策決定等に携わりながら、大統領の主要な政策課題を、新しいアイディアや民間での経験、学術的な経験等をもって推進することが期待されている[91]。また、行政機関の管理者でもある大統領任命幹部職やSES職員などは、職業公務員による専門的立場からの支援を得つつ、職業公務員に対してリーダーシップを発揮することが求められている[92]。これらの点で、先述のように政権交代後に政治任用者の空白が続くことは、政府として重要な決定を下し、アジェンダを推進していくことを困難にする旨が指摘されている[93]。

　政治任用者は、圧倒的多数の職業公務員に対し、わずか0.2%に留まるものであるが、国民からの直接選挙で選ばれた政治家でなく、また、採用試験による専門能力の検証も経ていない。このような多くの行政の素人が、いわゆる「自由任用」によって政府高官に任命されることの正統性（legitimacy）については議論がある。加えて、政権への忠誠心（loyalty）を重視し、多額献金者や選挙での功労者や民間企業経営者などを登用することについて、行政の効率低下や利益相反などの観点から、常に批判がなされてきた[94,95]。

　また、職業公務員との関係では、職業公務員の士気低下を招いたり[96]、政治任用者が職業公務員を軽視したりする傾向にある[97]。加えて、政治任用者の在職期間は長官以下一般に短く、職業公務員との連携や信頼関係を醸成するのは難しく、業務遂行に当たって「職業公務員の提案に反対するようなリスクを冒さない。さもなければ、職業公務員が議会の委員会に同情を得ようとするからだ」との指摘もある[98]。1989年及び2003年のヴォルカー委員会報告では、政治任用者の増加は公務に優秀な学生を採用することを困難にし、かつ、政府上層部の士気と質とを損なうものとして、政治任用者数の削減を求めている[99]。

　ただ、多くのアメリカ国民は、大統領を選挙で選ぶことはその政策やそれを実現するための政治任用者の人選をパッケージで選ぶことだと考えており[100]、また、大統領任命幹部職の多くが、上院の承認を必要とする（PAS官職）とともに、議会の公聴会で頻繁に証言を求められるなど個別の職務遂行に当たって公開の場で説明責任を果たすこと[101]等により、政治任用者に正統性が与えられるものと考えている。実際、マスコミや世論、NPOの監視の目が非常に厳しく、不適当な人物が長く居座り続けることは不可能であり、必要に応じて交代させることにより正統性が担保されているとの意見もある。

加えて、政治任用ポストには、日本の審議会の委員類似の官職も多く含まれており、それらの官職では選任手続きなどで透明性が確保されている面はある。

そもそもアメリカが政治任用制度を維持する背景には、(1)のとおり元々専門家集団たる官僚の伝統がなく、歴代の大統領が、自らの政治的アジェンダ実現のため、主義・主張を共有する者や選挙等での支援者をスタッフとし、政府機関に対するリーダーシップ発揮を図ってきたことがあると考えられる。

いずれにせよ、政治任用者の存在自体は社会に定着しているものの、職業公務員と政治任用者の関係については様々な弊害も生じている。

Column

議会による政治任用の審査

政治任用者は、採用試験等による専門能力の検証を経ることなく政府の職に就くことになるが、上院の承認を要する官職のうち長官などの要職については、大統領の指名を受けた者が公聴会で追及されるなど、厳しい審査を受ける。

例えば、2017年にトランプ政権が発足した際には、大統領と同じ共和党に所属する議員が上院議員100人中52人と多数を占めるにもかかわらず、準備不足等が原因で、各省長官を含め政府要職の承認のペースが従来にも増して遅いことが話題になった。教育長官の承認投票では、賛否が50対50の同数となり、上院議長たる副大統領が駆け付けて賛成の票を投じる事態となった。憲法上、上院議長は可否同数の場合のみ票を投じるものとされているが、指名承認投票でこの権限が使われたのは史上初めてのことである。この時当該候補者について懸念材料とされたのは、それまで共和党のために多額の資金を寄附してきていること、チャータースクール（公費が援助されるが民間が運営する学校）の推進に力を入れてきた人物で公教育における経験がないこと、慣例と異なり上院委員会の公聴会までに倫理審査を済ませなかったこと、公聴会の質疑応答において教育分野の基本的な法律や問題についての理解不足が目立ったことなどであった。

各省長官のように注目度の高い一部の官職については、担当する分野における経験や基本的な知識を有することが最低限求められており、上院の審議でもその点を含めて資質が問われていると言えるだろう。

4 労働基本権と給与その他勤務条件

(1) 労働基本権と勤務条件の決定システム

　アメリカでは、民間労働者も含め、憲法上、結社の自由としての団結権を除き、勤務条件決定システムの基礎となる労働基本権の保障規定は存在せず、コモン・ローや立法等に委ねられてきた。一般に給与処遇の個別決定も多く、集団的労使関係に必ずしも重きを置かない傾向にある。

　連邦公務員の場合は、原則として団結権は認められているが、外交官、FBI職員、連邦労使関係院職員などには認められていない[102]。一方、協約締結権は伝統的に否定されていたが、ケネディ政権時代の1962年に一定の範囲で容認され、カーター政権下の1978年に法律化された。争議行為（ストライキ）は、政府に対する不当労働行為（unfair labor practice）として禁止されており、単純参加も含め、違反に対しては刑法による罰（1,000ドル以下の罰金又は拘禁）が課せられる[103]。

　協約締結の対象範囲は「雇用条件（condition of employment）」であり、「勤務条件に影響を及ぼす人事上の政策、慣行及び事項」を指すとされるが、(i)政治活動に関すること、(ii)官職分類に関することが除外されるほか、給与や勤務時間等の重要な勤務条件であっても、(iii)法令により定められる事項は除かれている。管理運営事項も協約締結の対象外であるが、(i)職員数、種類、業務計画、業務遂行技術・方法・手段、(ii)管理運営事項実施の際に管理職員が遵守する手続き、(iii)管理運営事項実施の際に不利益を受けた職員に対する取り決めについては、交渉が可能とされている。実際の交渉は、連邦労使関係院が決定する交渉単位ごとに行われ、同院に認められた排他的代表が、当該交渉単位の全職員の利益を代表して当局との間で交渉を行い、協約を締結する。実際の協約の内容は、法定事項や管理運営事項の実施手続きや実施方法がほとんどであり、法令の改廃を生じさせることや政府や議会の方針に反するものとなることはない。

　政府機関の労使関係政策は、共和党及び民主党の組合に対する態度の違いを反映し、政権交代に伴う方向転換が繰り返されている。民主党クリントン政権では、1993年に労使双方の関係者から成る全国パートナーシップ協議会及び各行政機関での同様の協議会が設けられたが、2001年に共和党ブッシュ大統領により廃止され、その後、民主党オバマ政権でも2009年に連邦労使関係に関する全国委員会及び各行政機関における労使フォーラムが創設されたが、2017年に共和党トランプ大統領により廃止されている[104]。

(2) 給与

① 基本原則と給与決定システム

　法律上、成績主義に基づく人事管理の一環として、同一価値労働同一給与の原則、全米・地域ごとの官民給与均衡（連邦と非連邦との均衡）の原則、職

❖ 図2−5　給与決定システム

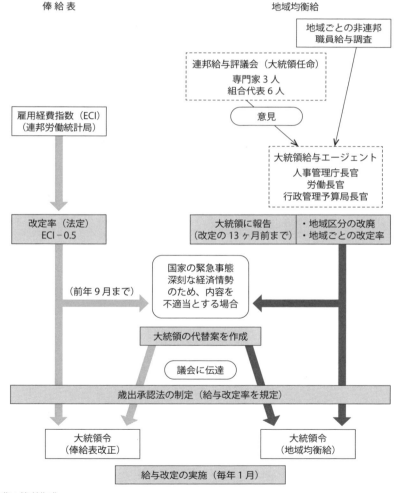

出典：筆者作成

第2章　アメリカ合衆国の公務員制度　49

務と勤務成績に応じた報酬の原則が定められており[105]、これらが公務員給与の基本原則となっている。

GS適用者は、全米共通の基本給である俸給に加えて、地域（現在、国内を47地域に細分）ごとの官民給与較差に基づく地域均衡給（Locality-based Comparability Payment）が支給されており、それぞれについて毎年改定が行われる。このような2本立てでの改定方式は、1990年連邦職員給与比較法により導入されたものである[106]。改定の手続きは、次のとおりである[107]。

まず、俸給については、法律上、雇用経費指数（ECI）（労働時間当たりの雇用者報酬の変化を示す指数）の増加分から0.5ポイントを引いた割合で一律に水準改定を行うこととされている。一方、地域均衡給については、全国報酬調査（NCS）による地域・職種・職階別データ及び職業雇用統計（OES）による地域・職種別データを基に、地域ごとに連邦職員と連邦職員以外の労働者（州や郡・市の公務員も含む）の年間給与額の較差を算出し、較差が5％を超える地域について改定することとされている[108]。

具体的な給与改定プロセスは、ECI、NCS/OESの調査結果を受けて、人事管理庁が給与改定の原案を作成し、労務・給与専門家3人、職員団体代表6人から構成される連邦給与評議会に報告する。これを基に、連邦給与評議会が改定率等に関する報告をまとめ、人事管理庁長官、労働長官、行政管理予算局長官で構成される大統領給与エージェントに提出する。同エージェントが報告の内容に対する意見を添えて大統領に勧告し、これらを精査した上で、大統領が翌年度の改定率を盛り込んだ法案を議会に提出する。しかし、国家の緊急事態又は深刻な経済情勢のため内容を不適当と認めるときは、大統領は代替案を作成し議会に伝達することができる。実際には、連邦給与評議会や給与エージェントの意見どおりの改定が行われることは少ないのが現状である。いずれにせよ、改定については、議会による給与改定率を定めた歳出承認法の制定が必要であり、通常、毎年1月から実施されている。

給与改定率は、1990年代から2000年代は、俸給のみでおおむね2〜3％台、地域均衡給を含めた平均では2〜4％台で推移していたが、2011年から3年間は、財政赤字対策のため給与改定が凍結された（凍結は1986年以来25年ぶり）[109]。凍結が解除された2014年以降も俸給改定率は1％台に留まるが、地域均衡給を加えれば、2018年の改定率は、最高で2.29％（ワシントン・ボルティモア・アーリントン地区）、最低でも1.67％で、平均1.9％であった[110]。近年、日本では低率又は前年比マイナスの公務員給与改定が続く中で、アメリカの連邦公務員の給与改定は、一般的な先入観とは異なり日本を相当程度上回る水準で行われてきたと言える[111]が、国内の民間賃金動向と比較すると、

2000年代はおおむね均衡が取れていたのに対し2010年以降は民間の上昇率より低めの改定が続いている。

② 給与制度

ア 一般俸給表（GS）適用職員の俸給制度等
（等級・号俸構成と昇給・昇格）[112]

　連邦公務員の約7割に当たる約150万人に適用されている一般俸給表（GS）は、15の等級で構成され、官職分類に基づき、職務の困難・責任の度に応じて官職が各等級に格付けされる（第1節(3)④参照）。職員の給与の等級は就く官職に応じて決定されるが、等級ごとに学歴資格や経験の要件が定められており、官職に任用される際には当該官職の等級に係る要件を満たすことが前提となる。一般的には、2級が高卒レベルの係員の官職、3、4級が職務経験がある係員の官職、5、7級が大卒レベルの係員の官職、9級が大学院（修士）修了者のエントリーレベルの官職とされており、直ちに日本の組織との対比はできないが、大まかには、9〜12級が係長級、13級〜14級が課長補佐級、15級が課長級の官職と言えよう。

　各等級は10号俸から成り、採用時は原則として1号俸に決定されるが、人材確保上特別の必要がある場合は上位の号俸に決定することも可能である。定期昇給は、人事評価で「良好」以上と評価された者を対象に行われ、昇給期間は、1号俸から3号俸までは52週、4号俸から6号俸までは104週、7号俸から9号俸までは156週とされている。また、人事評価に従い、特別昇給が52週に1度を限度として行われる。

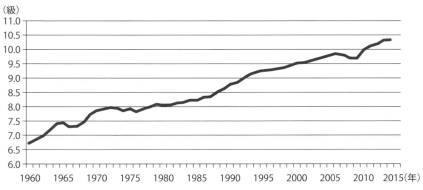

❖ 図2-6　GS適用者の平均等級

出典：Panel of the National Academy of Public Administration, *No Time to Wait: Building a Public Service for the 21st Century* (2017), p.13.

上位の等級に昇格した場合、昇格前の等級における給与額より最低2号俸上位に相当する額の号俸に決定される。

(等級別の職員在職状況)
先述のとおりGSは係員級に多くの等級を設ける構造となっているが、行政の高度化・専門化に伴う補助的職務の減少や採用者の高学歴化、また職員の高齢化の影響もあって、等級別の在職状況は長期的に上位方向への移動が進んでおり、2017年の平均等級は10.38(ワシントン地域では12.53)である[113]。2000年以降の等級別職員構成割合を見ると、12級以上の各等級は増加、11級以下の各等級は減少の傾向にある。特に、管理監督職に相当する13級以上の職員が占める割合が約2割から約3割へと増加している一方、係員やエントリーレベルポストの9級以下の職員の割合は、5割弱から3割台半ばにまで低下している。

(地域均衡給と特別の俸給額)
地域均衡給は、地域ごとに設定される率を俸給に乗じた額が支給される。支給対象は俸給と民間給与との較差が5％以上ある地域であるが、実際には全地域がこれに該当するため全米で支給されており、2018年の支給率は、最高39.28％(サンノゼ・サンフランシスコ・オークランド地区)〜最低15.37％で平均22.35％、首都であるワシントンDCは28.22％である[114]。

ちなみに、ワシントン・ボルティモア・アーリントン地区の俸給及び地域均衡給の合計年額は、表2−5のとおりである。大学院卒の大統領研修員は係長級の格付けで採用され、1年目で最低9級1号俸(円換算約550万円[115])、2年目で最低11級1号俸(約670万円)となっており、アメリカでは突出したものではないにせよ一定の競争力のある水準と言えよう[116](なお、日本の国家公務員総合職試験(院卒者試験)の合格者は係員級で採用され、採用当初の年間給与は、

❖ 図2−7　GSの等級別在職状況の推移

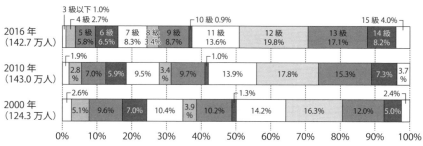

出典:人事管理庁の統計データベース"FedScope"を基に筆者作成(各年9月現在)

❖ 表 2−5　ワシントン DC 等の地域均衡給込みの基本給 (2018 年 1 月現在)

(単位：US $)

等級	1号俸	2号俸	3号俸	4号俸	5号俸	6号俸	7号俸	8号俸	9号俸	10号俸
1	24,086	24,893	25,694	26,490	27,292	27,760	28,551	29,351	29,382	30,134
2	27,081	27,726	28,623	29,382	29,715	30,589	31,464	32,338	33,213	34,087
3	29,548	30,533	31,518	32,502	33,487	34,472	35,457	36,441	37,426	38,411
4	33,172	34,277	35,382	36,488	37,593	38,698	39,803	40,909	42,014	43,119
5	37,113	38,351	39,588	40,825	42,063	43,300	44,537	45,775	47,012	48,249
6	41,369	42,747	44,126	45,504	46,882	48,261	49,639	51,017	52,396	53,774
7	45,972	47,504	49,036	50,569	52,101	53,633	55,165	56,698	58,230	59,762
8	50,912	52,610	54,308	56,005	57,703	59,400	61,098	62,796	64,493	66,191
9	56,233	58,108	59,983	61,857	63,732	65,606	67,481	69,355	71,230	73,105
10	61,926	63,991	66,055	68,119	70,184	72,248	74,312	76,377	78,441	80,505
11	68,036	70,304	72,573	74,841	77,109	79,377	81,645	83,914	86,182	88,450
12	81,548	84,266	86,984	89,703	92,421	95,139	97,858	100,576	103,294	106,012
13	96,970	100,203	103,435	106,668	109,900	113,132	116,365	119,597	122,830	126,062
14	114,590	118,410	122,230	126,049	129,869	133,689	137,508	141,328	145,148	148,967
15	134,789	139,282	143,774	148,267	152,760	157,253	161,746	164,200	164,200	164,200

出典：人事管理庁ウェブサイト

本省勤務の場合約 420 万円である）。

　また、連邦以外の給与が著しく高く、連邦での採用・人材確保が非常に厳しい状況にあると認められるなどの場合、職列・地域ごとに、人事管理庁は特定の等級・号俸について通常の俸給額より高い特別の俸給額を設定することができる。実際、多数の職列について特別の俸給額が設定され、7 万人以上が対象となっている[117]。

イ　SES の俸給制度[118]

　SES の俸給については、職業公務員と政治任用者に同一の制度が適用される。2004 年施行の法改正により、従前の 6 等級構成（各等級は単一の金額）の俸給表が廃止され、最高額と最低額による給与幅で規定される単一のバンド給[119]となり、毎年の給与は人事評価によって決定されることとなった。これは、従来の給与格付けの仕組みの下で職務の評価がインフレ化し、また俸給表の上限額が抑えられていたこともあって、多くの職員に上限の給与が支給される結果となり、給与の成果に対するインセンティブが低下したため、業績と給与のリンクを強める必要があったという事情がある。改正により、SES には GS 適用職員のような一律の定期昇給や自動的な給与改定が認めら

◆ 図2-8　SESの給与水準

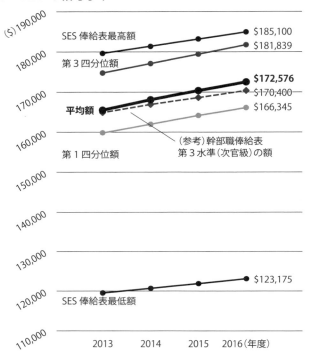

出典：U.S. Office of Personnel Management (OPM), *2016 Senior Executive Service Report*（2017）等に基づき筆者作成

れなくなった[120]一方で、俸給の最高額を従来よりも高く設定し、人事管理庁の認定を受けた有効な人事評価システムを有する行政機関では、評価の高い職員に従来よりも高い給与を支払えることとなった。

　もっとも、この制度改定以降、SESの平均給与年額は上昇傾向にあり、近年は幹部職俸給表第3水準（次官級）の額を上回る状況が続いている。図2-8に示した過去数年のSESの給与水準からは、多くの者がバンド内でも高い水準の給与を支給され、また、毎年相当程度の給与の引き上げが行われている[121]実態がうかがわれる。なお、2018年1月現在のSESの俸給表は、年額で最低額126,148ドル（約1,239万円）、最高額189,600ドル（約1,863万円）となっている。

ウ　報奨・手当制度等

　報奨金として、人事評価の結果に基づく業績報奨（GS適用職員は原則として俸給（地域均衡給込み）年額の10％を限度、SESは俸給年額の5～20％の範囲内）、特別な業務遂行や成果に対する特別報奨（原則として1万ドル以下）、成績優秀なSESに対する大統領報奨（俸給年額の35％又は20％）などの制度がある[122]。SESについては、業績報奨を受けた者が5割台半ばから8割強というのが近年の状況であり[123]、実際にはかなりの者が報奨を得ていることがうかがわれる。

　手当として、従前より超過勤務手当、休日給、夜勤手当、遠隔地手当などが設けられているほか、2004年の連邦労働力弾力化法により、補充困難な官職への採用・転勤・雇用維持などの人材確保上の必要による手当制度が設けられ、採用の場合には、最大で俸給（地域均衡給込み）の年額と同額を一時金として支給することも可能となった[124]。

エ　その他の職員の給与制度

　このほかにも、職種によって様々な給与制度が設けられており、主要なものは以下のとおりである。

（賃金職員（ブルーカラー））[125]

　技能労務などの職務を行うブルーカラー職員には、連邦賃金制度（Federal Wage System）が適用される。地域区分（約150）や職種ごとに、職員、リーダー、監督者の3種類の賃金表が設けられている。賃金表は15級（監督者は19級）・各級5号俸で構成され、時給で示される賃金額は、各地域における同種労働者の一般賃金相場（prevailing rate）に基づいて定められる。賃金額の改定及びその基礎となる賃金調査は、主たるユーザーである国防総省が行う。

（郵政公社職員）

　郵政公社の職員には労使交渉に基づく給与制度が適用されており、労働協約に基づき、職種別に数多くの俸給表や手当が設けられている。

（外交官）

　GS及びSES俸給表に対応する外務職俸給表（9級構成、各級14号俸）及び上級外務職俸給表（バンド給）が設けられている。ちなみに、初任給は学歴及び職務経験で決定され、経験のない者の場合、大学院卒（修士）では5級5号俸（2018年1月現在、ワシントンDC地域では年額65,401ドル）、大学卒では6級5号俸（同58,467ドル）である[126]。

③　給与政策の展開・課題等

　人事管理庁は、2002年に公表した連邦公務員給与に関する報告書[127]で、

現行制度は、1950年代の事務員（Clerk）中心の組織を前提にしており知的労働が中心の現代組織に適合しない、市場の賃金水準を反映していない、成果に十分報いていない等の問題を指摘し、2003年1月のヴォルカー委員会報告もこれを取り上げた。このような状況下で、2000年代には国土安全保障省や国防総省においてバンド給の導入を含めた給与決定の弾力化が図られたが、いずれも実現・定着に至らなかった。

給与水準については、総じて上下の処遇差が小さく、エントリーレベルでは民間と比べて高いのに対し、大統領任命幹部職をはじめ幹部の給与が民間に比べて低いとかねてから指摘されていた[128]。オバマ政権下の2010年前後には、野党の共和党が連邦公務員の給与水準は民間を上回っていると主張し、各種のシンクタンク等がそれぞれの手法で官民の給与水準比較を行ったり、連邦議会下院の監視・政府改革委員会の小委員会において有識者等を招いた公聴会が開かれるなど、官民給与水準をめぐる議論が盛んとなった。こうした議論の中では、官民の給与水準差だけでなく、公務の給与制度や改定方法そのものについても、職種別等のきめ細かい労働市場の状況反映や業績給制度の導入などの論点が提起されている[129]。その後も公務員給与に関する議論はあるものの、現在のところ、制度の枠組みに大きな変更は加えられていないようである[130]。

現在の給与水準の人材確保上の競争力については、職務の内容・レベル、職員の学歴・経験等により状況は異なるようであるが、特に民間と人材需要が競合する分野では公務の給与は競争的ではない。例えば、人材確保が喫緊の課題となっている情報セキュリティー分野については、先述の初任給号俸決定の特例、特別の俸給額、採用手当等を併用することにより最大限の優遇を可能としているものの、給与面で民間と競争することは厳しい状況にある。そのため、公務の募集活動では、能力開発機会の提供、学費ローンの肩代わり制度、良好なワーク・ライフ・バランス等を魅力として強調している[131]。

(3) 人件費管理

① 公務員数の管理 [132]

公務員数については、日本のような実数の管理はなく、予算管理の一環としてフルタイム当量（FTE フルタイム職員1人の年間労働時間を1として換算される数値）による管理が行われ、各行政機関は与えられたFTE総数の範囲内で職員を任用・配置している。予算編成過程においては、各行政機関と行政管理予算局との間で、実施する政策・プログラムとの関係からFTEの審査・調整が行われるが、予算編成権を持つ議会によりプログラムの追加・廃止が

頻繁に行われるため、各行政機関のFTEは議会審議の影響を受けるとされる。なお、SESについては、先述第2節（4）のとおり、各行政機関の要求に基づき、人事管理庁が行政管理予算局と協議の上で各行政機関にSES官職数の割当てを行う仕組みとなっている。

② 公務員人件費の抑制

公務員数の削減の取り組みは過去に何度か大規模なものが行われており、近年でも農務省、政府印刷局、郵政公社等での例がある。その手法は、退職者不補充、採用抑制、早期退職募集・退職給付上乗せ（buyout）などが中心となっており、人員削減のための解雇（Reduction in force）は限定的にしか行われていない[133]。

給与水準については、先述のとおり改定凍結の例はあるが、日本のようなマイナス改定が行われたことはない[134, 135]。

（4）勤務時間、休暇等の概況[136]

職員の勤務時間は週40時間であり、原則として月曜日から金曜日までの5日間において毎日8時間の正規の勤務時間が割り振られる。各日の勤務開始・終了時刻を同一に設定し、かつ、2日の週休日を連続して設けなければならないのが原則である。昼食などの休憩のため、1時間以上の勤務の中断が認められるが、この時間は正規の勤務時間には含まれない。超過勤務時間数については、官民ともに、欧州諸国におけるEU指令に基づく上限規制のような法令上の制限はないが、公正労働基準法（Fair Labor Standards Act. 合衆国法典第29部第8章）で超過勤務に対する割増賃金支払いを課すことにより制限を図っており、超過勤務の場合は、原則時間単価の150％を支給せねばならず、職員の請求によって、代休とすることもできる[137]。

各行政機関で導入可能な選択的勤務時間制度として、フレックスタイム制、圧縮勤務（1日10時間・週4日勤務など、1日の勤務時間が長く勤務日が少ない集中的な勤務形態）が認められており、職員の半数程度がこうした選択的勤務時間制度を利用しているとされる[138]。このほか、後述のとおりテレワークが推進されている。

また、家庭生活上の理由その他によるパートタイム勤務への変更や週32時間を限度としたジョブ・シェアも認められている[139]。2017年9月現在、約2.5％の職員がパートタイム勤務を行っている[140]。

有給休暇として、年次休暇、病気休暇、法廷休暇、軍務休暇、帰国休暇、上陸休暇、葬儀休暇、骨髄・臓器提供休暇、研究休暇（SESのみ）がある。年次休暇は、勤務年数に応じ、1年につき13日から26日までの範囲で与え

られ、1時間単位で請求が可能である。年次休暇の未使用分は、暦年ごとに30日（SESは90日）を限度に繰り越しが認められる。職員の退職時等に未使用の年次休暇は、当該日数を勤務した場合の給与相当額で買い上げられる。医療上の緊急事態により休暇が必要な職員のために職員間で休暇を融通し合う休暇融通制度、休暇銀行制度が設けられているが、後者を導入するか否かは各行政機関の判断に委ねられている。なお、祝祭日[141]に加え、大統領令等により個別的に職務専念義務が免除され「休日」となることもあるほか[142]、予算不成立に伴う政府機関閉鎖[143]や人員削減等を目的とした一時帰休（furlough）の仕組みがある。

一方、服務については、守秘義務をはじめ、政治的行為の制限（ハッチ法（第1節（2）参照）で一部の政治任用者（上院の承認を要する大統領任命幹部職等）を除き公職選挙への立候補、選挙での公的影響力行使その他職務遂行中の政治活動等は禁止）、外国政府や部下等からの贈り物等の受領禁止、過剰飲酒習慣者の任用禁止、離職後の政府職員への接触規制（第6節（3）参照）等が法律で定められている。

(5) テレワークの推進等（働き方改革）

1980年代にフレックスタイムや圧縮勤務などの柔軟な勤務時間が導入され、積極的に活用されていたが、近年のIT化の促進や多様な働き方を求める職員のニーズに応えるため、連邦政府は1990年代からテレワークの推進に取り組んできた。しかし、テレワーク実施の可否が管理者の個別の判断に委ねられており、機密事項の取り扱いや窓口業務などの職務内容上の支障、職員の勤務態度の問題、部署としての方針等の理由で利用が不可とされる場合もあり、テレワークの実施率は上がらず、2009年時点では5.7％[144]に留まっていた。一方、政府としては、緊急事態発生時や災害時の業務継続性の観点からも、テレワーク実施率の上昇は喫緊の課題となっていた。

2010年に制定されたテレワーク推進法は、各行政機関に対し、テレワークの資格を有する職員の指定、テレワーク研修の実施、テレワークの支援、テレワーク管理官の指定、テレワークの実施状況等の報告等を定めており、人事管理庁は毎年各行政機関の実施状況を議会に報告することが義務付けられている。この推進法により取り組みが積極的に進められた結果、2016年には実施率は22％（テレワークが可能とされた職員は連邦職員全体の42％、そのうち実際にテレワークを行っている職員は51％）に上昇した[145]。

人事管理庁は専用のウェブサイト（Telework.gov）を立ち上げ、各行政機関に対してガイドラインやハンドブックの提供、オンライン研修等を行ってい

る。各行政機関は、例えば、各部局において、週に1度全局的にテレワークの日を定めたり（航空宇宙局（NASA））、職員が週に1日以上テレワークを行うことを前提に、オフィスは全てオープンスペースにして共同でワークステーションを使用する仕組みを導入する（連邦調達庁）などの独自の取り組み

Column

「働きやすい職場」3年連続1位のNASAの現場とは

　NASAは、連邦政府機関の働きやすさランキング（72頁コラム参照）で2014年から2016年まで3年連続第1位を獲得した。NASAの人事担当部長によれば、ワーク・ライフ・バランス向上について、中間管理職、上級幹部、組織のトップレベルまでの一貫したリーダーシップがあり、マネジメントレベルの強いサポートが成功の大きなカギとなっている。NASAは2007年から、独自のワーク・ライフ・バランス推進プログラム、Work from Anywhere（テレワークの進化型。最先端のIT技術と個別の電子機器を用いて、自宅に限らずどこからでも職務遂行が可能）を段階的に着実に実施してきた。プログラム策定のきっかけは、2001年の同時多発テロを契機に、各政府機関に対して緊急時における業務継続性確保のための計画策定が求められたことによる。当初は管理職の抵抗等困難もあったが、管理職に求められるリーダーシップの明確化や部下との積極的なコミュニケーションを通じて職場文化を変える努力を進めた結果、管理職の考え方に変化が見られ、部下の満足度向上が生産性の向上につながることが認識され、プログラムの利用が進んだとのことだった。テレワークを推進するもう一つの大きなインセンティブは、多様な働き方を求める若者世代の採用・確保である。大手民間会社がテレワーク推進に積極的に取り組む中、給与面で民間と競争することは難しいため、働きやすい職場を提供することが必須である、とのことだった。

　一方、テレワークを行う職員側の意識も重要である。デンバーの自宅から週5日、つまり100%テレワークで職務を行うNASA職員は、「テレワークを行う上で心がけていることは、上司や同僚からのメールや電話へのレスポンスを早く行うことである。職場にいれば、ちょっと席を外している、で済むことも、テレワークでは顔が見えない分、返事が遅れると相手が感じるストレスも増え、信頼にも関わってくる。テレワークは職員の権利ではないので、働きやすい環境を維持するためには職員自身も努力が必要」と述べていた。

を進めている。

　テレワーク促進の課題の一つとして挙げられるのは、職員の管理・監督である。目の前にいない部下のマネジメントに困難や抵抗を感じる管理者も少なくなく、希望しても上司が許可しないケースもある。各行政機関は、人事管理庁や各行政機関独自の研修プログラムの受講、テレワーク・コーディネーターとの面談や制度説明会等に参加させることを通じて、管理職及び職員双方の理解促進と実施率向上に努めている。

　テレワーク以外にも、職員がライフスタイルに合わせて柔軟な働き方ができるよう、介護が必要な家族を持つ職員をサポートするプログラム（Elder Care Program）や、年次休暇を職員間で寄付できる休暇銀行制度（(4) 参照）、始業時間・終業時間を日々自由に設定できるグライディング・スケジュールの利用促進等の取り組みが行われている。

　2017 年 1 月には、現行のワーク・ライフ施策の実効性測定とより有効な施策の推進を目的とした、連邦政府ワーク・ライフ調査（The Federal Work-Life Survey）が初めて実施された。

5　人事評価

(1) 人事評価とその活用に関する制度

　連邦公務員の人事評価制度は、1912 年の法律が各行政機関共通の評価制度創設を求めたことに始まる。その後、1935 年の統一的能率評価制度導入（業績、生産性、資格・能力の 3 要素を 5 段階で評定）、1950 年の勤務評定制度の導入（人事委員会の事前承認の下、各機関ごとに 3 段階評価の制度を策定）などを経て、1978 年の公務員改革法で現行の人事評価制度（performance appraisal）[146] が確立された。法律及び人事管理庁の規則[147]で定める枠組みの下、各機関が具体的制度を定めており、評価は目標管理的手法で、あらかじめ定められた基準に照らして絶対評価で行われる（分布率設定は禁止）。結果は給与等に活用されるほか、成績不良者への対応が制度化されている。

① SES の人事評価

　SES の人事評価については、法令を具体化した制度モデルを人事管理庁が各行政機関に示している[148]。それによれば、評価は原則年 1 回行われ、期首に評価者が被評価者と協議して業績計画（performance plan）を策定する。計画には、評価に用いる重要要素（critical elements）として幹部としての要件（第 2 節（4）③参照）に相当する 5 要素（変革する力、人を導く力、実務の才覚、人

と連携する力、結果志向）とその評価基準（performance standards）、各要素のウェイトが記載される。要素のうち、「結果志向」については、当該期間に期待される具体的業務成果が組織目標と整合するよう個別に定められ、最もウェイトが置かれる。期中には、少なくとも1回、計画の進捗レビューが行われる。期末には、評価者が各要素を5段階で評価し、これらを点数換算しウェイト付けして合計した点数により、レベル5（最上位）からレベル1（最下位）までの5段階の全体評語（summary rating）[149]が付される。評価者による1次評価は各行政機関に置かれる業績審査委員会（任命権者が指名する3人以上の委員で構成、過半数は職業公務員）に提出され[150]、委員会の勧告を考慮した上で、任命権者が最終的な評価を確定する。決定した評価は被評価者に書面で通知され、評価結果に対する不服申立てはできない。なお、各行政機関は組織ごとの業績についても評価を行い、SESの人事評価に当たり考慮することとなっている。

　毎年の給与や報奨の決定（第4節(2)②イ、ウ参照）は、レベル3以上の者を対象に、評価に応じた形で決定される。レベル2以下の評価を受けた場合、評語やその回数に応じ、SES内での再配置やSESからの排除等の対象となる[151]。

② GS適用職員の人事評価

　GS適用職員についても、通常年1回評価が行われ、期首に各職員の業績計画で評価要素と各要素に係る評価段階・評価基準が定められる。全体評語は2～5段階（良好・不可の2段階を設けることは必須。その他の段階の設け方により8パターンが可能）の中から各機関が定めるが、実際には5段階評価が多数である[152]。個別要素の評価から全体評語を決定する具体的方法は機関により異なり、SESと類似の方式のほか、個別要素の評価の組み合わせにより全体評語決定基準を設ける方式なども見られる[153]。評価結果は被評価者に書面で通知される。

　法令上、定期昇給、業績報奨やキャリア昇任については「良好」以上であること、特別昇給については最上位の評価であることが要件となる。他方、重要要素のいずれかが「不可」とされた場合、上司が本人と話し合って作成する改善計画（不可とされた要素について達成すべき水準とその期限等を定めるもの）に基づき改善の機会が与えられるが、所定の期間内で要求水準に達しない場合は、降格又は免職され得る。

【参考】人事評価及びその活用の例（内務省の例）
- 評価期間：10月～9月の1年間
- 業績計画の策定：
  ▷ 期首60日以内に、評価者が被評価者の関与を得て各人の業績計画を決定。評価要素と各要素の5段階の評価基準を設定
  ▷ 要素の少なくとも1つは組織目標と連関させることが必要。管理監督者の場合、評価要素の1つはマネジメントに関する内容を統一的に指定
  ▷ 各要素の評価基準は質、量、タイムリーサ、費用効果などの信頼できる指標を含むものとし、標準となる評価基準例を踏まえて設定
- 進捗レビュー：評価者は、期中に少なくとも1回（通常評価期間の中頃）業績計画の進捗について被評価者と話し合い
- 評価の実施：
  ▷ 評価期間終了後30日以内に、評価者は各重要要素について5段階で評価（最上位又は下位の評価の場合は文章でのコメント付記が必須）
  ▷ 各要素の評価を各5点満点で点数換算し、その平均点及び補足的基準（全重要要素で一定以上の評価であること等）により、全体評語を5段階で付与
  ▷ 最上位又は下位の全体評語とする場合は事前に上位監督者の承認が必要
- 職員への開示等：評価結果は面談で被評価者に示されそのサインを得る。職員は文書コメントの提出や再考の要求が可能
- 評価結果の活用：
  ▷ 最上位評価の者は業績報奨（俸給等の5％以内）及び特別昇給の対象として必ず考慮され、上位評価の者は業績報奨（俸給等の3％以内）の対象となる。定期昇給は中位評価以上の者を対象とする
  ▷ キャリア昇任については中位評価以上であることが必要
  ▷ 業務状況が下位評価相当の場合、評価者は期中においても面談を行い業績改善を支援する（最下位相当の場合は必須）。最下位評価の者についての降格又は免職は、改善計画に基づく改善機会の付与等の手続きを経て行う

(2) 運用実態

人事評価の実情を見ると、図2-9のとおり、SESでは約9割、GS適用職員でも約6割と多くの職員が上位の評価を受けている一方、下位の評価を受ける者は1％未満と極めて少ない。こうした実態に関しては、SESについては優秀者が選抜されているためであるといった説明もあるが、標準以下の評価では職員の納得を得にくい、勤務成績不良者への対応は難しいなどの実

❖ 図2-9 評価結果の分布状況

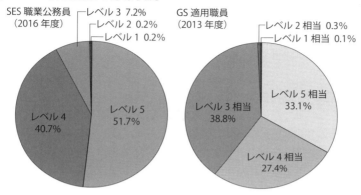

出典：OPM, *Report on Senior Executive Pay and Performance Appraisal Systems Fiscal Year 2016* (2018), Table 3 及び U. S. Government Accountability Office, *Federal Workforce : Distribution of Performance Ratings Across the Federal Government, 2013* (2016), p.6 を基に著者作成

❖ 表2-6 人事評価等に関する職員の意識

(単位：%)

	肯定的回答	否定的回答
私の人事評価結果は、私の業績を公正に反映している。	71.3	14.6
直近の人事評価で、私は別の（上位の）結果を得るには何をする必要があるかを理解した。	71.0	15.5
私の業績についての上司との話し合いは有意義である。	65.5	17.1
私の上司は、私の業績を改善するために建設的な提案をしてくれる。	64.3	17.2
私の職場では、昇任は勤務成績に基づいて行われている。	35.8	35.9
私の職場では、改善が見込めない勤務成績不良者に対する措置が講じられている。	30.9	41.5
私の職場では、業績の違いが有意な方法で認識されている。	36.1	35.7
私の職場では、報奨は職員がどれだけ適切に業務を遂行したかによって決まっている。	43.7	31.3
給与の引き上げは、職員がどれだけ適切に業務を遂行したかによって決まっている。	24.7	47.5

出典：OPM, *2017 Federal Employee Viewpoint Survey* を基に筆者作成

情もうかがわれる[154]。

なお、職員意識調査の結果を見ると、表2−6のとおり、多くの職員は自身の人事評価に納得している一方、人事管理が勤務成績に基づいているとは必ずしも考えていないようである。

6 退職管理と年金

(1) 年齢差別禁止と退職の実態

アメリカ合衆国では、1967年に成立して以来、数度の改正を経て現在に至る「雇用における年齢差別禁止法（The Age Discrimination in Employment Act）」により、40歳以上の労働者[155]について雇用の場面で年齢差別をすることが禁止されている。このため、特殊職種（定年は航空管制官56歳、司法警察職員57歳、外交官65歳等）を除いて定年制はなく、退職の時期は職員自身が決定することになる。

連邦政府では図2−10のグラフのとおり職員の高齢化が進行しており、50歳代以上の職員が全体の4割以上を占める状況となっている。年金受給資格を得て退職する者の実情を見ると、2016年度に退職した連邦公務員の平均年齢は61.8歳、平均勤務期間は25.6年である。過去10年の平均によれば6割の退職者が60歳超であり、退職者の約半数が30年以上勤続して退職しており[156]、多くの職員が比較的長期にわたって勤務した後、日本の一般的な定年年齢とほぼ変わらない年齢で引退していることがうかがわれる。これは、公務では社会保障年金の水準を上回る確定給付を基本とした公務員年金制度

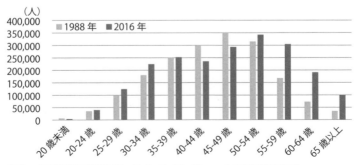

❖ 図2−10　連邦政府職員の年齢層別在職状況

出典：人事管理庁の統計データベース"FedScope"を基に筆者作成

があり、勤続年数に応じて支給水準が相応に保障されているため、年金の受給資格が確定した段階で年金生活に入るのが一般的となっているためである。

近年ベビーブーマー世代が退職期にかかり、退職者数が増大してきており（2004年55,906人、2012年69,320人、2016年63,817人）、2018年度には年金支給最低退職年齢を満たす職員の割合は全体の約25％、2022年度には40％を超えるものと見込まれ[157]、次世代人材の確保と育成のための労働力再構成が課題となっている。このため、知識承継の一つの取り組みとして、部分年金を受けながらパートタイム勤務を続けられる段階的退職（phased retirement）を認める法律が、2014年11月から施行されている。この制度の対象者は年金受給資格を有する職員で、後進の指導と技能伝承を目的として、通常の半分の勤務時間を勤務し、これまでに得た給与の半額を得ながら年金の半額を受給することとなっている。20時間の勤務のうち、少なくとも8時間は他の職員のメンターや指導に充てることが求められており、当局との合意に基づいて実施し、フルタイム勤務に戻ることも可能である。

(2) 年金制度と実情

連邦公務員の年金制度は、1986年の法改正により、1983年以前の採用者と1984年以後の採用者とで適用される制度が分かれている。

まず、1983年以前に採用された職員については、公務退職年金制度（Civil Service Retirement System: CSRS）が設けられている。これは確定給付型の公務員年金であり、職員は給与の7％を拠出し、勤続30年以上あれば、55歳から減額なしで年金を受け取ることができる。支給額は、最も高い連続3年間の平均給与に在職期間に応じた係数を乗じて算定される。

一方、1984年以降に採用された職員には、年金財政の健全化の一環として、公的年金である老齢・遺族・障害保険制度（Old-Age, Survivors, and Disability Insurance: OASDI）への適用・加入が行われ、その上で先述の従来のCSRSの水準との均衡を図る観点から、上積み部分として連邦職員退職年金制度（Federal Employees Retirement System: FERS）と、任意加入の積立貯蓄制度（Thrift Savings Plan: TSP）が設けられている。

まず、OASDIとは、被用者・自営業者を対象とする確定給付型の社会保障年金であり、職員は給与（上限は2018年現在で年128,400ドル[158]）の6.2％を拠出する。65歳（2027年から67歳）から受給可能で、年金額は退職前35年間の平均給与を基に、所得の低い者の代替率が高くなるように設定されている。2016年12月の平均年金月額は、単身者で1,360ドル、夫婦で2,068ドルとなっている[159]。

次に、FERSとは、確定給付型の公務員年金であり、職員は給与の0.8％を拠出することとなっている。これはOASDIへの拠出と合わせると7％であり、従来のCSRSの拠出率と同じであったが、2013年に連邦政府に採用された職員からは拠出率が従来の0.8％から3.1％へと、2014年以後に採用された職員からは拠出率が4.4％に引き上げられた。FERS基礎年金のコストは、2015年度の人事管理庁の推計によれば、2013年以降に採用された職員では14.2％相当と推定され、2013年以降職員の拠出率が高められたことで、連邦政府の負担割合が軽減されることとなった[160]。FERSは、勤続30年以上あれば、55歳（2027年から57歳）から減額なしで年金を受け取ることができる。支給額（年額）は、最も高い連続する3年間の平均給与の1％（20年以上勤務し62歳以後に退職する場合は1.1％）に勤務年数を乗じて算定される。
　最後に、TSPとは、確定拠出型の積立貯蓄制度である。職員の拠出は任

図2－11　連邦政府職員に適用される年金制度の概要

1983年以前の採用者	1984年以降の採用者
確定給付型	確定給付型＋確定拠出型
3階部分　TSP (Thrift Savings Plan)　※ 職員拠出は可能だが、使用者のマッチングは受けられない。	3階部分（積立貯蓄）TSP (Thrift Savings Plan)　職員　任意～$18,000／国　1％＋最大4％
2階部分　CSRS (Civil Service Retirement System)　職員　7％／国　7％／積立金　10％	2階部分　FERS (Federal Employees Retirement System)　職員　0.8％／国　10％程度　※ 負担と給付のバランスから、職員掛金の割合を高めている
※ 新規加入者がいないため、2026年頃には積立金がなくなり、FERSとの財政調整が必要との予測　1階部分　OASDIは適用されず	1階部分　OASDI　老齢遺族・傷害保険年金　給与の6.2％部分（労使折半、計12.4％）　※2027年に67歳支給に引上げ

	1983年以前の採用者	1984年以降の採用者
公務員年金の支給開始年齢（最低退職年齢）	55歳（30年以上勤務） 60歳（20年以上勤務） 62歳（5年以上勤務）	○　30年以上勤務 －1948年以前生まれ　55歳 －1953年～1964年生まれ　56歳 －1970年以降生まれ　57歳 ○　20年以上勤務　60歳
年金額	最も高い連続する3年間の平均給与×勤務年数毎の割合 20年　36.25％、30年　56.25％ 35年　66.25％、40年　76.25％	（FERS部分） 最も高い連続する3年間の平均給与の1％（勤続20年以上かつ62歳以上で退職する場合は1.1％）×勤続年数
勤続38年の場合の年金算定基礎額に対する支給割合	72.3％	41.8％（FERSによる支給水準）＋OASDIによる給付＋TSPによる給付

出典：筆者作成

意（給与の10％程度を拠出している職員が多いと言われる）であり、職員の拠出率に応じて国は給与の1〜5％を拠出する。拠出金は職員が選択する投資ファンドで運用され、退職時に一時金で引き出したり、年金化したりすることができる。

1983年以前の採用者に対して適用されるCSRSに基づく試算[161]では、38年勤続した場合、最終年収に対する退職年金年額の割合（代替率）は、局長級及び課長級で71.5％、課長補佐級及び係長級で70.6％といずれの役職段階とも70％台と高い水準にある。一方で、1984年以降の採用者については、OASDIによる基礎給付が支給され、これに加えて、FERS（勤続38年で支給される退職年金年額の割合は、最も高い連続する3年間の平均給与の41.8％）とTSPが支給される。代替率はTSPの運用実績によっても大きく異なることとなっている。

(3) 再就職に関わる規制

アメリカ合衆国では、調達担当職員が入札担当企業からの職の提供を拒否しなければならないとされるなどの一部職種の例外を除き、再就職自体を規制する一般的な制度はない。

一方、退職後の職員が在職中の立場を利用して企業の立場から問題を取り上げることを予防するため、退職した職員の政府職員への接触が規制されている。

まず、全職員に対する規制として、在職中、個人的かつ実質的に関与していた事項については、他者のために影響力を行使する目的で国の職員と接触することが生涯にわたり禁止される。また、離職前1年間に職務上の責務を有していた事項については、他者のために影響力を行使する目的で国の職員と接触することが離職後2年間にわたり禁止される。

このほか、幹部職俸給表が適用される職等にあった者は、影響力を行使する目的において、離職前1年間にその職として在職した行政機関の職員との接触が離職後1年間禁止される。また、閣僚級の職にあった者は、離職前1年間にその職として在職した行政機関の職員又は幹部職俸給表適用者との接触が、離職後2年間禁止される。これらは刑法上の規制であり、違反は、5年以下の拘禁若しくは50万ドル以下の罰金又はその併科の対象となる。加えて、トランプ大統領は、2017年1月の大統領令で、同月以降に採用される政治任用の職員が退職後に所属機関に対するロビイング活動を行うことを5年間禁止している[162]。

7 最近の主な改革と今後の動向

(1) 1980年代以降の改革の流れ

　アメリカにおいては、1970年代半ばには公務員制度の基礎となる官職分類について要素別評価システムが導入されるなどの動きが生じていた。カーター政権下の1978年、能力・実績による人事管理の推進や大統領への応答性の向上のため公務員改革法が制定された[163]ことを契機として、政府としての統一的な幹部職員のマネジメントと柔軟な人事異動を促すことを狙いとしたSES制度が導入され、これら職員に対する成果重視の給与制度の整備や大統領研修員プログラムの導入、幹部候補へのリーダーシップ育成プログラムの拡充と相まって、政府全体としての統一的な幹部職員の育成の取り組みが行われてきた。一方で、多数の一般職員を対象として、公務員改革法に基づく統一的な人事評価制度の導入等が行われたが、1990年代以降、行政ニーズに応じた成果や効率性を短期的に重視する新しい公共管理への流れの中で、機関ごとに裁量性をもって取り組む動きが加速し、「政府再生」を掲げたクリントン政権の「国家業績レビュー」の一環での規制緩和や2000年代の採用プロセスの簡素化、行政機関独自の業績給制度導入の取り組み等につながった[164]。

　2000年代には、全行政機関共通の統一的な公務員制度の弾力化を一層進めて独自の人事制度を導入する動きが現れた。具体的には、2001年9月の同時多発テロを受けて2003年に新設された国土安全保障省や、国防総省について、法律により長官に大幅な人事管理権限が与えられ、標準的な人事管理の大幅な特例を作ることが認められた。国防総省においては、実際、大括りの職種グループごとに給与バンドを設けたり、業績給制度などの弾力的な給与制度を導入したりした。しかしながら、給与の査定に用いられる評価の公正さなどについて議論が絶えず、訴訟が提起されたこともあり、結局、新制度は2012年に廃止されることとなった。国土安全保障省でも、新制度の実現には至らなかった。

(2) 今後の動向

　2000年代後半以降は、成績主義の原則や政府全体での統一的な人事管理を確保するための人事管理庁の機能と行政課題に直面する各行政機関の裁量性の確保とのバランスを適切に考慮しながら、空席補充にかかる採用選考期間の短縮に向けた取り組み[165]や、政府全体としての採用困難職種の人材確

保等の取り組みが行われてきている。

　分権化の動きについて見てみると、先述のような、人事制度全体について分権化する試みはその後行われていないものの、人事制度の一部、特に身分保障に関わる部分について、特定の行政機関を独自の取り扱いとする動きはその後も出ている。例えば、2015年には、国防総省について採用後に通常の解雇手続きによらずに職員を解雇できる試用期間を1年から2年に延ばす特例が、また、2017年には、退役軍人省について、非違行為を行った職員の免職を容易にする特例が、それぞれ設けられている。採用選考期間の短縮の措置についても未だ十分な成果を上げているとは評価できず、今後、連邦職員の多くが退職期にかかる中で、各行政機関が自らの業務を的確に遂行するための人材を特定し、そうした人材が効果的に得られるような一層の取り組みが不可欠となっており[166,167]、制度面も含めた分権化の動きが今後強まるのかどうか、注目される。

　また、2017年に就任したトランプ大統領は、「あらゆる行政分野に無駄がある」として、行政組織・人員のスリム化への姿勢を強めており、具体的な組織再編や人員削減につながっていく可能性もある。

8　地方公務員制度

(1) 地方自治体の概況

　第1節で述べたように、アメリカ合衆国は50の州から構成される連邦制国家であり、国防、外交、造幣など連邦政府に委任された権限を除けば基本的に州に権限が属する。連邦憲法には、州の下の地方制度についての規定は置かれておらず、地方制度については各州の憲法や法律が規定する。また、地方公務員共通の法律等も連邦法にはなく各州の法律等で決めるため、州によって極めて多様である。

　アメリカ合衆国全体では、各州のもとに、郡（county）が3,033、ミュニシパリティ（municipality：市町村）が19,492、タウンシップ（township）が16,519、学校区（school district）が13,051、特定区（special district）が37,381存在する[168]。このうち学校区と特定区は特定目的の地方団体であり、他は一般地方団体である。郡は州政府がその施策を遂行する上での便宜的観点から、いわば州の下部機構として創設するものである。したがってごく一部の例外を除き、ある特定の場所はいずれかの郡の管轄となっている。これに対してミュニシパリティは一定の地域に人口が集中して多様な行政需要が増大してきた場合に、

住民からの自発的な要請に応じて、州憲法・州法にのっとって憲章（charter）を与えられて創設され法人化（incorporated）された自治体である。すなわち、全米の全ての地域は州及び郡に属するのに対し、いずれかのミュニシパリティに属する地域と、属しない地域（unincorporated area）とが存在する。アメリカ合衆国の総人口3億1,600万人のうち1億9,800万人ほど（約3分の2）が法人化区域に、残りの1億1,800万人ほどが未法人化区域に住んでいる[169]。

(2) 地方公務員数

州政府及び各地方団体に勤務する公務員は、州約533万人、郡・市等約1,448万人の合計約1,981万人となっている。州の場合、その約半数（約270万人）を教員（うち約264万人が高等教育）が占める。

表2－7に見るように、連邦公務員数は、第2次世界大戦以降は210万人台から300万人台までの間で推移し、また、1980年代以降は横ばい傾向なのに対して、地方公務員数は大幅に増加してきている。州政府職員の場合、1950年の約106万人から、1980年の約375万人、2009年の約533万人へと約5倍になり、また、地方団体職員の場合も、1950年の約323万人から、1980年の約956万人、2009年の約1,448万人へと約4.5倍となっている。日本でも地方公務員数の増加が1960年代から1970年代にかけて見られたものの、1980年代半ば以降は横ばいに転じ、さらに1990年代以降は減少してきているのと比べると、アメリカにおける地方公務員数の一貫した増加は特徴的である。

(3) 地方公務員の分類

地方公務員は、非分類職（公選職及び政治任命職）と分類職に区分される。非分類職のうち公選職は住民から直接選挙で選ばれる職で、州政府では州知事のほか、大部分の州で副知事、州務長官、司法長官、財務長官などが公選

❖ 表2－7　政府職員数の推移

（単位：千人）

	1950	1955	1960	1965	1970	1975	1980	1985	1990	1995	2000	2005	2009
連邦政府	2,117	2,378	2,421	2,588	2,881	2,890	2,898	3,021	3,105	2,895	2,899	2,720	2,824
州および地方政府	4,285	5,054	6,387	8,001	10,147	12,084	13,315	13,669	15,263	16,626	17,976	19,004	19,809
州政府	1,057	1,250	1,527	2,028	2,755	3,271	3,753	3,984	4,503	4,719	4,877	5,078	5,329
地方政府	3,228	3,804	4,860	5,973	7,392	8,813	9,562	9,685	10,760	11,906	13,099	13,926	14,480
合　　計	6,402	7,432	8,808	10,589	13,028	14,974	16,213	16,690	18,369	19,521	20,876	21,725	22,632

出典：U.S.Census Bureau, *Statistical Abstract of the United States* の1981, 1991, 2004, 2012に基づき筆者作成（第1節（3）の数値とはパートタイム職員の換算が異なる）

職となっている。ただ、どの職が公選職かは州憲法等で定められていて州によって異なり、3州では公選職は州知事のみとなっている一方、10ポスト以上の公選職がある州もある。

　各部局長など最上位の幹部職員は、知事等から直接任命される政治任命職であり、身分保障はない。その範囲も州によって異なる。なお、任命に当たって、上院、両院その他委員会の承認を求めるところも多い。

　分類職は、除外職、非競争職、労働職、競争職に分けられる。除外職は各部局長の秘書などに当たる職である。非競争職は専門技術職が大部分を占めており、また、労働職は清掃作業員など日本の技能労務職に相当する職である。その他の一般の地方公務員は競争職に分類されており、多くの地方公務員は競争職である。

(4) 地方公務員の適用法規、勤務条件の決定方法等

　アメリカには日本の地方公務員法のような国内共通の法律等が存在しないため、一般の競争職の地方公務員制度は、各州や各団体によって多様であるが、州によっては州政府と州内の各地方団体職員に共通に適用される公務員関連法を定めているところも多い[170]。また、連邦公務員制度を含め一定の共通性も認められる。例えば、公務員制度の基本であるメリット・システムと猟官制の連邦公務員制度におけるせめぎ合いは、各州や団体においても、その影響を受けてきた。ただ、それぞれの団体で、どの官職を公選職にし、どの官職を政治任命職にするかについては、各団体の事情によるところが大きく、その任用方法も多様になっている。加えて、南部のフロリダ州、ジョージア州、テキサス州などでは、公務員の身分保障制度を廃止し、民間と同様、いつでも解雇され得る仕組みとした団体もある[171]。

　給与をはじめとする勤務条件の決定方法が、団体交渉によるのか否か、さらには争議行為まで認められるかについては、州によって様々である。傾向としては、南部の保守的な地域で団体交渉権等が一切与えられていない州が目立っている。

　また、ストライキについては、多くの州で禁止されているが、認められている州が12存在する。以前は、ウィスコンシン州でも認められていたが、2010年知事選挙で当選した共和党のスコット・ウォーカー知事の主導のもと対組合の強硬姿勢が続き、団体交渉権が大幅に制約されるとともに、ストライキ権も認められなくなった[172]。

(5) 給与及び年金

　給与水準は州によって大きく異なり、フルタイム職員の平均給与月額（2013年）は、コロンビア特別区（ワシントンDC）が6,391ドル、カリフォルニア州が6,190ドルだったのに対して、ミシシッピー州が3,250ドルとなっており[173]、倍近くの差がある（ちなみに連邦公務員の場合は、6,614ドル[174]）。

　年金についても、カリフォルニア州職員年金基金（CalPERS）やカリフォ

Column

影響力を発揮するユニークなNPO

　首都ワシントンDCに、近年注目されているNPOがある。2001年設立のパートナーシップ・フォー・パブリック・サービス（Partnership for Public Service）である。これは、有能な若者が政府にあまり就職しなくなっていることを憂えた投資家で富豪のサミュエル・J・ヘイマン氏の資産を基に設立され、政府をより良いものにすることを目指している。

　その活動は幅広く、例えば次のようなものがある。

(i) 毎年発表する連邦政府機関の働きやすさランキング"Best Places to Work in the Federal Government"は広く知られており、新聞等に取り上げられるほか、上位にランクインした政府機関がプレスリリースして人材誘致に活用している。

(ii) 公務員制度改革や政権移行などについて多くの調査研究・政策提言活動をしているが、自ら「非党派的」であること、それゆえ共和・民主両党とつながりを持てることを強調しており、特定の方向性を持つ一部のシンクタンクとは一線を画している。

(iii) 連邦政府職員を対象とした研修に力を入れており、国務省などから職員の派遣を受けたり、政府機関や大学への支援を通じて政府の採用活動に協力したりしている。

　このような活動について、高く評価する声がある一方、企業等からの寄附も収入源となっており、労働組合からは批判的な意見も出されている。

　CEOのマックス・スタイア氏は、企業は同団体の持つ名声や人脈に期待していると指摘した上で、企業がスポンサーになる背景には社会に良いことをしたいという目的もあると述べている（2017年11月聴取）。

ルニア州教職員退職年金基金(CalSTRS)といった資産残高2,000〜3,000億ドルに上る巨大な年金基金から、タウンシップや地域の学校区の職員のみを対象とする小規模なものまで多様で、2012年において3,998の制度が存在する。地方公務員の年金は、リーマンショック後、受給条件の厳格化や加入者拠出額の引き上げ等の見直しが広がっているものの、2015年11月以降の新規採用者に対して確定拠出年金に移行させることとしたオクラホマ州を例外として、現在も確定給付年金が大多数を占めている。確定給付年金額の算定は、最終平均給与に勤続年数に応じた支給倍率を乗じて算定している[175]。

---

1 Theodore J. Lowi, Benjamin Ginsberg and Kenneth A. Shepsle, *American Government: Power and Purpose 8th edition* (W.W.Norton & Company, 2004), pp.54-56.
2 Gabriel A. Almond, G. Bingham Powell, Jr., et al., *Comparative Politics Today: A World View 5th edition* (Harper Collins, 1992), p.568. トランプ政権でも、長官就任に当たって、マイク・ポンペオCIA長官とライアン・ジンキ内務長官が下院議員を、ジェフ・セッションズ司法長官が上院議員を辞職した。
3 Lowi et al, *op.cit.*, p.247.
4 法令上はPresidential appointmentであるが、おおむね本省局長に相当する次官補(Assistant Secretary)以上の幹部政治任用職であり(本文第3節(2)①参照)、給与も各省長官と同じ幹部職俸給表(Executive Schedule)が原則適用されること(本文第3節(2)④参照)から、本書では便宜的に大統領任命幹部職と呼称する。
5 憲法第1条は、議会の大統領に対する弾劾裁判の制度を設けている(下院の訴追、上院での裁判)。
6 共和党や民主党など既存の政党は、そもそも党首や党本部などの恒常的党組織を有していない。
7 政治任用者であってもFBI長官や政府倫理庁長官など中立性や公正性が特に求められ、任期が定められている職は、政権交代により当然に辞職するわけではない。
8 N. Joseph Cayer, *Public Personnel Administration-4th edition* (Wadworth, 2004), p.49.
9 *Ibid.*, p.18.
10 Nicholas Henry, *Public Administration and Public Affairs-7th edition* (Prentice-Hall, 1999), p.282.
11 共和主義者(Republican)の支援で第3代大統領に就任したジェファソンは「猟官制の創始者(founder)」と呼ばれる(Paul P. Van Riper, *History of the United States Civil Service* (Greenwood Press, 1958), p.23)。
12 Cayer, *op. cit.*, p.32.
13 *Ibid.*, p.20.
14 グラント大統領時代の1871年に公務員法が制定され、7人の人事委員を通じて、成績主義の概念を用いた公務員規則の策定が試みられた。1873年には財務省で初の競争試験が試みられたが、議会が予算案を人質に抵抗したため、猟官制やパトロネージを妨げるものにはならな

かった。
15　政治任用者の数は大統領ごとに増加し、例えば第11代大統領のポークは在職中の4年間（1845～49年）に13,500人以上の郵便局長を任命したという (Bernard S. Silverman, *Cages of Reason: The Rise of the Rational State in France, Japan, the United States and Great Britain* (University of Chicago Press, 1993) (武藤博己、新川達郎、小池治、西尾隆、辻隆夫訳『比較官僚制成立史－フランス、日本、アメリカ、イギリスにおける政治と官僚制－』(三嶺書房、1999年)、281頁))。
16　パトロネージ (patronage) は、語源的には、パトロン、支援者、保護者・後援者と同源であり、聖職推挙権という意味も有する。ここでは、腐敗的ニュアンスを含めて、情実任用、縁故主義任用といった意味である。
17　アメリカ公務員制度の古典書 (Van Riper, *op. cit.*, p.100) は、英国公務員制度の先例、すなわち①競争試験、②相対的身分保障、③政治的中立性を基礎とするメリット・システムをアメリカの思考や行動の特性を踏まえ構築したとしている。
18　第20代大統領ガーフィールドが就任後4ヶ月足らずで猟官失意者チャールズ・ギトーに暗殺された事件。ギトーは、自分の活動がガーフィールドの大統領選勝利に貢献したと信じ執拗に外交官の職を求めていたが、得られなかった。
19　猟官制の弊害が顕著になる中、後に第28代大統領となるウィルソンは、1887年の論文「行政の研究」において、政治と行政の分離を唱えた。
20　ペンドルトンはオハイオ州出身の弁護士で元副大統領候補。ドイツのハイデルベルク大学留学を経て、下院議員、上院議員としてペンドルトン法制定に尽力した。猟官を期待していた選挙民の反感を買い、再選はならず、その後、在ドイツ大使に就任した。
21　後に第26代大統領に就任したセオドア・ルーズベルトは、ペンドルトン法制定への貢献から初代の人事委員に任命され、公正中立な人事制度の確立に尽力した。これを顕彰し、1992年、人事管理庁本部ビルは「セオドア・ルーズベルト連邦ビル」と命名された。
22　Henry, *op.cit.*, p.283.
23　「上院での議論を通じて欧州の経験、特に英国が参照された。ただ、法律は、最終的には、英国の改革をあくまで一般的な形で認めるにとどまった」(Van Riper, *op. cit.*, p.98)
24　Katherine C. Naff, Norma M. Riccucci and Siegrun Fox Freyss, *Personnel Management in Government: Politics and Process, Seventh Edition* (CRC Press, 2014), p.8.
25　Cayer, *op.cit.*, pp.28-30.
26　連邦行政機関は、大統領行政府のほか、各省、独立機関、各省傘下の下部組織に大別される。各人事行政機関は、特定の省の傘下にないという意味で大統領直轄と言えなくもないが、行政管理予算局、国家安全保障会議など大統領行政府 (Executive Office of the President) に属する機関とは位置付けが異なる。
27　人事管理庁では、2015年7月、ハッキングにより膨大な個人情報が流出した問題の責任をとって長官が辞任した後、2年以上にわたり空席が続き、2018年3月に新長官が就任した。
28　シャウブ政府倫理庁長官はトランプ政権の利益相反について批判を行っていたが、2017年7月6日、同19日付けで5年任期を半年残して辞職する旨表明した (New York Times, July 6, 2017)。
29　5 U.S.C. §2101.
30　スケジュールCのほか、除外職としてスケジュールA、B、Dがある。スケジュールAは、機密・政策決定にかかわらず、能力判定になじまない職と定義され、軍施設の牧師・教師、弁護士・法律実習生、障害者の職などが当たる。スケジュールBも、同様に、競争試験になじま

ない職であり、スケジュール D は、パスウェイズ・プログラム（本文第 2 節 (1) ③イ参照）のインターン生などが当たる（連邦規則第 5 部第 1 章第 213 節）。

31　郵政公社職員は、1970 年の法律改正による組織改革により競争職から除外職となった。

32　賃金職員は、軍関係の厚生施設を含む種々の施設で勤務するブルーカラー職員であり、給与は時間給で算定されている。

33　郵政公社を除く行政部門の職員数は、1960 年 180.8 万人、1970 年 220.3 万人、1980 年 216.1 万人、1990 年 225.0 万人、2000 年 177.8 万人、2010 年 213.3 万人と推移している（人事管理庁ウェブサイト "Historical Federal Workforce Tables" https://www.opm.gov/policy-data-oversight/data-analysis-documentation/federal-employment-reports/（最終アクセス 2018 年 2 月 23 日））。

34　e.g., Washington Post, February 24, 2017, Paul C. Light, *The True Size of Government* (Brookings Institution Press, 1999).

35　5 U.S.C. §2301. アメリカの職業公務員制は、教育や採用試験の種類等に結び付いた特段の身分的な資格を前提とするわけではないが、メリット・システムに基づく任用を「資格任用」と呼ぶ場合が多い。

36　日本の現実の公務員人事管理は、アメリカの厳格な官職分類による「競争職」よりは、「人」の要素を考慮した職業公務員 SES との共通性が高いとも言える。

37　審査請求の対象は職列や等級の決定であり、人事管理庁は、適切な職列や級の変更を判断するが、実現のための個別具体的措置は各機関の権能に属する。

38　人事管理庁は、職群及び職列を 4 桁の番号で体系的に管理している。人事管理職群や各職列の定義等については、OPM, *Handbook of Occupational Groups and Families* (2009), pp.31-35 参照

39　官職分類は、合衆国法典上、給与の章に定められており、官職分類が主として給与決定に活用されていることの証左である。本文記載の審査請求もまた、実質的には給与決定に対する紛争処理である。

40　日本の 2007 年国家公務員法改正まで制度的に存置されていた旧職階制は、これと同様の考え方によって設計されていた（森園幸男等『逐条国家公務員法＜全訂版＞』（学陽書房、2015 年) 47-55 頁）。

41　本文第 7 節のとおり 2000 年代の一時期、国土安全保障省等を対象に大幅な独自性を認める動きがあったが、結果として、実現するには至らなかった。

42　5 U.S.C. §2301 (b) (1).

43　人事管理庁の統計データベース "FedScope" による

44　Luévano v. Campbell, 93 F.R.D. 68 (D.D.C. 1981) の同意審判 (consent decree)。試験の廃止の合意を前提に裁判の取り下げが行われた。被告キャンベル氏は元連邦人事委員会委員長であり、人事管理庁の初代長官。

45　U.S. General Accounting Office (GAO), *HUMAN CAPITAL: Opportunities to Improve Executive Agencies' Hiring Processes* (2003), pp.18-20（なお、GAO は 2004 年に U.S. Government Accountability Office に改称)。

46　人事管理庁人事政策担当長官補マーク・ラインホルド氏より聴取（2017 年 12 月）

47　U.S. Department of State, *Information Guide to the Foreign Service Officer Selection Process* (2016), p.3.

48　2017 年度人事院・日本行政学会共催国際講演会における人事管理庁人事政策担当長官補マーク・ラインホルド氏講演より

49　人事管理庁より聴取（2017 年 11 月）

50　人事管理庁からの聴取（2017 年 11 月）によれば、75％の連邦機関が USA Staffing を利用している。
51　GAO, *op.cit.*, p.11.
52　Presidential Memorandum of May 11, 2010.
53　メリーランド大学教授ドナルド・ケトル氏より聴取（2017 年 12 月）
54　U.S. Office of Personnel Management (OPM), MEMORANDUM FOR HUMAN RESOURCES DIRECTORS, January 31, 2005.
55　U.S. Merit Systems Protection Board (MSPB), *Annual Report Fiscal Year 2010*, (2011), pp.44-45.
56　Federal Handbooks, *2016 Federal Personnel Handbook*, p.18.
57　OPM, *General Schedule Qualification Policies*, pp.16-17.
58　National Commission on the Public Service (Volcker Commission), *Leadership for America: Rebuilding the Public Service* (1989).
59　ドナルド・ケトル氏より聴取（2017 年 12 月）
60　2017 年度人事院・日本行政学会共催国際講演会におけるマーク・ラインホルド氏資料
61　元エネルギー省次官補ジェフ・レーン氏より聴取（2017 年 11 月）
62　応募には大学院長等の推薦が必要とされていたが、2012 年から不要となった。
63　MSPB, *Growing Leaders: The Presidential Management Intern Program* (2001), pp. ix-x, Judith M. Labiner, *"Looking for the Future Leaders of Government? Don't Count on Presidential Management Interns"* 2003, pp.13-17.
64　もっとも、非研修員（学歴、採用時の官職の等級などが研修員と同等の者）でも離職率はほぼ同じと分析されている (MSPB, *Growing Leaders*, pp.8-10)。
65　保健福祉省ウェブサイト "HHS Emerging Leaders Program" https://hhsu.learning.hhs.gov/elp.asp（最終アクセス 2018 年 3 月 5 日）
66　MSPB, *Attracting the Next Generation: A Look at Federal Entry-Level New Hires* (2008), p.13.
67　Dean v. OPM, 115 M.S.P.R. 157 (2010).
68　Executive Order 13562 of December 27, 2010、連邦規則第 5 部第 1 章第 362 節パスウェイズ・プログラム (PATHWAYS PROGRAMS)
69　OPM, *The Pathways Programs: Their Use and Effectiveness Two Years After Implementation*, 2016.
70　OPM, *Common Characteristics of the Government Fiscal Year 2016*.
71　人事管理庁の統計データベース "FedScope" に基づき、2016 年度の公務からの離職者数を 2016 年 12 月現在の在職者数で除して試算
72　2017 年度人事院・日本行政学会共催国際講演会におけるマーク・ラインホルド氏資料
73　"人的資源大学（HRU）" ウェブサイト https://hru.gov/index.aspx（最終アクセス 2018 年 3 月 5 日）
74　OPM, *Federal Equal Opportunity Recruitment Program (FEORP) Report to Congress Fiscal Year 2014* (2016), pp.58-61.
75　人事管理庁ウェブサイト "Senior Executive Service FACTS & FIGURES" https://www.opm.gov/policy-data-oversight/senior-executive-service/facts-figures/（最終アクセス 2018 年 3 月 2 日）
76　2017 年度人事院・日本行政学会共催国際講演会におけるマーク・ラインホルド氏資料
77　前掲資料

78　両氏より聴取 (2007 年 11 月)
79　MSPB, *Training and Development for the Senior Executive Service: A Necessary Investment* (2015) .
80　日本では、「自由任用」を「『資格』の有無を問わずに適材と判断した人材を官界の内外から自由に任用する方式で…官界で定年年齢まで働き得る身分保障が与えられる」(西尾勝「公務員制度改革の道筋」『UP』第 36 巻第 8 号：5) と用いられることもあるが、アメリカの政治任用には、身分保障はなく、本文で記述のとおり、政権より在任期間はむしろ短く、長期雇用である者は皆無であることに留意が必要である。
81　David E. Lewis, *The Politics of Presidential Appointments: Political Control and Bureaucratic Performance* (Princeton University Press, 2008) (ルイス著 (稲継裕昭監訳)『大統領任命の政治学－政治任用の実態と行政への影響』(ミネルヴァ書房、2009 年)、29 頁)。
82　前掲書、112-116 頁
83　インターネット上での応募も盛んで、例えば、2009 年のオバマ政権発足に当たっては、30 万通以上の応募があった (New York Times, December 5, 2008) 。
84　Partnership for Public Service Center for Presidential Transition, *Presidential Transition Guide* (2016) , pp.63-69.
85　*Ibid.*, p.54. なお、2017 年 1 月に就任したトランプ大統領の下では、上院承認が必要な PAS 官職のうち主要 626 官職について、2018 年 1 月 9 日現在、241 が承認された一方、251 がいまだ候補者の指名に至っていない (ワシントン・ポストウェブサイト "Tracking how many key positions Trump has filled so far" https://www.washingtonpost.com/graphics/politics/trump-administration-appointee-tracker/database/?utm_term=.c9096c222991 (最終アクセス 2018 年 1 月 9 日)) 。
86　National Commission on the Public Service, *Urgent Business for America: Revitalizing the Federal Government for the 21st Century* (2003) , p.18.
87　Paul C. Light, "Fact Sheet on the Continued Thickening of Government" (ブルッキングス研究所ウェブサイト http://www.brookings.edu/papers/2004/0723governance_light.aspx (最終アクセス 2018 年 2 月 23 日))
88　例えば、2010 年 1 月からの約 5 年間で、政治任用の SES から職業公務員の SES になるなどして、約 70 人が職業公務員に転換している (GAO, *Office of Personnel Management: Actions Are Needed to Help Ensure the Completeness of Political Conversion Data and Adherence to Policy* (2016)) 。
89　宮田智之『アメリカ政治とシンクタンク』(東京大学出版会、2017 年) 33 頁は、1950 年代までは高級官僚に任命された専門家のほとんどは大学の研究者であり、シンクタンクが主な供給源の 1 つとして機能するのはケネディ政権以後であると指摘している。
90　そのほか、例えば、連邦検察官の給与は、司法省において一定の基準で個別に決定され、連邦執行官には GS が適用されている。なお、大統領の給与は 40 万ドルと定められている (5 U.S.C. § 102) 。
91　飯尾潤『日本の統治構造』(中央公論社、2007 年) 160 頁は、「政治的任命について、優れた外部の専門家が登用されていると称揚する意見もあるが、これはアメリカの現実を過度に美化したものである」と指摘している。
92　オバマ政権で次官補を務めたジェフ・レーン氏は、「組織に蓄積された記憶 (institutional memory) を持っているのは職業公務員なので、私は彼らを頼りにしていた」と振り返っている (2017 年 11 月聴取)。
93　アメリカン大学ディレクターロバート・トバイアス氏、ジェフ・レーン氏、アメリカ政府職

員総同盟上級政策顧問リチャード・C・ロープ氏より聴取(2017年11月〜12月)
94 辻清明『公務員制の研究』(東京大学出版会、1991年)、89頁
95 Washington Post, September 17, 2006.「(イラク支援の国防総省のポストへの選考に)中東の専門家である必要はなく、実際の選挙での投票などブッシュ政権への忠誠心が最も重要」とされ、このような取り扱いは「多くの人々が、ブッシュ政権の最も深刻な過ちの1つと考えている」。
96 坂本勝『公務員制度の研究－日米英幹部職の代表制と政策役割－』(法律文化社、2006年)204頁で、「SESの『政治化』の問題は、『キャリア』と『ノンキャリア』との摩擦を引き起こし『キャリア』公務員のモラールに影響を与えている」と指摘している。
97 ルイス(注81) 36-49頁は、上位の政治任用者が、職業公務員たる部門長と中立性等の関係で、調整がつかない場合の対応策として、①職業公務員(SES)を政治任用者(SES)に交替させたり、ポストをスケジュールCに置き換えたりする、②中間に新たな政治任用職を作り、統制を強化する、③スケジュールCなどの補佐スタッフを増強する、④組織改編やポスト削減を行い、職業公務員の退職を促すなどを、実例に則して分析している。
98 Cayer, op. cit., p.49. なお、Joel D. Aberbach and Bert A. Rockman, IN THE WEB OF POLITICS: Three Decades of the U.S. Federal Executive (Brookings Institution Press, 2000), p.116が示すデータでは、1991-92年に毎週1回以上議員と接触した職業公務員SESの割合は、同じ頻度で自省の長に接触する者の割合を上回るが、1970年に比べ顕著に減少している。
99 National Commission on the Public Service, Leadership for America: Rebuilding the Public Service (1989), Urgent Business for America: Revitalizing the Federal Government for the 21st Century (2003).
100 飯尾(注91) 159-160頁は、官僚制の伝統の長い国からすれば奇異に映る政治的任命制度が意外と支持を得ている理由として、一般有権者が政府の担当者を選ぶという民主政の素直な表現であること、公務は誰もが責任感を持ちさえすれば遂行でき、社会の価値観に見合った公務遂行が望ましいという発想があること、社会の構成を反映する官僚制が望ましいという代表官僚制といった考え方が残っていることなどを挙げている。
101 議会での公聴会等への対応は、主として、職業公務員ではなく、政治任用者の役割とされている。
102 5 U.S.C. §7102-7103. 連邦公務員の組合活動は、1900年頃から、郵便局等を中心に生じてきていたが、ペンドルトン法の政治活動禁止条項から活動の非政党性が強く求められるとともに、議会への請願も禁止されていた。1912年のロイド・ラフォーレット法(Lloyd-La Follette Act)により、請願や労働組合への加入が認められることになった。主な公務員労働組合は、アメリカ政府職員総同盟(AFGE、代表する職員は約70万人)、全国財務職員組合(NTEU、同約15万人)などであり、行政機関横断的な公務内組合である。
103 5 U.S.C. §7116, 18 U.S.C. §1918. 連邦職員による近年の大規模な違法ストライキとしては、1981年の航空管制官ストライキがあり、この結果、11,350人が解雇された。
104 Executive Order 12871 of October 1, 1993, Executive Order 13203 of February 17, 2001, Executive Order 13522 of December 9, 2009 and Executive Order 13812 of September 27, 2017. パートナーシップ協議会や労使フォーラムは、団体交渉制度に変更を加えるものではなくサービス向上に向けて労使での話し合いを図るものであったが、これらと併せ、法令上交渉可能とされている事項について団体交渉対象とする取り組みも行われた。
105 5 U.S.C. §5301.
106 従前、全国統一の給与水準の下、結果として公務員給与の水準が抑制されてきたことから、

1989 年のヴォルカー委員会の報告書の趣旨を踏まえ、公務の質の向上と活性化を目指して 1990 年連邦職員給与比較法が制定され、地域ごとの官民給与の累積較差の解消を図ることとされた。

107　5 U.S.C. §5302-5304.
108　給与比較の要素は、職種と役職段階のみで、年齢や勤続年数は、差別禁止法との関係もあり、考慮することはできないようである。なお、従来は非連邦職員の給与額算出には NCS のみを使用していたが、2014 年改定のプロセスから OES データを併用する方式が導入されている。
109　改定凍結により人事管理に大きな影響が生じることはなかったようであるが、これについては失業率が高い時期であったことが理由であるとの指摘もある (人事管理庁担当者、リチャード・C・ローブ氏などより聴取 (2017 年 11 月))。
110　2017 年 12 月 22 日付人事管理庁通知 *January 2018 Pay Adjustments* 及び同庁ウェブサイト "Salaries and Wages" https://www.opm.gov/policy-data-oversight/pay-leave/salaries-wages/2018/general-schedule/ (最終アクセス 2018 年 3 月 5 日)
111　日本ではボーナスに相当する特別給 (2018 年 1 月現在年間 4.4 月分) についても民間準拠で改定が行われる。アメリカの場合、業績報奨を除き、これに対応する給与はない。
112　5 U.S.C. 第 53 章第 3 節
113　人事管理庁ウェブサイト "Profile of Federal Civilian Non-Postal Employees" https://www.OPM.gov/policy-data-oversight/data-analysis-documentation/federal-employment-reports/reports-publications/profile-of-federal-civilian-non-postal-employees/ (最終アクセス 2018 年 3 月 2 日)
114　2018 年の改定に係る大統領給与エージェントの報告では、地域別の連邦公務員の俸給と民間給与の較差は最高 99.62％〜最低 34.09％、平均 61.04％ (地域均衡給込みでの較差は平均 34.02％) であるとし、この較差を 5％にまで縮小するには地域均衡給の支給率を最高 90.11％〜最低 27.70％、平均 53.37％に引き上げる必要があるとしていた (2017 年の支給率は 38.17％〜15.06％、平均 21.62％) (The President's Pay Agent, *REPORT ON LOCALITY-BASED COMPARABILITY PAYMENTS FOR THE GENERAL SCHEDULE* (2017), pp.23-24)。しかし、実際に 2018 年改定で定められた支給率は本文記載のとおりであり、地域均衡給込みでも 5％を相当程度超える較差が残っていることになる。
115　OECD のデータによる購買力平価換算 (特に断りのない限り、円への換算については以下同じ)。なお、OECD は各種データの修正を随時行っており、本章においては 2018 年 3 月 5 日時点で公表されている 2017 年の値 (1 ドル＝ 98.239 円) を用いた。
116　公共政策系大学院修了生を対象とする調査では、学位取得後の初任給額は 4.5 万ドル超 5.5 万ドル以下が最も多く、次いで 3.5 万ドル超 4.5 万ドル以下となっており (Network of Schools of Public Policy, Affairs, and Administration, *2017 Alumni Survey*)、大統領研修員の給与は、同調査での初任給中央値よりやや高い程度の水準であると推測される。
117　5 U.S.C. §5305. 例えば、コンピュータエンジニア職列等に係る特別の俸給額 (Special rate table 999C) では、通常に比べ、5 級は 40％、7 級は 35％、9 級は 30％、11 級は 20％高い水準に設定されている。ワシントン勤務・9 級 1 号俸の場合、通常は地域均衡給込みで 56,233 ドルであるが、特別の俸給額では 57,014 ドルとなる (2018 年 1 月現在)。適用者数については、GAO, *FEDERAL PAY: Opportunities Exist to Enhance Strategic Use of Special Payments* (2017), pp.10-11
118　5 U.S.C. 第 53 章第 8 節
119　行政機関によっては、バンド内でポストに応じた複数の段階を設定して運用している (tier system)。例えば連邦調達庁では 4 段階を設定しそれぞれに上限額を設けている (同庁ウェブ

サイト "Pay and Performance Awards Under the Senior Executive Service (SES)" https://www.gsa.gov/node/91915（最終アクセス2018年3月5日））。
120　SESの俸給の最高額と最低額はGSとの均衡で改定されるが、個別のSES職員の給与改定は、新たな給与幅の範囲内で人事評価により行われる。
121　2016年度の改定は平均3,950ドル（2.3％）。OPM, *Report on Senior Executive Pay and Performance Appraisal Systems Fiscal Year 2016* (2018).
122　5 U.S.C. 第45章
123　OPM, *Report on Senior Executive Pay and Performance Appraisal Systems* (2010年度からの各年度版).
124　5 U.S.C. §5753-5754.
125　5 U.S.C. 第53章第4節及びOPM, *The FWS Appropriated Fund Operating Manual*
126　国務省ウェブサイト "Standard Operating Procedures Notice NO. 134A3" https://careers.state.gov/work/benefits/fs-entry-salaries/fso-sop-134a3/（最終アクセス2018年3月2日）
127　OPM, *A Fresh Start for Federal Pay: The Case for Modernization* (2002).
128　アメリカン大学教授デービッド・H・ローゼンブルーム氏、同大学教授ロバート・デュラン氏、ニューヨーク大学教授ポール・ライト氏、AFGE政策局局長ジャクリーン・サイモン氏などへのインタビューによる（2007年11月）
129　臼井康隆「日米における官民給与差をめぐる議論」『レファレンス』2012年3月号、77-81頁
130　最近の動きとしては、2017年4月に議会予算局が連邦公務員の給与は民間を3％上回るとする報告を公表したことや (Congressional Budget Office, *Comparing the Compensation of Federal and Private-Sector Employees, 2011 to 2015* (2017))、2018年給与改定に係る大統領給与エージェントの報告が業績に応じた (performance-sensitive) 制度とするため連邦給与制度の根本的見直しが必要であるとしたこと (The President's Pay Agent, *op.cit.*) が注目される。
131　人事管理庁ウェブサイト "Top Reasons to Work for the Federal Government" https://www.cybercareers.gov/job-seeker/top-reasons-to-work-for-the-federal-government/（最終アクセス2018年3月2日）
132　三菱UFJリサーチ＆コンサルティング『諸外国における行政組織等の減量・効率化に係る諸改革及び経常的な改善取組の状況に関する調査研究報告書』（2007年）、8-11頁
133　例えば、1994年度から翌1995年度前半における職員削減（13万人以上）のうち、解雇によるものは6％とされている (GAO, *FEDERAL DOWNSIZING: Better Workforce and Strategic Planning Could Have Made Buyouts More Effective* (1996))。解雇は、組織再編などの際の最終手段とされており、実施に当たっては、対象とする組織範囲を確定した上で、等級・職種等を同じくするグループごとに、雇用形態、勤続年数、勤務成績等により職員の優先順位付けを行うなど厳格な手続きが求められる。なお、本文第4節(4)で言及した一時帰休も短期的な歳出削減に用いられる。
134　人事院『平成23年度年次報告書』（2012年）第1編第2部第1章中「主要4か国における総人件費抑制の取組～給与据置き・人員削減により実施～」
135　給与改定凍結中も物価が上昇していることから、職員に対する実質的なマイナスの影響は存在していた。
136　5 U.S.C. 第61章、第63章
137　29 U.S.C. §207. アメリカ連邦公務員の超過勤務実態は公表資料がなく不明であるが、公

務部門のフルタイム労働者の平均実労働時間は週 41.9 時間であり、全産業平均 (42.4 時間) よりやや短いものの、ある程度の超過勤務が行われていることが推測される (2016 年、労働省労働統計局人口動態調査)。なお、OECD の統計 (2016 年) によれば、アメリカの全労働者の年間実労働時間は 1,783 時間と、日本 (1,713 時間)、ドイツ (1,363 時間)、フランス (1,472 時間) に比べ長い。
138 人事管理庁担当者より聴取 (2017 年 11 月)。なお、圧縮勤務の利用は多くないようである。
139 5 U.S.C. § 3402.
140 人事管理庁ウェブサイト "Profile of Federal Civilian Non-Postal Employees" https://www.OPM.gov/policy-data-oversight/data-analysis-documentation/federal-employment-reports/reports-publications/profile-of-federal-civilian-non-postal-employees/ (最終アクセス 2018 年 3 月 5 日)
141 1 月 1 日、2 月第 3 月曜日、5 月最終月曜日、7 月 4 日、9 月第 1 月曜日、10 月第 2 月曜日、第 4 月曜日、11 月第 4 木曜日、12 月 25 日等
142 例えば、2014 年にはクリスマス翌日の 12 月 26 日が休日扱いとされた。Executive Order 13682 of December 5, 2014.
143 近年、大統領と議会の政策不一致等を背景に、予算成立の遅れに伴う連邦政府機関閉鎖による職員一時帰休が時々見られる (2018 年 1 月、2013 年 10 月、1995 年 12 月等)。これは、憲法第 1 条第 9 節や "Antideficiency Act" に基づき予算上の根拠のない通常経費支出ができないためであり、一時帰休の対象は、大統領や大統領任命幹部職その他除外職員を除き、数十万人に及ぶことがある。期間中は無給だが、事後に議会判断で遡及的に補填されることもある。かつては前記法律等が弾力的に解され、閉鎖は稀だったが、1980 年当時の司法長官シビレッティの意見により厳格な対応となった。違反には刑事罰も科される (Congressional Research Service, *Shutdown of the Federal Government: Causes, Processes, and Effects* (2017))。日本にはない対応だが、1990 年 3 月分の給与が 1989 年度補正予算の成立遅れにより半額ずつ 2 回払いとなったことが想起される。
144 OPM, *Status of Telework in the Federal Government: Report to the Congress* (2011), p.4.
145 OPM, *Status of Telework in the Federal Government Report to Congress Fiscal Year 2016* (2017).
146 現在の制度枠組みは、従前の勤務評定制度が識別機能や処遇等への反映が十分ではなかったことを踏まえ導入された。日本の国家公務員法制定当初の勤務評定制度の基礎となったのは、1935 年の評価制度であった (福田紀夫「職階法の廃止と人事評価制度導入の経緯と課題」『別冊人事行政』2016 年 3 月号)。
147 5 U.S.C. 第 43 章、連邦規則第 5 部第 1 章第 430 節
148 2012 年 1 月 4 日付人事管理庁通知 "Senior Executive Service Performance Appraisal System"
149 各評語が意味する成績は、レベル 5：極めて優秀 (outstanding)、レベル 4：優秀 (exceeds fully successful)、レベル 3：良好 (fully successful)、レベル 2：やや不良 (minimally satisfactory)、レベル 1：不可 (unsatisfactory) である。なお、重要要素の 1 つでも最低評価があれば、合計点にかかわらず全体評語はレベル 1 となる。
150 1 次評価は被評価者本人に共有され、職員は 1 次評価に対する文書コメント提出や評価者よりも上位の職員による審査を要求することができる。上位の職員は 1 次評価結果を変更することはできないが、異なる評価を業績審査委員会及び任命権者に勧告することが可能である。業績審査委員会では職員本人のコメントや上位の職員による勧告も併せて審査される。

151 レベル1評価1回で再配置又は排除、3年間にレベル2以下の評価2回又は5年間にレベル1評価2回で排除の措置を講じなければならない。
152 適用される職員の割合で見ると、5段階71.4％、2段階12.7％、3段階9.4％、4段階6.2％となっている。GAO, *Federal Workforce: Distribution of Performance Ratings Across the Federal Government, 2013* (2016)．p.5.
153 行政機関職員より聴取（2017年2月）。人事管理庁の規則では、実際の職務遂行状況に基づいて評価を行うこと、分布制限は行わないこと、レベル1（「不可」）の全体評語付与については、重要要素が「不可」と評価された場合に限るとともに、より高位の管理職員による再検討・承認が必要であること等が定められているが、その他には全体評語決定に係る詳細な基準はない。
154 GAO, *RESULTS-ORIENTED MANAGEMENT: OPM Needs to Do More to Ensure Meaningful Distinctions Are Made in SES Ratings and Performance Awards* (2015)，pp.22-23, Partnership for Public Service, *Embracing Change: CHCOs Rising to the Challenge of an Altered Landscape* (2014)，p.14.
155 「雇用における年齢差別禁止法」は、制定当初の主要な目的が、中高年齢者の失業対策にあったため、適用対象が40歳以上の労働者とされている。また、従業員20人未満の企業や自営業者には適用されていない。
156 OPM, *Executive Branch Retirement Statistics: Fiscal Years 2007-2016*.
157 2017年度人事院・日本行政学会共催国際講演会におけるマーク・ラインホルド氏資料
158 社会保障庁ウェブサイト "Contribution And Benefit Base" http://www.ssa.gov/OACT/COLA/cbb.html（最終アクセス2018年3月5日）
159 社会保障庁ウェブサイト "Annual Statistical Supplement, 2017" https://www.ssa.gov/policy/docs/statcomps/supplement/2017/index.html（最終アクセス2018年3月5日）
160 神代和欣「わが国の老後所得保障政策の問題点」『日本労働研究雑誌』第672号（2016年7月号）
161 人事院「民間の退職金及び企業年金の実態調査の結果並びに国家公務員の退職給付に係る本院の見解について」(2017年4月)
162 Executive Order 13770 of January 28, 2017. このように、法律による規制に加えて、大統領令により、任用時に宣誓させる形で規制することはある。例えば、オバマ大統領は、大統領令により、幹部職俸給表適用者等の接触禁止の期間を離職後1年でなく2年としていた。
163 OPM, *Biography of an Ideal: A History of the Federal Civil Service*, 2003, pp.276-277, ルイス（注81）51-52頁
164 「国家業績レビュー」では職員の削減も行われ、40万人以上が削減された。
165 本文第2節(1)①参照
166 例えば、国務省（関係部門を含む）では現在17％の職員が年金受給資格を有し、5年後には全体の31％、10年後には約半数の職員が年金受給資格を得ることが見込まれることを踏まえた採用育成戦略を作成している (U.S. Department of State Bureau of Human Resources, *Five Year Workforce and Leadership Succession Plan, Fiscal Years 2016-2020* (2016))。
167 ドナルド・ケトル氏は、現行の採用手続きが煩瑣で時間がかかり過ぎるため、優秀な人材が選考中に辞退するなどの影響が生じており、今後の大量退職を見据えた採用システムの改善を行わないことには深刻な事態を招くとしている（2017年12月聴取）。
168 U. S. Census Bureau, *Statistical Abstract of the United States 2012*, p.267.

169 アメリカ合衆国国勢調査局ウェブサイト "Population Trends in Incorporated Places: 2000 to 2013" https://www.census.gov/content/dam/Census/library/publications/2015/demo/p25-1142.pdf（最終アクセス 2018 年 2 月 26 日）
170 例えば、ニューヨーク州では州憲法（第 5 条第 6 節）でメリット・システムについて規定し、ニューヨーク州公務員法を定めて州公務員及び州内の地方団体職員に適用している。
171 J. Edward Kellough and Lloyd G. Nigro, eds., *Civil Service Reform in the States* (State University of New York Press, 2006).
172 稲継裕昭「アメリカ合衆国の地方公務員の給与制度について」『地方公務員月報』第 623 号（2015 年 6 月号）、43-118 頁
173 U.S. Census Bureau, *Annual Survey of Public Employment & Payroll Summary Report 2013* (2014), p.10.
174 OPM, *Salary Information for the Executive Branch Fiscal Year 2013* (2014), p.4.
175 年金シニアプラン総合研究機構編『米地方公務員年金に関する調査研究報告書』(2015 年)

第 3 章
イギリスの公務員制度

要 旨

概観・経緯
- 議院内閣制の下、政党間で政権交代があることを前提に、行政府に入った大臣等の政治家と事務次官以下の職業公務員との関係が成立してきた。職業公務員は中立・客観的な立場から、時の内閣の政策立案・執行を支える義務を負い、他方、大臣は職業公務員の政治的中立性を尊重し、公務員の知見に基づく中立的な助言を尊重する義務を負うという関係にある。
- サッチャー政権以降、公務員の人事管理は分権化の流れ。本省課長以上の上級公務員については各省共通の制度が適用されるが、一般の公務員については、国家公務員担当大臣が定める原則に従い、各省が人事制度を定める権限を持つ。いわゆるNPM改革の流れに沿った分権化や民間的管理手法の導入、公務員以外の者の政府への登用等が行われてきている。他方、公務の伝統的な価値への回帰も見られ、公務員に関する事項は伝統的に勅令等で定められていたが、採用における成績主義の原則や公務の価値が議会法である憲法事項改革・統治法(2010年制定)で規定。
- 政治家以外の政治任用として、特別顧問の制度がある。

任用・昇進・育成
- 幹部候補生を採用・育成する仕組みとしてファストストリーム試験。一般の採用は空席公募により実施。局長級以上等の任命に際しては、独立の人事委員会委員が選考委員会を主宰しており、近年、幹部職員の任命に大臣の意向を反映させようという動きがあったものの制度の基本は維持されている。
- 公務の専門能力を高めるため、専門グループ(profession)の仕組みが整備され、異動や人材育成で役割を担っている。研修ではオンラインが活用。幹部候補育成のために公務高度潜在能力課程や能力評価制度が整備され、2017年にはリーダーシップアカデミーが創設。

労働基本権と勤務条件
- 公務員に労働三権が認められており、一般の公務員の給与等の勤務条件は、国家公務員担当大臣が定める原則に従い、財務省の設定する枠の中で、各省ごとに労使交渉によって決定。上級公務員の給与は、上級公務員給与審議会の勧告に基づき改定。
- ジョブ・シェアやモバイルワークなど弾力的勤務制度が整備されている。

人事評価
- 人事評価の結果は、給与等に活用。

退職管理・年金
- 定年制は2010年に廃止。2015年に新しい年金制度「アルファ」が導入され、支給開始年齢の引き上げ等が行われている。

改革の動向
- 2010年の政権交代以降、2012年の公務改革計画、2016年の公務員人材計画等、公務員に関する新たな改革が打ち出されている。

地方公務員
- 日本の地方公務員法に相当する法律はなく、民間労働者と同じ労働法令を適用。給与、勤務時間等の勤務条件は各自治体で労使交渉を行い決定。日本のような一斉の異動ではなく空席公募によりその都度実施。

1 概観

(1) 統治機構

　イギリス（グレートブリテン及び北部アイルランド連合王国）は、イングランド、ウェールズ、スコットランド及び北部アイルランドから成る連合王国である。立憲君主国であり、国王はイギリス本土のみならず、インド及びマレーシアを除くイギリス連邦海外属領の元首を兼ねている。ただし、「君臨すれども統治せず」と言われているとおり、国王の権限は名目的である。

　議会は上院（House of Lords）と下院（House of Commons）で構成される。上院は世襲制貴族、一代貴族、聖職者が構成メンバーとなっている（2017年現在804議席）。下院議員は全国650（2017年現在）の小選挙区制から直接選挙により選出される。1911年議会法、1949年議会法により、下院優位の原則が確立している[1]。

❖ 表3-1　イギリスの歴代政権（1945年以降）

在任期間	首相名	内閣の構成
1945 − 1951	アトリー	労働党
1951 − 1955	チャーチル	保守党
1955 − 1957	イーデン	
1957 − 1963	マクミラン	
1963 − 1964	ダグラス＝ヒューム	
1964 − 1970	ウィルソン	労働党
1970 − 1974	ヒース	保守党
1974 − 1976	ウィルソン	労働党
1976 − 1979	キャラハン	
1979 − 1990	サッチャー	保守党
1990 − 1997	メージャー	
1997 − 2007	ブレア	労働党
2007 − 2010	ブラウン	
2010 − 2015	キャメロン	保守党・自由民主党
2015 − 2016	キャメロン	保守党
2016 −	メイ	

出典：筆者作成

第3章　イギリスの公務員制度

行政府の最高機関は名目的には枢密院であるが、実質的には枢密院の一部である内閣が行政を執行している。内閣の首班たる首相は国王が任命する形を採っているが、19世紀以来、下院の第1党の党首が首相となる慣習が定着している。この議院内閣制の下で、2大政党制が確立しており、労働党と保守党の2大政党による政権交代が行われているが、近年は、保守党と自由民主党との連立政権も誕生している。

　閣僚には閣議に出席できる閣内大臣（Secretary of State）のほか閣外大臣（Minister of State）がいる。閣内大臣及び閣外大臣は上下両院議員の中から首相が推薦し、国王が任命する。閣外大臣は閣議には出席せず、閣内大臣から一定の権限を委任されている。このほか、閣内大臣は議員の中から政務次官（Parliamentary Secretary）を選任し、必要な支援、補佐を受けている。さらに、閣内大臣及び閣外大臣は与党議員の中から政務秘書官（Parliamentary Private Secretary）を任命することができ、議会との連携等に当たらせている[2]。2017年12月現在、メイ政権における閣内大臣23人、閣外大臣34人、政務次官37人、政務秘書官45人となっている[3]。このようにイギリスにおいては、多数の与党議員が政府に入ることで、与党と内閣・各省庁の政治指導部が一体化され、政府与党の政策立案機能は内閣に一元化されている。

　行政機関は、首相府のほか、大臣庁（Ministerial Departments）25省庁、非大臣庁（Non Ministerial Departments）20省庁で構成されている（2018年4月現在[4]）。省庁再編が稀な日本と異なり、イギリスでは政権交代の度に省庁の統廃合等が頻繁に行われ、最近では、2016年7月、EU離脱省（Department for Exiting the European Union）及び国際貿易省（Department for International Trade）が新たに設置されている。

　1988年以降、執行部門への権限委譲が必要との考えから、行政執行機能を企画立案機能から切り離し、エージェンシー（Executive Agency）を設ける改革が行われ、多くの行政機関が本省から切り離された。エージェンシーには、予算総額の範囲内において、その業務執行について大幅な裁量と自律性が認められている。2018年4月現在、エージェンシーは38機関[5]ある。

（公務員の数）

　国家公務員の総数は、2017年3月現在、約42万人である。職務階層別の内訳は、上級公務員（Senior Civil Service: SCS）【課長（Deputy Director）級以上】が約5千人、グレード6及び7（上級プリンシパル及びプリンシパル）【課長補佐級】が約4万人、上席・上級執行官（Senior and Higher Executive Officer）【係長級】が約10万人、事務執行官（Executive Officer）【係員級】が約11万人、事務補助職（Administrative Officers and Assistant）が約15万人などとなっ

❖ 表3-2　イギリスの国家公務員数（2017年3月現在）

	2000年	2017年 計	男性	女性
上級公務員（SCS）	3,730	5,103	3,002	2,101
グレード6及び7	22,750	41,367	22,566	18,801
上席・上級執行官	74,930	98,849	51,003	47,846
事務執行官	114,580	110,771	48,308	62,463
事務補助職	249,090	149,549	62,688	86,861
（報告なし）	2,670	13,760	5,478	8,282
計	467,750	419,399	193,045	226,354

出典：Office of National Statistics, *Civil Service Statistics*（2000, 2017）

ている。

　国家公務員の人員構成を2000年時点と比較してみると、2010年以降、業務のIT化などの影響により事務補助職が大きく減少している一方、上席・上級執行官以上の職員は、上級公務員（SCS）を含めて増加している。また、2000年には30歳台（約33％）、2010年には40歳台（約33％）、2017年には50歳台（約32％）の割合が最も高く、職員の高齢化が進展している[6]。

（2）官僚制の沿革

　イギリスの公務員は、伝統的に国王の使用人として位置付けられ、国王に対して忠実に奉仕する義務を負う。しかし、イギリスにおいても絶対君主制の時代から今日に至るまで官僚制の中身は変化を経験してきている。すなわち、官僚制は絶対君主制の下では君主に代わって統治する機構として機能していたが、議会制度が導入され定着する中で、いわゆる党派的人事が行われるようになり、政権交代に伴って、行政官の大幅な交替が行われることとなった。

　その後、その弊害が無視できないものとなるに至り、優秀な人材の採用や安定的な公務員制度の確立を求める声が高まり、ノースコート・トレヴェリアン報告（1853年）に基づく改革が実施された。公開競争試験の実施などが改革提案の中心であった。報告に基づき、1855年に人事委員会が設置されたが、公開競争試験の導入は1870年まで遅れることとなった[7]。これ以降、メリット・システムに基づく公務員制度が確立されることとなった。

　第2次世界大戦後には、行政における素人主義の蔓延の改善という問題意

識の下、1968年の「フルトン報告」に基づき、公務員の専門性を高めるための公務員大学校（Civil Service College）の設置などを内容とする改革が行われている[8]。

その後、1979年にサッチャー政権が誕生すると、いわゆるニュー・パブリック・マネジメントの理念の下でエージェンシー化など人事管理の分権化が進められていった。この流れは今も引き継がれているものの、ニュー・パブリック・マネジメントの行き過ぎへの揺り戻しが生じ、継続性、不偏不党といった公務の伝統的価値への回帰も見られるようである。例えば2003年4月、政府の公務基準委員会（The Committee on Standards in Public Life）[9]はその報告書の中で「清廉性」「公共性」「政治的中立性」「資格任用性」という公務の伝統的価値の重要性を指摘している。

イギリス憲法は憲法典という形式をとらない不成典憲法であり、公務員制度は国王の大権事項として歴史的に形成されてきた。公務員制度に関する成文化した法律はなく、公務員制度に関する事項は伝統的に枢密院勅令（Order in Council）[10]で定められていたが、2010年4月、憲法事項改革・統治法（Constitutional Reform and Governance Act 2010）が制定され、成文法において、人事委員会の設置、国家公務員担当大臣に対する公務組織を管理する権限の付与、国家公務員規範（Civil Service Code）の制定、採用に係る原則、特別顧問の定義等が規定されることとなった。

(3) 人事管理の仕組み

① 公務員法制

憲法事項改革・統治法の規定に基づき、下記アからウまでのとおり、具体的な任用、給与、服務等に関する基準を定める国家公務員管理規範（Civil Service Management Code）等が制定されている。これらは、同法制定前から存する規範等であるが、同法制定後は形式的には同法の規定に基づき制定されるものとして位置付けられている。

(i) 国家公務員管理規範（国家公務員担当大臣が制定）は、職員の勤務条件について、各省庁が遵守しなければならない事項を規定する。

(ii) 国家公務員規範（国家公務員担当大臣が制定）は、国家公務員が遵守すべき公務における4つの中核的な価値（「清廉性（integrity）」「誠実性（honesty）」「客観性（objectivity）」「中立性（impartiality）」）等を規定する。

(iii) 憲法事項改革・統治法は、公務員の採用に当たっての選考は、公平かつ公開の競争に基づいた成績主義によらなければならないとし、その実現のため、人事委員会が人事委員会採用規範（Recruitment Principles）を

策定し、各省庁において人事委員会採用規範を遵守することを定めている。

また、イギリスの公務員には、基本的には、民間の労働者と同様に、雇用権法、労働組合労働関係法、安全衛生法などの労働法制が適用されているが、一部の公務員については争議行為が禁止されている。

② 中央人事行政機関

主な中央人事行政機関として、内閣府、人事委員会及び財務省がある。それぞれの主な所掌事務等は次のとおりである。

ア 内閣府（Cabinet Office）（国家公務員担当大臣：首相が兼任）

憲法事項改革・統治法第3条において、国家公務員担当大臣（The Minister for the Civil Service）は、公務員組織を管理する権限を有することされ、内閣府において次の事務を所管する。

・国家公務員規範、国家公務員管理規範及びそのガイドラインの制定
・ファストストリーム（Civil Service Fast Stream）試験（幹部候補生採用試験）の管理及び実施
・服務・倫理に関する企画・管理
・国家公務員の能力の設定・管理
・上級公務員（SCS）の給与等勤務条件に関する枠組みの設定
・退職年金制度の企画・管理　等

イ 人事委員会（Civil Service Commission）

憲法事項改革・統治法第2条に基づき、設置。委員長及び委員は、国家公務員担当大臣の推薦によって女王が任命する。同法の制定により、人事委員会の独立性は強化されたが、委員会の役割は本質的に変化していない[11]。人事委員会の主な職務は次のとおりである。

・人事委員会採用規範の策定、メリット・システムの監視
・各省庁及び各エージェンシーの採用制度及びその運用実態の監査
・事務次官（Permanent Secretary）級、局長（Director General）級及び外部公募の場合の部長（Director）級職員の任用に関する承認
・国家公務員規範の遵守へ向けた取り組み
・国家公務員規範に基づく職員の不服申立ての審査　等

ウ 財務省（Her Majesty's Treasury）

・公的支出管理の観点から、給与、手当及び退職年金を統制・管理
・上級公務員（SCS）以外の職員の給与改定に際し、給与の歳出枠（pay remit）を決定

③ 人事管理の分権化

　採用や給与等の人事管理について、従来は、一元的な管理が行われてきた。給与については、財務省と組合との一元的な交渉によって公務員全体に適用される俸給表が決定される仕組みであり、また、採用についても人事委員会の採用試験による一元的な管理が行われてきた。

　しかしこのシステムは、1980年代以降激変し、各省庁への分権が急速に進められていった。採用については、下位のグレードの採用は公務員省が廃止された翌年の1982年に出された勅令で各省庁への権限委任が進み、それは1991年の勅令で更に中位グレードにまで広げられた[12]。現在ではファストストリーム試験を除いて、公務員共通の試験というものはなくなっている。また、1993年から96年にかけて、給与及び給与関連の勤務条件の決定権限が委譲[13]されるなど、上級公務員（SCS）以外の一般職員については、各省庁・各エージェンシーにそれぞれの人事制度を定める権限が付与され、国家公務員管理規範等が定める基本的な原則の枠内で、具体的に各人事制度、俸給表（Pay Band）、休暇日数等を定めている。

④ 上級公務員（SCS）の人事管理の仕組み

　SCSとは、各省庁・各エージェンシーの課長級ポスト以上に在職する幹部公務員の総称で、1994年の「公務員白書」[14]を受ける形で、1996年に従来のグレード5（本省課長級：Assistant Secretary）以上のグレードを統一した単一の職員グループとして創設された[15]。SCSは企画立案、エージェンシーの運営に携わる職員のほか、エンジニア、会計士、医師など様々な職種の職員で構成されている。制度創設の背景には、行政をめぐる変化に対応し得る、より戦略的な行政運営、政府横断的な視野が必要とされていたことがあった。

　SCSの人事管理は所属省、エージェンシーが行うが、任用、給与、勤務時間、業績評価、退職等の人事制度については、国家公務員管理規範に共通の枠組みが設定され、俸給表（Pay Band）、休暇日数等については具体的な内容が規定されている。あるポストをSCSポストとするか否かは、各省庁・各エージェンシーが、当該ポストの複雑・困難度、専門性等を測定する指標である上級官職職務評価指標（Job Evaluation for Senior Posts: JESP）に基づいて評価を行い決定する。

2 任用(採用・昇進)・人材育成

(1) 採用の基本

　憲法事項改革・統治法において、①公務員の採用に当たっての原則として、選考は、公平かつ公開の競争に基づいた成績主義によらなければならないこと、②当該原則の実現のため、人事委員会は、採用選考における各省庁共通の具体的な手続きを定めるものとして、人事委員会採用規範を策定すること、③各省庁は当該人事委員会採用規範を遵守しなければならないことが定められている[16]。人事委員会は、各省庁・各エージェンシーの採用制度が人事委員会採用規範を遵守しているか監査を行い、年次報告書で結果を報告する。

　採用方法は、一般職員の場合は空席公募又は公開競争試験(第2節(2)①参照)、SCSの場合は空席公募(第2節(5)①参照)により行われる。

　公務員になるためには、イギリス、アイルランド共和国、イギリス連邦諸国、欧州経済連携(EEA)加盟国等の国籍を有していることが必要である。ただし、インテリジェンスなどの機密に関わる特定官職については、イギリス国籍保有者に限られる[17]。

　任命権の所在は以下のとおり。

〈任命権の所在〉

(i) 内国公務の長 (Head of the Civil Service)[18]
　現職の内国公務の長及び人事委員会委員長の助言に基づき、首相が任命する[19]。

(ii) 事務次官
　内国公務の長の推薦に基づき首相が任命する[20]。

(iii) 各省庁局長、各エージェンシーの長
　内国公務の長の推薦者に対する首相の承認を得て大臣が任命する。

(iv) その他の職員 (上記(i)から(iii)以外)
　各省庁職員にあっては当該省の事務次官、エージェンシー職員にあっては当該エージェンシーの長がそれぞれ任命する。

　自らの専門を軸とした異動が基本であるイギリスでは、他省の公募に応募して異動していくことが一般的であり、民間企業への転出や一度公務外に転出した者が再採用される例も多く見られる。

(2) 採用の制度・実態、異動

① 採用
ア 空席公募による採用
空きが生じたポストに部外から職員を補充する必要がある場合に行われ、人事委員会採用規範に定める手続きを遵守した上で、公募手続き及び選考基準は各省庁・各エージェンシーが定める。全ての省庁・エージェンシーの公募ポストは「Civil Service Job Search」というウェブサイトで情報が一元的に管理されており、検索し応募することができる[21]。

人事委員会採用規範に基づき、各省庁・各エージェンシーは、採用プロセス全体を監督するため2人以上の職員で構成する選考委員会を設置することとなっている。選考委員長は、選考プロセスが人事委員会採用規範に則っていることを確保する全ての責任を担っており、公募前に、職務内容や選考スケジュール、選考委員会の委員等を承認するとともに、選考の最後に選考結果等について簡易な記録を作成する。

例えばジャーナリズムの経験が重要である広報担当のポストなど、大臣が任用に関心を持っているポストの場合、選考委員長は、特に公務外の者が十分選考に挑戦可能であることを確保するため、具体的な職務内容と求められる人材要件の記述書(job and person specification)、募集広告の条項、及び選考委員会の構成について、大臣に相談し同意を得なければならない。また、大臣は人事委員会代表者の同席の下で、各任用候補者と面談し、自身の意見を選考委員会にフィードバックすることができるが、大臣自身が選考委員になることや、候補者の追加や削除をすることはできない[22]。

〈雇用年金省(Department for Work and Pensions)の一般的な選考過程〉
(i) オンライン申請フォーム審査(これまでの経験の中で、求められているコンピテンシーを発揮した例などを入力させるもの)
(ii) オンライン試験(多肢選択式の状況判断試験(提示されたシナリオにとって最良の対応を選択させるもの))
(iii) 面接試験 ※(i)(ii)両方を通過した者が受験可能
(iv) 採用前の人物確認(年齢・職歴・犯罪歴の有無等)

イ 公開競争試験による採用
幹部候補生を採用・育成する仕組みであるファストストリーム試験のほか、募集要件を同じくする採用がある程度の人数見込まれる場合に、各省庁において独自に実施される採用試験[23]がある。各省庁の採用試験は必ずしも毎年実施されるわけではない。いずれも受験資格に年齢制限は設定されていな

いが、主に若者を採用することを想定した試験となっており、ファストストリーム試験はタイムズ誌による「大学卒業生にとって最良の機会を提供している雇用者トップ100」（その年の卒業生に対するインタビューにより決定）で例年5位以内に位置している[24]。

（ファストストリーム試験（Civil Service Fast Stream））
・募集職種、試験区分等

ファストストリームは幹部候補生を採用・育成する仕組みであり、採用試

❖ 表3-3　ファストストリーム試験区分（2016年）

	区分	職種・プログラムの内容
中央管理区分 (the centrally managed model)	ジェネラリスト (Generalist)	様々な省庁・専門グループを経験するプログラム
	欧州 (European)	EUの機関や英国におけるEU関連業務に従事する職種の区分
	科学技術（※） (Science&Engineering)	科学技術分野の専門知識を活かして政策形成に寄与する職種の区分
	デジタル (Digital & Technology)	デジタルサービスの設計・構築・運営業務に従事する職種の区分
	契約 (Commercial)	公共調達関連業務に従事する職種の区分
	財務 (Finance)	財務や内部監査部門等において経済・財政関係業務に従事する職種の区分
	プロジェクト執行 (Project Delivery)	様々な政策分野でのプロジェクト運営の中核を担う職種の区分
	広報（※） (Communications)	広報や省内コミュニケーション業務に従事する職種の区分
	統計（※） (Statisticians)	様々な政策分野においてデータ収集・分析・アドバイス等を行う職種の区分
省庁又は専門グループが管理する区分 (a department or profession managed model)	外交（※） (Diplomatic Service)	外交関係業務に従事する職種の区分
	議会書記官 (Houses of Parliament)	議員の議会業務を支援（委員会への随行、議会ルール等の助言等）する職種の区分
	人事 (Human Resources)	人事関連政策の企画、実施、組織への助言等を行う職種の区分
	経済（※） (Economist)	経済の専門知識を活かして政策形成に寄与する職種の区分
	業務調査（※） (Operational Research)	アナリストや政策担当者等と協力しながら、科学的・数学的技術を活かして政策形成に寄与する職種の区分
	社会調査（※） (Social Research)	重要な意思決定に影響を与える社会動向や研究を特定・分析・解釈する職種の区分

（※）を付した区分は採用されると同時にその専門グループ（Profession）に加入することとなる。
出典：Cabinet Office, *Civil Service Fast Stream and Fast Track: Annual Report* (2016)

験と採用後数年の配置・研修とで構成されている。沿革的には、ノースコート・トレヴェリアン報告に基づく公開競争試験による幹部候補採用に遡る。

2012年以前は、大卒ファストストリーム試験、専門ファストストリーム試験、部内職員を対象としたファストストリーム試験の3種の試験が実施されていたが、2013年に再編成された。現在は、中央管理区分（内閣府のファストストリーム担当部局（Fast Stream and Early Talent）が管理して、プログラム中、様々な組織で幅広い経験を積ませる区分）と、省庁又は「専門グループ」（profession）（第2節(2)②参照）が管理する区分の2つに大別されている（後述の「採用後のプログラム」を参照）。また、部内職員対象のファストストリーム試験は、2013年限りで廃止された[25]。

・受験資格

年齢制限はなく、大卒以上の学歴で、かつ、大学の学業成績が不可を除く4段階評価のうち上位3段階（又はそれに相当する成績）であることが求められる。区分によっては、専攻が経済学、統計学、工学等関連分野であることや、成績が4段階評価の上位2段階であること等を要件としている。

・応募者数、合格者数

推移を見ると、長期的に募集数・応募者数・合格者数は増加傾向にある。理由としては、公務員の専門性強化の流れを受けたファストストリーム試験における様々な専門区分の新設、それらの区分からの採用の増加が主な要因と考えられる。

1980年代には、基本的にファストストリーム試験は区分に分けられていなかったが、1990年代に「経済職」等の専門区分が新設された。その後、後述（第2節(2)②ア参照）するとおり、2000年代以降、労働党政権下において、公務員の専門性の向上の必要性が叫ばれ、2004年、従来の「ジェネラリスト」「スペシャリスト」の分類を「政策立案（Policy Delivery）」「業務執行（Operational Delivery）」「管理業務（Corporate Delivery）」の3分類に改め、全ての職員が何らかの専門分野を持つ必要があること、従来、幹部への昇進のために重視されてきた政策立案分野だけではなく、どの分野も同等に重視されトップ層への昇進機会が提供されるべきこととされた[26]。

こうした流れの下、ファストストリーム試験においても、人事（2010年）、社会調査（2011年）、業務調査（2012年）、契約、財務、広報等（2015年）、多くの専門区分が新設され、これらの区分からの採用者が増え、全体として合格者数が大幅に増加している。ジェネラリスト区分からの採用者数も減少はしていないが、割合で見ると、2003年時点でファストストリーム試験合格数全体の5割を占めていたものが、2016年時点では3割に低下している。

❖ 表3-4　ファストストリーム試験の応募者・合格者等の推移

年	募集数	応募者数	合格者数	合格者中オックス・ブリッジの出身者割合（%）
1983			86	67
1988			97	42
1990			71	48
1993			119	59
1998	367	9,037	235	34.5
2000	560	14,409	426	32.2
2005	497	12,957	504	29.8
2010	477	21,761	465	22.4
2011	354	18,361	393	26.0
2012	649	21,542	654	26.6
2013	782	17,966	864	22.2
2014	820	20,072	915	21.0
2015	1,077	21,135	967	20.1
2016	911	39,695	1,245	22.2

出典：1998〜2016データ：Cabinet Office, *Civil Service Fast Stream and Fast Track: Annual Report*
　　　1983〜1993データ：Cabinet Office, *Review of Fast Stream Recruitment*（1994）

　また、多様性と包摂性（Diversity & Inclusion）を推進する方針もあって、合格者中オックスフォード大学又はケンブリッジ大学（オックス・ブリッジ）出身者の割合は長期的に低下傾向にある。
　合格者の学位は、人文科学（23.4％）、経済学（20.5％）、社会科学（20.4％）が多くなっている（2015年実績）。

・試験内容
　「オンライン試験」、「アセスメント・センターでの試験」及び「最終選考試験」で構成される（ジェネラリスト区分など一部の区分は「最終選考試験」がない2段階）。オンライン試験は指定期間（7日間）内に受験者が自宅等で受験する。アセスメント・センターは従来ロンドンのみであったが、2017年からニューカッスルが選択できるようになった。同年に障害のある学生からの応募を増やすことを目的に、試験内容の見直しが行われており、見直し前後の試験内容は表3-5のとおりである。最終選考試験では、区分ごとに受験者の専門能力や当該専門グループ、試験区分の志望動機等を判定する。

・採用後のプログラム
　4年間のプログラムが一般的だが、区分によって期間や内容は異なる[27]。

第3章　イギリスの公務員制度　97

❖ 表3-5　2017年の試験内容見直し

	2016年以前	2017年以降
オンライン試験①	言語推理 数的推理 コンピテンシー多肢選択式試験 状況判断質問	状況判断質問（25問） （業務上の様々な場面における対応として、複数選択肢の中から最適なもの等を選択するもの） 行動質問
オンライン試験②	未決箱試験	未決箱試験（80分） （業務に関する複数のEメールについて、背景資料等を見ながら最も良い対応を選択（多肢選択式）し、時間内にいかに対処するか検証するもの） ビデオインタビュー（20分） （これまでの経験や興味・関心事項等に関する8つの質問に時間内に回答するもの）
アセスメント・センターでの試験	集団試験 筆記政策提案試験 リーダーシップ試験 個別面接	集団試験（※1） リーダーシップ試験（※2） 分析試験（※3）

（※1）集団試験（準備時間30分、集団討論40分）
　　5～6人のグループで、政府目標にタスクチームとして取り組む架空のシナリオが提示され、通常、複数の提案が選択肢として与えられる。
　　準備時間（30分）：課題に関連する情報が全員に配布される。加えて、受験者それぞれに交渉ポジションが割り当てられ自らのポジションに関連する資料が配付される。
　　集団討論（40分）：大臣に提案する選択肢についてグループ内で合意し、それを支持する助言を考える。
（※2）リーダーシップ試験（30分間）
　　始めに、受験者に対して、幅広いステークホルダーが関係する架空のプロジェクトについて、目的、進捗状況、課題、プロジェクト・チーム内の問題等に関する資料が提示される。
　　試験時間30分間の中で、当該資料を読んで準備を行い、試験官に対して、自らが当該プロジェクトのリーダーを引き受けるとしたら、どのように資料に記された課題に対処し目標を達成するか、10分以内でプレゼンテーションを行う。残り時間は試験官との間の質疑応答となる。試験後、受験者は試験の振り返りシートを簡単に記入する。
（※3）分析試験（1時間半）
　　架空の2つの試行中の施策について、様々な情報源からの情報の書類が与えられる。
　　課題1：書類を基に問題と結果を分析し、PCを用いて、2つのうち1つの施策を全国展開するためにバランスのとれた説得力ある提案を文章化する。
　　課題2：論文の定量的なデータから読み取った傾向を明確に表現した資料を作成する（大臣がインタビューで数値を聞かれた場合に回答できるよう、大臣用資料を作成することを想定した試験）。
出典：イギリス政府ウェブサイト"Civil Service Fast Stream"やファストストリーム・アセスメント・センターガイドを基に筆者作成

　2012年試験までは、本省職（ジェネラリスト区分）は、採用されると、いずれかの省庁に採用されていたが、最初に配属される省庁によって、経験する業務の幅や給与が変わってくるという問題があった。そこで後述（第7節(1)参照）する公務改革計画[28]（Civil Service Reform Plan）(2012年)の下、より

計画的かつ効果的な配置を目指した見直しが行われ、2013年から共通ファストストリーム（The Corporate Fast Stream（2016年からは中央管理モデル（the centrally managed model）と呼ばれている））という新たなスキームが導入された。当該スキームに分類されるファストストリームの試験区分からの採用者は、まず全員が内閣府のファストストリーム担当部局（Fast Stream and Early Talent）に採用される。4年間のうち、前半は内閣府のファストストリーム担当部局に任用されている形で、複数省又は民間企業において、窓口業務、政策立案（大臣室など）、バックオフィス、人事管理、広報、財務、プロジェクトマネジメントなど、多岐にわたる3、4ポストを経験する。後半は、特定の省に配置され1ポストを経験し、当該省の業務をより専門的に学ぶ。省の選択はできず、空席ポストの状況や本人の適性に基づいて内閣府のファストストリーム担当部局が配属を決定する。

プログラム終了後は、ファストストリーム試験採用者以外の職員と同様に空席公募に応募して異動していくことになる。

・公務員ファストトラック修習（Civil Service Fast Track Apprenticeship）

イギリスでは、大学に進学する学力があるにもかかわらず早期から職業経験を積むためにあえて進学せずに就職する若者（school leaver）が増加している。その中でも優秀な者を公務に取り込み、学位がなくとも、公務において潜在的な能力を高めリーダーとなる機会を提供するための新たなプログラムとして、公務員ファストトラック修習が2014年から開始された。

義務教育修了時（16歳）に受験する全国統一試験（General Certificate of Secondary Education: GCSE）で一定以上の成績を修めていることが受験の要件で、試験内容は、オンライン試験（言語推理、数的推理、状況判断質問、コンピテンシー質問）とアセスメント・センターでの半日の試験（集団試験、筆記試験、面接）となっている[29]。

2016年は、経営（Business Administration）、契約（Commercial）、デジタル（Digital and Technology）、財務（Finance）、プロジェクト執行（Project Delivery）の5分野で募集があった。

合格者は、任期のない正規職員として採用され、最初の2年間は、職務に必要なスキルを学びながら職務に従事し、その後は、Civil Service Job Searchから部内公募の職に応募することができる。修習期間中はメンターがつくなど、キャリアに関する様々な支援を受けられる。初年の修習生は204人だったが、毎年規模を拡大しており、3年目の2016年は811人が合格して33省庁・エージェンシーに採用された。

❖ 表3-6　公務員ファストトラック修習の応募者・合格者等の推移

年	応募者	合格者	合格率
2014	2,947人	204人	6.9%
2015	5,793人	684人	11.8%
2016	7,215人	811人	11.2%

出典：Cabinet Office, *Civil Service Fast Stream and Fast Track : Annual Report* (2015) (2016)

② 異動の基本

　国家公務員の異動は、上位ポストや他ポストに空席が生じるごとに公募が行われ、職員が応募することによって行われるのが基本である。任用された役職が異動前より上位のものであれば昇任となる。
　職員は、一般職員からSCSまで、政策企画、政策遂行、法律、人事、経済といった何らかの専門グループ（Profession）に属することが望ましいとされ、ポストについても、専門グループに分類されている。職員は、自らの専門グループに属するポストに異動していくのが基本であり、省をまたいだ異動も頻繁に見られる。

ア　専門グループの沿革と運用、異動との関係

　専門グループの原型は、フルトン報告に基づいて整備された「職業グループ」（Occupational Group: 給与、採用、人事管理の目的のために使用される公務員の基本的な分類）にあると考えられる。
　2000年代には、労働党政権下において、公務員の専門性が依然として不十分であるとの問題意識から、任用や人材育成をはじめとする人事管理に活用するため、役職段階や職種ごとに求められるスキルを明記した政府プロフェッショナル・スキル（Professional Skills for Government: PSG）が策定され、上司との面談等を通じた必要なスキルの確認、スキルが不足している分野の研修受講等を通じた公務員の能力向上が図られることとなった。また、公務の専門性向上を「政策立案（Policy Delivery）」「業務執行（Operational Delivery）」「管理業務（Corporate Delivery）」の3つの分類に基づいて行うこととした。これにより、国家公務員の大部分を包含する「政策専門グループ（Policy Profession）」と「業務執行専門グループ（Operational Delivery Profession）」という新たな2つの専門グループが創設された。職業公務員のトップである内国公務の長が各専門グループに属する部長級ないし局長級の職員の中から専門グループの長（Head of Profession: 本務を別に持ちつつ兼任する）を任命する一方、各省庁事務次官が各省庁内における専門グループの長を任

命することとされ、専門グループは、所属職員の能力開発、昇進管理等に責任を持つこととされた[30]。2012年6月に公表された公務改革計画、それを受けて国家公務員の能力向上の統一方針として2013年に策定された公務員

❖ 表3-7　専門グループの種類と職員数（フルタイム換算）

（2017年3月31日現在）

専門グループ（Profession）	職員数（人）
Commercial（契約職）	5,020
Communications（広報職）	3,300
Corporate Finance（政府投資職）	140
Digital, Data and Technology（デジタル職）	11,470
Economics（経済職）	1,000
Finance（財務職）	11,080
Human Resources（人事職）	8,270
Inspector of Education and Training（教育監察職）	800
Intelligence Analysis（外事情報分析職）	1,850
Internal Audit（監査職）	950
Knowledge and Information Management（情報職）	2,500
Legal（法律職）	7,070
Medicine（薬学職）	1,700
Operational Delivery（業務執行職）	209,240
Operational Research（業務調査職）	650
Planning（都市計画職）	440
Planning Inspectors（都市計画監察職）	280
Policy（政策職）	17,800
Project Delivery（プロジェクト執行職）	11,450
Property（政府資産職）	3,380
Psychology（心理職）	1,210
Science and Engineering（科学技術職）	12,970
Security（公安職）	5,930
Social Research（社会調査職）	600
Statistics（統計職）	1,700
Tax（税務職）	26,920
Veterinarian（獣医職）	410

出典：Office of National Statistics, *Civil Service Statistics*（2017）

能力計画（Civil Service Capabilities Plan）及び翌年に策定された2014年版公務員能力計画（The Capabilities Plan 2014 Annual Refresh）において、能力開発における専門グループの長の役割強化等が盛り込まれ、人材育成や職員のキャリア形成の基盤として専門グループをより活用していくこととされた。

　現在、職員が自らキャリアパスを形成していく場合には、複数の専門分野を経験しつつも、軸足として1つの専門分野を持つことが望ましいとされている[31]。専門グループへの所属は徐々に進んでいるが、現在でも必ずしも全ての職員が専門グループに所属しているわけではない（何らかの専門グループに所属している職員の割合は、2010年は79％、2016年は96％）[32]。

　一部の専門グループでは、加入するための要件として、法曹資格等の職業資格が求められる場合があるほか、経済職、統計職、業務調査職、社会調査職といった各種の分析を行う職種などの一部の職種では、専門グループへの所属が当該専門分野のポストに就くための要件となっており、空席公募や当該専門分野に関する区分のファストストリーム試験の選考プロセスにおいて専門グループ加入の選考（テスト、面接）も同時に行われている[33]。このような専門グループは、人事管理への関与が強く、各省庁の空席ポスト情報を一括して管理し、省庁横断的な任用の管理が行われている。

イ　出向等

　自らの専門を軸とした異動が基本であるイギリスでは、他省の公募に応募して異動していくことが一般的であり、民間企業への転出や一度公務外に転出した者が再採用される例も多く見られる。人材育成の一環として、現所属省庁に籍を残したまま一時的に他省庁や公務外の組織に出向することもある（他省庁に行く場合は出向（loan）、公務外の組織に行く場合は派遣（secondment）と言われる）[34]。日本における他省庁や独立行政法人等への出向に類似するが、本人からのアクションがある点が大きく異なる。

　出向・派遣に当たっては、職員自身が所属省庁の人事課や所属する専門グループに連絡を取って出向先を探し、出向・派遣を通じて身に付けたいスキル、自らのキャリア形成における意味、所属省庁又は出向・派遣先組織にどのような利益があるかを上司や人事当局に説明して了承を得る必要がある。出向・派遣中の勤務条件は、出向・派遣先組織との個別の契約に基づき決定される。

　民間企業派遣については、幹部候補育成の一環として、2014年から、民間企業と提携してHigh Potential Secondment Programmeという官民交流のプログラムが実施されている[35]。

　また近年、内国公務の長のジェレミー・ヘイウッドの提案により、地方公

共団体の直面する課題に対する理解を深めさせることなどを目的として、国と地方公共団体の人事交流を活発化させる内閣府地方自治体試行プログラム（Cabinet Office's Local Government Pilot Programme）が開始されている。

(3) 人材育成

① 研修の基本的枠組み

　公務員の研修は、従来、フルトン報告に基づき設置された公務員大学校、その後継組織の公務員研修所（National School of Government: NSG）が実施してきた[36]。この間、各省庁における独自研修の実施が進み、類似の研修が公務内で多数実施されるようになったことから、公務内の研修を統括するため、2011年4月に公務員ラーニング（Civil Service Learning: CSL）というプログラムが導入された。NSGの機能もCSLに統合され、NSGは2012年4月に閉鎖された[37]。

　CSLは業務上必要なスキルやリーダーシップなどの研修科目について、オンラインや教室形式で提供しており、職員は、自ら必要な研修を選んで受講することができる[38]。CSLを運営する部局は内務省（Home Office）に置かれているが、オンラインでの研修を主体にすることにより、研修に関わる職員数は大幅に削減され、現在では部長以下80人程度の職員で運営されている[39]。

② 幹部候補の育成システム

　ファストストリーム試験により採用された者を対象とするファストストリーム・プログラムのほか、課長補佐級、課長級及び部長級の職員を対象として幹部候補を育成するため、役職段階別の一連の研修から構成される公務高度潜在能力課程（Civil Service High Potential Stream: CSHPS）というプログラムが実施されている[40]。

　研修受講者の選定[41]は、上級幹部候補課程（SLS）と幹部候補者課程（FLS）については、自己評価、オンラインの心理テスト及び面接という3段階で行われ、高度潜在能力開発課程（HPDS）は省内選考及び面接で選考される。選考は、既に公務高度潜在能力課程の下のレベルの研修を受けた者以外も含めて行われ、各役職段階で新規の研修受講者を受け入れる仕組みとなっており、このような競争を通じて、常に優秀な者が研修を受講するようにしているという[42]。

　研修の受講は、昇任のための必須要件ではないが、次の役職段階への昇任状況を見ると、研修受講者の昇任可能性は、受講していない者よりも高い状況にある[43]。

Column

公務員コンピテンシー・フレームワーク(Civil Service Competency Framework)

公務改革計画や公務員能力計画を受け、PSG（第2節（2）②ア参照）に替わって、2013年から、公務員に求められる行動特性を提示した公務員コンピテンシー・フレームワークが導入された。これは、国家公務員に求められる10のコンピテンシーを3つのカテゴリーに分けて示したものであり、局長級から係員級までの各役職段階別に「効果的な行動（effective behaviour）」と「非効果的な行動（ineffective behaviour）」を具体的に列挙している。国家公務員に共通のものに加え、専門性の向上の観点から、専門グループもそれぞれで必要とされる専門性を反映させた独自のコンピテンシー・フレームワークを作成している。

人事評価のツールとして、職員が求められる行動をとっていたかどうかを判定することを念頭に置いているが、任用や人材育成にも、必要なスキルの有無を判断する観点から活用されている。

（図）10のコンピテンシー

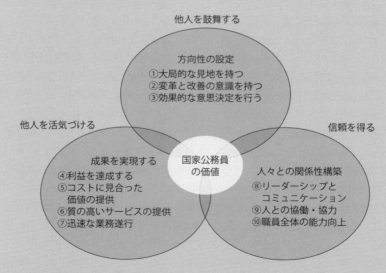

出典：Civil Service Human Resources *Civil Service Competency Framework 2012-2017*（2012）

❖ 表3-8　公務高度潜在能力課程における役職段階別の研修[44]

研修名	対象	参加人数（人）
能力開発選抜課程（Individual Development Programme: IDP）	局長（Director General）級	15
高度潜在能力開発課程（High Potential Development Scheme: HPDS）	部長（Director）級	40
上級幹部候補課程（Senior Leaders Scheme: SLS）	課長（Deputy Director）級	100
幹部候補者課程（Future Leaders Scheme: FLS）	課長補佐（G7/G6）級	400

出典：筆者作成

③　9ボックス評価（9-Box Grid Development Intervention）

　2011年から、局長級及び部長級の職員の能力を測定するため、9段階の能力評価制度（9-Box Grid Development Intervention：9ボックス評価）が用いられている[45]。これは、ポテンシャル（次のレベルへの昇進可能性）を縦軸、業績（現在のポジションにおける業績）を横軸とする3×3の9つのボックス（全省統一様式）のどこに該当するかによって、職員の能力を測定する手法である。幹部リーダーシップ委員会（SLC）が人事の将来構想を考える際の適任者選定や、幹部の能力開発に役立てられている。公務高度潜在能力課程（CSHPS）の候補者はポテンシャル（縦軸）が最上位に入っている者から選ばれる。9ボックス評価の対象範囲は、2012年には課長級を含むSCS全体、2013年にはグレード6及び7（課長補佐級）の職員にまで拡大された。

　9ボックス評価は、優秀な職員を見出すことが主たる目的であり、下位の成績の職員の人材育成等も目的とする人事評価制度とは目的を異にしている。

④　リーダーシップアカデミー（Leadership Academy）[46]

　2017年9月、SCSや幹部候補職員を対象とする人材育成機関として、内閣府にリーダーシップアカデミーが創設された。SCSが講師を務めて、互いに学び合うことが想定されており、専門グループ（Profession）や各省庁と協力して運営されている。

　研修内容は、リーダーシップに関するもの、契約・デジタル等の専門分野に関するもののほか、昇任したばかりの者を対象とする研修、外部から採用された者を対象とする研修など多岐にわたり、ロンドンで実施される講義形式の研修、郊外で行われる合宿形式の研修（Basecamp）、幹部公務員同士のネットワーク形成のための集い等、多様な形式で実施されている。

❖ 図3-1　9ボックス評価

	将来の有望株（4年以上）	高い潜在力（1～3年）	スターパフォーマー（準備完了）
現在の等級より昇進する可能性が高い	高い潜在力を持ち、強力なインパクトを与えるが、現職に就いたばかり又は経験不足である。 本ボックスは暫定的な評価である。本ボックスに格付けされた職員は18ヶ月以内に横又は下のボックスに再格付けされることが見込まれる。	困難な目標を頻繁に達成するとともに、強力な潜在力を示している。業績は継続的に向上し、変化に対応し、リーダーとして認識されている。	他の職員と比べ、並外れた業績を挙げている。すぐにでも次のレベルで成功し得る完成されたポテンシャルを持っている。能力の高いリーダーかつロールモデルとして認識されている。
	将来の優秀者	安定的な貢献者	強力なパフォーマー
現在の等級より昇進し得る	現職に就いたばかりで、能力を示してはいるものの業績を判断するのは尚早又は業績が期待水準に及ばない。 本ボックスは暫定的な評価である。職員は12ヶ月を超えて本ボックスに格付けされることを想定されてはいない。	現在のレベル、役割においては評価できる。業績は通常の水準に達し、今後も能力が向上し、大規模又は複雑な事業を行える可能性がある。	継続的に高い業績を上げ、優れた価値を提供している。リーダー・ロールモデルとして行動している。現在のレベルを超えた行動様式及び業績を示しているが、完全ではない。
	成績不振者	並の貢献者	成績優秀者
現在の等級が最適である	業績にムラがあるか不十分。コンピテンシーが不十分又は行動様式に問題あり。	現在のレベルにおいては十分な水準の業績を上げている。専門的能力、リーダーシップは完成の域に達している。 このボックスに2年以上格付けされている職員は更なる審査の対象となることが見込まれる。	現在のレベル・役割においては高い価値を有する。チームメンバーの中心として強力なパフォーマーである。
	断続的又は不十分な業績	十分に効果的な業績	並外れた業績

潜在力 ↑

業　績 →

出典：2013年度人事院・日本行政学会共催国際シンポジウムにおける内閣府のロシェル・フィッシャー氏の発表資料「イギリスの国家公務員の人材管理制度」から引用

(4) 女性の採用・登用、ダイバーシティー

　公務における女性の登用は、1970年代には政府が取り組むべき課題とされていた。数年ごとに関連した報告を行い、その都度、前の報告書に基づく取り組みを評価し、新たな課題を設定し取り組むという流れで、上位官職を中心に1980年代以降、行動計画が累次設けられてきた。1984年時点で5.3％だったSCSに占める女性の割合は、1992年に10％を超え、1999年の「政府の現代化白書（Modernising Government）」では、2005年までにSCSの

Column

ダイバーシティー推進のためのファストストリーム・インターンシッププログラム

① 早期ダイバーシティー・インターンシッププログラム（The Early Diversity Internship Programme: EDIP)

　大学1年次の学業成績が不可を除く4段階評価の上位3段階で、BAME又は社会的・経済的に不利な背景を持つ大学1年生を対象に2015年から開始された。期間は1週間で、ネットワークセッション、スキルワークショップ、ファストストリーマーのジョブシャドウイング等から構成され、2016年は125人が参加した（応募者は722人）。

② 夏期ダイバーシティー・インターンシッププログラム（The Summer Diversity Internship Programme: SDIP)

　大学の学業成績が不可を除く4段階評価の上位3段階（又はその見込み）で、BAME、障害者、又は社会的・経済的に不利な背景を持つ者のいずれかに該当する大学2・3年生・大学院1年生を対象に、2013年から開始された。夏季に6～9週間、政府機関で勤務する（有給）。2016年には308人が参加しており、SDIPを経験した学生の多くが、ファストストリーム試験出願をサポートするコーチングプログラムを受け、試験に合格している。また、2017年には、肯定的評価を受けたSDIP生に対して、ファストストリーム試験のオンライン試験を免除するファスト・パス（Fast Pass）を付与する仕組みが導入された。

　両インターンシップとも、選考は、①オンライン試験（状況判断テスト、行動質問（多肢選択式））、と②電話インタビュー（コンピテンシーや動機に関するもの）の2段階で行われる。

35％、幹部職員の25％を女性とする登用の数値目標を設定した。

また、2008年の「公正性の促進と多様性の尊重白書（Promoting Equality, Valuing Diversity - A Strategy for the Civil Service）」では、公務が社会の女性、人種、障害者等の構成割合を適切に反映することを通じて、行政サービスの質の向上や優秀な人材の確保、公務員の意欲向上などを実現することを目的に、女性（2013年までにSCSの39％、幹部職員の34％）だけでなく、人種的マイノリティー（SCSの5％）、障害者（SCSの5％）についても登用の数値目標を掲げている[47]。

こうした取り組みの結果、2017年度末の女性割合は、全国家公務員では54.0％、SCSでは41.2％まで上昇している。

現在、取り組みの焦点は女性に関するものから、社会的・経済的に不利な背景を持つ者やBAME（アフリカ系、アジア系及び少数民族。black, Asian, and minority ethnicの頭文字を取ったもの）、障害者等のマイノリティーの採用・登用に移ってきており、こうした者の採用・登用を促進するため、ファストストリーム関連では、先述した2017年の試験内容の見直しや、2種類のインターンシップの導入などが行われている。

(5) 上級公務員（SCS）の任用

① 任用の方法

最高位のポストである「内国公務の長」以外は、全てポストに空きが生じるごとに公務内外への公募によって行われ、選考は、一般職員同様、人事委員会採用規範の規定に従って省庁ごとに行われる。一般職員からSCSに昇任する際には、省庁ごとに実施される上級公務員評価試験（SCS Assessment Centre）と呼ばれる登用試験（筆記試験、ロールプレイ、プレゼンテーション、インタビューなど）を受ける必要がある[48]。また、事務次官・局長級（SCS Pay band 3）のポストへの任用に当たっては、人事委員会採用規範に加えて、人事委員会と内国公務の長で合意した幹部公務員任用議定書（The Civil Service Senior Appointments Protocol）[49]が適用され、空席が発生すると、人事委員会委員長を含む幹部リーダーシップ委員会（Senior Leadership Committee）において空席の補充方法（外部公募、部内公募、又は同レベルのポストからの異動）が決定される[50]。

公募については、ポストの性質上公務外から合格者を見出すことのできる可能性が低い場合を除いて外部公募をすることとなっており、部長級（SCS Pay band 2）以上のポストでは、2016年度の採用153件中149件が外部公募によって行われた[51]。近年、人事委員会が選考に関与した公募により任用さ

❖ 表3−9　人事委員会が選考に関与した公募によって任用された部長
（SCS Pay Band 2）以上の者の出身内訳

年	国家公務員	国以外の公務部門（注）	民間	Voluntary/Third Sector
2014-15	46%	31%	21%	2%
2015-16	41%	33%	26%	No data
2016-17	60%	20%	20%	No data

注：国以外の公務は、「国立保健サービス（National Health Service）」、地方公共団体をさす。
出典：Civil Service Commission, *Annual Report* (2015-16), (2016-17)

れた部長級以上の者の経歴の割合は表3−9のとおりとなっている。

業務の性質によって、民間企業からの登用が多い分野、ほとんどがSCSからの内部登用で占められる分野などがあり、例えば、政策立案に関わる業務であれば内部登用が多く、デジタル（digital）業務や契約・調達業務等の専門知識を要する業務であれば民間出身者登用が多いとのことである[52]。

② 選考プロセス

局長級以上のポストに任用する全ての場合、部長級（SCS Pay Band 2）のポストへの任用のうち外部公募を行う場合には、人事委員会委員が選考委員会を主宰することとなっており、各省庁・エージェンシーは選考前に人事委員会委員が主宰する必要性の有無を確認する必要がある[53]。

事務次官・局長級のポストに任用する際の選考委員会のメンバーは、通常、選考委員会を主宰する人事委員会委員（任用ポストが事務次官級の場合は必ず人事委員会委員長）のほか、当該省庁の事務次官、他省庁の事務次官、公共組織の非執行理事会メンバー（non-executive board member）や外部委員で構成される。

選考委員会は、選考の結果、最適な候補者を大臣に推薦し、大臣は当該候補者の任命に反対する場合、理由を添えて選考委員会に差し戻すことができる。差し戻しを受けて選考委員会が候補者を変更する場合は、その理由を記録するとともに人事委員会の承認を得なければならない[54]。なお、事務次官級の場合は、次のコラムに記載のとおり、現在は首相が任命することとなっている。

Column

公務改革計画（2012年）でのSCS任用に関する2つの提言

① 事務次官任用への大臣の関与の強化

　大臣が議会への説明責任を果たし政策優先事項を実施するためには、大臣が信頼し得る事務次官の任用が重要であり、事務次官の任用過程への大臣の関与を強化する必要があるとの方針が打ち出された。これに対し人事委員会は反対を表明するとともに、公正かつ公開の競争に基づいた成績主義による任用という法に定められた原則の重要性を述べ、その遵守を求めた。具体的には、(i)公務員は中立・客観的であることが基本であり政権が替わっても新たな政府・大臣のために働かなければならないこと、(ii)複数候補者からの選択はできないものの、現状でも大臣は選考過程において、募集広告の設定への関与、候補者との面談、選考委員会への自らの意見のフィードバック、候補者の拒否と再選考実施の要求が可能であること、(iii)大臣の選択がより良い人選となる保証はなく政治化された公務員制度をもたらすリスクを抱えることを主張した。

　政府と人事委員会との協議の末、最終的には2014年10月に、人事委員会委員長が主宰する選考委員会が選考して選出した複数候補者の中から、猟官制抑制の観点で担当大臣ではなく首相[55]が選択するという形で人事委員会採用規範の改正が行われた。公正かつ公開の競争に基づいた成績主義による任用という原則の下、大臣の関与は強化されなかった。

② 公募による選考の例外となる任期付幹部職員の任用

　必要な専門家が部内におらず、完全な公開競争の実施が現実的でない場合、人事委員会の許可の下、必要な能力を備えた者を、任期を付して少数、公開競争を経ずに採用することが必要と提言した。

　対して人事委員会は、人事委員会採用規範において公務での必要性から正当と判断できる場合、高位ポストの場合は人事委員会承認の下で公募選考の例外を以前から認めているとして、提言を受け入れなかった。ただし、仕組みの理解度を高め使用しやすくするため例外規定を明確化するとともに、透明性確保の観点から、部長級以上のポストへの例外規定を用いた任用は全ての承認状況を毎年度公表している。

3 政と官

(1) 政官関係の特質

　イギリスでは、2大政党制による政権交代を前提として、長年の歴史と慣行により政と官の役割分担が確立されている。具体的には多数の与党議員が大臣や政務次官等として行政府内に入り、党のマニフェストに基づいた政治主導による政権運営を行う一方、職業公務員は中立・客観的な立場から、時々の政権の政策運営を支える体制が定着している。政治家と職業公務員が果たす役割や両者の職業規範が実績と経験に裏打ちされた形で理念的にも実践的にも存在しており、政権交代が行われれば、事務次官以下、直ちに新政権に忠誠を尽くすという慣行が根付いている。他方、政治は公務員の政治的中立性を尊重し、幹部公務員を含む職業公務員の人事への介入を自制する伝統があり、大臣規範（Ministerial Code）において、大臣に次のような事項を求めている。

　　ⅰ．公務員の政治的中立性を尊重し、憲法事項改革・統治法により定められている国家公務員規範に抵触するおそれのある行為を求めてはならない[56]。
　　ⅱ．公務員及び公職への任命への影響力が党派的目的のために濫用されないようにする責務を有する。
　　ⅲ．政策決定を行う際に、公務員からの知見に基づく中立的な助言に対し、他の考慮や助言とともに、公正に配慮を払い尊重する義務を負う。

　また、1980年代から90年代にかけて、公務員による情報漏洩事件や大臣と公務員の関係が問題となる事例が発生し、公務員の政治的中立性などを定めた公務員倫理規範の制定が求められた。そこで1996年、国家公務員規範を制定し、「時の政権に誠実に忠誠を尽くすこと」や公務における中核的価値として、清廉性、誠実性、客観性及び中立性を保持することなどが規定された。そして、2010年制定の憲法事項改革・統治法第7条においては、国家公務員規範に次の事項を規定するものとされている。

　　ⅰ．公務員に対し、政治上の主義にかかわらず、時の政権を補佐するため、職務を遂行することを求めること。
　　ⅱ．公務員に対し、清廉性、誠実性、客観性、中立性をもって、職務を遂行することを求めること。

　このようにイギリスにおいては、政治と行政はその本質的役割・立場を異にするものとして、上下関係ではなくむしろ対等の協働関係ととらえられて

いると言える。他方、近年は、先述の事務次官の任用方法の変更や後述の特別顧問の役割の変化（特別顧問が大臣の代理として行える行為に、公務員に対して、大臣の「指示」を伝えることを追加した）、EMO（Extended Ministerial Office）の設置やその後の反対を受けての廃止など公務員の政治的中立性について、少なからず揺れ動いて見えるところもある。このような点も踏まえて、下院の行政憲法問題委員会（Public Administration and Constitutional Affairs Committee）の報告書（2017年5月）は、政治家とSCSとが緊張関係にある[57]としている。

(2) 特別顧問（Special Adviser）

イギリスでは、先述のとおり、与党議員が大量に内閣に参加しており、これも広義の政治任用に含める場合もある。議員を除外した狭義の政治任用の概念として、特別顧問（Special Adviser）という制度が存在する[58]。イギリスでは政治任用（political appointment）という言葉は、一般的に、首相及び大臣が、国家公務員一般に適用される公開競争などの採用規範によらずに、自らの政治的意向で外部から採用することと理解されており、これに該当する存在として、特別顧問がある。

特別顧問は、政府内において閣内大臣を政治的な側面から補佐・支援するためのポストとして設けられているものであり、閣内大臣個人が自由に政治任用できるものとされている。特別顧問の仕組みは、政治的中立性や継続性を旨とした職業公務員からは得られない政治的な戦略やアイディア等を得る手段を大臣が確保することを狙いとしている。特別顧問の身分は臨時的な国家公務員である。

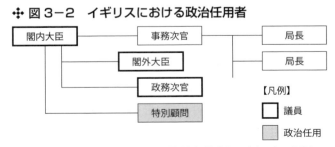

❖ 図3-2　イギリスにおける政治任用者

出典：Ian Budge et al., *The New British Politics-4th ed.*, p.124

① 沿革・特別顧問の数
　1964年、ウィルソン首相（労働党）が自らの経済顧問を首相官邸に連れてきたことが、特別顧問の始まりとされている。特別顧問の人数は、サッチャー首相の保守党政権時の1980年前後は減少したが、その後は徐々に増加する傾向にあり、ブレア首相の労働党政権の下で大きく増加した[59]。
　特別顧問の人数は、大臣規範において、原則として、閣内大臣1人につき2人まで、その他の定期的に閣議に出席する大臣1人につき1人とされており、首相官邸の特別顧問については数の制限はない。
　特別顧問の数には政権によってかなりの差があるが、2017年12月現在、メイ首相（保守党）の下では88人となっており、そのうち32人が首相官邸に属している[60]。

② 特別顧問の役割
　職業公務員は、専門的立場から大臣に政策案を提起、助言を行い、また、中立・客観の立場から行政執行を公正に行う役割を担っている。一方、特別顧問は、職業公務員から大臣に提起された政策案や報告について大臣が判断を行う際に、政治的側面に立った助言や支援を行うほか、大臣に代わって対外的なスポークスマンを務めるなどの「大臣の政治的顧問」の役割を果たしている。
　なお、2010年6月、キャメロン＝クレッグ連立政権において、特別顧問行動規範を改正し、特別顧問は自分を任命した大臣だけでなく、首相及び政府全体に仕えることとされ、任命された大臣の党の所属にかかわらず、特別顧問が政府全体に仕えるものとされた[61]。

③ 職業公務員の中立性保持との関係
　特別顧問の仕組みによって、大臣に対する政治的助言や対外的な対応の支援を行う人材の供給源が職業公務員と区別されることで、職業公務員の党派化が回避され、職業公務員の政治的中立性の強化に資するものと考えられている。
　特別顧問の行動により職業公務員の中立性が損なわれることがないよう、特別顧問行動規範において、「特別顧問は公務員の政治的中立性を擁護すべく行動する」ことが求められており（第1条）、特別顧問は省の命令体系の外に位置し、職業公務員に対する指揮命令権を持たないことが原則である。このため、職業公務員が担う許認可等の執行事務や職業公務員の管理事務等に関与することはない。
　他方、1997年、ブレア政権において、公務員枢密院勅令（Civil Service Order in Council）を改正し、首相官邸に勤務する3人までの特別顧問は公務員への指揮命令権を持つことが許されていたが、2007年、ブラウン政権に

おいて、この規定は廃止されている[62]。特別顧問行動規範が 2015 年 10 月に改正され、特別顧問が大臣の代理として行うことのできる行為に、大臣の「指示」を公務員に伝えること（特別顧問が職業公務員に直接指揮命令することはで

> ## Column
>
> ### EMO (Extended Ministerial Office) の設置と廃止
>
> 　2013 年 7 月に内閣府（フランシス・モード内閣府担当大臣）は「公務改革計画フォローアップ（Civil Service Reform Plan: One Year On）」を公表し、イギリスは他国と比べて大臣へのサポート機能が弱いという認識を示し、拡張された大臣室（Extended Ministerial Office: EMO）を設置し、職業公務員、特別顧問、外部任用者から構成される EMO のスタッフを大臣が直接任命し、彼らが大臣に責任を負うものとすることを提言した[63]。
>
> 　この提言を受け、人事委員会は EMO 職員を任用する際のルール（Exception Relating to Extended Ministerial Offices）（2013 年 10 月）を策定し、EMO のスタッフは 5 年間の任期付（更新不可）契約に基づき雇用され、大臣ではない別の職業公務員の統轄下において「現在の公務が持ち合わせていない特定の経験、能力、知見をもたらす」ことに専念することとされた。また、部長級（SCS Pay Band 2）以上に任命する場合や過去 5 年間に大臣に仕えたことがある者や大臣と同じ政党で働いていた者を任命する場合には、人事委員会の承認が必要なことなどが規定された[64]。
>
> 　2015 年 12 月現在で 4 省において EMO を設置、1 省において設置が承認されていた[65]。
>
> 　しかし、2016 年 12 月、メイ政権において大臣規範を改正し、EMO に関する規定を削除して、EMO を廃止した。これは、公務員の政治化を排除するためのものであると理解されている[66, 67]。
>
> 　EMO の廃止について、2017 年 2 月、前人事委員会委員長のノーミントン卿は、下院の行政憲法問題委員会に提出した書面回答において、「EMO は、公務員の公平性に対する長期的かつ大きな脅威を引き起こすものであり、メイ首相が EMO を廃止したことを大変歓迎する」としている[68]。他方で、EMO の設置により特定分野のスペシャリストが大臣をサポートすることができるようになったにもかかわらず、EMO の機能や役割について適切な評価・検証もなく廃止することとしたのは誤りであるとの見解もある[69]。

きない）が追加されたが、これについては、「新たな紛争の可能性」との指摘もある[70]。

④ 政治任用の人材供給源

特別顧問には、大臣との個人的なつながりを持った人物、政権党と強い結び付きを持った人物などの政治的バックグラウンドによって任用されることが多い。政党のスタッフが特別顧問に就任する例が典型的であるが、所管行政に関する一定の専門知識・経験が求められることから、党内の実務経験のほかに、シンクタンクでの職歴を持った者が多く用いられている。また、広報戦略に関わる特別顧問にマスコミ出身者などが多用されるなど、党外に人材を求めるケースも見られる。職業公務員が特別顧問に就任するケースは基本的に稀である[71]。

4 労働基本権と給与その他の勤務条件

(1) 労働基本権

イギリスでは特定の職員（軍人、警察、MI5（内務省保安局。主に防諜を担当）・MI6（外務省秘密情報部。主に諜報活動を担当）の職員）を除き、公務員も民間労働者と同様に団体交渉権、協約締結権、争議権が認められている（1992年労使関係法（Trade Union and Labour Relations (Consolidation) Act））。同法では、労働組合とは、1つ以上の職種から成る労働者で構成され、当該職種の労働者と使用者（又は使用者団体）との交渉を主たる目的とする団体（及びその上部団体）とされており、国家公務員の労働組合についても、原則として、省庁横断的に職種別、役職段階（管理職・一般職員）別に構成されている。

公務の労働組合としては、一般職員で組織される公務商業サービス連合（Public and Commercial Service Union: PCS）、SCSを含む技術系公務員で組織される専門職国家公務員組合（Prospect）、SCSで組織される第一部門公務員組合（FDA）、刑務所職員で組織される刑務官協会（POA）、北アイルランドの職員で組織される北アイルランド公務員組合（Northern Ireland Public Service Alliance）があり、公務（地方含む）における労働組合の組織率は、52.7％（2016年）[72]となっている。

使用者との交渉は個々の組合ごとに行う場合もあれば、複数の組合が団結して行うこともある。後述のとおり、給与決定の権限は各省庁及び各エージェンシーに委譲されているので、給与に関する労使交渉は省庁又はエージェンシーごとに行われている。また、勤務条件については、労使交渉を経

て決定されるのが原則であるが、SCSの給与は、労使交渉ではなく、民間企業の人事担当経験者、学識経験者等10人から成る上級公務員給与審議会（Review Body on Senior Salaries: SSRB）という第三者機関の勧告に基づき決定されている。

公務員の労働組合による争議行為を見ると、地方公務員の労働組合を中心として給与引き上げを求めるストライキや定員削減に反対するストライキが継続的に発生している。近年では、公務員年金制度見直しに反対するストライキが国家公務員の労働組合によるものも含めて多数発生した。

(2) 給与

① 給与の決定システム

1996年4月以降、給与について大幅に各省庁に権限が委譲されており、一般の職員については各省庁が独自の給与制度を策定し、省庁によって給与水準は異なっている。他方、SCSについては、各省庁共通の給与制度が適用される。

② 上級公務員（SCS）の給与[73]

ア　給与制度

SCSの給与は、国家公務員管理規範で定められた枠組みの中で政府統一の給与水準・給与制度が定められている。詳細について法令による定めは特にない。

SCSの基本給は、2002年に9等級制から3等級制に改められた。等級ごとに最低額及び最高額が設定された給与バンド制が採られており、1等級（SCS Pay Band 1）が課長級、2等級が部長級、3等級が局長級という構成が基本であるが、各省庁の事情に応じ、1等級と2等級の間に1A等級を設けることも許容されている。各ポストの給与上の格付けは、JESP（第1節(3)④参照）によって決定するが、3等級以上に決定する場合には幹部リーダーシップ委員会の承認を得る必要がある。また、これらに加えて、事務次官の給与（4等級とも言われる）が定められている。

各職員の給与は、このバンドの範囲内で個別に決定されている。定期昇給制度はなく、給与改定（ベースアップに相当する給与バンドの最低額・最高額の改定のほか、等級や勤務成績に応じた個々の職員の給与の改定）により、毎年の給与の引き上げが行われる。例えば、2016年の給与改定では、平均昇給率1％という原資の一部でバンドの最低額の引き上げが行われた上で、それ以外の原資を使って個人の業績等に応じ、個々の職員の給与を0～9％引き上げる改定が行われた。

❖ 表3-10　2016年〜2017年までの給与バンド（年間給与バンド）

給与等級	人数[74]（人）	最低額（£）	最高額（£）	中央値（£）
事務次官	39	142,000	200,000	160,000-164,999
3	135	106,000	208,100	135,900
2	762	87,000	162,500	98,800
1A	97	67,600	128,900	78,700
1	2,970	64,000	117,800	75,500

出典：2017年SSRB勧告時報告において引用された内閣府提出資料

　人事評価結果が優秀な場合には、基本給に加えて業績給（non-consolidated performance related pay：日本のボーナスに相当）[75]が支給される。2016年の給与改定により、成績優秀者に対するボーナスが拡大された。
　また、1等級及び1A等級の職員でロンドンのM25エリア[76]内に勤務する者には、各給与バンドの最低額に3,500ポンドを加算することが可能となっている（ロンドンレート：London Rate）。省によっては、ロンドンレートによる加算に代えてロンドン手当（London Allowance）を支給することも可能とされている。
　そのほか、2013年から、高度に専門的な人材や政府横断的で困難なプロジェクトの責任者などを対象とする重要業務手当（Pivotal Role Allowance）が導入された。SCSの人件費の0.5％以内の原資の範囲内で、財務副大臣（Chief Secretary to the Treasury）と内閣府担当大臣の承認を得て支給することができることとされており、2017年のSSRBの勧告時の報告によれば、これまで12省で44件の適用事例があったとされている。

イ　給与改定[77]
　給与改定に際しては、SSRBが(i)有能な人材の採用、確保及び意欲向上の必要性、(ii)労働市場の地域多様性及び人材の採用・確保に与える影響、(iii)各省庁等での公共サービス達成目標要件を含む政府の公務改善方針、(iv)各省庁等での歳出可能財源、(v)インフレターゲットの諸要素を考慮して首相に勧告を行う。その過程で、政府内の担当機関（内閣府）、公務員労働組合及び人事委員会から、採用や人材確保についての情報を得るため意見聴取を行い、資料提供を求めるほか、課長級・局長級等の階層別のグループ等との意見交換を実施している。
　正式な勧告の提出前に、勧告案がSSRBの議長から政府に対して提示され、

財務省を含む関係各省庁において勧告案受け入れの是非を検討し、政府内の合意が得られた後で正式な勧告が行われる。しかし、そのような調整を経て勧告を出しても、必ずしも勧告どおりに給与改定が行われるわけではない。例えば、リーマンショック後の2009年の給与改定は、勧告（2.1％）よりも低い引き上げ（1.5％）であった。また、2016年の給与改定はおおむね勧告どおりに実施されたが、1等級の給与バンドの下限額の引き上げについては勧告よりも低い額で改定された。

（基本給の決定）

毎年、SSRBの勧告に基づき、政府が給与改定率を決定[78]しており、原資の範囲内で、バンドの額自体を改定するベースアップのほか、個人の業績に応じてバンドの範囲内で個人の給与額を改定する昇給等が行われるのが通例であり、具体的な配分等については各省庁に任されている。

2016年は、政府が予算案で設定した平均昇給率1％という原資を踏まえて、各給与バンドの最低額の引き上げ（1等級は2,000ポンド[79]、それ以外は1,000ポンド）を行った上で、残った原資を使って個人の業績に応じた0〜9％の昇給（人事評価下位10％の者を除く）を行うことが勧告された。おおむね勧告どおり改定することとされたが、1等級の給与バンド最低額の引き上げ額については勧告よりも低い1,000ポンドの改定となった。

（ボーナスの決定）

SSRBの勧告を受けて政府が原資を設定し、その範囲内で各省庁が個人の業績に応じて配分する。2016年は、SCSの人件費の3.3％分以内を原資として、その範囲内で成績上位25％の者にボーナスを支給することとされた。

また、これに加えて、2016年から、人材確保のため、高い業績を挙げた者（各省庁のSCS職員数10％以内が上限）に対して、その都度1人年間5,000ポンド以内のボーナスを新たに支給することとなった。2017年SSRB勧告時報告によれば、例えば、地域社会・地方政府省（Department for Communities and Local Government）では7人にこのボーナスを支給し、支給額は1等級の者が3,000ポンド、2等級の者が5,000ポンドであった。

③ 一般職員の給与

ア 給与制度

給与決定に関する権限が各省庁に大幅に委譲されており、毎年、各省庁が自らの人件費予算に応じて、労働組合との交渉を行い、給与水準・給与制度を設計している。国家公務員管理規範において、給与制度については、組織改正及び給与体系に適合するように設計され、(a)支出に見合った価値、(b)給与支出の管理、(c)柔軟性、(d)給与と勤務成績との連関といった原則を反映し、

給与、年金、休暇その他の勤務条件相互の関係を考慮に入れたものでなければならないという原則が規定されているが、詳細な制度についての定めは特にない。俸給表も省庁により異なるものが定められているが、SCSと同様、給与バンド制がとられており、バンドの範囲内で個人の給与が決定され、毎年の給与の引き上げも、定期昇給ではなく、給与改定を通じた給与バンド・個々の給与の改定を通じて行われるのが一般的である[80]。給与バンドについて、一例として財務省及び内務省のものを示すと以下のとおりである。

❖ 表3-11 一般職員の俸給表（年俸）の例

財務省（2016年8月1日現在）

等級	ロンドン勤務 最低額 — 最高額（£）	それ以外の地域勤務 最低額 — 最高額（£）
E2（グレード6）	59,000 — 66,000	56,000 — 63,000
E（グレード7）	48,000 — 64,498	45,000 — 61,498
D（上席・上級執行官）	28,003 — 43,124	25,072 — 40,332
C（事務執行官）	24,000 — 29,650	21,000 — 26,650
B（事務補助職）	21,000 — 23,913	18,000 — 20,913

出典：HM Treasury, *Grade and salary bands*（2017）

内務省（2016年3月31日現在）

等級	最低額 — 最高額（£）
グレード6	55,904 — 73,892
グレード7	45,626 — 61,285
SEO（上席執行官）	34,108 — 44,185
HEO（上級執行官）	27,150 — 36,922
EO（事務執行官）・入国審査官	22,770 — 30,181
AO（事務職）・入国審査官補助	18,956 — 22,515
AA（事務補助職）	15,753 — 19,788

注1　表中の各等級の最低額は全国俸給表（the national pay scale）の最低額、最高額はロンドン俸給表（the London pay scale）の最高額を記載
注2　同等の役職でも職種によって異なる給与バンドが設定されており、例えばグレード7のうちエコノミストは£57,543-£70,879、HEOのうち情報専門職（Information Officer）は£30,666-£42,000
出典：Home Office, *Junior staff salary and structure information for Home Office March 2016*（2017）

手当についても、省庁ごとに制度が異なる。勤務成績に応じて支給されるボーナスや時間外勤務・夜間勤務・休日勤務に対する手当のほか、人材確保のために修士以上の学位を有する者に対する手当を支給している例[81]や外国語を習得している者に手当を支給している例[82]、会計士資格等の特定の資格を有する専門性の高い人材を対象に専門性に応じて給与を割増しして支給している例（pay enhancementと呼ばれる）[83]がある。

イ　給与改定[84]

　一般職員の給与改定は、財務省が政府全体の給与政策の観点から発出するペイ・ガイダンス（Pay Guidance: 当年の給与歳出枠や各省庁に求める給与政策について記した文書）に従って行われる。同ガイダンスによれば、政府全体の人件費予算については財務省が、政府全体の給与政策については内閣府が、自らの省庁の給与決定については各省大臣が、それぞれ責任を有することとされている。

　各省庁が労使交渉を行うに当たっては、正式交渉前に、当年の給与歳出（基本給の引き上げ、手当の新設・額の引き上げ、成果給の引き上げ、休暇の拡充など給与改定以外のコスト増などに関する予算）の上限枠や給与制度改正について、大臣の承認を得なければならない。

　給与歳出枠の承認は、従来、主要省分を財務省が直接審査・承認していたが、2011年度以降、事務の簡素化のため、各省大臣が承認する形式となった。ただし、給与歳出枠承認後、速やかに当年の給与改定の見通しと所要額等のデータを財務省に事後報告することが求められており、財務省はこれを通じて、各省庁の給与改定がペイ・ガイダンスに従っているかをチェックする。仮に財務省への報告が遅れた場合には、当該省の給与歳出枠は、再び財務省が直接審査・承認する形式へ変更される可能性があるとされている。このように、給与歳出枠の設定に関しては、事後チェックを通じて、依然として財務省の強いコントロールの下にあると言える。

　なお、給与歳出枠の設定に関して、労働組合が意見を申し出ることはできるが、その申出が最終決定に与える影響はほとんどない。

　公式交渉は、給与歳出枠決定後に開始される[85]。給与交渉は、給与総額についての交渉ではなく、給与歳出枠の範囲内での配分交渉となっており、総人件費（予算）及び定員枠を交渉することはない。給与改定については、複数年分の改定をまとめて交渉・合意する例も見られる。労使が合意したときには労働協約が締結されるが、公務においては法的拘束力のない労働協約が一般的である。また、合意に至らなかった場合には、使用者側が自らの案で給与改定を決定して実施するが、大きな摩擦を生むため、できるだけ避けるようにされていると言われる。

④ 公務員給与に関する最近の動き

後述の 2016 年に公表された公務員人材計画（Civil Service Workforce Plan）において、給与については、(a)費用対効果が高く柔軟な給与体系の構築、(b) SCS の給与体系の見直し[86]、(c)能力の高い人材確保に苦戦している契約・デジタル分野における柔軟な報酬体系の構築等が掲げられた。

これを受けて、具体的に以下の4つの優先事項（Four Reward Priorities）に基づく見直しを行うこととされた[87]。

(i) SCS の中でも省庁間、あるいは内部昇任者・外部登用者間で給与に差があり、必ずしも職員の能力や職務の重要性を反映したものになっていない現状を改善し、公募を行う際の給与水準にある程度の一貫性を持たせ、職務の重要性に応じた適切な給与レベルについて外部の労働市場も見て情報を得ること等を進める。

(ii) 契約分野の職員については政府統一の給与制度とし、新設の契約業務実施機関（Commercial Organisation）の上級契約専門職（Senior Commercial Specialist）については、他の SCS よりも給与の最低額を高く設定する（その代わり、年金の算定基礎となる給与の額は少なく、業績に基づく給与の割合が高い）。デジタル分野の職員については、グレード6・7の職員の基本給を高く設定し、業績に基づく給与の割合を高くする。

(iii) 給与制度について省庁間の一貫性を確保するため、給与に関するデータを収集し、各省庁の担当者の協力を得て、変更すべき点について話し合いを進める。

(iv) 給与引き上げのための歳出枠の上限が1%とされている中では、各省庁が給与について大きな変更を加えることは難しいため、給与原資の捻出について財務省と協議していく。

(3) 人件費管理の在り方

政府は、複数年の支出計画（Spending Review）を政府部内での取り決めとして策定し、それに基づき、予算案を毎年作成し、予算書として議会に提出する。公務員人件費についても支出計画が示され、予算案の中でも、今後の給与政策の方針が示されることがある。これらを踏まえて、一般職員の給与改定に関するペイ・ガイダンスの策定や SSRB の勧告が行われる。予算は個別の法律で恒久的に支出権限を与えられたものを除き歳出法という法律として制定される。

最近の動きを見ると、歳出削減に対応するため、2010 年度からは（年収 21,000 ポンド以下の者を除き）2年間給与の引き上げを凍結し、2012 年度以降は公

務員給与の引き上げ率を1%に抑えることとされていた。しかし消費者物価上昇率が公務員給与の引き上げ率を上回る状況が続き、野党である労働党が1%の上限を廃止すべきであると主張するなど国会でも議論が行われた結果、政府は2017年秋の予算(Autumn Budget 2017)において、SSRB等の各給与審議会による勧告で給与が決定される公務員の給与について1%上限を廃止することとした。

(4) 勤務時間・休暇、服務

① 勤務時間

職員の勤務時間等については、各省庁・エージェンシーが組合との交渉を経て定めることになっているが、いずれの省庁においても柔軟な勤務時間の設定及び割振りが認められている[88]。代表的なものとしては、表3-12に掲げるような仕組みがあり、各省庁がその採否と具体的な内容につき決定権限を有している。各制度は一般職員及びSCSの双方に適用され得る。なお、SCSについては、国家公務員管理規範において、フルタイムの場合の勤務

❖ 表3-12　柔軟な勤務時間の設定等の仕組み

名称	概要
フレックスタイム (flex-time)	勤務時間の開始時刻と終了時刻を職員自らが決めることができる仕組み（通常はコアタイムの制限あり）で、多くの省ではフレックスタイム制が一般的になっている[89]。
代休 (time off in lieu(TOIL))	ある日の超過勤務を他の日の勤務時間に当てはめることにより、勤務時間を日によって変えられる仕組み[90]
年換算時間 (annualised hours)	年単位で勤務時間数を定める仕組み。12ヶ月単位で柔軟に勤務することが可能になるため、業務の繁閑や個人的な予定等に対応しやすい。
圧縮労働週 (compressed working hours)	例えば、1週間の勤務時間を4日でこなす、2週間の勤務時間を9日間でこなすなど、標準的な勤務時間を通常よりも短い期間で勤務する仕組み。
学期間労働（term-time working)	子供の学校や休暇に合わせて勤務できる仕組み
パートタイム勤務 (part-time working)	標準の勤務時間数より少ない勤務時間数で勤務する仕組み。給与等は勤務時間を按分して支給。2016年3月31日現在では、全公務員419,399人のうち98,236人（23.4%）がパートタイムで勤務している[91]。
ジョブ・シェア (job-share)	パートタイム勤務の形態の一つで、契約を結んだ2人（又はそれ以上の場合もある）の職員が1つのフルタイムの仕事を分担する仕組み。2人のパートタイマーは、勤務時間数に従って給与や休暇等を与えられる。シェアのパターンは、週の前半と後半、午前と午後、1週間ごとの交代など様々である。

出典：筆者作成

時間は週最低 42 時間（1 日 1 時間の食事時間を含む）とされており、超過勤務に対して金銭的な補償を受けない[92]。

② 休暇

国家公務員管理規範に定める枠組みの下で各省庁が定めるため、一般職員の休暇日数は省庁により異なるが、女王誕生日は原則として休日とされている。SCS は、国家公務員管理規範に休日と年次休暇の定めがあり、公の休日（年 8 日間）と女王誕生日が休日で、年次休暇付与日数は勤務年数に応じて異なり、最大は年 30 日（勤続 5 年以上の者）である[93]。

国家公務員管理規範では、出産休暇、育児休暇、病気休暇、傷病休暇に関して、各省庁・エージェンシーが最低限定めるべき内容や基準等を規定しており、一般職員・SCS 双方に適用される。近年の改正としては、母親の育児休暇を父親やパートナーと共有して取得できる共有育児休暇（Shared Parental Leave: SPL）が 2015 年から導入されている[94]。

③ 服務

公務員に基本的に求められるものを定める規範として、1996 年に国家公務員規範が定められた。第 3 節 (1) で述べたとおり、同規範では、「時の政権に誠実に忠誠を尽くすこと」や公務における 4 つの中核的価値として清廉性、誠実性、客観性及び中立性を保持することなどが規定されており、2010 年の憲法事項改革・統治法により、国家公務員規範には 4 つの中核的価値を盛り込むことが法律上規定された。

国家公務員全体に共通する服務規定は、国家公務員管理規範に規定され、具体的な指針や運用規則は各省庁の内規で定められている。

国家公務員管理規範では、服務の根本基準として、国家公務員は国王に奉仕する者（Civil servants are servants of the Crown）であり、使用者たる国王に対して忠誠ある奉仕をする義務を負っている旨を定め、その上で、情報漏洩の禁止、政治的活動の制限、官職や情報の私的利用の禁止、利益相反が生じる場合に上司に自己の利益を報告する義務、贈与の受領の禁止などの服務義務が定められている。

私企業からの隔離、利益相反に関しては、国家公務員管理規範上、職員は、職務の性質が制限を課す必要があるものでない限り、株式及びその他の有価証券に自由に投資することができるが、投資価値に影響を及ぼす決定に関与したり、私的な資産価値を増やすために職務上得た情報を使用したりしてはならないとされている。そのため、自己や近親者が所有する株式又は有価証券及び職務上の地位との関連の程度について、自らの所属省庁に申告する義務がある[95]。兼業に関しては、各省庁において許可できる場合や手続き等を

定めている。

　政治的行為については、公務員のレベルによって課せられる制限が異なり、まず、SCSとその直近下位の職員、ファストストリーマーについては「政治的に制限されたカテゴリー」とされ、国レベルの政治的行為が禁止されている（地方レベルの行為は許可を得れば可能）。他方、現業公務員等については「政治的に自由なカテゴリー」とされ、基本的に全ての政治的活動が認められている。ただし、勤務時間中の政治的行為、制服を着用したままの政治的行為、庁舎での政治的行為、政党の会合に公的立場で出席することは禁止されている。また、国会議員に立候補することは可能だが、公認された時点で辞職しなければならない。これら以外の職員は、許可を得て政治的行為を行うことができるとされているが、勤務時間中の政治的行為は禁止されている。また、国会議員の候補者となるためには、公務員を辞職しなければならない。

Column

事務次官の議会に対する説明責任

　イギリスでは、大臣規範において、大臣は国家公務員に対して国家公務員規範[96]等に反する行動を求めてはならないこととされているが、他方で、大臣規範[97]においては、事務次官及びエージェンシーの長が会計官（Accounting Officer）として議会に対する個人的責任を負うこととされ、大臣が行おうとしている行動が、会計上問題があると思われる場合の手続き等が次のように示されている。

① 会計官は、会計の妥当性と法規適合性に関する事項等について、個人として（議会に対する）説明責任を負う。また、大臣に適切な助言をする特別な責任を有する。
② 大臣が検討している措置に伴う取引について、妥当性や法規適合性の要件に違反すると考える場合、会計官は、問題点とその理由、助言が聞き入れられない場合には会計検査院長に報告義務があることを大臣に文書で説明する。
③ それでも大臣がその行動を進めようとする場合には、会計官は、大臣に書面による指示を求め、会計検査院長に関係書類を送付する。この手続きにより、下院の決算委員会（The Committee of Public Accounts）は、会計官が当該案件について個人としての責任を負わないことを確認できる。

5 人事評価

　SCSについては、国家公務員管理規範において、内閣府が定める政府統一の評価制度及び手続きにより、各省庁が実施することが規定されている。一般職員については、内閣府から示された優良事例の原則を考慮の上で各省庁・エージェンシーが制度及び手続きを定めて実施することができるとされているが、2012年からは、運用における柔軟性は保ちつつ、3段階の評価のグループ分け等制度の中核の要素は統一された。

(1) 能力評価のためのツール

① 公務員コンピテンシー・フレームワーク（Civil Service Competency Framework）

　公務改革計画に基づき2013年から導入された公務員コンピテンシー・フレームワーク（第2節(3)コラム参照）が、人事評価のツールの一つとして用いられている。職員自身が自らの強みや改善余地を把握するためのツールとして、公務員コンピテンシー・フレームワークの自己評価ツールが公務員ラーニング（CSL）から提供されている[98]。

② リーダーシップ・ステートメント（Leadership Statement）

　政府横断的に公務員のリーダーとして求められる行動を規範的に列挙したものとして、2015年に策定された。SCSの人事評価において、これに照らして求められる行動がとられていたかが評価される。

(2) 上級公務員（SCS）の評価システム[99]

　評価は1年サイクル（基本的に4月～翌年3月）で、以下の流れにより行われる。

(ⅰ) 期首：業務遂行、財政効率性、チームの能率向上、公務への貢献という4つの項目について業績目標を設定し、上司と合意。

(ⅱ) 随時：目標達成度合い、今後のキャリアパス等について上司と面談（9ボックス評価も活用）。目標を変更する必要がある場合は、上司との合意により変更。

(ⅲ) 中間：前半の公式評価を行い、書面に記録。この時点では成績によるグループ分け（評価結果の相対化）は行われない。

(ⅳ) 期末：(ア)達成した業績、(イ)リーダーシップ・ステートメントや公務員コンピテンシー・フレームワークに示された行動がどの程度とられたか、(ウ)国家公務員規範に示された公務の価値をどれだけ

具現化できたか、(エ)実際の状況に照らして目標達成がどれだけ困難であったか、という基準に基づき、目標達成度が評価される。評価の一環として360度評価も活用。評価は上級公務員評価合意様式（SCS Performance Agreement Form）に記録された上で、評価者・被評価者・副署者が署名する。

　なお、SCSについては、内閣府において評価結果の統一的分布率を設定しており、2012年より、等級ごとにTop（上位25％）、Achieving（上位に次ぐ65％）、Low（下位10％）の3グループに区分する相対評価が行われている。

(3) 一般職員の評価システム

　一般職員の人事管理は各省庁に分権化されているため、SCSのように統一的な評価システムはなかったが、2012年より、省庁間である程度の統一性を確保する観点から、(a)3段階の評価グループ（優秀（Exceeded）、標準（Met）、要改善（Must Improve））に分ける、(b)優秀：標準：要改善の評価の標準的分布率をおおむね25％：65％：10％とする、(c)成果のみならず能力や振る舞いにも着目して評価を行う、(d)正当に評価し、チーム内で不均衡とならないようにする、(e)給与への反映は各省庁の判断で行う、こととされた。2015年度の実際の評価結果は、省庁全体平均で、優秀：標準：要改善＝21％：71％：8％であった。

　しかし、評価の分布率を定めることについては、労働組合や大規模省を中心に批判的な見解があり、制度官庁である内閣府としても、評価そのものよりも人事評価制度を通じた上司と部下との対話に重点を置きたい意向があった。そのため、各省庁のニーズに適した形で柔軟な制度運用を可能にするため、2017年4月から、各省庁の判断で内閣府の設定する分布率によらないこともできることとされた[100]。これを受けて、内務省など複数の省において分布率が廃止されている。

(4) 評価結果の活用 [101]

　人事評価制度の主眼は、上司と部下が密にコミュニケーションを取り、目標や期待される成果を明確にし、不十分な点については適時にフィードバックを与えて改善するとともに、上司とのコミュニケーションを通じて職員に自己評価を促すことなどによって、職員の指導、育成、意欲向上を図ることにあるとされている。

　評価結果の給与への活用について、SCSについては、成績下位10％の者は昇給せず、上位25％の者にはボーナスを支給するといったように、評価

結果と給与が直ちにリンクする仕組みになっている。他方、一般職員については、評価結果を給与に活用するかどうかは各省庁の判断に委ねられており、評価結果をボーナスに反映している省庁が多く見られ、昇給に反映させている例もある。

一方で、昇進については、評価結果が用いられていない。背景として、イギリスにおいてはSCSにおけるマイノリティーや障害者の割合を向上させる取り組みが進められているところ、従来、それらの者の評価結果が悪く出る傾向にあることを踏まえると、評価結果を昇進に反映させることでSCSへの任用が進まなくなるという点が懸念されている事情もあるようである。

成績不良者に対しては、上司との面談において問題点を認識するよう促し、改善させるための研修カリキュラムが提供されている。また、管理者に対しては、業績評価の面談における具体的な対話方法等に関する研修が提供されている。なお、評価結果が悪く、改善支援等の措置にもかかわらず改善が見られない職員については、人事当局から当該職員に対して、より適した職務への異動の勧奨、更には分限免職が行われることもある。

6 退職管理と年金

(1) 退職

2010年4月より定年制は廃止され、法的根拠に基づいた厳格な理由がない限り、職員の勤務年齢の上限を定めてはならないとされた[102]。定年制廃止前は、SCSの定年は60歳、一般職員の定年は各省庁が決定することとされていた。なお、一般的に職員は、満額年金支給開始年齢まで勤務した後は退職し、年金生活に入ることから、定年制の廃止が退職管理の在り方にもたらす影響はそれほど大きくないと考えられている。

(2) 年金

国家公務員の年金は、全就業者共通の国家年金と国家公務員年金とで構成されている。

① 国家年金の概要

国家年金は定額給付の一層構造となっている。

国家年金の支給開始年齢は性別により異なっており、男性は65歳、女性は、2010年から2018年にかけて、段階的に60歳から65歳に引き上げられた。その後、男女共に2020年までに66歳に引き上げられ、2026年から

図3-3　イギリスの年金の仕組み（イメージ図）

出典：筆者作成

2028年までの間に67歳に引き上げられる。さらに、2044年から2046年までの間に68歳まで引き上げられる予定である[103]。

②　国家公務員年金制度

国家公務員年金について、2015年4月から新制度「アルファ」が導入された。「アルファ」は、平均標準報酬額を基に年金の支給水準が決定され、支給開始年齢は国家年金の支給開始年齢と同じとされている。これまで2002年及び2007年に行われた制度改革では、新しい年金制度は移行後に採用された職員のみを対象とし、従来の制度に加入していた者は新制度への移行を義務付けられなかったが、新制度「アルファ」の導入においては、従来の制度「クラシック」「クラシックプラス」「プレミアム」及び「ヌボス」の加入者も原則として2015年4月1日に「アルファ」へ移行することとされた。ただし、2012年4月1日時点で国家公務員年金の支給開始年齢まで13.5年未満の職員については、新制度への移行について経過措置[104]が設けられた。経過措置の対象者を除き、在職者の約7割が新制度に移行している[105,106]。

「クラシック」「クラシックプラス」又は「プレミアム」から新制度「アルファ」に移行した場合、新制度に移行する時点までの勤続期間について移行前の制度により国家公務員年金支給額を計算し、移行以後の勤続期間について新制度により年金支給額を計算して両者を合算する。この場合、移行前制度部分に係る支給開始年齢は、各制度で定められた時点となるため、「アルファ」部分の支給開始年齢とは異なり得る。

先述はいずれも確定給付型年金であるが、このほかに確定拠出型年金として「パートナーシップ」がある。

〈クラシックからアルファに移行する場合の国家公務員年金額の例〉[107]
- ケース：
  - 2015 年　50 歳（勤続年数 20 年）　年収 15,000 ポンド
    同年　クラシックからアルファへ移行
  （2015 年～ 2025 年の平均標準報酬　年収 20,000 ポンド）
  - 2025 年　60 歳（勤続年数 30 年）　年収 25,000 ポンド
    同年　退職　クラシック年金支給開始
  - 2030 年　65 歳　国家年金支給開始年齢
    同年　アルファ年金支給開始

○　2025 年～ 2030 年の国家公務員年金支給額
　〔クラシック：15,000 ポンド × 20 年 ÷ 80 ＝ 6,250 ポンド／年〕
　⇒　クラシック ＝ 6,250 ポンド／年

○　2030 年以降の国家公務員年金支給額
　〔クラシック：15,000 ポンド × 20 年 ÷ 80 ＝ 6,250 ポンド／年〕
　〔アルファ：20,000 ポンド × 2.23％ × 10 年 ＝ 4,640 ポンド／年〕
　⇒　クラシック ＋ アルファ ＝ 6,250 ポンド ＋ 4,640 ポンド ＝ 10,890 ポンド／年

❖ 表 3 − 13　国家公務員年金制度の比較

制度の名称	新規加入可能期間	算定基礎	年金給付水準	支給開始年齢	一時金
クラシック（確定給付型）	1972-2002	退職時給与	退職時給与×勤続年数×1/80	60 歳	年金年額の3 倍相当額
プレミアム（確定給付型）	2002-2007	退職時給与	退職時給与×勤続年数×1/60	60 歳	—
クラシックプラス（確定給付型）	（プレミアム導入前からの国家公務員年金の加入者が選択可）	退職時給与	退職時給与×勤続年数×1/80（2002 年 10 月以降は、× 1/60）	60 歳	2002 年前の勤続年数に基づく年金年額の 3 倍相当額
ヌボス（確定給付型）	2007-2015	平均標準報酬	給与の 2.3％が毎年積み立てられた合計額	65 歳	—
アルファ（確定給付型）	2015- 現在	平均標準報酬	給与の 2.32％が毎年積み立てられた合計額	国家年金支給開始年齢	—
パートナーシップ（確定拠出型）	2002- 現在	退職時給与	拠出額、運用成績等によって決まる	55-75 歳のいずれかの年齢	—

出典：筆者作成

(3) 再就職に関する規制

　国家公務員規範に規定された清廉性、誠実性、客観性及び中立性という4つの価値を確保するため、国家公務員管理規範の別紙において、国家公務員（特別顧問を含む）が離職後に企業へ就職する場合に関する企業就職規則（The Business Appointment Rules）を定めている。

① 承認手続き

　就職しようとする職員のレベルによって、承認手続きが異なる。

ア　SCS Pay Band 3（局長級）以上の SCS 及び同等の特別顧問

　離職後2年以内の就職には全ての案件について首相の承認が必要とされている。転職しようとする職員の所属省庁・エージェンシーが企業就職諮問委員会（The Advisory Committee on Business Appointment）へ照会し、委員会が首相に助言し、首相が承認する。2010年以降、無報酬であっても、首相の承認が必要になった。

　また、原則として、事務次官、局長級と同等の特別顧問については、離職後2年間は新しい雇用主のために政府に対してロビイングを行うことが禁止されている。

　なお、審査の結果は、職員の再就職後に同委員会から公表されている。

イ　SCS Pay Band 2（部長級）・SCS Pay Band 1（課長級）及び同等の特別顧問

　以下のいずれかに該当する場合、離職後2年以内の就職には、各省庁の承認が必要とされている。

(ⅰ) 離職する前2年以内に、就職しようとする雇用主に影響を与える政策立案に携わっていた場合又は雇用主に影響を与え得る政府の未公表政策その他の機微情報に接していた場合

(ⅱ) 離職する前2年以内に、就職しようとする雇用主に影響を与える規制その他の決定を担当していた場合

(ⅲ) 離職する前2年以内に、就職しようとする雇用主との間で公的な取引がある場合

(ⅳ) 国家公務員としての任用期間を通じて、就職を希望する雇用主と継続的又は反復的に公的な取引がある場合

(ⅴ) 就職しようとする雇用主の競争相手の商業上有意義な情報に職務上接していた場合

(ⅵ) 新たな雇用主を代弁して政府に陳情やロビイングを行う場合

(vii) コンサルタント業に携わろうとする者が、離職する前2年以内に、公務外の団体又は組織と、当該コンサルタント業に関する分野で商業上の取引がある場合

ウ SCSより下の一般職員及び同等の特別顧問

先述イ(i)～(vii)のいずれかに該当する場合、離職後1年（特別な場合には最長2年まで各省庁の裁量により延長可）以内の就職には、各省庁・各エージェンシーの承認が必要とされている。

② 承認基準・承認内容 [108]

(承認基準)

しかるべき根拠に基づいて、以下のような疑惑が持たれる場合には承認されない。

(i) 職員による職務執行が、特定の企業、組織、分野における将来の就職に対する希望や期待によって影響を受けていること
(ii) 公務を離れる者が、国家公務員として職務上知り得た秘密や政府との関係を濫用すること
(iii) 政府の政策に関する非公表情報、将来の雇用主や競争相手に影響する情報に職務遂行過程で接し、又は競争相手について商業的に価値のある情報や機密情報に接していたような者を雇用することによって、特定の企業や組織が不当な利益を得ること

(条件付き承認)

申請に対する承認は、条件を付さずに与えられることもあれば、条件付きで与えられることもある。付される条件としては、
(i) 就職までの待機期間を設定
(ii) 新たな雇用主のための特定の行為に関与することを一定期間禁止
などがある。

事務次官級の職員の場合は、最も高いレベルで政策問題に関わっていることから、離職後に公務外での就職をするまでに3ヶ月間の待機期間が自動的に設定される。ただし、企業就職諮問委員会の助言を経てこの待機期間を短縮、撤廃又は延長することができる。

7 最近の主な改革と今後の動向

(1) 公務改革計画（Civil Service Reform Plan）

2012年6月、キャメロン＝クレッグ政権の内閣府担当大臣であったフラ

ンシス・モード大臣は、緊縮財政の観点の下、公務の規模縮小、公務員の政策能力の向上、政策の実効性及び透明性の向上、公務員の意欲向上を目指して、公務改革計画を策定した。この計画を受けて、先述の事務次官任用手続きの見直し、公務員コンピテンシー・フレームワークの整備、幹部職員育成研修の見直しといった各施策が実施された。

そのほか、従来各省庁でバラバラに行ってきた11の機能（契約、コミュニケーション、企業金融、デジタル、財務、公金の適正管理、人事、内部監査、法務、プロジェクト・プログラム執行、政府資産管理）について、政府横断的なチームを組織し、各機能を遂行する際のガイダンス策定、各省庁の担当官への助言等を行うこととした。これは、職務機能別モデル（Functional Model）と呼ばれ、政策（Policy）や業務執行（Operational Delivery）のように国家公務員にとって中核となる専門分野以外の機能についても、公務部内で専門家を養成し、政府横断的な専門家のネットワークを構築するために行われたものである。

なお、2016年7月、内閣府が発表した公務員人材計画では、幅広い分野及び社会階層から有為の人材の確保、専門知識を深めるためのキャリアパスの作成、世界レベルのリーダーの育成、人材の確保・育成のための柔軟な報酬制度の策定等を重点事項として設定し、改革を推進することとしている。

(2) 働き方改革（スマートワーク、IT化等）

イギリスでは柔軟な働き方を可能にする様々な仕組みの整備が進められており、近年では、2012年の公務改革計画において時間や場所にとらわれない柔軟な働き方（smart work）の推進が掲げられ、働き方改革（The Way We Work: TW3）として全政府的な取り組みが行われた。その際、第4節（4）①で記述した勤務時間の柔軟さに加え、例えば、週の全部又は一部を、自宅又は通常の勤務場所とは異なる場所で勤務するモバイルワーク（在宅勤務）（working from home / mobile work）なども整備が進められた。

結果、近年、IT技術を用いたモバイルワークの浸透具合や利用可能範囲は向上してきており、TW3の取り組みの成果として、ワークスペースの削減や、それによるコストの削減等が挙げられている[109]。その一方で、労働組合からは、TW3の問題点として、使用者によっては予算や場所の節約を目的にしている場合があることや、柔軟な働き方が可能になることで逆に労働時間が無制限になることがあり、その点に言及していないこと等が挙げられている[110]。

また、業務の効率化に関して、例えば法案作成[111]について言えば、日本では、担当省庁の職員が政策面と法制面両方の検討、条文案の起草まで全て

を行うが、イギリスでは、まず政策面を省内の政策担当者が検討し、政策担当者からの政策指示を受けて法律専門職[112]が法制面を検討する。検討の結果、法律専門職は起草指示書を作成し、当該指示書を基にして、内閣府に設置されている「対議会支援局」(Office of the Parliamentary Counsel: OPC[113])が具体的な条文案起草を一元的に請け負うという流れになっている。そのほか、国会業務では、イギリスでは質問に対する答弁書(written answer)に関して、Disproportionate Cost Threshold (DCT) と言われる答弁費用限度額が設定されている。その額は、1991年以降、財務省が定期的に行う調査で算出する答弁平均限界費用を基に設定されており（現在は850ポンド）、当該限度額を超える場合には、答弁書作成を拒否することができる。質問者が下調べをせずに大きな自由回答式の質問をしてくるような場合は容易に限度額を超えるが、ほとんどの場合は特定した質問をすれば限度額に収まり、情報を得ることができるとのことである[114]。

なお、業務の効率化や働きやすい職場環境の整備に関連して、2009年以降、エンプロイー・エンゲージメント（職員が組織目標に貢献し、やりがいを感じているか）を測り、その結果を活用して組織パフォーマンスと職員の幸福度を向上させることを目的とする全省庁共通の職員意識調査 (Civil Service People Survey) が各省庁で実施されている。調査結果は、国家公務員全体の多様性と包摂性を向上するための戦略や差別・いじめ・ハラスメント対策等の人事関連政策の検討に活用されてきている。調査結果とその分析等については、イギリス政府のウェブサイト (UK.GOV) 上で公表されている。

8 地方公務員制度

イギリスの地方自治体[115]は、イングランドに354、ウェールズに22の合計376存在する。日本同様2層制の地方制度を採ってきたが、1980年代以降、一層制への再編が進められた。現在でもイングランドに県レベルに相当するカウンティ・カウンシルが27、その地域内に市（町村）に相当するディストリクト・カウンシルが201あるが、一層制の大都市圏ディストリクト・カウンシルが36、県と市が合併してできたユニタリー自治体（県と市町村の両方の事務を受け持つ）が56あり、そのほか、大ロンドン市と、その地域内のロンドン特別市が33ある[116]。ウェールズには、22のユニタリー自治体がある[117]。

イギリスの地方自治体の政策は、議会から選出されたリーダー (Leader)（又は直接公選された首長 (Mayor[118])）の主導の下に内閣 (Cabinet)（リーダー又は

Column

イギリス公務における弾力的な人員配置

　イギリスにおいては、柔軟な働き方に対する需要や近年の公務をめぐる動向などを受け、ジョブ・シェア、一時的な業務の増加に省庁横断的に対応する仕組み作りといった、弾力的に人員を配置するための独自の取り組みが行われている。

　ジョブ・シェアについては、内閣府が募集・選考・採用時の手続き、注意点等を記載したガイドを作成しており、空きポストを公募する際、当該ポストがジョブ・シェアに適さない場合には理由を付して上級管理者の承認を得なければならない[119]。また、ジョブ・シェアをしている2人がセットで異動することもある。職員がジョブ・シェアの相手を探すための国家公務員ジョブ・シェアサイトへの登録者は2,000人に上り[120]、SCSがジョブ・シェアをするケースも珍しくない。2017年12月には運輸省において、ジョブ・シェアをする2人の女性が局長として任用され、注目を集めた。2人はそれまでも7年間にわたってジョブ・シェアを行っており、直近では教育省において部長ポストをシェアしていた。課長級で、子育て中の女性とシングルファザーがジョブ・シェアをしているケースもあり、その2人は、引き継ぎを考慮し、勤務する日が半日重なるようなスケジュールを組んでいるとのことである[121]。

　また、2012年に公表された公務改革計画などを受け、国民と直接接する現場で働く職員が削減される一方で、行政サービスの向上が強く求められるようになった。業務執行専門グループ（Operational Delivery Profession）においては、それまで十分とは言えなかった職員の能力開発に取り組むこととなったが、2014年には入国管理や税務の分野において、人員削減の結果として繁忙時の行政サービス低下が問題となり、業務の急な増加に対し迅速に対応するチーム（Surge and Rapid Response Team）が内国歳入庁に新設された。チームに所属するのは、修習生として採用された様々なバックグラウンドを持つ幅広い年代の職員であり、修習期間中は、勤務時間内に業務執行に関する研修を受けるとともに、各省庁からの要請に応じて第一線で業務執行を行うために派遣される。これまでに、チュニジアにおけるテロやヒースロー空港における自動化ゲートの導入などによって、入国管理に関する業務が一時的に増加した際等に動員されたという。

公選首長が当該自治体議会の議員の中から任命する者によって構成される）が決定するのが通例であるが、その政策を具体的に実行していくのは事務総長（Chief Executive）を筆頭とした職員である。

事務総長は日本の副知事や副市長に相当し、任命権者は当該地方自治体の議会である。当該地方自治体の生え抜き職員がなる場合よりも他の自治体で業績を残した人物が採用される場合が多い。事務総長に専門資格は要求されないが、法律家や会計出身者が多い。

執行機関の各部局は事務総長の総括の下、部局長（Chief Officer あるいは Director とも呼ばれる）に率いられ、その下で様々なランクの職員が事務の遂行に当たっている。議員は非常勤・無報酬（費用弁償程度の支給は受ける）であり、日常の業務執行は必然的に有給の職員（日本で言う一般職の地方公務員）によって執行されることになる。

2017 年現在、イングランド及びウェールズには、約 152 万人の地方公務員がいる。うち、69.2 万人（45.5％）がフルタイムで、残り 82.8 万人（55.4％）がパートタイムである。パートタイムの 9 割近くを女性が占めている[122]。イギリスにおいては、2010 年に保守党と自由民主党の連立政権が成立し、歳出見直しを発表した。ここには、2010 年から 2014 年の 4 年間で、政府から自治体に交付される補助金の 28％削減、インフラ整備目的の自治体への支出の 45％削減、コミュニティ予算の導入などが盛り込まれていた。そのため、自治体としては小手先の行政改革では対応できず、大胆な人員カットを行うこととなる。2012 年以後のデータを見ても（表 3-14）、フルタイム換算の職員数が、2010 年の約 156 万人[123]から、2012 年には約 134 万人、さらに 2017 年には約 109 万人へと激減してきている。

イギリスでは、日本の地方公務員法に該当する法律はなく、民間企業の労働者と同じ労働法令（法、慣習法、規則等）の適用を受ける。人事諸制度に関して地方公務員を通じて適用される特別法はない。また、終身雇用制の人事制度は採られていない。

イギリスの自治体では幹部職員の多くは外部から求めるのがむしろ一般的である。募集は幹部職員については全国規模で、その他の職員は地域内で募集が行われることが多い。採用・昇進・異動ともに日本とは異なり、同一時期に大勢の者が一斉に採用されたり、異動・昇進したりすることはない。使用者の側から見れば、空きポストが生じた場合に適宜、そのポストに応じた能力・知識・経験等を保有した人材を獲得することになる。他方、労働者の側から見れば、各自が持っている能力等によって、より高く自分自身を評価してくれる地方自治体あるいはポストを選択することができる。ただそのた

表3-14　地方自治体職員数の推移

	実数	フルタイム換算	男性	女性	フルタイム	パートタイム
2012	1,903,000	1,343,300	459,900	1,443,100	867,400	1,035,600
2013	1,785,200	1,254,900	432,700	1,352,500	812,900	972,300
2014	1,717,800	1,223,500	416,400	1,301,400	791,000	926,800
2015	1,627,700	1,165,700	391,600	1,236,000	749,000	878,600
2016	1,570,600	1,123,700	379,200	1,191,400	721,400	849,200
2017	1,521,100	1,087,500	367,300	1,153,800	692,400	828,700

出典：Local Government Association (LGA): *Quarterly Public Service Employment Survey* (https://www.local.gov.uk/ons-quarterly-public-sector-employment-survey) に基づき筆者作成

めには、自らを売り込むことのできる能力等を選択し、自己研鑽に努め、空席のポスト（現在勤務する地方自治体以外の地方自治体である場合も多い）を丹念に探し、そして採用選考において競争に勝ち抜く必要がある。別の側面から見れば、本人からのアクションがない限り、原則として職員は同一の職場で同一の仕事を（ほぼ同一の給与で）ずっと続けることになる。

採用選考に際しては、事務総長、副事務総長、部局長などの上位の職は議員と職員により構成されたパネルインタビューにより候補者を選考し、マニュアル・スタッフやクラリカル・スタッフといった下位の職は当該担当部課長（ラインマネージャー）が人事部門と連携して選考を行うことが多い。人事部（人事課）が集権的に全所属の職員の採用・配属・異動・昇任を決定する日本の地方自治体のやり方と異なり、採用も含めた多くの権限が各部局、さらには各現場に委譲されていることが特徴的である。

職員の給与、勤務時間その他の雇用条件は、自治体と職員との雇用契約により定められ、民間労働法令が適用される。雇用契約を結ぶに当たっては、全国レベルの労使交渉機関「全国合同協議会」（National Joint Council）により毎年締結される給与等の雇用条件についての「全国合意」の内容を基準とするのが通例である。ただし、各自治体はこの全国合意に拘束される法的な義務はない。各自治体はこの全国合意を基準にして、それぞれの地域的、経済的状況を勘案した上で労使交渉を行い、雇用条件を決定することになる。また、一部の地方自治体（南東部に多い）は、全国合同評議会から離脱（オプトアウト）して、独自に労使交渉を行って給与改定を行っている。

日本と比較した場合、職種や上下の等級の違いによる給与の格差が相当大きい。1990年代に「ハーモナイゼーション」（ブルーカラーとホワイトカラーとの

区別のうち、勤務時間、超過勤務手当、傷病手当、種々の休暇などについて同一にしていこうという試み)がなされたものの、給与の格差については依然として存在し、全国合意の給料表を見ると、マニュアル・ワーカー(単純労務職員)とAPT&C職員(ホワイトカラー職員)の給与水準の差が顕著である。マニュアル・ワーカーの給与は単一レートが基本であり、同年代の部長級や事務総長級の給与の数分の1から10分の1程度の給与しか受けていない場合も多い[124]。

年金については、90の地方自治体によって運営される地方公務員年金制度がある。この制度は一般職員のみを対象としており、教員、警察、消防士はそれぞれ異なる年金制度の適用を受ける。なお、2014年以降の地方公務員年金制度については、地方自治体協議会と労働組合との間で、国家年金に合わせて満額年金支給開始年齢を引き上げることや、算定基礎を退職時給与から平均標準報酬額に変更すること等が合意されている[125]。

1　Ian Budge et al., *The New British Politics-4th ed.* (Pearson Education,2007), p.420.
2　*Ibid.*, pp.123-124.
3　イギリス政府ウェブサイト "Ministers" https://www.gov.uk/government/ministers (最終アクセス2017年12月31日)及び"List of Parliamentary Private Secretaries (PPS): July 2017" https://www.gov.uk/government/publications/list-of-parliamentary-private-secretaries-pps-july-2017
4　イギリス政府ウェブサイト "Departments, agencies and public bodies" https://www.gov.uk/government/organisations (最終アクセス2018年4月30日)
5　同上
6　職員数のデータについては、Office of National Statistics, *Civil Service Statistics* (2000,2010,2017)による
7　Gavin Drewry and Tony Butcher, *The Civil Service Today 2nd ed.* (Blackwell, 1991), pp.41-45.
8　*Ibid.*, pp.51-54.
9　イギリス政府ウェブサイト "Committee on Standards in Public Life-About us" https://www.gov.uk/government/organisations/the-committee-on-standards-in-public-life/about (最終アクセス2018年5月22日)によると、公務基準委員会は、非省庁公的組織の独立諮問機関 (an independent advisory non-departmental public body) であり、職員や予算は内閣府から提供されている。
10　憲法事項改革・統治法附則第2条第19項の規定により、公務員枢密院勅令 (The Civil Service Order in Council 1995等)は廃止されている。
11　政府の方針により、独立機関は3年に1度レビューを受けることとされ、2014年(連立政権時)のレビューで、人事委員会の改革について言及されているが、現在のところ改革の動きはない(2017年2月に人事委員会職員より聴取)。
12　Robert Pyper, *The British Civil Service* (Prentice Hall, 1995), p.30.

13　*Ibid.*, p.16.
14　White Paper Cm.2627, *Civil Service: Continuity and Change* (HMSO,1994).
15　Colin Pilkington, *The Civil Service in Britain Today* (Manchester University Press, 1999), p.94.
16　憲法事項改革・統治法第 4 条、第 10 条、第 11 条
17　イギリス政府ウェブサイト "Civil Service Nationality Rules" https://www.gov.uk/government/publications/nationality-rules (最終アクセス 2018 年 2 月 27 日)
18　国家公務員担当大臣である首相を補佐し、日本の内閣官房副長官 (事務) に相当する。近年では、内閣官房事務次官 (Cabinet Secretary) を兼務することが多い。
19　内閣執務提要 (The Cabinet Manual) 4.53 https://www.gov.uk/government/uploads/system/uploads/attachment_data/file/60641/cabinet-manual.pdf (最終アクセス 2018 年 5 月 22 日)
20　国家公務員管理規範 第 5 章 5.2.1 (a)
21　イギリス政府ウェブサイト "Civil Service job search" https://www.civilservicejobs.service.gov.uk/csr/index.cgi (最終アクセス 2018 年 5 月 22 日)
22　人事委員会採用規範 (2015 年 4 月版) パラグラフ 32・34 http://civilservicecommission.independent.gov.uk/wp-content/uploads/2015/03/RECRUITMENT-PRINCIPLES-April-2015.pdf (最終アクセス 2018 年 5 月 22 日)
23　例えば、歳入関税庁 (HM Revenue & Customs: HMRC) における税務専門家プログラム (Tax Specialist Programme: TSP) や、財務省における政策専門家を育成するための学卒者採用プログラム (The HM Treasury Graduate Development Programme) などがある。
24　執筆当時最新の 2017 年調査では過去最高の 2 位であった。
25　部内職員でファストストリームに入ることを希望する者は、外部の受験者と同じ試験を受験することとなった (ただし、学歴要件の免除などの特例措置はある)。
26　House of Commons Public Administration Select Committee, *Skills for Government Ninth Report of Session 2006-2007 volume1* (The Stationery Office Limited, 2007).
27　プログラム期間が長すぎることを理由にプログラム途中で辞職する例もあったことを踏まえて、今後、3 年間で修了できるようにする旨、内閣府の担当者より聴取 (2018 年 2 月)
28　2012 年 6 月、キャメロン＝クレッグ内閣の内閣府担当大臣であるフランシス・モードが公表した改革プラン。公務の規模縮小、公務員の政策能力の向上、政策の実効性及び透明性の向上、公務員の意欲向上を目的としている。詳細は後述第 7 節 (1) 参照
29　イギリス政府ウェブサイト "About the Fast Track Apprenticeship" https://www.gov.uk/guidance/the-fast-track-apprenticeship (最終アクセス 2018 年 5 月 22 日)
30　専門グループ (Profession) 成立の経緯の記述は、主に藤田由紀子『公務員制度と専門性—技術系行政官の日英比較』(専修大学出版局、2000 年)、及び「英国公務員制度改革における「専門職化」の意義」『季刊行政管理研究』146 号 (一般財団法人行政管理研究センター、2014 年) を参考とした。
31　House of Commons Public Administration Select Committee, *op.cit.*
32　National Audit Office, *Capability in the civil service* (24 March 2017) https://www.nao.org.uk/wp-content/uploads/2017/03/Capability-in-the-civil-service.pdf (最終アクセス 2018 年 5 月 22 日)
33　Government Economic Service, *Economic Adviser Recruitment Scheme 2017 Candidate Guide* (2017) https://www.gov.uk/government/publications/economic-adviser-recruitment (最終アクセス 2017 年 12 月 31 日)

34 イギリス政府ウェブサイト "Civil Service secondments and loans: how to apply" https://www.gov.uk/guidance/civil-service-secondments-and-loans-how-to-apply（最終アクセス 2018 年 5 月 22 日）
35 Civil Service, *Civil Service High Potential Secondment Programme* (2014) https://files.civilservicejobs.service.gov.uk/admin/fairs/apptrack/download.cgi?SID=b3duZXl9NTA3MDAwMCZvd25lcnR5cGU9ZmFpciZkb2NfdHlwZT12YWMmZG9jX2lkPTQ0MDk1NiZ2ZXJpZnk9YTJmODg4ZTU2ZjFlMWZhOTE2NzkyNGUzZTRhNTRlNWI= Civil Service High Potential Secondment Programme (最終アクセス 2018 年 5 月 22 日)
36 公務員研修所 (National School of Government) ウェブサイト "*About us*" https://web.archive.org/web/20071102151915/http://www.nationalschool.gov.uk/about_us/index.asp (最終アクセス 2018 年 4 月 25 日)
37 公務員研修所ウェブサイト "National School of Government has closed" https://www.gov.uk/government/organisations/national-school-of-government (最終アクセス 2018 年 5 月 22 日)
38 2016 年度人事院・日本行政学会共催国際講演会「公務の人材確保と能力開発・キャリア形成」における内閣府のアンナ・サンダース氏の講演より
39 イギリス政府ウェブサイト "Organogram/Civil Service Learning" https://data.gov.uk/organogram/civil-service-learning (最終アクセス 2018 年 5 月 22 日)
40 イギリス政府ウェブサイト "Civil Service Talent Management" https://www.gov.uk/government/publications/civil-service-talent-management/civil-service-talent-management (最終アクセス 2018 年 5 月 22 日)
41 ファストストリーマーがそのまま公務高度潜在能力課程 (CSHPS) に入ることもあれば、ファストストリーマー以外の者が各段階で選抜されて入ることもある。
42 2013 年度人事院・日本行政学会共催国際シンポジウム「幹部要員の育成と選抜」における内閣府のロシェル・フィッシャー氏の講演より
43 内閣府の担当者より聴取 (2015 年 2 月)
44 参加人数については、内閣府の担当者より聴取 (2017 年 5 月)
45 2013 年度人事院・日本行政学会共催国際シンポジウム「幹部要員の育成と選抜」における内閣府のロシェル・フィッシャー氏の講演より
46 イギリス政府ウェブサイト "Civil Service Leadership Academy" https://www.gov.uk/government/collections/civil-service-leadership-academy（最終アクセス 2018 年 5 月 22 日）
47 2014 年からは、政府は全体の数値目標を設定するのではなく、事務次官の業績評価目標の中に多様性と包摂性に関する目標を組み込むこととした。
48 財務省、ビジネス・イノベーション・技能省担当者より聴取 (組織名は当時のもの) (2013 年 2 月)
49 2011 年改正時に従前の「Top 200 Protocol」から名称変更
50 幹部リーダーシップ委員会の担当者より聴取 (2011 年 2 月)
51 Civil Service Commission, *Annual Report and Accounts 2016-17*, p.17 http://civilservicecommission.independent.gov.uk/wp-content/uploads/2017/07/Report-v5-WEB-1.pdf (最終アクセス 2018 年 5 月 22 日)
52 SCS を中心とした労働組合である FDA の担当者より聴取 (2017 年 2 月)
53 人事委員会ウェブサイト http://civilservicecommission.independent.gov.uk/ (最終アクセス 2018 年 5 月 22 日) 及び人事委員会採用規範 (2015 年 4 月版) パラグラフ 42-43

54 人事委員会採用規範 (2015 年 4 月版) パラグラフ 35

55 人事委員会の担当者より聴取 (2016 年 2 月)

56 2018 年 1 月の改定で大臣規範のパラグラフ 5.1 に「大臣は、公務員との勤務関係のプロフェッショナルであるべきあり、直接関わる全ての公務員に対し、配慮と敬意をもって接するべきである」との記述が追加されている。

57 House of Commons, Public Administration and Constitutional Affairs Committee, *The Work of the Civil Service: key themes and preliminary findings, Fifteenth Report of Session 2016-17*, p.11. なお、同報告書において、下院行政憲法委員会の特別顧問である Andrew Kakabadse 教授は、政官の緊張関係の原因は、大臣が公務員を最大限活用していないことにあるとしており、このような緊張関係が政策の形成と実施に更なる亀裂を生じさせるとしている。

58 Ian Budge et al., *op.cit.*, p.135.

59 Ben Yong and Robert Hazell, *Special Advisers Who they are, what they do and why they matter* (Hart Publishing, 2016), p.33.

60 イギリス政府ウェブサイト "List of Special Advisers in post as at December 2017" https://www.gov.uk/government/publications/special-adviser-data-releases-numbers-and-costs-december-2017 (最終アクセス 2018 年 5 月 22 日)。88 人には、maternity leave 中の特別顧問 1 人を含む。

61 House of Commons, *Special Advisers House of Commons Library Briefing Paper, Number03813, 1 Feb. 2017* (2017), p.17.

62 Ibid., p.20.

63 Cabinet Office, *Civil Service Reform Plan: One Year On* (2017) https://www.gov.uk/government/publications/civil-service-reform-plan-one-year-on--2 (最終アクセス 2018 年 5 月 22 日)

64 FDA は、「大臣が個人的に EMO のスタッフを任命することや公務内に政治集団を創設することに深刻な懸念を抱いていたが、人事委員会が策定したルールにより懸念の大部分は解消された」との考えを示した (FDA ウェブサイト "Civil Service Commission addresses some EMO concerns" http://www.fda.org.uk/Media/Whats-new/Civil-Service-Commission-addresses-some-EMO-concerns-Penman-tells-Radio-5-Live.aspx (最終アクセス 2018 年 5 月 22 日)、Civil Service World 電子版 (2013 年 11 月 21 日) "Civil Service Commission publishes Extended Ministerial Office guidance" https://www.civilserviceworld.com/civil-service-commission-publishes-extended-ministerial-office-guidance (最終アクセス 2018 年 5 月 22 日)。

65 House of Commons, *op.cit.* p.29.

66 Guardian 電子版 (2016 年 12 月 22 日) "Theresa May scraps rule allowing ministers to pick private office staff" https://www.theguardian.com/politics/2016/dec/22/theresa-may-ministers-private-office-staff-civil-service-ministerial-code (最終アクセス 2018 年 5 月 22 日)

67 大臣規範 (2016 年 12 月版)

68 David Nomington, *Written evidence from Sir David Normington, Public Administration and Constitutional Affairs Committee, WCS0025, 7 Feb 2017* (2017) http://data.parliament.uk/WrittenEvidence/CommitteeEvidence.svc/EvidenceDocument/Public%20Administration%20and%20Constitutional%20Affairs%20Committee%20/The%20work%20of%20the%20Civil%20Service/

written/46384.html（最終アクセス 2018 年 5 月 22 日）

69　2017 年 1 月 6 日付けブログ記事，Nicola Hughes, "Is scrapping Extended Ministerial Offices a mistake? (Institute for Government Blog 06 January 2017)" https://www.instituteforgovernment.org.uk/blog/scrapping-extended-ministerial-offices-mistake（最終アクセス 2018 年 5 月 22 日）、Civil Service World 電子版（2016 年 12 月 23 日）"Ministerial Code update scraps Maude's controversial EMOs" https://www.civilserviceworld.com/articles/news/ministerial-code-update-scraps-maudes-controversial-emos（最終アクセス 2018 年 5 月 22 日）

70　House of Commons, *op.cit.*, pp.16-17.

71　Ben Yong and Robert Hazell, *op.cit.*, p.45.

72　Department for Business, Energy and Industrial Strategy, *Trade Union Membership 2016 Statistical Bulletin* (2017) https://www.gov.uk/government/uploads/system/uploads/attachment_data/file/616966/trade-union-membership-statistical-bulletin-2016-rev.pdf（最終アクセス 2018 年 5 月 22 日）による。なお、同統計によれば、民間部門の組織率は 13.4％である。

73　給与制度、給与改定内容については、SSRB の報告書や、政府から SSRB に提出された資料（Cabinet Office, *Government evidence to the Senior Salaries Review Body on the pay of the Senior Civil Service (December 2015)*）等を参照

74　このほかに、SCS の中には、国営保健サービス（National Health Service：NHS）から派遣され、NHS の給与水準に基づいて給与を決定されている者など、特例的に給与を決定されている者がいる。

75　人件費の一部を業績に応じて当年限りで職員に分配するものであり、日本の期末手当・勤勉手当とは意味合いが異なるが、ここでは「ボーナス」と呼称した。

76　ロンドンを囲む環状高速道路の内側のエリア

77　人事院『平成 23 年度年次報告書』（2012 年）

78　勧告の検討過程においては、政府から給与引き上げに使える予算の上限等の情報提供がなされ、それにも配慮して勧告がなされる。勧告を受けた政府側も財政状況を踏まえて最終的な決定を行う。結果として、近年の上級公務員の給与は、一般職員の給与歳出枠と同じ割合を上限に改定が行われている。

79　SCS の 1 等級とグレード 6・グレード 7 との給与差が小さく、SCS への昇格メリットが小さいことから、SSRB は、数年に渡って SCS1 等級の最低額を他のバンドよりも多く引き上げることを勧告してきているが、政府は受け入れていない。

80　一部の職員については、毎年の昇給が契約上定められているケースがあり、その場合には、定期昇給が行われる。

81　財務省の政策アドバイザー試験のウェブサイトによれば、配属によっては経済学の修士号（postgraduate qualification in Economics）を持つ者に年 2,000 ポンドの手当が支給される場合がある。

82　2018 年 2 月に内務省から提供された資料による。ヨーロッパの一般的な言語（フランス語、ドイツ語、スペイン語、イタリア語）の場合は年間 451 ポンド、その他の言語の場合は 751 ポンドと、言語により手当額が異なる。2 ヶ国語以上を習得している場合は手当が増額される。

83　Department for Business, Innovation and Skills, *Pay rates for non-Senior Civil Service (non-SCS) staff within BIS* (2016) https://www.gov.uk/government/uploads/system/uploads/attachment_data/file/493207/foi-2015-28345-non-SCS_pay_rates-1.pdf（最終アクセス 2018 年 5 月 22 日）によれば、ビジネス・イノベーション・技能

省（組織名は当時のもの）では、職種・役職段階・学歴・勤務地域に応じて、割増額が設定されていた（2015年8月現在）。
84 人事院『平成23年度年次報告書』（2012年）
85 公式交渉の開始前にも非公式に交渉が行われるが、その場では非現実的な要求が出され、実質的な合意形成の場としての機能はない模様である。
86 2017年12月、政府はSCSの給与体系について以下の見直しを提案し、SSRBの意見を求めている。
  ・部長級及び課長級について、(A)国家公務員共通の専門分野、(B)公務外部との人材獲得競争がある専門分野、(C)税務職等の単一の省庁に在職している分野の3グループに分けて給与バンドを設定
  ・局長級については、専門分野共通で3段階（three tiers）の給与バンドを設定
  Cabinet Office, *Government evidence to the Senior Salaries Review Body on the pay of the Senior Civil Service* (December 2017) https://www.gov.uk/government/uploads/system/uploads/attachment_data/file/676566/Government_evidence_to_the_Senior_Salaries_Review_Body_on_the_pay_of_the_Senior_Civil_Service__December_2017_.pdf （最終アクセス2018年5月22日）
87 内閣府の担当者より聴取（2017年2月）
88 内閣府の担当者より聴取（2008年7月）
89 HM Treasury, *Freedom of Information Act2000: Flexible working* https://www.gov.uk/government/publications/flexible-working-foi （最終アクセス2018年5月22日）によれば、例えば、財務省では全職員がフレックスタイムを活用可能であるところ67％の職員が活用している（2016年現在）。
90 2008年7月に子ども・学校・家庭省（Department for Children, Schools and Families: DCSF）（組織名は当時のもの）の担当者より聴取したところでは、同省では事務執行官（EO）～上席執行官（SEO）レベルで毎月3日までこうした代休を取得することが可能（翌月への繰越不可）であり、超過勤務手当の受給ではなく超過勤務時間数に応じた代休取得を選択する職員の方が多かったとのことである。
91 典型的には育児のために使われ、例えばジョブ・センター（日本のハローワークに相当）などの現場では一般的であり、これによって地方の優秀な女性人材を確保できているとのことである（2014年2月に雇用年金省担当者より聴取）。また、段階的退職の観点から高齢職員にとっても関心の高い選択肢となっており、例えば雇用年金省では、65歳以上の職員のうち75.2％が部分的退職（partial retirement）としてパートタイムで勤務（2016年3月31日現在）している。パートタイムのパターンに対する要望も多様で、単純に週2.5日勤務とするというものから、中には年単位で労働時間を設定して夏だけ働く（冬は出勤しない）といった極端な例も認められている。
92 国家公務員管理規範第9章第1条第4項（2013年7月1日以前は、ロンドンのみ週最低41時間であった。同年前からSCSであった者は41時間）、第6項
93 国家公務員管理規範第9章第2条第1項・第4項・第8～10項
94 母親に義務付けられている出産直後2週間の有給出産休暇（雇用主はこの間に女性が勤務することを許可することは違法となる（1996年雇用権利法第72条（Employment Rights Act 1996）））以降は、最大50週（約1年間）までの育児休暇（うち、最大37週までは有給）を、最低1週間の単位で両親が交互、又は同時に取得することができるというものである（養子縁組の場合も利用可能）。各省庁・各エージェンシーは、カップルが一定の条件を満たす場合には、取得を認めなければならない。

95　国家公務員管理規範第 4 章第 3 条第 8 項・第 9 項
96　国家公務員規範において、職務命令が同規範に抵触するとの疑問を有する場合、上司等に相談しなければならないこと、その回答が合理的でない場合、人事委員会に申し出ることができること、このような手続きによっても事案が解決されず、職務命令に従うことができないと感じた場合は、国家公務員を辞職する必要があるとしている。
97　大臣規範パラグラフ 5.3 〜 5.5 (The role of the Accounting Officer)
98　イギリス政府ウェブサイト "Civil Service Learning" https://civilservicelearning.civilservice.gov.uk/node/351500 (最終アクセス 2018 年 5 月 22 日)
99　Cabinet Office, *SCS Performance Management Guide for job holders and line managers* (2016) https://www.gov.uk/government/publications/senior-civil-service-performance-management (最終アクセス 2018 年 5 月 22 日)
100　内閣府の担当者より聴取 (2017 年 2 月)
101　内閣府の担当者より聴取 (2017 年 2 月)
102　国家公務員管理規範第 11 章第 3 条第 1 項
103　イギリス政府は、2017 年 7 月、平均寿命の延伸を踏まえ、国家年金支給開始年齢の 68 歳への引き上げを 2037 年から 2039 年までの間に前倒しで実施する案を議会に提出している。
104　2012 年 4 月 1 日時点で、国家公務員年金支給開始年齢まで 10 年を超え 13.5 年未満の職員は、2015 年 4 月 1 日に移行するか、又は年齢に応じて設定された時点で新制度に移行するかを選択できるが、国家公務員年金支給開始年齢まで 10 年以下の職員に関しては新制度へ移行しない。
105　内閣府の担当者より聴取 (2017 年 2 月)
106　「アルファ」への加入を希望しない職員については、「パートナーシップ (確定拠出型年金)」に加入するか、又は国家公務員年金制度から脱退するかのいずれかを選択することができる。
107　Civil Service Pensions Board, *Alpha Scheme Guide Section 01 General* information (2015) P8 http://www.civilservicepensionscheme.org.uk/media/95069/alpha_schemeguides1_colour.pdf (最終アクセス 2018 年 5 月 22 日)
108　企業就職諮問委員会ウェブサイトには申請様式 (Business Appointments Application Form) が掲載されている (https://www.gov.uk/guidance/crown-servants-new-jobs-and-business-appointments (最終アクセス 2018 年 5 月 22 日))。
109　イギリス政府ウェブサイト "Civil Service Reform Plan : progress report" https://www.gov.uk/government/publications/civil-service-reform-plan-progress-report (最終アクセス 2018 年 5 月 22 日)
110　FDA の担当者より聴取 (2017 年 2 月)
111　Cabinet Office, Guide to Making Legislation (July 2015).
112　法律専門職 (Government Legal Service : GLS) は専門グループ (Profession) の一つで、その傘下で 2000 人超の職員を抱える政府法務局 (Government Legal Department : GLD) という非大臣省が多くの省の法律専門職の業務を担っている。ビジネス・エネルギー・産業戦略省 (Department for Business, Energy & Industrial Strategy) や歳入関税庁 (HMRC) など、GLD を利用せず省内に法律専門職を抱える省庁もある。
113　法案作成支援のほか、議会手続きの助言等も行っている。
114　内閣府の担当者より聴取 (2017 年 2 月)
115　ここでは、イングランドとウェールズに限定して言及する。
116　Local Government Association (LGA) https://www.local.gov.uk/about/what-local-government (最終アクセス 2018 年 5 月 22 日)

117 ウェールズ政府ウェブサイト http://gov.wales/topics/localgovernment/unitary-authorities/?lang=en (最終アクセス 2018 年 5 月 22 日)
118 従来、首長は議会の中から選ばれる主として儀礼の役割を果たす職だが、2000 年地方自治法により、各地方自治体が首長直接公選制を選択できるようになった。ただ、この方式に移行した自治体はまだ多くはなく、イングランド全体で 20 弱に留まっている。なお、2 つ以上の地方自治体で構成される法的地位を有する行政体である「合同行政機構」には、直接公選首長が置かれることになり、2017 年にはじめて 6 つの合同行政機構の首長選挙が行われた。
119 イギリス政府ウェブサイト "Guide to Job Sharing" https://www.gov.uk/government/uploads/system/uploads/attachment_data/file/406045/JobShareGuide260115FVnoDNs.pdf (最終アクセス 2018 年 5 月 22 日)
120 イギリス政府ブログ記事 "Civil Service job sharing going from strength to strength" https://civilservice.blog.gov.uk/2017/10/04/civil-service-job-sharing-going-from-strength-to-strength/ (最終アクセス 2018 年 5 月 22 日)
121 雇用年金省の担当者より聴取 (2014 年 2 月)
122 LGA: *Quarterly Public Service Employment Survey* https://www.local.gov.uk/ons-quarterly-public-sector-employment-survey (最終アクセス 2018 年 5 月 22 日)
123 LGA: *Local government workforce Analysis of job roles*, October 2010 https://www.local.gov.uk/sites/default/files/documents/local-government-workforc-4f6.pdf (最終アクセス 2018 年 5 月 22 日)
124 詳しくは稲継裕昭『人事・給与と地方自治』(東洋経済新報社、2000 年) 第 6 章参照
125 Guidance Public Service Pension reforms (2013 年 3 月 29 日) https://www.gov.uk/government/publications/public-service-pension-reforms/public-service-pension-reforms (最終アクセス 2018 年 5 月 22 日)

第4章
ドイツの公務員制度

要 旨

概観・改革の動向
- 公法上の勤務・忠誠関係に立つ官吏と私法上の雇用関係にある公務被用者から成る二元的公務員制度の大枠や、官吏制度の基本原則（終身任用、成績主義、政治的中立性、国家による扶養原則など）は従前と変わらない。
- 近年、官吏のラウフバーン、給与などに係る立法権限が各州に分権化。
- 行政執行は基本的に州の権限。連邦政府の規模は比較的小さい。

任用・昇進・育成
- 成績主義原則の下、学歴などに応じたラウフバーンごとに各省が官吏の採用・異動・昇進を実施。近年、高等教育システム改革に対応した改正や、人材確保などの観点からのラウフバーンの大括り化を実施。幹部候補となる高級職ラウフバーンでは法曹資格者が多数を占める状況は従前と変わらない。
- 異動は空席への応募が原則だが、業務繁忙等の場合には局内職員を一定期間職務命令により配置換えすることも。各省は人材開発計画の策定を通じて、職員の長期的・自発的キャリア形成に一定の方向付け。官民間の人材の流動性は低い。
- 高級職官吏でも本省準課長・初任課長級までしか昇進しない者が相当数存在。モチベーションの維持が人事管理上の課題。上級職から高級職など上位のラウフバーンへの昇任は極めて限定的。
- 任用面においては、女性の採用・登用の促進、人口構造の変化を背景とした職員の年齢構成の変化への対応なども近年の政策課題。
- 研修は各省、連邦行政アカデミーが実施。幹部・管理職研修を重視。

政と官等
- 各省の事務次官、局長などは「政治的官吏」（約400ポスト）として政治と行政の連携・調整をする役割。大臣はこれらの者をいつでも一時退職に付すことが可能。近年は、政権交代後に交代する事務次官の割合が比較的高い傾向。
- 政策調整の中心となる連邦首相府では、全体の約8割が各省からの出向者。

労働基本権と勤務条件
- 労働基本権が制約されている官吏の給与は法律で規定。政府は、団体交渉を経て労働協約で決まる公務被用者の賃金改定などを踏まえて改定案を策定。
- 官吏の給与は勤務に対する対価ではないが、勤務の総体に対する反対給付と観念され、官職にふさわしい生活を保障するために支給される。俸給は官職（身分）に対応し、経験年数に応じて昇給。近年は、勤務実績の給与への反映も推進。
- 勤務時間も法令により規定。一般に超過勤務の問題はない。短時間勤務、フレックスタイムなどの多様な勤務形態が普及し、職員のモチベーション向上につながる一方、要員確保などマネジメントの負担増が発生。

人事評価
- 人事評価は昇進、異動、人材育成の基礎として活用。給与決定には使用されず。勤務形態の多様化などを背景に、公正で納得性のある評価の実施が課題。

退職管理と恩給
- 定年までの勤務が一般的。勧奨退職はない。退職時年収の7割程度の恩給が支給され、経済的理由での再就職は稀。

地方公務員
- 官吏制度の基本原則は、州・市町村の官吏にも共通して適用。ラウフバーン、給与などに係る分権化の結果、制度設計や給与水準に差が発生。

1 概観

(1) 統治機構

ドイツは 16 の州で構成される連邦国家である。立法権については、連邦に広範な権限が委ねられてきたが、2006 年 9 月に実施された「連邦制改革Ⅰ」と称されるドイツ連邦共和国基本法（憲法に相当。以下「基本法」という）の改正により、連邦と州の立法権限の配分が大幅に見直され、公務員制度に関する分野では、州により多くの立法権限が委譲された。

基本法上、行政権は、基本的に州固有のものとされ、連邦政府が自ら執行できる行政分野は外交、国防、国境警備等に限定されている。このため、連邦政府の規模は地方政府（州政府及び市町村）に比べて小さい。

議会は、連邦議会（Bundestag：国民の代表機関。小選挙区比例代表併用制。議員数 709 人）及び連邦参議院（Bundesrat：州政府の代表を構成員としている。議員数 69 人）の二院制であり、連邦議会が優越している。

連邦首相（Bundeskanzler）は、通常、4 年ごとに行われる連邦議会選挙の結果を踏まえて連邦議会により選出され、連邦大統領（Bundespräsident）により任命される。在任期間は一般的に長く、コール首相は 16 年、シュレーダー首相は 7 年等となっており、現在のメルケル首相は、在任 13 年目である。連邦政府は連邦首相及び連邦大臣によって構成され、第 4 次メルケル内閣の閣員は 16 人となっている。国家元首は連邦会議（Bundesversammlung）で選ばれる連邦大統領であるが、その役割は象徴的で、行政運営の実権は首相が担っている。

第 2 次世界大戦後の政権運営では、1960 年代以降、2 大政党（キリスト教民主・社会同盟、ドイツ社会民主党）のいずれかが自由民主党と連立政権を構成（ただし、1966 ～ 69 年は 2 大政党による連立政権）する時代が続いたが、1998 年に初めて、新興政党である同盟 90/ 緑の党がドイツ社会民主党と連立を組んで与党となった。2005 年以降は、キリスト教民主・社会同盟を中心とする連立政権が続いており、2013 年からはドイツ社会民主党とのいわゆる大連立が続いている。

(2) 公務員の種類と数

ドイツの公務員は、公法上の勤務・忠誠関係に立ち、公権力の行使に関わる業務を担当する官吏（Beamte）と、労働契約に基づく私法上の雇用関係にある公務被用者（Tarifbeschäftigte）[1]に分かれている。

基本法第33条第4項は、「公権力の行使は、原則として、公法上の勤務・忠誠関係にある公務員に、恒常的任務として委ねられる」と定めており、これに該当するのが官吏であると理解されている。しかし、公権力の行使が何を指すかについては明らかにされていないため、官吏又は公務被用者が担当すべき業務の区別は不明確かつ流動的であり、ある職に官吏又は公務被用者のどちらを充てるかは、各使用者の判断に委ねられている。実態として、警察、司法、刑務、税務、外交は、公権力の行使であるという認識が形成されており、これらの分野では主として官吏が勤務している。一方、公務被用者は主に、保健機関や福祉サービス、一般官庁の事務・技術職に従事している。また、連邦本省における官吏と公務被用者の配置の実態を見ると、役職段階が上位になるほど官吏の割合が高い模様である。例えば、連邦内務省においては、本省全体で官吏が960人、公務被用者が440人（2016年6月現在）であるのに対し、課長職では官吏が112人、公務被用者が6人（2016年11月現在）となっている。

　公務員数は、全体で約469万人である。内訳で見ると、連邦約49万人（うち官吏約18万人。この中には、裁判官、裁判所職員、議会職員も含まれる。軍人約

❖ **図4－1　公務員の種類と数（2016年6月現在）**

出典：連邦統計庁（Statistisches Bundesamt）, Fachserie 14 Reihe 6.

❖ **図4－2　公務員の種類と数（連邦、州、市町村別）（2016年6月現在）**

出典：連邦統計庁, Fachserie 14 Reihe 6.

❖ 図4-3　全公務員の男女別、勤務形態別人数（2016年6月現在）

注：出典データは5人単位で切り上げ・切り下げが行われているため、内訳の人数の計が総人数と一致しない場合がある。
出典：連邦統計庁, Fachserie 14 Reihe 6.

❖ 表4-1　公務員数の推移

(単位：千人)

年	全公務員数	官吏・裁判官	公務被用者
1960	3,002	1,181	1,821
1970	3,644	1,425	2,218
1980	4,420	1,757	2,663
1990	4,667	1,839	2,827
1991	6,481	1,844	4,637
1995	5,177	1,701	3,476
2000	4,722	1,685	3,038
2005	4,414	1,692	2,723
2010	4,400	1,687	2,713
2015	4,480	1,671	2,808
2016	4,525	1,673	2,853

注1　「官吏・裁判官」は連邦大統領、連邦首相、大臣等（2016年は255人）を含み、軍人（同163,800人）を含まない。
注2　1990年以前は西ドイツのみの数字。
出典：連邦統計庁, *Statistisches Jahrbuch 1991 für die Bundesrepublik Deutschland*, 20.9.1 Beschäftigte nach Beschäftigungsbereichen, S.505、Fachserie 14 Reihe 6, 2002, 10.1.1 Beschäftigte des öffentlichen Dienstes, S.113、Fachserie 14 Reihe 6, 2016, 8.1.1 Beschäftigte des öffentlichen Dienstes, S.82を基に筆者作成

16万人を含む）、州約236万人（うち官吏約127万人）、市町村約146万人（うち官吏約19万人）、社会保険機関約37万人（うち官吏約3万人）となっている（いずれも2016年6月現在）。なお、これらの公務員数には、連邦、州等の監督下にあり公務の範囲に含まれるが、独立した法人格を持つ公法上の社団、施設及

び財団の職員（官吏又は公務被用者。約62万人、うち連邦は約3万人）が含まれる。

表4-1の1990年以前の数字は、旧西ドイツにおける公務員数（軍人を除く）を示しているが、公務員数増加の背景には、教育職職員の増加が挙げられている。東西ドイツ統合（1991年）により公務員数は180万人程度増加したが、その後、厳しい財政事情及び行政の構造改革の観点から人員削減が進められた。2016年の公務員数を1991年と比較すると、約30％（196万人）の減となっている。特に、旧東ドイツ地域の職員が行政構造の見直しにより人員削減の対象となったほか、市町村レベルで主として公務被用者が担っていた任務（エネルギー供給等）の民営化が推進された。連邦においては、公務被用者と軍人の削減が、公務員数減少に寄与している。

(3) 公務員法制

官吏という概念は、連邦、州、市町村等の使用者の別に関わりなく、基本法の下、統一的な概念として用いられている。従前は、全ての官吏に対して、基本法以外に「官吏法大綱法」（州官吏法定立のための枠組み及び全ての官吏に適用される事項を規定）、「連邦給与法」及び「官吏扶助給付法」（恩給、災害補償等を規定）等が共通に適用されていた。2006年9月の基本法改正（連邦制改革Ⅰ）により、連邦の大綱的立法権（連邦が大綱法を制定し、各州は大綱法の定める範囲内で立法権を行使し得る）は廃止され、この立法分野に入っていた一連の事項は、競合的立法（連邦が立法権を行使しない限り、各州が立法権を有する）事項又は連邦か州のどちらかの専属的な立法事項に整理された。州及び市町村の官吏制度に関しては、従前は連邦の大綱的立法事項であった事項のうち身分に関する事項は連邦が優先的な立法権を有する競合的立法事項に、その他の事項（ラウフバーン等）は州の専属的立法事項にそれぞれ整理されるとともに、従前は競合的立法分野に入っていた給与及び扶助給付は州の専属的立法事項に改められた。連邦はこの競合的立法権に基づいた「官吏身分法」（連邦官吏には非適用）を2008年6月に制定（2009年4月施行）し、従前の官吏法大綱法は原則廃止された。現在、連邦官吏に適用される法令としては、「連邦官吏法」「連邦懲戒法」「連邦給与法」「連邦ラウフバーン令」等があり、州及び市町村の官吏に適用される法令としては、官吏身分法のほか、各州の州官吏法等がある。

公務被用者の義務、勤務条件等は、連邦政府及び市町村の公務被用者については「公務労働協約」に、州政府の公務被用者については「州公務労働協約」に規定されているが、両協約の内容は、ほぼ同じである。

官吏及び公務被用者に等しく適用される法律としては、「連邦職員代表法」

等がある。

(4) 人事行政機関・人事管理の仕組み

　連邦官吏については、中央機関による統一的人事行政は行われておらず、官吏法の運用については連邦内務省、人件費予算については連邦財務省が、それぞれ大枠の管理をし、それを踏まえて各省が自省職員の人事管理を行っている。官吏制度に関わる機関としては、連邦内務省公務員局と連邦人事委員会（正委員及び代理委員各8人）がある。前者は、公務員制度全般の政策立案等を担当し、職員数は約70人である。後者は、限定された事項について官吏法の統一的な運用を確保することを目的としており、人事行政の客観性を担保することで職業官吏制度の中立性の確保及び成績主義原則の遵守を任務とし、法律の範囲内で独立とされている。

　各省の具体的な人事運用においては、職員が選挙で選んだ職員代表が参加する職員協議会（Personalrat）（第4節（1）参照）が転任等への同意など、人事管理について関与している。このほか、官吏に対する採用、昇任、評価、懲戒等は、行政処分の適法性を行政裁判所で争うことができ、判例の積み重ねは実務に影響を与えている。

(5) ドイツ公務員制度の歴史的概観

① 近代的職業官吏制度の成立

　ドイツにおいて近代的な公務員制度という意味での官吏制度の淵源は、18世紀のプロイセン絶対主義の時代に遡る。近代化の面でヨーロッパ諸国に遅れをとったプロイセンは、強大な常備軍の整備をはじめとする国家体制の整備に力を注ぎ、いわゆる「上からの近代化」を推し進めた。18世紀後半を迎えると、国家法人説＝君主機関説的な立場から君主は自らを「国家第一のしもべ」と称し、君主は国家に対して忠誠関係に立つ奉仕者と理解されるようになった。国家業務が拡大する過程で、君主が体現する「公の世界」で奉仕する官吏集団が形成された。官吏は市民層からリクルートされ、試験により任用されるようになっていった。さらに、高い倫理規範とモラール、忠実、勤勉等が求められる官吏の勤務関係は、君主個人と奉仕者の契約に基づく関係から、次第に使用者としての君主によって一方的に設定・解消される関係へと変容し、その地位は法律に規定されるようになっていく。

　国家の統一法典であるプロイセン一般ラント法（1794年）は、国家に対する奉仕者（Diener des Staates）の特別な忠誠・服従の義務を定めている。あわせて、成績主義による任用のほか、終身身分保障や恣意的な免職の制限が規

定され、近代的官吏制度の確立へとつながっていく。この官吏の人材養成機関として大きな役割を担ったのは、プロイセンのハレ大学やフランクフルト大学等の大学であった。ドイツでは、19世紀にかけて官吏の任用制度の整備が進み、教育・職業資格制度との結びつきを強めていった。

プロイセンでは官吏法の制定には至らなかったが、19世紀に入ると、バイエルン王国（1805年）、ビュルテンベルク（1821年）をはじめとする南西ドイツ諸国で官吏法が制定されるに至った。この時期のプロイセンの懲戒法（1852年）において創設された政治的官吏の制度は、今日なお存続している（第3節(2)参照)。

② 職業官吏制度の諸原則の形成と受容

1871年にドイツ帝国が成立すると、帝国官吏法（1873年）が制定された。この立法は、連邦制を採用した帝国内諸国の中で覇権的地位にあったプロイセンの官吏制度がモデルとなり、バイエルン官吏法等も参考とされた。この時代の官吏は政治的中立な存在といえるものではなく、保守的な思想傾向が官吏となる前提条件とされた。

また、19世紀は国家の近代化の進展に伴い、社会福祉をはじめ行政活動が拡大し、中には民間と同種の業務も生じてきた。この行政需要に柔軟に対応するため、国家は、官吏関係と比較して雇用関係の解消が容易であり、扶助給付の財政的負担を伴わない私法上の勤務関係に立つ職員・労働者を採用するようになっていった。これらの私法上の勤務者と官吏による二元的公務員制度は、今日まで存続することとなる。

1919年にワイマール共和国が成立すると、中央集権的な連邦制が敷かれた。同時に、国と州の官吏に共通して通用する諸原則が定められた。それらの諸原則の中には、終身任用の原則、恩給及び遺族給付規則の法定、官吏関係の終了に係る条件と形式の法定、全体への奉仕義務、政治的見解及び団結の自由といったものが包含され、この時代までに確立したこれらの諸原則が、戦後の基本法に規定された「伝統的な職業官吏制度の諸原則」（第1節(6)参照）の基礎となった。官吏グループの中でも民主派と反民主派など多様な政治的勢力が生じたが、次第に、官吏は憲法の守護者として国家の存続のために勤務し、その官職においては政党政治的に中立に振る舞うことが規範とされた。他方で、官吏が公務外で政治的見解を表明することについては寛容な制度となっていた。現在でもドイツには官吏の政治的活動に対して寛容な伝統があり、官吏には自制と節度を伴う政治活動が許容されているが、その端緒は既にこの時代に確認される。

その後、ナチ党が政権を握った時期（1933～1945年）においては、政治的

官吏に留まらずナチ党の政策に非協力的な一般官吏が「不適切な」官吏として強制休職（Zwangsurlaub）などにより排除された。1937年のドイツ官吏法は、ワイマール時代からの官吏制度に基本的には立脚しつつ、しかしナチ党の影響を色濃く反映するもの[2]でもあった。

　1945年に敗戦を迎えると、公務員制度は占領国ごとに異なる様相を呈するようになり、東ドイツでは官吏制度は廃止された。西ドイツにおいては、長い議論の末、1949年に基本法により伝統的な諸原則に立脚した職業官吏制度が再導入され、官吏と職員・労働者から成る二元的公務員制度が存置されることとなった。その後、一元化による統一的公務員制度の創設がたびたび改革議論の俎上に載せられたが、今日に至るまで制度的な枠組みは維持されている。また、ナチ党時代に非人道的行為を官吏が法律や上司の命令として執行したことへの反省から、官吏に対して命令に服する義務と並んで、上司の命令に異議を申し立てる権利及び適法性のない命令を遂行しない義務が法定されている（連邦官吏法第63条）。基本法に基づき制定された連邦官吏法、官吏法大綱法により連邦及び各州を通じて官吏制度の統一化が進められた。さらに、州ごとに独自の規定を置いていた給与・扶助給付の分野においても、1970年代に官吏給与法、官吏扶助給付法を通じて連邦・各州が歩調を合わせることとなる。その後、1990年に東西ドイツが統合すると、基本法とともに、旧西ドイツの公務員制度が旧東ドイツ地域にも統一的に適用されることとなった。近年は、第8節で述べるとおり、東西各州の経済力や財政事情の違いもあって、再び官吏制度の分権化・多様化の方向で改革が行われている。

(6) 伝統的な職業官吏制度の諸原則と官吏のエートス

① 伝統的な職業官吏制度の諸原則（hergebrachte Grundsätze des Berufsbeamtentums）

　現在のドイツ官吏制度は、伝統的な職業官吏制度の諸原則（以下この節において「諸原則」という）に立脚している。

　これらの諸原則は、もとより従前から続く官吏制度の原則全てを内包するものではない。連邦憲法裁判所の判例[3]によれば、「伝統を形成する長い期間にわたり、少なくともワイマール憲法下において、一般的あるいは極めて支配的な見解により、拘束力を有するものとして認められ維持されてきた構造的原則の核心部分」のみが該当すると理解されている。すなわち、基本法は、職業官吏の存在を前提に、国民の権利義務に関わる公権力の行使は原則として職業官吏が担うことを定めるとともに、職業官吏制度は伝統的な諸原

則を考慮したものとするよう立法者に要請しているのである（第33条第4項、第5項）。判例・通説で認められている主な諸原則[4]を例示すれば以下のとおりである。

- (i) 官吏の忠誠（Treue）義務と使用者の扶助（Fürsorge）義務
- (ii) 終身任用の原則、官吏関係の恣意的な終了の制限
- (iii) 成績主義（Leistung）原則
- (iv) ラウフバーン（Laufbahn）原則
- (v) 適切な官職名の保障
- (vi) 政党政治的中立性の原則
- (vii) ストライキの禁止
- (viii) 給与及び扶助給付についての官吏に対する扶養（Alimentation）原則と官吏法制の法定原則

　基本法上の規定はドイツ官吏制度の本質を特徴付ける諸原則に憲法上の制度的保障を与え、官吏制度の内容と改正の可能性に制約をかけている。
　最近の動向を見ると、2006年の「連邦制改革Ⅰ」として実施された基本法改正の中で、諸原則は考慮するだけではなく、「さらに発展させる」べきものへと改正されている（基本法第33条第5項）。
　なお、私法上の勤務関係に立ち、労働協約等によって勤務条件が定められる公務被用者は、諸原則の適用を受けない。これは官吏と公務被用者の勤務関係が本質的に異なっていると考えられることに由来している。しかしながら、官吏法と労働協約の間では接近現象及び相互作用が見られるところである。給与を例にとれば、かつての職員（Angestellte）の賃金制度は（少なくとも2005年の新たな「公務労働協約」の締結までは）、官吏の俸給制度に範をとったものであり、逆に、扶養原則に基づく官吏の俸給水準を改定する際には、公務被用者の賃金協約の妥結結果が反映されることが慣行となった。

② 官吏のエートスと社会的位置付け

　①で紹介した諸原則は、官吏関係の本質をなし、また官吏自身の自己認識の形成に大きく影響していると考えられる。官吏は、知識経験と専門性をもって国家の発展・維持に当たる職業集団としての独特のエートス（自意識、倫理的態度）をまとっており、非党派的で公正な行政遂行により、国政を担う政治勢力に対して、補正や均衡を図る役割を果たしてきている。
　官吏関係は、私法上の労働契約と異なり、使用者による一方的な任用行為（行政行為）により成立する公法上の勤務・忠誠関係であり、その重要な帰結

は使用者と官吏が双方に忠誠義務を負うという点に存する。すなわち、使用者は官吏及びその家族の福祉のために、現役時代はもちろん、引退後や本人死亡後の期間も含めて配慮しなければならず、また、官吏の職務活動と地位を保護するものとされている（連邦官吏法第78条）。給与や扶助給付についても、官吏の具体的な勤務の対価ではなく、官吏が生涯の職業としての公務に専念し、法的及び経済的な独立性を保持しつつ職業官吏に課せられた課題に取り組むことができるよう、使用者が官職の重要性や責任にふさわしい生活を営むための基礎を保障するものである。

これを官吏の側から見れば、勤務内外で課せられた様々な服務上の義務（連邦官吏法第60条～第77条）を負うと同時に、権利（同法第78条～第86条）を有するということである。義務の中には、政党政治的な中立性の保持、政治活動での節度と自制、命令服従義務、職務専念義務、勤務内外における信頼保持義務、服務の宣誓義務、守秘義務、兼業の制限等があり、いずれも官吏が国家に対して負う特別な義務である。これは、公権力の行使を官吏に留保した「権能留保」（基本法第33条第4項）と相まって、行政行為の正当性及び職務遂行の信頼性を保障するものであり、官吏の性格を特徴付けている。

行政機構のトップに位置する政治的官吏についての実証的な研究においては、自らの行為の政治的側面を認めつつも、政党政治的には中立性を保ち、経験と専門性をもって国家に仕え、自らが関わる実体的な政策内容の維持・推進を関心事とするエキスパートとしての官吏イメージを持っていることが指摘されている[5]。

また、ドイツ社会においては、官吏はテクノクラートの代表的な存在と見なされてきており、第2節で述べるとおり、実際にも、就職先として公務の人気は高い。

2 任用の制度・実態

(1) ラウフバーン制度

官吏の採用・昇進は、ラウフバーン（Laufbahn）原則の下で行われている。ラウフバーンは類似又は同等の学歴や職業教育を必要とする官職の集団であり、学歴区分で垂直方向に見ると、高級職（大学教育におけるマスター（修士）相当）、上級職（大学入学資格等）、中級職（実科学校卒業等）、単純業務職（基幹学校卒業等）[6]の4階層のラウフバーン群に分かれ、さらに、専門分野（非技術行政職、技術行政職、自然科学職、農学・林学・栄養学職等）によって水平方向に区分

されている。

　ラウフバーンの数は従前、連邦だけでも約125種類に上っていたが、学校で取得する職業資格や大学等における専攻課程の修了がいずれのラウフバーンに該当するかを明確にすることで人材確保における公務の競争力を強化すること、ラウフバーンをまたぐ人事異動は困難である中で、柔軟な人事配置を可能にする仕組みに改めること等を目的として、2009年に水平方向の類似のラウフバーンが大括り化され、その数は大幅に削減された。州においては、水平方向の大括り化のほか、垂直方向のラウフバーン群を3階層以下に統合する等の改革も実行されており、これについては第8節で述べる。

　各ラウフバーンは、通常4〜5段階の官職群で構成され、それぞれ初任官職への採用条件（学歴等）や、準備勤務（実務と専門理論を学ぶ公務部内における修習期間）及びラウフバーン試験（準備勤務終了後）等を経て採用するという基準が定められている。ラウフバーン資格を得るには、準備勤務を修了することが原則であるが、2009年の改正により、準備勤務に代替することができ

Column

ドイツの教育システム

　ドイツにおいては、4年制（一部の州では6年制）の基礎学校（初等教育）修了後の中等教育は従来、教育課程ごとに3種類の学校、すなわち5年制（一部の州では6年制）の基幹学校、6年制の実科学校、8年又は9年制（一部の州では6年制）のギムナジウムに分かれており、大学進学予定者はギムナジウムに進学するのが一般的である。近年は、基幹学校と実科学校を統合した新たな形態の学校が増えている。

　高等教育機関である大学の種類としては、総合大学、総合大学と同等の大学（技術大学、教育大学等）、芸術・音楽大学、専門大学等がある（同年代に占める大学進学率は49.8％（2016年））[7]。ドイツでは、従前、バチェラー（学士）やマスター（修士）といった段階化された学位制度は設けられておらず、ディプローム試験（修士又は学士程度）、マギスター試験（修士程度）、法曹第1次国家試験などに合格することが大学卒業を意味していたが、欧州の高等教育システム改革（ボローニャ・プロセス）に基づくバチェラーとマスターの2段階課程が導入された。ただし、法律学、医学の分野では、依然として、国家試験を経て大学を卒業し、資格を取得する仕組みを維持している。

る要件（高級職では職歴、上級職では学士号等）が新設された。2016年にはさらに、人材確保が困難な職種・分野について、資格要件が緩和された[8]。各官職はそれぞれ俸給表の対応する給与等級に格付けられており、各官吏は、通常その属するラウフバーン内において、下位の官職から順に上位の官職に昇格する。また、上位のラウフバーンに昇任するには、上位ラウフバーンの試験に合格すること等が求められる。なお、ここでいう任命によって付与される官職は、「本省参事官」「事務官」「書記官」といった官吏の地位・身分を示すものであり（身分法上の官職）、必ずしも具体的な職務や個々のポストと結びついた概念ではない。官吏は身分法上の官職（例えば本省参事官）に任用された上で、具体的なポスト（例えば連邦内務省公務員局給与担当課長）に配置される（任官補職）。

なお、連邦給与法（第18条）においては、「職務をその要求水準に応じて適切に評価し、官職に格付けるべきこと」「1つの職務を同一ラウフバーン群の3つの官職までに、本省においては全ての官職に格付けることができる

❖ 図4-4　官職のレベルとラウフバーンの関係（本省）

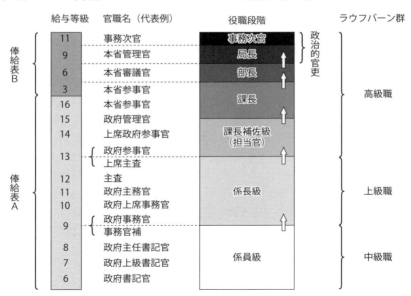

注：中級職の下に区分されている単純業務職（技能・労務的業務）の官吏はほとんどいない。
出典：筆者作成

こと」が定められている。伝統的な職業官吏制度の諸原則により官吏には身分法上の官職にふさわしい職務が付与される必要があるものの、身分法上の官職と具体的な職務を厳密に対応させることは求められていないことを踏まえて、このような具体的な職務の当てはめの大括り化（Dienstpostenbündelung）が定められている。その背景には、各ポストの職務・職責の変化に弾力的に対応すること、柔軟な人事配置を可能とすること、配置できるポストが限られる専門家等にも昇格の可能性を確保することなどの事情がある[9]。

(2) 採用、異動

① 基本事項

基本法第33条第2項は「全てのドイツ人は、その適性、能力及び専門的業績に応じて、等しく公の官職に就くことができる」と定めている。この成績主義原則は伝統的な職業官吏制度の諸原則の一つとされており、官吏の任用はこの原則に基づいて行われている。また、欧州連合の運営に関する条約の下、官吏関係に任用されるためには、原則として、ドイツ、EU加盟国、欧州経済領域協定締約国又はドイツ及びEUが条約により職業資格の相互認証を承認した第三国の国籍を有することが要件とされている。なお、欧州連合の運営に関する条約第45条第4項に基づいて、連邦大統領府や連邦首相府、州首相府等の職員（一般行政事務担当職員を除く）、本省の幹部職員、外交官等、公権力の行使に関わるポストには、原則として、ドイツ人[10]を充てるものとされている[11]。公務被用者については国籍要件はなく、外国人も就業できる（官吏のみが就くこととされているポストを除く）。

連邦官吏の任命権は、国を形式的に代表している連邦大統領に属することとされている（基本法第60条第1項、連邦官吏法第12条第1項）。具体的に見ると、俸給表Aの政治的官吏（大使）及び俸給表B適用者（本省重要課長級以上）については、通常は各大臣の決定及び後述の内閣の同意に従って、連邦大統領が直接任命する（辞令の交付は大臣が行う）。なお、連邦大統領府では、被任用者がラウフバーン上の要件を満たしているか等の形式的な審査のみを行う。本省課長級以下の官吏（俸給表A適用者）の任命権は、連邦大統領から各大臣に委任されている（下位の官庁等への再委任も可能）。なお、本省課長級（給与等級A16）以上の官吏及び政治的官吏の任命は閣議決定案件とされているが、内閣による実質的な審査は行われていない。

本省課長級以上を除く官吏及び公務被用者の採用、昇格、転任等の個別人事案件については、職員協議会の同意を得て発令することとなっている。

② 採用

　各ラウフバーンの初任官職への採用に当たっては、原則として広く一般に公募が実施される。各ラウフバーンに必要な学歴その他の要件は、連邦官吏法及び連邦ラウフバーン令に定められており、資格を有する応募者の中から、各採用官庁がそれぞれ競争試験に基づき条件付官吏として採用する。競争試験は一般的には、採用官庁に設置された選抜委員会において、筆記・口頭試験が行われる。採用された条件付官吏は、準備勤務（高級職と中級職では通常2年、上級職では通常3年）を行った後、ラウフバーン試験に合格して準備勤務を修了し（この時点で形式的には一度免職）、定員の範囲内で引き続き見習官吏として採用される。この時点で（初任）官職が付与された上で具体的なポスト（職務）に配置され、見習勤務（通常3年）を行う。この見習期間中に任務を遂行できる能力を実証できれば、終身官吏に任命される。基本的に、全省統一的な採用試験や採用手続きは存在しないが、例外的に中級及び上級の一般内務行政非技術職ラウフバーンの官吏の採用及び準備勤務については、それぞれ連邦行政庁（Bundesverwaltungsamt）及び連邦行政大学（いずれも連邦内務省所管）が一括してこれを行い、各省はその修了者を改めて採用することとなる。ラウフバーンの業務を遂行するのに必要な能力を人生経験や職業経験を通じて修得している場合等について、連邦人事委員会による能力確認を経て採用することも可能とされている。

Column

連邦行政大学における一般行政官の育成

　各省において広く行政事務に携わることとなる上級職官吏は、ギムナジウム卒業後、3年間の準備勤務を通じて育成される。その内容は、理論と実務を交互に学ぶ構成となっており、準備勤務期間中には給与（候補者給与、月額1,223.38ユーロ、2018年1月現在）が支給される。

学期	構成	モジュール（内容）		試験
1	基礎課程	1	行政行為の国法上・政治上の基礎	中間試験 ・1～4：筆記試験（各180分） ・5：能力実証（筆記試験、プレゼンテーション、在宅課題、語学試験、短い講演等から1種類）
		2	行政行為の法的基礎	
		3	行政行為の経済学的・財政学的基礎	
		4	行政行為の経営学的基礎、組織及び情報処理	
		5	行政行為の社会科学的基礎及び英語	

2	本課程Ⅰ	6 基本権（能力分野①注1）	能力実証
		6-1 基本権、6-2 欧州の基本権及び個人の権利	
		7 法学方法論、行政法総論（能力分野②）	能力実証
		7-1 法学方法論、7-2 行政法総論	
		8 債権法総論（能力分野③）	能力実証
		9 効率的かつ制御する行政（能力分野④）	筆記試験（240分）
		9-1 公的任務を遂行するための法形式・民営化の形態、9-2 現代的行政における統制、9-3 費用対効果と経済性による制御、9-4 プロジェクトマネジメント	
		10 経済的な行政行為（能力分野⑤）	筆記試験（240分）
		10-1 予算管理、10-2 公的任務の委託	
		11 公勤務法（能力分野⑥）	能力実証
		11-1 官吏法、11-2 公務の労働法、11-3 全職員に共通の法	
		12 異文化間の行政行為（能力分野⑦）	能力実証
		12-1 選択必修ゼミナール、12-2 英語Ⅱ	
3	実務Ⅰ	13 職業実務学習期間Ⅰ	報告書の作成及び討議。実習中の評価も加味
		13-1 実習Ⅰ、13-2 英語Ⅲ	
4	本課程Ⅱ	14 基本権及び基本的自由（ケーススタディ）（能力分野①）	筆記試験（240分）
		14-1 基本権、14-2 EUの政策	
		15 行政法上の権利保護、実践能力（能力分野②）	能力実証
		15-1 行政法上の権利保護、15-2 実践能力	
		16 債権法各論、動産法概説（能力分野③）	筆記試験（240分）
		17 部下職員の事情を考慮したマネジメント（能力分野④）	能力実証
		17-1 マネジメントの変革、17-2 指導、17-3 業績の評価	
		18 給付行政（補助金）（能力分野⑤）	能力実証
		19 法－マネジメント－心理学（能力分野⑥）	能力実証
		19-1 勤務法、19-2 人事管理、19-3 組織・社会心理学	
		20 国際的なコンテクストにおける行政（能力分野⑦）	能力実証
		20-1 選択必修ゼミナール、20-2 英語Ⅳ	
5	実務Ⅱ	21 職業実務学習期間Ⅱ	報告書の作成及び討議。実習中の評価も加味
		21-1 実習Ⅱ、21-2 英語Ⅴ、21-3 修了ゼミナール	
6	本課程Ⅲ	22 憲法及び欧州法における判決と最近の動向（能力分野①）	能力実証
		23 行政法の適用（能力分野②）	筆記試験（240分）
		24 私法（ケーススタディ）（能力分野③）	能力実証
		25 顧客に優しい行政（能力分野④）	能力実証
		25-1 クオリティ・マネジメント、25-2 行政のマーケティング	
		26 財政のコントロール（能力分野⑤）	能力実証
		27 超国家的・国際的なコンテクストにおける人事（能力分野⑥）	筆記試験（240分）
		28 英語Ⅵ（能力分野⑦）	修了筆記試験
		29 ディプローム論文	ディプローム論文
			口頭試験[注2]

注1：本課程は、7つの能力分野に関連するモジュールで構成。各管轄領域は次の通り：①連邦行政の憲法上・欧州法上の枠組み条件、②連邦行政における公法上の行為、③連邦行政における私法上の行為、④連邦行政における経営、⑤連邦行政における財政、⑥連邦行政における人事、⑦連邦行政における異文化間の行為
注2：口頭試験の受験資格は、中間試験（基礎課程のモジュール1～5の試験）、本課程のモジュール試験、及びディプローム論文の全てに合格した者に与えられる。ラウフバーン試験は、これら全ての試験で構成。
出典：連邦行政大学の行政マネジメント（一般内部行政専攻）モジュールハンドブック2014年などを基に筆者作成

(高級職初任官職（給与等級A13）への採用）

　幹部候補となる官吏が属する高級職ラウフバーンについては、連邦内務省をはじめ多くの省で、新規採用者の大半は法学専攻者（法曹資格取得者）が占めており（連邦内務省職員では約9割）、次いで経済学専攻者が多い模様である[12]。法学専攻者の採用までの過程を見ると、大学で一般的に5年程度の専門教育を修了した後、各州が実施する第1次国家試験を受験し、これに合格した者（2016年では全国で約9,400人）が各州において2年間の準備勤務（司法・行政修習）を行う。

　準備勤務の修了時に行われる第2次国家試験は法曹資格試験であると同時にラウフバーン試験を兼ねているため、合格者（法曹資格取得者）は裁判官、弁護士、高級職官吏（高級非技術行政ラウフバーン）のいずれにもなることができる。公務を志望する場合には、志望する省の具体的な空席公募に応募し、選抜されれば見習官吏に採用される。法曹資格取得者以外の場合は、公務外での職歴がある者が見習官吏に採用されるケースが多く、高級職で条件付官吏に採用されて準備勤務を行うケースは稀である[13]。なお、マスターの学位を取得した後、民間企業での勤務経験しかない者を採用する場合は、その2年半以上の職業経験が、専門性と難易度の点で、当該ラウフバーンの官吏が就くこととなる業務に相当するか否かを各省が判定の上、ラウフバーン資格を認定することとなる。実際は、民間での勤務経験が準備勤務に相当するか否かの判定は難しいこと、また、経済学などの専攻では、マスター修了の成績が法曹資格試験ほど細分化されておらず、書類審査で優秀層を判断することは難しいことから、公務被用者として採用し、2年半以上の勤務をさせ能力等を見極めた上で、官吏に任用している省もある。

【法曹の第2次国家試験の内容（バイエルン州）】

1．試験分野
　必修科目：民法、商法及び会社法、労働法、刑法、公法、欧州法、訴訟法
　職業分野：①司法（破産法、建築契約法規、少年刑法等を含む）
　（選択）　②行政（行政組織、官吏法、経済行政法規、道路法、国土計画法規を含む）
　　　　　　③弁護士（弁護士法及びマーケティング、弁護士料法等を含む）
　　　　　　④経済（資本会社法、不正競争防止法、カルテル法、インターネット法等を含む）
　　　　　　⑤労働・社会法（経営体規則法、協約法、社会裁判所の手続き等

を含む）
　　⑥国際法及び欧州法（国際私法、国際民事訴訟法等を含む）
　　⑦租税法（売上税法、法人税法、財政裁判所の手続き等を含む）
2．筆記試験（11題。1日1題。各5時間。実務的な課題）
　・民法（商法・会社法、労働法及び手続法を含む）から5題。そのうちの1題は労働法。
　・刑法（刑事訴訟法を含む）から2題。
　・公法（手続法及び租税法を含む）から4題。そのうちの1題は租税法。
　　各試験を18点満点で評価し、合計点を11で除して総合点を出す。
　　総合点が3.72以上、かつ、4点未満の試験が6つ以内である場合に、口述試験の受験が許可される。
3．口述試験
　・1人あたり約50分。そのうちの約15分は職業分野に充てる。
　・集団で行う場合は5人以内。
　　試験官は、民法・労働法、刑法、公法及び選択した職業分野を担当する試験官1人ずつの計4人。当該4つの分野ごとに評価（職業分野の点数は2倍）し、合計点を5で除して総合点を出す。
4．判定
　　総合点（18点満点）を7段階に区分し、下位2段階は不合格（18点満点の4点未満）。
　　総合点は、筆記試験の総合点の3倍と口述試験の総合点を合計して4で除して求める。

❖ 表4-2　法曹第2次国家試験合格者数（各州における試験結果の総計）

受験者数			8,693人	100%
	合格者数		7,460人	85.8%
		秀（sehr gut）	6人	0.0%
		優（gut）	162人	1.9%
		良上（vollbefriedigend）	1,416人	16.3%
		良（befriedigend）	3,514人	40.4%
		可（ausreichend）	2,362人	27.2%
	不合格者		1,233人	14.2%

出典：連邦法務庁（Bundesamt für Justiz), Referat Ⅲ3, *Ausbildungsstatistik 2016*, Anlage 2: Übersicht über die Ergebnisse der Zweiten Juristischen Staatsprüfung im Jahre 2016

具体例として連邦内務省を見ると、年に2度、本省及び外局における高級職（法律）の初任官職（A13等級）への採用者を、ウェブサイトや法律専門誌を通じて公募している。書類選考（第1次・第2次法曹国家試験の成績が「良」以上等）により絞り込まれた応募者（1人の採用につき約4人）に対し、採用試験（アセスメント・センター手続き）を行っている。志願者の評価は選抜委員会が行い、委員会には、本省の人事課職員、採用しようとする各局や官署の職員、職員協議会の代表や平等問題担当官が委員として参加する。この採用試験では、集団討論、与えられたテーマに関する発表、ロールプレイ（職員面談のシミュレーション）、語学試験等を実施し、これらにより、管理能力、コミュニケーション能力、チームワーク力、協調性、紛争への対処力、交渉力、決断力、論理的に説明する能力といった能力・適性を判断している。さらに、志願者のイメージを明らかにするために、2人の委員による60分程度の面接を行っている。

　1日に5人ほどがアセスメント・センター手続きを受け、当日夕刻には、各志願者に総合評価と合否判定が伝えられる。全ての志願者の採用試験を終えるのに、2～3週間を要する。法曹資格試験の成績との関係で見ると、実際の採用者は、第2次国家試験の「良上」層を中心に選抜されている。

　各省の毎年の採用人数や時期はまちまちであるが、毎年、おおむね数百人～千人を超える応募者に対して、採用者数は10～20人前後となっている。なお、2016年8月に公表された学生を対象とした調査によると、就職の選択に関して学生が公務を選好する傾向（全体及び女性で第1位）が示され、他には自動車産業、文化関係機関が魅力的な分野と評価された[14]。公務は、社会的な影響力、職業としての裾野の広さ、昇進の展望といった点で魅力的と受け止められている模様である。

③　**異動**

　異動は、ラウフバーン上の同等の官職・職務の間で行われることが原則である。異動には、同一官署内で異なる職務に就く配置換え（Umsetzung）、連邦政府内又は州や市町村等のほかの官署の異なる職務に一時的に就任する出向（Abordnung）と恒久的に就任する転任（Versetzung）がある。配置換えは大臣の組織権限に属するものとして職務命令により行われるものであるため、厳密な法的規制はない。出向・転任については、官吏は身分法上の官職の保有者として、その官職にふさわしい職務を遂行する権利を有することから[15]、新たな官職・職務の内容、出向の期間、使用者（州や市町村等）の変更等の諸条件により、本人の同意を要する場合がある（連邦官吏法第27条（出向）、第28条（転任））。なお、本人の同意を要しない場合でも、事前に官吏を聴聞しな

ければならない。

　採用後の具体的なポストの異動は、日本のように人事当局が特定の期日に計画的に一斉異動させるということはなく、本省部長級以下については原則として、欠員が生じたときに必要に応じて随時行われる部内公募に対し、職員が自主的に応募することによって行われる。ポストに空きが生じた場合には、まず、部内に限った公募にするか部外公募とするかの決定がなされるが、原則としては部内公募が行われ、そこで適任者が得られない場合には、再度の部内公募を行ったり、外国勤務や休職などからの復帰職員を充てる工夫も行われる。したがって、部外公募となるのは、補充しようとするポストに特別な専門知識や資格が必要であったり、部内公募によって適格者が得られない場合に限られる。

　また、課長未満のポストについては、局内の特定の部署で業務が繁忙となった場合などには、3ヶ月や1年といった一定期間に限り、公募によらず局長の判断で局内の職員を配置換えすることもある。

　各省の事務次官や局長、秘書官、内閣・議会担当室長等の特定ポストについては、公募を経ずに配置することも許容されている（連邦ラウフバーン令第4条第2項及び第3項）。また、欠員ポストの属する職位等において女性、男性のいずれかが50％未満である場合において、部内公募では過少である性の応募者を十分に確保できないときは、部外公募を行うこととされている。

　本省課長の選抜手続きを見ると、例えば連邦内務省では、人事評価結果や給与等級A15（準課長・初任課長級）の在級期間、2ヶ所以上の配置経験等の要件を満たして応募した各候補者に対し、小規模なアセスメント・センター手続きを実施している。具体的には、専門性やマネジメントに関する質疑、ロールプレイ（指導的ポジションのシミュレーション）を行った上で、選抜委員会（所属局の局長、人事課長などで構成。職員協議会の代表も観察者として同席）がその結果及び人事評価結果に基づいて候補者にランキングを付けて1人の候補者を選抜し、この人事案が総務局（Z局）を通じて事務次官、大臣へと上げられ、大臣が最終決定している。部長も、同様の手続きによって選抜される。また、給与等級A15以下の任用行為を伴わない省内の配置換えについては、同じく連邦内務省では、複数の応募者を当該ポストの上司（課長）が面接した上で、最も適する者を決定しており、このプロセスに職員協議会は関与しない。

　各省人事当局の主な仕事は、長期にわたって異動しない職員が部内公募に応募するよう働きかけることや、省ごとに策定が義務付けられている人材開発計画（研修、管理・幹部職の育成、人事評価、定期的な配置換え等の人事管理・育成上の措置を定める）を策定することである。同計画では、管理職就任の指針・

要件として幅広いポストの経験等を定めること等により、職員の自発的なキャリア形成に一定の方向付けを行っている。例えば連邦内務省の人材開発計画では、1ポストの最低在職期間（高級職では3年、上級職及び中級職では3～5年）を定めた上で、管理職に対し、部下に異動を積極的に促すよう求めている。

　以上のような省内異動のほか、本省外へ異動することもあり、特に連邦首相府への出向や官民交流については、第3節において概説する。

(3) 昇進、人材育成

　官吏が就任し得る役職段階及び昇進の範囲は、基本的には、各官吏がどのラウフバーンに属するかで決まっており、中級職は係員級、上級職は係長級、高級職は課長補佐級以上に対応している（第2節 (1) 図4－4参照）。昇進には、同一ラウフバーン内のより高い給与等級の官職への昇格（Beförderung）と上位のラウフバーン群に属するラウフバーンの官職に就く昇任（Aufstieg）とがあり、昇格の場合、身分法上の官職名は変わるが、具体的な職務は変わらないこともある。前者は、専門的業績や能力等に基づく選考によるが、後者はラウフバーン群の変更を伴うため、ラウフバーン試験への合格や連邦人事委員会等によるラウフバーン資格の認定等を経る必要がある。

① 同一ラウフバーン内での昇格

　昇格について見ると、準課長・初任課長級（給与等級A15）以下の官職（身分法上の官職）への昇格については、直近下位の官職に格付けられている官吏の中から、人事評価結果等により当局が昇格者を決定している。他方で、課長級以上の官職、例えば本省課長級である本省参事官（給与等級A16及びB3）、部長級である本省審議官（給与等級B6）、局長級である本省管理官（給与等級B9）の官職については、当該職位のポストに就かない限り昇格できない。

　昇格は、官吏の適性、能力及び専門的業績を基に決定され、その基礎となるのは人事評価である。例えば連邦財務省の人材開発計画においては、昇格待ちの官吏の選抜は最新の人事評価の総合評価結果に基づくこと、同一の給与等級にある官吏の間でより評点の高い者を先に昇格させること、評点が同じである場合には、個々の評価項目から、属するラウフバーン群の官吏に求められる能力がより高いと判断される官吏を昇格させることといった基準を人材開発計画で定め、職員に示している。

　高級職の場合、初任官職は課長補佐級の政府参事官（Regierungsrat）（給与等級A13、3年間は見習官吏）であり、その後、給与等級A14、A15（準課長・初任課長級官職）までについては、就いているポストに関係なく当局により昇格

者が決定され、人事評価の成績によって多少の差はあるものの、同一年に採用された高級職官吏は、約10年で給与等級A15の官職までほぼ一緒に昇進するようである。他方、ドイツ再統一後に多く採用された世代が現在50歳代となって「昇進の渋滞」と呼ばれる問題が発生しており、課長級の給与等級A16以上の官職に昇格できない官吏も多い。例えば、近年、連邦財務省では半数程度、連邦食料・農業省においても3割から5割程度が給与等級A15で定年を迎えている。このように給与等級A15までしか昇進できない高級職官吏も相当数存在する中で、各省の人事当局にとって、昇進できない者のモチベーションをいかに維持するかが課題の一つとなっている。そのための方策としては、専門家として時々の重要政策領域を担当する、自律性の高い専門家やプロジェクトのリーダーとなる、在外勤務など省外での活躍の場を求める等が挙げられる[16]。2018年1月現在の給与等級A15の最終俸給は6,559.99ユーロ（円換算約83万円[17]）でB3の俸給8,069.25ユーロ（約102万円）とは約19％の違いがあり、これが恩給をとおして生涯にわたる月収差の割合となる。

また、上級職及び中級職の職員については、遅くとも40歳代後半で当該ラウフバーン群の最高官職に到達し、給与上も約23年で最高号俸に達してしまうとのことであり、上位ラウフバーンへの昇任が非常に限定的であるところ、その後の約20年間のモチベーションの維持は、高級職職員以上に深刻な問題であると認識されている。

② **上位のラウフバーンへの昇任**

上位のラウフバーンへの昇任については、選抜を経て昇任候補者となった後、準備勤務、専門的な資格課程の修了（中級職及び上級職）、又は大学課程の修了と1年間の実務指導（上級職及び高級職）を受けることが必要である。こうした昇任は極めて少ないのが実態である。例えば、上級職から高級職への昇任については、2009年以降は、高級職への新規採用者と同程度の学歴・知識水準を確保することを目的として、マスターの学位取得と高級職における1年間の実務が必要とされている。これを受け、2011年には連邦行政大学に「Master of Public Administration」課程が創設された。高級職の空き定員について、新規採用者と昇任者とでいかに補充するかは各省の判断により決定されるが、新規採用がより重視される傾向にあるとみられ、上級職からの昇任を推進する政策は採られていない。

また、高級職への昇任者（給与等級A13の官職）の場合、その後の昇格については、多くは準課長・初任課長級（給与等級A15の官職）止まりであり、課長以上のポストに就くケースは極めて稀のようである。

③ 育成

　研修を推進することは使用者の義務とされており、職員の側も自己の知識と能力を維持・開発するために、研修に参加することが義務付けられている。各省が実施する研修の基準は連邦ラウフバーン令に定められており、省庁横断的な研修は、連邦内務省所管の中央研修機関である連邦行政アカデミー（Bundesakademie für öffentliche Verwaltung）が実施している。

　各省においては、自省職員を対象に、連邦行政アカデミーでは実施していない専門的な研修や、同アカデミーにおける研修参加枠を超える需要に対応するための研修を行っている。一部の省庁では、連邦財務省の連邦財務アカデミーや連邦国防省の連邦国防軍統率アカデミーなど、独自の研修機関を持っている。

　連邦行政アカデミーは、管理職候補、管理職、上級・最上級幹部職の階層別の研修を実施しており、中でも管理・幹部職研修は特に重視されている。例えば、管理職就任直前又は直後の職員を対象とする研修については、いずれの省も人材開発計画の中で、管理職就任の要件として受講を義務付けている。管理職員・幹部職員の研修では、専門知識等のみならず、変化に積極的に対応することや、変化を促進するような指導の方法等を修得させるとともに、コミュニケーション能力及び社会的能力の強化を図っている。

❖ 表4-3　連邦行政アカデミーにおける研修の例

対象階層	テーマ	
管理職候補	Ⅰ　組織を活性化させるマネジメント	3つを統合したマネジメントコンパクトコース
	Ⅱ　セルフコントロール、組織及び部下の適切な統率	
	Ⅲ　実務に即したマネジメント知識の深化	
	指導のパースペクティブ：基礎とオリエンテーション	
	目的指向のチーム指導	
	管理職代行・プロジェクトリーダーとしての指導	
管理職	管理職の職務としての人事評価	
	管理職として協力的な面談（職員面談）を行う	
	管理職の職務としての紛争への対処	
	管理職のための業務の組織と時間管理	
	変革のマネジメント：変革のプロセスを積極的に構築する	
	ワークショップ：職業生活と家庭生活／介護の両立	
上級・最上級幹部職	管理職に対するマネジメント	
	行政におけるマネジメント原理としてのリーダーシップ	
	変革プロセスのマネジメント	
	幹部フォーラム：幹部職のための経験知の交換	
	デジタル時代におけるマネジメント能力	

出典：連邦行政アカデミーウェブサイト

(4) 女性の採用・登用、ダイバーシティー

① 女性の採用・登用

　基本法第3条においては、男女の平等・同権がうたわれ、男女平等の実現を国の責務と定めており、この責務規定が新設された1994年以降、女性の採用・登用を促進するための法整備が進められてきている。2016年6月現在の女性比率は、連邦公務員全体で27.5％（軍人を除くと36.3％）であり、本省全体では53.8％、高級職では45.1％に上っている。一方、本省の課長級以上の管理職員・幹部職員に占める女性の割合は30年前には4％程度[18]であったが、近年着実に増加し、2016年には34.0％となっている。なお、部長級以上に占める女性の割合を見ると、部長では26.0％、局長では27.5％、事務次官では20.0％と依然として低い[19]。

　連邦政府においては、「連邦行政並びに連邦の公企業及び裁判所における女性と男性の平等のための法律（連邦平等法）」に基づいて、男女平等を促進するための様々な措置が講じられているが、法定の数値目標に基づく義務的なクオータ規定は設けられていない。具体的な施策を見ると、例えば採用・登用などに当たっては、女性が過少であり、かつ、適性や能力が同等である場合には、男性候補者を優先すべき個人的な事情（男性候補者が家庭の事情により辞職した元公務員である場合など[20]）がない限り、女性候補者を優先することのほか、選抜委員会は男女同数とすること等が定められている。また、官署ごとに具体的な目標値の設定（特に管理職・幹部職については階層ごとに目標値を設定）、目標値の達成に向けた具体的な措置の策定等を盛り込んだ平等計画を策定（4年計画で2年後に状況に応じて改訂可）することとされている。

　さらに、職員100人以上の官署においては、平等問題担当官（Gleichstellungsbeauftragte）及び代理が女性職員の中から原則として1人ずつ、女性職員の投票により選任され、4年の任期で任命される[21]。官署は、採用や異動などの人事決定プロセスにおいて、意思形成に平等問題担当官の意見を反映し得るようにするため、当該担当官を早期の段階から関与させなければならず、この関与は政治的官吏の人事案件にも及ぶ。

② 出身地域の多様性

　各省の官吏の出身地域多様性について、各州の出身者を適切な割合（各州の人口比に近い割合）とすべきことが基本法第36条に定められている。連邦公務員全体についての出身地域や出身大学に関するデータはないが、1990年代半ばから2018年1月現在までの事務次官及び局長のうち計262人の出身州及び出身大学を見ると、出身州については、かつての首都であるボンが所

在するノルトライン・ヴェストファーレン州の出身者が最も多く、3割強を占めている。出身大学についても、ボン大学が突出して多く（53人）、次いでフライブルク大学（21人）、ミュンヘン大学（19人）、ゲッティンゲン大学（19人）、ハンブルク大学（16人）、ケルン大学（16人）などとなっている。ボン大学やケルン大学出身者が比較的多くなっているのは、かつての首都に近いという地理的な要因によるものとする研究がある[22]。

また、国としての移民統合政策の一環として、移民（自らが移民である第1世代や両親の少なくとも一方が移民であるドイツ生まれの第2世代）を公務に積極的に採用している。連邦政府における移民の在職実態を把握するために行われた調査の結果によると、連邦政府職員における移民の割合は約14.8％となっている。

3 政と官、官民関係

(1) 官吏の政治的中立性

官吏は全国民に対する奉仕義務を負っており、その任務を非党派的かつ公正に遂行しなければならない（連邦官吏法第60条第1項）とされ、職務遂行における政治的中立確保が義務付けられている。一方、官吏の政治参加については、伝統的にその権利が尊重されており、官吏自身の政治的活動に寛容な制度、慣行が存在し、政党員である官吏も多いとの指摘もある[23]。官吏の政治活動について、連邦官吏法は、「全体に対する立場及びその官職上の義務を考慮して、必要とされる節度と自制を保たなければならない」（同条第2項）とだけ定めている。

具体的に見ると、官吏は連邦議会や欧州議会の議員及び州、市町村の議員に立候補することができ、連邦議会や欧州議会の議員に当選した場合は、その官職を辞さなければならないが、官吏関係が完全に終了するわけではなく、連邦議会議員等である間は官吏としての権利と義務が停止する。連邦議会議員等の職務が終了した後は、公務に復帰することが可能である。また、州議会の議員については、州法により、連邦官吏としての官職と州議会議員の職は両立しないと定められている州においては、連邦議会議員に選出された場合と同様に、その官職を辞さなければならない。しかし、特にそのような定めのない州においては、当該州の州議会議員を兼ねることができ、議員としての活動に当たっては、申請に基づいて勤務時間の短縮又は無給休暇が与えられる。さらに、市町村の議員は兼ねることができ、議員としての活動に当

たっては、必要な休暇（有給）が与えられる。以上のほか、無給休暇により、議会会派事務局に出向することも認められており、実際にしばしば行われている。

職務遂行に当たっては、政治的意見を表明してはならず、特定政党を利するような職務遂行を行うことは認められない。他方、政党員となることは認められ、勤務遂行中以外における政治的意見の表明は、憲法に対する忠誠義務違反にならない限り許容されている。

(2) 政治的官吏 [24]

① 対象ポスト、役割、沿革

各省の事務次官以下のポストのうち、大臣の政治的な意図及び目標の実現に向けて職務を遂行することが求められる局長級以上の高位ポスト等が法定され、政治的官吏（Politische Beamte）と呼ばれている（連邦官吏法第54条）。政治的官吏の官職には、大臣の意図する行政を実施する観点から大臣が信頼をおける者を配置できるよう、それらの官職に就任する官吏は、終身官吏でありながら身分保障を緩和し、いつでも大臣は理由を付さずに一時退職に付すことができることとされている。政治的官吏も官吏であり、職務遂行における政治的中立が求められる。一時退職とは、再任用される可能性がある退職であることを意味するが、実際に再任用されることは極めて稀である。

対象官職は、各省の事務次官、局長、給与等級B3以上の外交官及び給与等級A16の大使、連邦憲法擁護庁及び連邦情報局における給与等級B6（部長）以上の官吏、連邦新聞情報庁長官及び同長官代理、連邦刑事庁長官等、連邦政府全体で約400となっている。政治的官吏の役割は、大臣の意向、与党の動向を部下の課長等の官吏に伝えるとともに、大臣、与党が必要とする情報の収集、提供を官吏に指示する一方で、特に行政官出身者の場合には、行政固有の立場から課長以下の立案する政策等を大臣等に上げて了解を取り付けるという、政治と行政との橋渡し役となることである（図4-5）。

このほか、大臣室長、大臣秘書官、次官秘書官、報道官等の政治色の濃いポストについては、連邦官吏法上は政治的官吏ポストとして指定されていない（一時退職等の制度はない）ものの、実際の異動に当たっては、政治的な配慮に基づいて任用が行われている。こうしたポストの数は、1省当たり10〜20程度、連邦政府全体で約200となっている。

② 政治的官吏の任用

先述のように、連邦各省の事務次官、局長ポストは公募の例外とされており、大臣秘書官や次官秘書官等の政治色の濃いポストについても、公募しな

図4-5　政治的官吏及び職業公務員たる官吏のポスト例

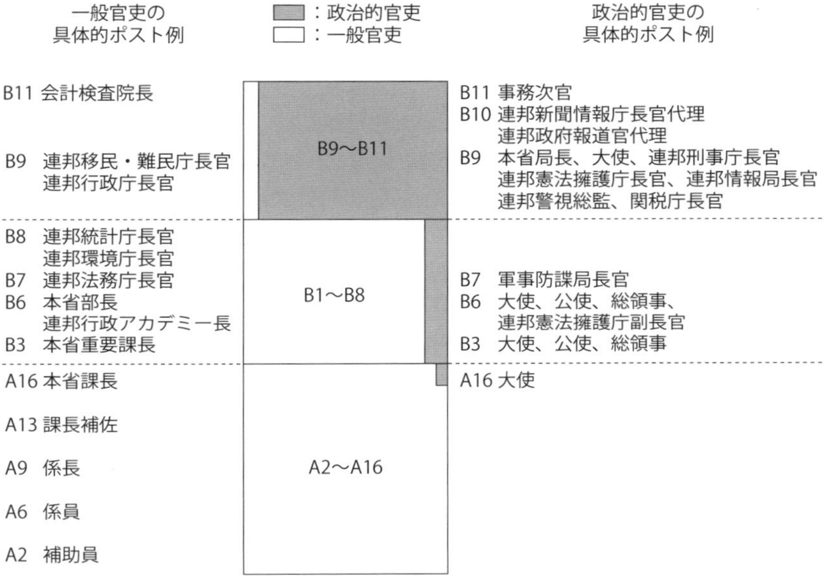

```
   一般官吏の                  ■：政治的官吏        政治的官吏の
   具体的ポスト例              □：一般官吏          具体的ポスト例
```

一般官吏の具体的ポスト例		政治的官吏の具体的ポスト例
B11　会計検査院長	B9～B11（政治的官吏）	B11　事務次官 B10　連邦新聞情報庁長官代理 　　　連邦政府報道官代理 B9　本省局長、大使、連邦刑事庁長官 　　連邦憲法擁護庁長官、連邦情報局長官 　　連邦警視総監、関税庁長官
B9　連邦移民・難民庁長官 　　連邦行政庁長官		
B8　連邦統計庁長官 　　連邦環境庁長官 B7　連邦法務庁長官 B6　本省部長 　　連邦行政アカデミー長 B3　本省重要課長	B1～B8	B7　軍事防諜局長官 B6　大使、公使、総領事、 　　連邦憲法擁護庁副長官 B3　大使、公使、総領事
A16　本省課長		A16　大使
A13　課長補佐	A2～A16	
A9　係長		
A6　係員		
A2　補助員		

注：俸給表B　約2,400人、俸給表A　約126,000人。本省及び外局の官吏数で軍人を除く。
出典：人事院『平成15年度年次報告書』第1編第1部第2節ドイツの項を一部修正

くともよいとされている。しかし、これらのポストに就く者も、成績主義原則の下にある官吏に変わりないことから、アメリカの政治任用とは異なり、各ラウフバーンの要件を充足する能力、実績が求められる。もちろん、そのポストに就こうとする者が民間人の場合にも、高級職ラウフバーンの能力、実績を証明する必要がある。

　具体的な選任について見ると、事務次官については、大臣自身が当該省内に限らず広く知り合いの高級職ラウフバーンの要件を満たす者の中から人選するのが通例といわれており、高級職ラウフバーンの連邦官吏、州官吏や法曹資格者等から選ばれる。連邦各省の歴代事務次官について公務員出身者の割合を見ると、全省では半数以上の事務次官が連邦又は各州の公務員出身者であり、外務省、内務省、法務省、財務省、国防省といった伝統的な省ではさらに高くなっている[25]。他方、局長については、事務次官と比べ、部内の者が昇進する場合が多い。その際には、事務次官や総務局長（Z局長）が候補者リストを作成し、その中から事務次官が候補者を推薦し、大臣が決定するのが通例となっている。現実には、事務次官を含め大部分の政治的官吏は、

連邦の各省又は州の行政府の官吏から任用されている。事務次官の昇進に関する最近の研究では、政党政治的な忠誠のほか、政治への応答力（政治的な優先順位や予想される政治の反応等を踏まえて政策立案・調整・助言等を行う能力）、専門性・マネジメント能力のいずれも昇進の可能性を高めるが、政党政治的な忠誠の影響がより大きいとする研究もある[26]。ただし、主な事務次官候補である局長等の多くは、長年の勤務経験を通じて、一般的に高い専門性・マネジメント能力等を有していることにも留意する必要があろう。

❖ 表4-4　事務次官の中心的な職業経験例（2018年1月現在）

内部昇進（基本的に1つの省でキャリアを形成）	6人
連邦政府内の昇進（連邦政府内で複数の省庁を渡り歩く）	3人
州政府、自治体からの異動（州政府、自治体でキャリアを積み、連邦政府へ異動）	3人
政党関係機関（政党事務局、議員事務所）	5人
民間企業	3人
その他（研究機関、諸団体等）	3人
計	23人

注：上記のいずれにも分類が困難な者（1人）は集計から除外した。
出典：連邦各省のウェブサイト等に掲載されている事務次官の経歴を基に筆者作成

　政治的官吏ポストのうち、本省の給与等級B6からB9までの官職（本省局長や給与等級B6以上の外交官等）及び外局の長については、原則として終身官吏を就けるものと定められているため、官吏以外の者を任命する場合には、連邦人事委員会による例外の承認が必要となる。また、給与面で人材の確保が難しい場合等には、官吏としてではなく公務被用者として契約により当該幹部ポストに就任することもある。

　ドイツにおいても政治主導が強まり、事務次官及び局長レベルの政党政治化が進んでいるとの見方がある中、2009年において、政党無所属がなお事務次官で57.1%、局長で74.5%となっている[27]。また、無給休暇を取得してドイツ連邦議会等の会派で勤務した経験のある官吏は、そうでない官吏と比べて政治的官吏に就くまでの昇進スピードが早くなることを実証した研究もある[28]。

　政治的官吏以外の政治色の濃いポストには、省内の職業官吏から任用されるのが一般的であるが、例えば秘書官には官吏以外の者が任用されることもある。同様に、報道担当官には、ジャーナリストから任用されることも多い。

❖ 表4-5　連邦政府幹部職員の所属政党別割合

調査年度（括弧内は与党）	所属政党	次官		局長	
		人数	%	人数	%
2009年 （CDU/CSU、SPD）	（注）	3	42.9	12	25.5
	無所属	4	57.1	35	74.5
	調査人数	7		47	
2005年 （SPD、緑の党）	CDU/CSU	0	0	3	4.7
	SPD	5	62.5	32	50.0
	FDP	0	0	0	0
	緑の党	1	12.5	3	4.7
	無所属	2	25.0	26	40.6
	調査人数	8		64	
1995年 （CDU/CSU、FDP）	CDU/CSU	8	57.1	45	45.9
	SPD	1	7.1	5	5.1
	FDP	2	14.3	6	6.1
	無所属	3	21.4	42	42.9
	調査人数	14		98	

注：2009年の政党所属者（本表に非掲載の部長を含む）の93%はCDU/CSU又はSPD。
　　2005年9月時点の事務次官の総数は23人（13省合計）、2009年2月時点の事務次官の総数は25人（14省合計）
CDU：キリスト教民主同盟、CSU：キリスト教社会同盟、FDP：自由民主党
SPD：ドイツ社会民主党、緑の党：同盟90／緑の党
出典：注29参照[29]

③　一時退職

　政治的官吏は、理由なしにいつでも一時退職に付され得る。政治的官吏の入れ替えは、政権交代直後から3、4ヶ月をかけて徐々に行われるのが通例である。大臣の交代又は政権交代により、当然に一時退職に付されるということではない。

　表4-6は、政権交代直後の連邦政府における事務次官・局長級の人事異動総数の推移を示している。ただし、この総数には定年による通常退職、自己申告による早期退職及び他省への転任等も含まれている。しかし、政権交代後約半年に限ったデータであるため、その数字の大多数を一時退職が占めていると言えよう。

　このデータからは、政権交代直後には数ヶ月をかけて相当規模の一時退職者が出ており、しかも最近は事務次官・局長ともにその割合が増加する傾向にあることが分かる。2005年における大連立政権発足に当たっては、前政権の中核を占めていたドイツ社会民主党が閣内に残ったため、異動が少なかったものと推測される[30]。その後の二度にわたる連立の組み換え（2009年からはキリスト教民主・社会同盟及び自由民主党の連立政権、2013年からは再び大連立）においては、最大与党であるキリスト教民主・社会同盟が一貫して政権内に

❖ 表4-6　政権交代後における連邦政府各省事務次官・局長の人事異動

時期	1969年10月～1970年6月			1982年10月～1983年6月		
	異動数	%	総数	異動数	%	総数
次官	11	40.7	27	13	54.2	24
局長	27	30.7	88	35	33.7	104
合計	38	33.0	115	48	37.5	128
時期	1998年10月～1999年3月			2005年10月～2006年2月		
	異動数	%	総数	異動数	%	総数
次官	16	66.7	24	12	46.2	26
局長	55	49.1	112	10	8.7	115
合計	71	52.2	136	22	15.6	141
時期	2009年11月～2010年3月			2013年12月～2014年4月		
	異動数	%	総数	異動数	%	総数
次官	17	70.8	24	15	62.5	24
局長	―	―	―	―	―	―
合計	17	70.8	24	15	62.5	24

出典：注31参照[31]

留まっているにもかかわらず、事務次官の交代の割合が比較的高くなっており、大臣の人事関与が強まっているという見方もある。

　退職時に定年年齢（第6節（1）参照）に近い場合は、恩給生活に入ることが多いが、退職時に比較的若い官吏は、前大臣や政党の紹介による州政府（連邦政府の前政権党が与党である州）高官のほか、大学教官、民間企業役員等に再就職するのが通例である。また、連邦議会議員となる例は少ない。なお、連邦の他省の事務次官等に転任する例もある。

　政治的官吏ポストではないが、大臣室長、大臣秘書官、次官秘書官、報道官等、政治色の濃いポストに就いていた者は、大臣の交代時に当該ポストから外れるのが通例となっている。その場合、官吏身分を有する者は、人事当局が政治色の薄いポストへ異動させ、民間から任用された秘書官、報道官等は大臣の紹介等により連邦政府外で再就職する。

　一時退職に付された場合、当該月及び翌月以降の3ヶ月間は給与の全額が支給され、その後は政治的官吏であった期間に応じて、6ヶ月以上最長3年間、最終俸給額の71.75％の恩給（割増恩給）が支給される。それ以後は、通常の算定方式に従った恩給が支給されることとなる。他方、官吏としての通算勤務年数が5年未満の場合には、一時退職には付されず、免職される。この場合、免職された月及び翌月以降の3ヶ月間は給与の全額が支給され、その後は転職給付金が支給される。これは、一時退職に付された官吏に対する割増恩給に相当し、同期間、ほぼ同額となっている。

このように、政治的官吏の一時退職は財政的負担を伴う措置であることから、国民の目も厳しく、慎重に取り扱われている。法律上は一時退職に理由付与は必要ないと解されているが、国民世論との関係では、政治的官吏の忠実な職務遂行について大臣として信頼できなくなったとの理由が必要となっており、連邦大統領府では特にこの点について、文書の提出を求めている。

(3) 連邦政府における政策立案・決定過程と連邦首相府との人事交流

　基本法第65条においては、連邦首相は政治の基本方針を定め、これについて責任を負うとされ、この基本方針の範囲内において、各大臣は、独立して、かつ自らの責任において自己の所轄事務を指揮することとされている。また、大臣間の意見の相違については、首相が調整し、最後には政府で決定すると定められている。連邦首相がこうした基本方針の策定や各省調整を行うに当たり、これを補佐・支援する役割を担うのが、連邦首相府である。連邦政府の政策立案・決定過程において、連邦首相府は、各省（特に予算関係）による合意形成が不調である場合に意見調整を図るために関与するほか、個別政策が連邦首相の基本方針や連立協定に基づく政府の政策と合致しているかをチェックする機能を果たしており、各省、連邦議会与党・野党、連邦参議院の各州との政策調整の中心になっている。

　連邦首相府には、原則として各省担当課（Spiegelreferat）が置かれており、この各省担当課は担当省と連邦首相、連邦首相府の間でつなぎ目の役割を果たしている。連邦首相府（職員数約550人）は、その任務を円滑に実施するために、職員構成の多様性が確保されており、高級職職員約200人のうち、約8割は各省からの出向者で占められている。この人事交流は、閣議決定に基づいて行われている。各省からの出向者は、3～5年間、連邦首相府で勤務した後、自省に戻るのが通例である。連邦首相府における勤務は、高度な政治決定プロセスや様々な調整プロセスを身近に経験するものであり[32]、職員の育成にとってはもとより、各省の業務遂行上も有益であることから、このような勤務経験は、各省の人材開発計画にも組み込まれている。連邦首相府への出向は、後日の昇進につながると言われている。

　近年、EUが加盟各国の経済・財政政策に積極的に介入しはじめたことを契機として、ドイツでも政策決定の主導権が各省から連邦首相府に移行しつつあることが指摘されている。2006年から2017年における各省から連邦首相府への出向者数（高級職官吏のみ）の推移を見ると、特に連邦経済・エネルギー省及び連邦財務省からの出向者数が増加している[33]。

(4) 議会・政党と官吏の関係

　連邦議会及び委員会は、連邦政府の構成員の出席を要求できる（基本法第43条第1項）。委員会において法案や特定議題の審議が行われる場合には、通常は政務次官、重要事項であれば大臣が出席することとなる。その際、質問の事前通告はなく、大臣等は議題に関する論点を盛り込んだ資料を事前に読んで討論に臨むが、事前資料になかった事項については、政治家の立場から適宜発言しなければならない[34]。テーマの重要性等に応じて、局長、課長又は担当官が随行する。委員会では必要に応じ、委員長の決定で局長等の官吏の発言が許されることがある。

　委員会での審議のほかに、議会における文書質問制度としては、政府の方針等に関わる大質問（議院規則第100～103条）、特定の分野について連邦政府の回答を求める小質問（同第104条）があり、さらに、議員が個別に文書又は口頭での回答を求める短い質問（同第105条）をすることができるとされている[35]。各省では、これらの質問については、大臣直属の大臣室に置かれる内閣・議会担当課が、どの課が担当するか等を決めており、回答にはいずれも時間的余裕があることから、公務員が議会審議や質問対応のために深夜にわたって作業することはない[36]。議員等の政治家への公式な説明などは、大臣又は政務次官によって行われる。官吏は彼らが説明する場に同席するだけである。しかし、他方において、政策立案過程においては、事務次官や局長が与野党の政治家や州政府の政治家と意見交換をしたり、政府の考え方を説明するために議員と接触している。また、連立協定の策定は基本的には政党間で行うものであるが、各省は新政権の下で実施したい計画等を連立協議の中に盛り込む努力をするほか、政党側からも専門家として情報提供や協議への出席を求められる。

(5) 官民関係

① 官民間の転職

　ドイツでは、公共の利益を基本として運営される公務（行政）と、私的利益を基本として運営される民間企業（私的経済）は長く別のものと考えられてきた。このため、転職についても、職業生活のはじめ（20～30歳代）には、公務から民間へ又は民間から公務へということもあるが、それぞれの領域で中堅以上の職業経験を積んでからの転職は極めて少ないようである。

　経済のグローバル化の進展に伴って、民間人材の採用・登用を促進しようとする動きが生じ、民間における職業経験を適切に評価し、初任官職よりも

上位の官職・号俸に採用できるよう、法律の規定が弾力化された（2009年）。また、民間に転出した場合の年金上のデメリットを縮小するための新たな老後保障制度も導入された（2013年）（第6節（2）参照）が、民間人材の採用について官側の受け止めは慎重であり、官民間の転職は依然として稀である。

② **官民交流**

官民交流のシステムとしては、職員に民間企業における仕事及び意思決定のプロセスを学ばせるとともに、官民の相互理解を深めることを目的として、官民交流プログラムが2004年10月に開始された。このプログラムは当初、2ヶ月から1年を目処に職員を相互に派遣し合い、派遣期間中の給与は双方の使用者が自らの職員の分を負担するという形で実施されていた。その後、民間企業従業員が行政機関でロビー活動を行っているのではないか等の批判がなされたことを受けて、外部人材（民間企業等との雇用関係を維持したまま、公務において一時的に勤務している者）の活用について透明性を確保するため、2008年に「公務外の職員（外部人材）を連邦行政に配置するための一般行政規則」が定められた。同規則では、外部人材が従事することのできない職務（法案の作成、幹部としての職務、決定権を有する職務、派遣元の具体的な利益に直接関わる職務等）、配置期間の制限（通常6ヶ月以内）、給与の負担（最長6ヶ月、相互派遣の場合は全派遣期間について、派遣元機関が派遣職員の給与を支給可能）、連邦議会の予算・内務委員会への状況報告等に関する規定が設けられた。連邦政府の最新の報告によれば、2015年7月から2016年6月の間に35人の外部人材が連邦公務で勤務しており、連邦政府からは7人が相互の人事交流として派遣された[37]。

4 労働基本権と給与その他の勤務条件

（1）労働基本権と勤務条件の決定システム[38]

勤務条件の決定システムを考察するに当たり、まず、労働基本権について見ると、ドイツでは、官吏と公務被用者という2種類の公務員の間で、勤務条件決定の方式が大きく異なる。官吏については、基本法及び連邦官吏法を根拠として団結権は保障されているが、判例及び学説により、伝統的な職業官吏制度の諸原則には官吏の忠誠義務と使用者の扶養義務、ストライキの禁止等が含まれると解されており、協約締結権と争議権が否認されている[39]。

他方、私法上の勤務関係に立つ公務被用者については、民間労働者と同様、労働三権とも認められており、その勤務条件は団体交渉を経て締結される労

働協約によって定められる。このように、ドイツにおける公務員の勤務条件は、議会により法律で決まる官吏と、交渉により協約で決まる公務被用者とで別個の決定方法がとられている。

公務被用者の交渉手続きについて見てみると、協約の期限の到来とともに行われる組合による賃上げ要求を皮切りに交渉が開始される。数回にわたる交渉が不調に終わった場合、通常は調停手続きに移行することとなるが、それまでの間に警告ストライキ（Warnstreik）等の抗議行動が行われることもある。調停委員会による調停案には法的拘束力はなく、したがって調停案を当事者が拒否し、さらなる交渉も決裂した場合は、最終手段として労働組合はストライキを行うこととなる。ただし、ストライキを行うのは保育園やゴミ収集、近距離交通、病院といった州及び市町村の公務被用者が中心であり、実際には、調停前の警告ストライキに留まることが多い[40]。

勤務条件をめぐる交渉に当たる交渉員のレベル、クラスや交渉の規模（人数）は案件によって異なる。賃金交渉は、連邦内務大臣及び市町村使用者団体連合会議長が使用者側代表となり、統一サービス産業労働組合（ver.di）及びドイツ官吏同盟（DBB Beamtenbund und Tarifunion）両委員長の労働組合側代表と交渉を行う[41]。なお、財源に関する権限を持つ連邦財務大臣又は事務次官が同席することが慣例となっている[42]。

官吏の給与その他の勤務条件は、通例では、公務被用者の労働協約の妥結状況を踏まえた上で、経済・財政状況を考慮して法律により決定される。近年の給与改定状況を見ると、連邦においては、公務被用者の賃金交渉の妥結内容が基本的にそのまま官吏に適用されている。なお、官吏には協約締結権が否認されているものの、給与法改正法案をはじめとする官吏法令を策定するに当たっては、官吏に係る労働組合の上部組織が関与することが法定されている。この制度により、法案が議会に提出される前に、政府と労働組合との間で意見の調整が図られるが、団体交渉ではないため合意する必要はなく、労働組合の意見を容れない場合は、法案の趣旨説明（Gesetzesbegründung）において補足的にその旨を記載することとなっている[43]。また、法案が閣議決定された場合、議会で承認されるまでの間、国の扶養義務に基づく経過措置として、連邦政府の決定により、法律で意図された一律的な給与引き上げ分について、仮払い（Abschlagzahlung）を行うことが慣行となっている。この仮払いは、後日における給与法改正を条件として成立している。この超法規的手続きは、給与法定主義の例外をなすものであるが、給与受給者たる官吏の利益に関わる緊急措置として正当化されるとされている。この手続きは立法者を拘束するものではないが、立法者の決定権は事実上著しく制約される

こととなる[44]。

　また、法令及び労働協約の定める勤務条件の範囲内で、各官署における具体的な勤務条件や人事処遇を決定する際に勤務者の利益を反映させる仕組みとして、職員代表制が法定されている。具体的な勤務条件の例としては、勤務時間の割振りや休憩時間の開始・終了時刻などがあり、官吏と公務被用者のグループごとに選出された委員で構成される職員協議会が、各官署の使用者の意思決定過程に参画する。職員協議会は労働組合とは別の制度であるが、現実には、労働組合の推薦を得た候補者が委員に選ばれる例も多い。

(2) 給与

　官吏の給与は、提供された個々の勤労に対する直接の対価ではなく、官吏が全ての力を国家の用に供し、全力を尽くして義務を履行するという勤務の総体に対する反対給付であり、かつ、官職にふさわしい生活を保障するために支給されるものである（国家による扶養原則）。この原則は、伝統的な職業官吏制度の諸原則の一つであり、官吏が占める官職にふさわしい生活を保障する義務を使用者が負っていること、つまり、職位、職責、一般の生活水準等に鑑みて、ふさわしい生活を維持できる給与水準が保障されることを意味している。しかしながら、2006年9月の「連邦制改革Ⅰ」による分権化の結果、連邦と各州間で給与水準に差が生じてきている（一部の州では違憲訴訟も提起されている。詳しくは第8節(2)参照）。

　給与は俸給、諸手当等から構成され、俸給表は本省課長級以下の一般官吏及び一般軍人などに適用される俸給表A、本省重要課長級以上及び大佐以上に適用される俸給表B、大学教員などに適用される俸給表W、裁判官及び検察官に適用される俸給表Rの4種類に分かれている。俸給表Aは等級（身分法上の官職のランクに対応、A2～A16）と号俸（各等級8号俸、経験年数に対応）で構成され、俸給表Bは等級のみで構成される（B1～B11）。

　給与等級への格付けは、その保有する身分法上の官職によって決まる仕組みになっており、例えば高級職の初任官職の場合、政府参事官で給与等級A13となる。給与決定のもう一つの基準は号俸である。従前、号俸は、年齢と連動する勤続年数（Besoldungsdienstalter）により決定されていたが、2009年の改正により、年齢に関わりなく、公務内外における職業経験期間（Erfahrungszeiten）に基づいて号俸決定や昇給を行う仕組みとなった。直近上位の号俸への昇給に要する昇給期間は、1号俸は2年、2～4号俸は各3年、5～7号俸は各4年（1号俸から8号俸まで昇給するのに23年を要する）とされており、昇格に際しても号俸は変わらない。成績昇給の仕組みとしては、継続して卓越した勤務

成績を収めた場合には昇給期間を短縮することができる特別昇給、勤務成績が要求水準に満たない場合の昇給延伸がある。特別昇給を与えることができるのは、1暦年に、最高号俸に達していない俸給表A適用者の15％までとなっている。特別昇給を受けた職員は、昇給時期が前倒しされた期間だけ長く直近上位の号俸の俸給額を受けるが、その後の昇給時期は特別昇給を受けなかった場合と同じであるため、その効果は一定期間に限られ、日本の制度のように昇給効果が累積することはない。手当としては、家族加給、官職手当[45]、職位手当（公安職手当、本省手当など）[46]、業績手当、超過勤務手当などがある。なお、従前、12月に支給されていた年次特別給（クリスマス手当）は廃止され、その分が俸給月額に組み込まれた（詳しくは注47、57参照[47]）。

　官民の給与水準を比較することは難しく、統計資料はないが、法曹資格を有する高級職官吏と英米系の弁護士事務所やアメリカ系コンサルタント会社に勤務する法曹資格者の給与を比較すると、後者がかなり高いといわれている。

　伝統的な職業官吏制度の諸原則の一つである成績主義原則は、従来は専ら採用と昇進に適用され、給与は扶養原則に基づいて、業績とは無関係に年齢による自動昇給が認められてきた。公務員制度改革の一環として初めて業績給（先述の成績昇給、業績手当及び業績報奨金）が導入された1997年以降は、徐々に勤務実績の給与への反映が推進されている。

　業績報奨金及び業績手当は、卓越した特別な業績に対して支給されるもので、それぞれ属する給与等級の初号の額を超えない範囲内の一時金（報奨金）、初号の額の7％を超えない範囲内の月額で最長1年（手当）であり、1暦年に、両者を併せて俸給表A適用者の15％までに与えることができる。特別昇給の支給枠（15％）を使い切らなかった場合には、その分を業績報奨金及び業績手当に回すことができる[48]。

　例えば連邦内務省では、業績報奨金は特別昇給のように一定期間業績を見定める必要はなく、また、何を業績とみなしたかを説明しやすいということから、専ら業績報奨金を支給している。業績報奨金は、人事評価（定期評価は3年を超えない期間ごとに実施）とは別に、主として短期的な仕事上の成果を評価した上で受給者が決定されるが、一部の省庁では、基本的に全ての職員が受給できるよう、持ち回り的な運用が行われている模様である。

　公務被用者についても、業績評価又は目標達成度評価のいずれかの手法を用いて評価した上で、業績報奨金又は業績手当を支給することとされている。

(3) 人件費管理

　連邦公務員の人件費管理は、連邦予算規則（法律）や毎年度の予算法等に基づいて予算により行われており、総定員法に定める政府全体の総定員の下で各府省に定員を配分するという日本のような仕組みは採られていない。毎年度の予算法においては、連邦省庁別・給与等級別に官吏の予算定員（Planstelle）が設定される（公務被用者についても同様の仕組み）。官吏の定員は単純な頭数によるものではなく、勤務時間 41 時間で定員 1 と換算される。予算定員の設定は、毎年度の予算編成過程において各省が要求を行い、連邦財務省による査定・要求省との折衝を経て、最終的に予算法に反映されることにより行われる。予算書には、省庁別、職務の級別に職員数（短時間勤務者については勤務時間数に応じて換算した数）が表示されている。

(4) 勤務時間と多様な勤務形態

　連邦官吏の勤務時間は、連邦官吏法では週平均 44 時間を超えてはならないと定められ（第 87 条第 1 項）、その詳細は政令に委任されており、勤務時間令では週平均 41 時間と定められている[49]。超過勤務は、やむを得ない職務上の事情があり、かつ、それが例外的事由に基づく場合に限って行うものであり、月に 5 時間以内については、原則無給である。また、5 時間を超えて超過勤務をした場合は、その全ての時間について 1 年以内に代休を取得するものとされており、代休が取れないときに超過勤務手当（Mehrarbeitsvergütung）が支給されるのは、警察官等の一部の職種に限られる。高級職職員以外は、一般には残業を行うことがないようであり、その背景には、官民を問わず、正規の勤務時間内に与えられた仕事を処理するという基本的考え方があるものと考えられる。

　正規の週勤務時間は、原則として月曜日から金曜日までに割り振られ、正規の 1 日の勤務時間、開始及び終業の時刻は、休憩を含めて 13 時間を超えない範囲内で官署ごとに決定される。連邦公務では、短時間勤務、フレックスタイム、テレワーク等の多様な勤務形態が整備され、これらの制度を活用した柔軟な勤務時間の割振り等が可能となっている。こうした多様な勤務形態は、特にワーク・ライフ・バランスを重視する若者や女性にとって職業選択における大きな魅力の一つとなっている[50]。

　短時間勤務は、過去数十年をかけて徐々に進展してきており、現在では広く利用されている（図 4-6 参照）。過去の経緯を概観すると、まず、女性官吏に対する家庭の事情に基づく短時間勤務と無給休暇が 1969 年に導入され

た。伝統的な職業官吏制度の諸原則によればフルタイム勤務が基本となるが、子の養育という特定の要件と結びついた例外的な措置として認められたものである。短時間勤務と無給休暇はその後、1974年には家族の介護も要件に加えられるとともに、男性官吏も利用できるようになった。1980年にはさらに、若年層の雇用確保のため公務のポストを提供するという雇用政策を実現するための短時間勤務と無給休暇制度が導入された（時限的かつ例外的な措置として導入されたが、2017年現在も無給休暇制度は存続）。その後も社会情勢に応じて、1997年には要件を必要としない短時間勤務が、1998年には高齢職員を対象として給与や恩給算定上の優遇措置を伴う短時間勤務が導入されるなど、制度が整備・拡充されてきた。

　正規の勤務時間の2分の1以上の短時間勤務は、特別な理由がなくとも可能であり、育児や介護等の理由がある場合には、正規の勤務時間の2分の1未満（無給休暇を含む）の短時間勤務も、通算15年間まで認められる。短時間勤務の場合の勤務時間の割振りは、1日の勤務時間を短縮するのが通例であるが、フルタイム勤務等と組み合わせて勤務しない期間を設けることもできる。

　各省は、業務上支障がない場合には、フレックスタイムを採用することができる。その場合、省ごとに始業・終業時刻の範囲やコアタイム等を定めることとされ、職員はその範囲内で、自らの判断で勤務時間を割り振りつつ、暦年で平均して正規の週勤務時間となるよう勤務時間の過不足を調整する。もっとも、課長が職務遂行のために要員確保の必要があると判断した場合には、課長が職員と相談の上で勤務時間を決定する場合もある。また、フレッ

❖ 図4-6　短時間勤務者・高齢短時間勤務者の割合の推移

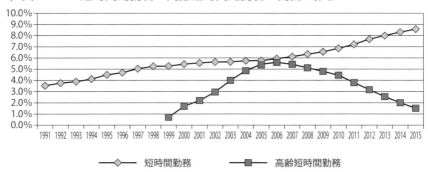

出典：2016年度人事院・日本行政学会共催国際講演会「公務の人材確保と能力開発・キャリア形成」における連邦内務省公務員局Scheuring局長常任代理の講演資料

クスタイム制の下で、正規の勤務時間を超えて勤務した超過分をまとめて管理し（勤務時間口座）、1日又は半日単位で暦年に12日まで（業務の繁閑が著しく、正規の週勤務時間を大幅に超えるため、12日では十分な代休が確保されない場合等には24日まで）、適宜、上司の同意を得て勤務しないことができる（Gleittag）。

フレックスタイムの運用例を見ると、連邦内務省では、始業・終業時刻の範囲は7時から21時、フルタイム勤務者の場合のコアタイムは9時から15時半（金曜日は15時）で、月曜日から木曜日の15時半から17時については、少ない人員でも職務遂行を担保すべき時間とされている。また、部長級以上の職員やIT担当職員、テレワーク職員、大臣室や次官室の職員など一部の職員はフレックスタイムを利用できないか、利用が限定的となっている。なお、フレックスタイムを採用している官署では、カード等による出退勤管理がなされている例が多いようである。

このほか、自宅に仕事部屋を設けて勤務するテレワークは、官署ごとに職員代表と取り決めを結んだ上で導入することとされており[51]、その活用も広がっている。近年においては、アドホックに活用するモバイルワーク（ラップトップパソコンを貸与し、出張先や自宅で勤務）も導入されており[52]、短時間勤務とテレワーク、モバイルワークを組み合わせて利用している職員も多い。フレックスタイムやテレワーク等の新たな勤務形態の導入により、自律的な勤務時間の決定が自律的な働き方に結びつき、職員のモチベーションが向上したと肯定的に評価されている。

こうした柔軟な勤務形態の推進は、他方で、課員が一同に集まれないなどの組織運営上の問題を生じさせているほか、繁忙期における職員の確保と閑散期における勤務調整の奨励の計画的な実施、勤務形態の異なる職員間の職務分担をめぐる不満への対応、公平な人事評価などマネジメントの負担を増加させている。

(5) その他の勤務条件

有給の健康維持休暇（Erholungsurlaub）が、週5日勤務の官吏については年に30日付与され、この日数は週の勤務日数に応じて増減する。年度内に使用できなかった健康維持休暇は、次年度に繰り越すことができ、次年度末までに使用できなかった場合は失効する。なお、12歳未満の子を扶養している官吏は、申出により、4週間を超える分の健康維持休暇を積み立てることができ、積み立てた健康維持休暇は、最後の子が生まれてから12年目までに取ることができる。このほか、国民としての権利の行使、医師の診断を受ける場合、妻の出産、近親者の死亡の場合等、政令に定める有給の特別休

暇がある。なお、病気の場合には、勤務遂行の義務が免除されるため休暇を取る必要はなく、したがって病気休暇制度はない。

親時間（Elternzeit 日本の育児休業に相当）については、原則として子が3歳に達するまで取得可能で、そのうち最長24ヶ月分は子の3歳の誕生日以降、8歳に達するまでの期間に繰り越すことができる。親時間は無給であるが、官民共通の社会保障給付としての親手当（Elterngeld）が支給され、また、両親ともに取得することができる（それぞれ最長3年間で、両者が同時に取得することもできる）。近年、親手当の算定方法の改正（定額制から所得比例へ。2007年）と受給に係る規定の柔軟化、両親の双方が育児のために休業する又は短時間勤務を行う場合のインセンティブ規定の導入、育児休業取得に係る規定の柔軟化など、両親の育児参加と早期の職場復帰の促進を目的として各種制度が拡充されており、2～3ヶ月間の育児休業を取得する男性職員が増加している。

5 人事評価

近年、職員の適性、能力及び専門的業績を的確に把握し、昇任・昇格、人材育成及び人事配置等の基礎として活用するため、人事評価（Dienstliche Beurteilung）が導入されてきており、成績主義原則を実現するための重要な手段と位置付けられている。

定期評価は3年を超えない期間ごとに行われ、業績評価と適性・能力判定、総合評価と今後の任務・配置についての提案を記載することとされており、業績評価では仕事の成果とそのやり方、勤務態度、加えて管理職については指導の仕方も評価される[53]。成績区分の段階数については省ごとにガイドライン（後述）で定められるが、上位の成績区分には人員分布率の枠が設定されており、被評価者の給与等級ごと、又は職務段階ごとに、最上位の評語は10％、次点の評語は20％を超えないこととされている（個別事案の評価の適正性を確保するため、5％以内の超過は許容されている）[54]。また、被評価者に対しては評価結果が開示され、その内容について評価者と被評価者が話し合うこととされており、被評価者には意見を述べる機会が与えられている。この両者の話し合いの内容を含め、人事評価は文書化し、人事記録に取り込まれることとなっている。人事評価の結果は、任用面においてはラウフバーン内における昇格選考の基礎とされているが、給与面においては官吏の業績給の基礎とは位置付けられていない。以上のような連邦官吏法及び連邦ラウフバーン令に定める原則の範囲内で、各省では、職員協議会との協議の下、人事評価

手続きの細目を規定したガイドラインを定めている。

　各省における人事評価の運用を見ると、評価に当たり昇格間近であるといった属人的な要素を加味したり、昇格直後の職員には低い評価を付ける一方で経験を積んだ職員にはより高い評価を付けるといった実態があるようである。また、評価結果の開示ではその評価を付けた理由を誠実に説明することが重要であるとの考え方に基づき、課長就任の望みがない職員にはその旨をはっきりと伝える省庁もある。また、先述のような柔軟な勤務形態の普及により、職員全員が同時にそろうとは限らない本省などでは、与えられた時間内に出された成果で評価せざるを得ないが、勤務時間の長いフルタイム勤務者は勤務量が多いことから、短時間勤務者等よりも高く評価されることもある模様である。管理職にとっては、部下の納得性や志気に関わることであるため、公正な評価の実施が大きな課題となっている。

　人事評価の活用実態について見ると、昇格や異動における選抜で最も重要な指標として活用する（連邦内務省、連邦財務省）、課長・部長ポストの選抜において人事評価結果に基づいて候補者の提案書を作成する（連邦食料・農業省）などの事例が挙げられる。

　官吏は評価結果に異議がある場合、総務局に申立てをすることができるが、評価者である上司には判断の裁量の余地が認められているため、総務局が調査するのは形式的な瑕疵の有無に過ぎない。異議申立てに対する総務局の判断に不服がある場合は、行政裁判所に訴えることができる。

6 退職管理と恩給

(1) 定年と退職管理

　伝統的な職業官吏制度の諸原則の一つである終身任用の原則により、官吏関係の恣意的な終了は制限され、官吏には身分保障が与えられている。連邦官吏法においては、官吏関係は、退職、免職又は官吏権の喪失により終了することとされているが、これらは法定の要件に該当する場合に限定されている。退職には、定年退職、分限退職、政治的官吏の一時退職があり、退職後は終身にわたり恩給等の扶助給付制度の適用を受ける。これに対して、免職及び官吏権の喪失の場合には、恩給等は支給されない（身分保障については注55参照[55]）。

　定年年齢は 2012 年以降、65 歳から段階的に引き上げられており、2031 年以降は 67 歳となる。特例定年が定められている連邦の警察官や消防官につ

第 4 章　ドイツの公務員制度

いても同様に、定年年齢は60歳から62歳（2026年以降）に引き上げられる。このほか、自己申告により63歳以降に早期退職することもできるが、この場合、恩給は減額される（(2)で後述）。ドイツには勧奨退職はなく、定年まで働く者が多く、退職後は恩給生活に入るのが一般的である。

分限退職は、身体的疾患又は身体的・精神的な能力の衰弱により永続的に職務遂行が不可能と判断され（勤務不能：Dienstunfähigkeit）、かつ、他の職務に就かせることも不可能な場合に限定されている。

(2)で後述するように、恩給は退職したときから支給されるため、日本のような雇用と年金の接続という問題はないが、高齢職員の活用、公務の円滑な運営の確保等の観点から、定年延長の制度が設けられている。本人の申請又は官側からの要請（官吏本人の同意が必要）に基づいて、最長3年間、定年を延長することができ、この場合、正規の勤務時間の2分の1以上（フルタイムを含む）で勤務することとされている。また、高齢者をより長く勤務に留め、職員構成を行政運営の変化や少子高齢化に対応させるため、2011年から2018年末までに限り、定年年齢をはさんで2年以内ずつの期間（つまり最長4年間の場合、2年間の定年延長）、正規の勤務時間の2分の1の短時間勤務をすることができる（柔軟な高齢短時間勤務）。

(2) 恩給

官吏については扶助給付制度が適用されており、その内容は退職官吏本人に対する恩給の他に、遺族給付、災害補償などがあるが、財源は全て国庫負担となっている[56]。これは、職務を遂行しない退職後も含め、官吏が従前占めていた官職にふさわしい生活を、本人及びその家族が送れることを保障するという使用者の官吏に対する義務（扶養原則）によるもので、官吏の使用者に対する特別な勤務・忠誠義務と対をなすものである。ちなみに、扶養原則が適用されない公務被用者については、民間企業被用者と共通の公的年金保険に加入するとともに、企業年金に当たる付加保険の制度が設けられている（付加扶助給付：Zusatzversorgung）。

近年、恩給、年金ともに水準が引き下げられており（恩給の最高支給率は75％から71.75％に引き下げられた）、老後の恩給・年金水準を維持するための措置として、2002年から、個人年金の加入（任意加入、積立方式）を奨励する制度が導入され、官吏及び公務被用者の双方について、この制度を利用できることとなっている。

恩給は、5年以上勤務した官吏が定年で退職した場合、又は、勤務不能により退職した場合に、それぞれそのときから終身にわたって支給される（政

治的官吏の一時退職については、第3節（2）③参照）。原則として最終俸給が算定基礎給与とされ、給付水準は40年勤務で算定基礎給与の7割を超える[57]。なお、定年前に自己申告により63歳以降に退職する場合や公務災害によらず勤務不能となって退職する場合は恩給額が減額され、また、最低限度の生活を保障するため、最低保障額が定められている。

　恩給水準が徐々に引き下げられているとはいえ、日本とは比較にならないほど高い水準の恩給が保障されており、退職給付年額を最終年収の代替率で比較すると、課長級でドイツ67.5％、日本31.1％、局長級でそれぞれ67.5％、30.0％などとなっている[58]。

　恩給等の老後保障については、民間より優遇されているとの批判があるが、官吏は民間労働者よりも職業上の資格・能力が一般的に高いこと、制度設計の考え方が異なること（恩給は一本立て、民間は公的年金と企業年金等の追加老後保障との二本立て）等の理由から、平均年金額と平均恩給額の直接の比較は困難であるとされている[59]。

　恩給を含む扶助給付は、官吏の勤務・忠誠義務と使用者の官吏に対する扶助義務の双方で成り立っているため、官吏が使用者に対する勤務・忠誠関係を自らの意思で早期に解消する場合（申出に基づく免職）には、官吏と使用者の間の権利義務関係が終了し、その者は恩給請求権を失うこととなる。この場合、公務に勤務していた期間は公的年金保険に加入していた期間として取り扱われるが（事後加入。保険料は使用者が負担）、これによる年金支給額は官吏恩給と比較すると低くなることから、官民間の人材の流動性の障害となっていた。そこで、民間に転出した場合の年金上のデメリットを縮小する「老齢金（Altersgeld）」の制度が2013年に導入され、在職期間が7年以上で、そのうち5年以上が連邦勤務である官吏については、事後加入の公的年金保険に代えて、老齢金を選択することができることとなった。老齢金は、恩給とほぼ同様に算定されるが、生涯にわたって連邦官吏であり続けた官吏と差を設けるため15％減額される[60]。

(3) 再就職規制

　(2)で述べたように、官吏には十分な額の恩給が支給されるため、退職後は恩給生活に入るのが一般的であり、再就職は極めて稀である。例外的に再就職する場合にも、使用者によるあっせんはなく、（退職）官吏自らが再就職先を見つけることになる。官吏の退職後5年以内（定年退職の場合3年以内）の再就職（自営を含む）については、退職前5年間の職務と関連のある業務に従事する場合で、それによって官庁の職務上の利益が侵害される可能性のある

ときは、最後の所属省に事前に届け出なければならず、再就職により職務上の利益が侵害されるおそれがあると当該所属省が判断する場合には、再就職が不許可となる。

退職官吏にこのような再就職規制がかかるのは、現役の官吏関係が終了した後も、官吏関係は生涯にわたって継続し、その義務も継続するためである。また、この規定は、現役官吏が後の再就職を見込んで偏った態度で不公正に職務を遂行するかのような疑惑を惹起することによって、あるいは、退職官吏が退職後に、職務上知り得た情報を個人として利用することによって、国民の公務の清廉性に対する信頼が損なわれることを防止するためのものである[61]。再就職した場合、定年年齢前においては、再就職による所得と恩給額を合算して一定の限度額を超える場合にはその超える分だけ恩給額がカットされ、定年年齢に達した以降は、公務に再就職して所得を得る場合に限って同様の恩給額のカットが行われる。

7 最近の主な改革と今後の動向

(1) 将来の職員構成への対処

連邦職員の年齢構成を見ると、連邦職員（軍人、公法上の財団等の職員を除く）の平均年齢は、1993年は42.1歳（官吏・裁判官：40.5歳、公務被用者：43.0歳）であったのに対し、2015年は45.7歳（官吏・裁判官：45.2歳、公務被用者：46.4歳）であり、年齢階層別では45～54歳が最も多い。若手が少なく中高齢職員が多いという年齢構成となっている背景には、東西ドイツが統合されて公務員数が増加した後に実施された人員削減のほとんどが空きポストの不補充によるものであったという事情がある。

このような背景の下、将来の職員構成への対処を早い段階から行うため、必要な勤務法上の枠組み条件を整えることを目的として、行政部内における適時の知識の継承、仕事と家庭生活の両立を可能にする勤務条件等の拡充（モバイルワーク、緊急時の保育・介護サービスの助言・仲介サービスの導入など）、職員の職務遂行能力の維持（健康管理など）などの人事・定員政策に係る具体的なプロジェクトが推進されている。例えば、各省において人材が不足している分野について、優秀な後継者や専門家を採用するための一時的な定員として使えるよう、また、知識継承の手段として一時的に同一ポストに職員を重複して配置できるよう、あるいは大量退職に伴う現役職員の修習や研修の需要に対応できるように、2016年度予算から「定員プール（Stellenpool）」が導

❖ 図4-7　連邦政府職員の年齢構成（軍人、公法上の財団等の職員を除く）

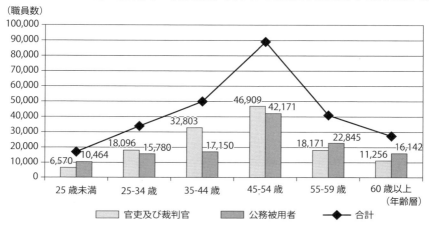

出典：Zweiter Bericht der Bundesregierung gemäß §147 Absatz 2 des Bundesbeamtengesetzes zur Anhebung der Altersgrenzen von Beamtinnen und Beamten und Richterinnen und Richtern des Bundes, S.9.

入された。その数は連邦政府全体で500、内訳は中級職に100、上級職に200、高級職に200となっている。定員プールから定員を配分されるには、各省は職員の年齢構成分析とこれに基づく人材需要分析を行った上で連邦財務省に申請することとされ、期限付きで配分された定員は、期限の到来とともに自動的に定員プールに戻されるため、継続的な定員増を回避できるとされている。

(2) EUとの関係

ドイツは欧州連合（EU）加盟国として、EU指令に基づく国内法の整備が義務付けられており、国内の官吏関係法令もEU法の影響を受けている。例えば、かつてはドイツ人に限られていた官吏任用の国籍要件（第2節（2）①参照）は、1993年に当時の欧州共同体設立条約（現在は欧州連合の運営に関する条約）に基づき、原則として欧州共同体加盟国の国籍保有者に広げられた。加えて、大学の学位の相互承認に関する指令（89/48/EEC）への対応として、当該加盟国籍保有者にラウフバーン資格を認めるに当たっての要件が定められた。さらに1999年には、職業資格の相互承認に関する指令（92/51/EEC）を受けて、他国で取得した職業資格に基づくラウフバーン資格の認定に係る規定が加えられた（両指令は2005年に2005/36/ECに統合された）。

勤務時間の分野でも、EU の労働時間指令（2003/88/EC）を受けて政令が改正され（2006 年）、1 日の勤務時間は休憩時間を含めて 13 時間以内とすること、終業から次の始業までの休息時間（勤務間インターバル）は 24 時間ごとに連続 11 時間以上及び 7 日間ごとに連続 24 時間以上とること等が定められた。
　このほか、EU の 4 つの反差別指令（2000/43/EC、2000/78/EC、2002/73/EC、2004/113/EC）を実施するための法律が 2006 年に制定され、新法として「一般平等待遇法」が制定された。この法律は、人種、民族的出身、性別、宗教・世界観、障害、年齢、性的アイデンティティを理由とする不利な取り扱いを防止、除去することを目的としており、原則として官吏にも適用される[62]。同法違反を理由に公務員の勤務条件が変更された一例を挙げると、連邦と市町村の公務被用者に適用される公務労働協約では、従前、健康維持休暇の日数が年齢によって異なっていたが、連邦労働裁判所が一般平等待遇法に定める年齢差別禁止に反すると判示した[63]ことを受け、2014 年から一律年 30 日となった。官吏についても同様に、政令が改正された。
　上に挙げたような EU との関係を含め、連邦政府は、国際的な枠組みの中でドイツの利益を守るとともにグローバルな課題に対応するために、EU を含む国際機関におけるドイツ人のプレゼンス強化を積極的に進めている。各省の人事当局も、職員が国際機関での勤務により知識や経験を深め、帰国後はそれを活かして職務に当たることは省の利益に適うとの考えの下、各省の定める人材開発計画に国際機関における配置を促進する規定を設けている。
　EU を含む国際機関への派遣の形態としては、有給の派遣（Zuweisung 連邦官吏法第 29 条）と無給の派遣（Entsendung 特別休暇令第 6 条）の 2 種類がある。制度上、有給の派遣は、官吏本人の同意を得た上で使用者の資格を有しない国際機関等における業務に就かせるもので、転任等と並ぶ異動の一形態として位置付けられており、当該派遣者のポストに代理職員を配置するための予算上の措置がなされている。他方、無給の派遣は、官吏が申請して無給休暇を取得した上で国際機関等における業務に従事するものであり、休暇制度の中に位置付けられているが、実際には各省当局側の判断で派遣されており、日本の休職に近い制度と言えよう。予算上は、派遣されていた職員が過員となっても職務復帰できるよう予算上の措置がなされている。また、官吏の使用者ではない機関（EU を含む国際機関）に無給派遣しようとする場合に、かつては連邦官吏としての身分を継続するには受入機関の同意が必要であったが、各省の判断のみで身分を継続できるように連邦官吏法が改正された（2015 年）。
　連邦の 2017 年度における予算上の措置ベースで見ると、各省から EU 関

係機関への派遣者数は合計88人（有給19人、無給69人）となっている。このうち86人は官吏であり、給与等級別では、A15が40人、A14が17人と多くなっている。

8 地方公務員制度

(1) 概況

　先述のように、ドイツは連邦制をとり、16の州（Land ベルリン、ブレーメン、ハンブルクは都市州）は連邦（Zentralstaat）を構成する部分国家（Gliedstaaten）である。各州ではいわゆる議院内閣制をとっており、州首相は州議会により選出され、州首相は州内閣の閣僚を任命する（ブレーメン州では大臣も州議会により選出）。また、市町村等の地方自治制度について定めるのは州の権限であるため、地方自治体の種類や組織構造は、州によって異なっている。州の下にある地方自治体の種類は、基本的には、市町村とその上位レベルの郡（Kreis）から成る2層制であるが、郡に属さない特別市では1層制となっている。郡長及び市町村長はほとんどの場合、住民による直接選挙によって選出される。

　州や市町村等で勤務する公務員は、2016年6月現在、州で約236万人、市町村等で約146万人である。連邦公務員に比べてこれらの公務員数が多いのは、多くの行政事務が連邦ではなく州に帰属しているためである。部門別公務員数を見ると、州では約6割が教育、科学、研究部門、約2割が警察、司法、矯正部門に従事している。

　州及び市町村等の公務員制度について見ると、先述のように官吏の身分に関する権利・義務は、連邦が定めた官吏身分法により全州統一的に定められており、基本的に連邦の公務員制度と共通である。他方、ラウフバーンや給与、扶助給付等は各州が自ら法令で定めている（(2)参照）。

　公務被用者について見ると、かつては連邦、州及び市町村等の労使が共同で交渉に当たっていたが、財政難を背景として州の使用者が2004年に共同交渉から離脱した。その結果、市町村の公務被用者については、連邦の公務被用者と共通に、連邦と「市町村使用者団体連合会」（市町村等の使用者団体の連合体）が労働組合と締結した「公務労働協約」が適用され、州の公務被用者については、ドイツ諸州賃金共同体（州の使用者団体の共同体）が労働組合と締結した「州公務労働協約」が適用されているが、両協約の内容はほぼ同じである。

(2) 連邦制改革、州における改革

　2006年9月、連邦と州の立法権限を見直し、政策決定の迅速化、決定責任の明確化等を図ることを目的として、基本法の改正が行われ（連邦制改革Ⅰ）、官吏の身分に関する権利・義務以外の事項、例えばラウフバーンや給与、扶助給付は州の専属的立法事項となった[64]。成績主義原則、ラウフバーン原則、使用者の扶助義務、給与及び扶助給付における扶養原則など伝統的な職業官吏制度の諸原則は、基本法の規定に基づき、使用者の別に関わりなく全ての官吏に共通に適用される一方で、いずれの州も、官吏のラウフバーンや給与に係る立法権を行使して改革を実行した結果、連邦及び各州の間で具体的な制度設計や給与水準には差が生じている[65]。こうしたことから、特に給与水準の低い州を中心として人材確保などに影響が出ている模様である。

　ラウフバーン制度に関しては、学歴要件に基づくラウフバーン群の階層について、連邦と同様に4階層を維持している州（ブランデンブルク、ザールラント）、単純業務職をなくして3階層とした州（バーデン・ヴュルテンベルク、ヘッセン、テューリンゲン）、大学教育の有無により2階層とした州（ベルリン、ノルトライン・ヴェストファーレン、ザクセン、ザクセン・アンハルトのほか、北ドイツ沿岸州共同体に加盟する5州[66]）、1階層に統一した州（バイエルン、ラインラント・プファルツ）と様々な方向に発展した。1階層の業績ラウフバーン（Leistungslaufbahn）に統一したバイエルン州の改革は、昇任の柔軟化、人事評価を使った給与や任用における実績主義の強化等がねらいであるとされている。しかしながら、1階層や2階層にした全ての州において、学歴等によって初任官職が4階層に分けられていること、より高い学歴等を要する官職に昇格する場合には能力・資格（Qualifizierung）を修得する必要があることを踏まえれば、実態は従前と変わらないのではないかとも考えられる。

　専門分野による水平方向の区分についても、従来とほぼ同じ区分を維持した州（ブランデンブルク、ザクセン・アンハルト）がある一方、11種類（ヘッセン、ザールラント、テューリンゲン）、10種類（北ドイツ沿岸州共同体に加盟する5州）、9種類（ベルリン、ザクセン）、6種類（バイエルン、ラインラント・プファルツ）に大括り化した州もあるなど、対応は様々である。また、大括り化したほとんどの州では各専門分野内をさらに細分化できることとなっており、専門能力を重視する一方で、人材が得られない場合には弾力的な配置ができるようにしていることがうかがえる。

　給与についても、連邦及び各州間の財政事情が異なることを背景に、改定の実施状況に差が生じており、公務被用者の賃金交渉の妥結内容と同率・同

時期で適用する州、等級ごとに適用時期を遅らせたり、異なる改定率を適用する州など、取り扱いは様々である。また、争議権のない官吏について、州の財政事情によって使用者が連邦や他の州の官吏より給与水準を下げることは、基本法で保障する官職にふさわしく官吏を扶養する義務（扶養原則）に反する可能性があるとして、憲法上の疑義が呈されている。州の裁判官（官吏と同様に公法上の勤務・忠誠関係に立ち、その給与の改定は官吏給与の改定に準拠している）の給与改定状況をめぐる訴訟では、連邦憲法裁判所が、「扶養の絶対的な最低限度」を判断する5つの基準[67]を示し、そのうち3つが当てはまれば、基本法に定める扶養原則違反と推察されるとの判決を下した。こうした状況の下で、各州における今後の給与制度改正や給与改定の動向、人材確保等への影響が注目される。

Column

オーストリア連邦官吏の給与制度改革

　オーストリア共和国（墺国）は、中欧に位置する人口約860万人の中規模国家である。統治形態では連邦制をとるなど歴史的に関係の深い隣国ドイツとの類似性も見られる。

　公務員制度は伝統的に欧州大陸型であり、身分関係が官吏（Beamte 7万5千人）と私法上の契約職員（Vertragsbediensteten 5万6千人）に分かれるなどドイツとの共通点も多くある一方、①契約職員が就ける一般行政部門の職の範囲（高さ）に制限がない、②（幹部職に係る）政治的官吏の概念がない、③契約職員の給与等勤務条件も法定され、団体協約の締結の余地が限られているなど、違いも多い。

　このような墺国連邦官吏の基本給は、長らく職務等級制（Dienstklassensystem）による単一の俸給表によっていたが、NPM型の改革として、1994年の俸給法（Gehaltsgesetz）の改正により、学歴等の資格と年功要素を重視した新たな俸給表と第2基本給的な職責重視の役割加給（Funkzionzulage）（従前の俸給から原資を移管して新設）の2本立てに抜本改定された（非官吏には1999年に同様の見直しが行われた）。

見直しの背景としては、官吏は学歴等の資格によって高級職（大学卒）、上級職（高校卒）、専門職、中級職、補助職の5つの任務グループ（Verwendungsgruppe）に分けられているが、従前の俸給表（7等級制）では、初任等級は同一であるものの、グループごとに昇格の上限が事実上あり、また、グループ内では実際の職務にかかわらず多くの者が年功で上限の級まで昇格しているなど、昇格運用に透明性が欠けていたことなどがあった。

　改正後の俸給表では、各任務グループに対応した7等級制（A1～A7）とし、高級職、上級職、専門職は単一等級となり採用から退職まで原則昇格はなくなったが、2年ごとの定期昇給が十分確保できる数の号俸（原則19号俸）が設定された。

　役割加給は、職責に見合う処遇をし、モチベーションが高まるよう、アメリカ型の職務分析システムを活用して導入されたものであり、各任務グループの職務は重要度に応じて役割グループ（Funktiongruppe）に分類される。高級職の場合、役割加給のない基本コース（Grundlaufbahn）と、役割グループ1から9の計10のグループに分かれる。役割グループ1から6までの役割加給の額は、役割グループと役割号俸（4段階）に応じて決定され（恩給水準の維持のため、役割加給も恩給算出基礎に含まれる）、役割グループ7から9までは局長級であり、俸給と役割加給の区別はなく、定額の給与が支給される。

　大卒40歳のモデル給与としては、2018年3月現在で俸給は4,051.2 ユーロ（A1等級10号俸）、役割加給は最高1,528.9 ユーロ（役割グループ6の役割号俸2）まで支給可能であり（円換算：約54万～74万円）、16年前の2002年当時の水準と比べて、ユーロベースで俸給は62％増、役割加給は36％増となっており、やや年功重視の配分となっていると言えよう。

　ちなみに、連邦予算法の補足文書である人員計画（Personalplan）により、省庁別任務グループ・役割グループ別に定員が定められており、処遇確保と人件費管理が図られている。

　改正後の制度は、その後の新規採用者全員に適用されるが、在職者の移行は職員本人の選択に委ねられ、新旧制度の併存は20年を経過した現在も続いている。このような制度移行方法は、わが国ではほとんど見られないが、欧米の人事制度改革の場合、職員の既得権保護等のため比較的一般的である。

（福田紀夫）

1 従前は職員(Angestellte)と労働者(Arbeiter)に分かれており、適用される労働協約も異なっていたが、連邦及び市町村においては 2005 年 10 月から、州においては 2006 年 11 月から両者に統一の労働協約が適用され、両者の別がなくなった。私法上の雇用関係にある公務被用者には、一般労働法制が適用される。
2 例えば、官吏は総統及び帝国に対して公法上の勤務・忠誠関係に立つこと、官吏には国民(国家)社会主義を信奉しその維持を図る基本的義務があること、配偶者もドイツ人であることを官吏任用の要件(混血の場合は例外の許可が必要)とすること等が規定されていた。
3 BVerfGE 8, 143; 15, 195; 25, 148; 32, 246; 43, 278; 58, 76.
4 U.Battis, *Bundesbeamtengesetz*, 5. Aufl. (Verlag C.H.Beck, 2017) §4, Rdnrn.13-15. P.Kunig, Das Recht des öffentlichen Dienstes, in:E.Schmidt-Aßmann, *Besonderes Verwaltungsrecht*, 12.Aufl. (De Gruyter Recht, 2003) Rdnr.44.
5 原田久『社会制御の行政学―マインツ行政社会学の視座』(信山社、2000 年) 156 頁。F. Ebinger und L.Jochheim, 'Wessen loyale Diener? Wie die Große Koalition die deutsche Ministerialbürokratie veränderte', der *moderne* Staat, Heft 2/2009, S.339.
6 いずれも条件付官吏への採用に当たっての学歴要件であり、見習官吏に採用されるには準備勤務修了等のその他の要件が必要となるため、最終学歴としては、上級職はバチェラー相当、中級職は専門大学入学資格相当となる。
7 "Grundstruktur des Bildungswesens in der Bundesrepublik Deutschland, Diagramm", "Das Bildungswesen in der Bundesrepublik Deutschland 2014/2015", "Bildung in Deutschland 2016" いずれも Kultusministerkonferenz 発表資料。大学進学率はドイツ人に限った数値。連邦統計庁, Fachserie 11, Reihe 4.3.1, 1. Studienanfänger und Anteil der Studienanfäunger an der altersspezifischen Bevölkerung, 1.1 Land des Erwerbs der Hochschulzugangsberechtigung.
8 例えば高級職については、一部のラウフバーン(高級技術行政職、高級言語学・文化学職、高級自然科学職、高級医学・保健学職)について、マスターを経ずに博士号を持つバチェラー取得者、又は、2 年半以上の職務経験を持つバチェラー取得者も高級職の学歴要件を満たすものとみなすことができるようになった。ただし、主要な職種である高級非技術行政職ラウフバーン(法学、経済学等)は当該例外規定の対象外であり、資格要件に変更はない。
9 M.Böhm, 'Umfang und Grenzen der verfassungsrechtlichen Zulässigkeit von Dienstpostenbündelungen', *Zeitschrift für Beamtenrecht*, Heft 5/2016, S.145ff.
10 基本法上のドイツ人は、ドイツ国籍を有する者のほか、1937 年末時点のドイツ領域内に、ドイツ民族に属する亡命者・難民、その配偶者や子孫として受け入れられている者をいう(基本法第 116 条第 1 項)。
11 欧州連合の運営に関する条約第 45 条には、欧州連合域内の被用者の移動の自由を確立すること(第 1 項)、これには雇用、賃金、その他の労働条件の国籍に基づく差別禁止が含まれること(第 2 項)、当該規定は公務員には適用しないこと(第 4 項)などが定められている。
12 2013 年 2 月の各省の高級職官吏新規採用についてのヒアリングによると、ほぼ法学専攻者のみ(連邦労働・社会省)、法学専攻者と経済学専攻者が圧倒的多数(連邦食料・農業・消費者保護省)、約 60％が法学専攻者、約 35％が経済学専攻者(連邦財務省)、約 50％が法学専攻者、約 40％が経済学専攻者(連邦経済・技術省)とのことであった(いずれも省名は当時のもの)。
13 高級技術行政職ラウフバーンで準備勤務を行い、修了時のラウフバーン試験を受験した試補(条件付官吏)は、2016 年は 103 人(うち防衛技術(国防省所管)を専門分野とする者が 89

人)、2015 年は 58 人 (同 48 人) であった。最終不合格者は両年ともに防衛技術で 1 人ずつであった。非技術系では高級外務職、連邦高級公文書館職と連邦学術図書館高級職で準備勤務を設定できると定められているが、採用者数等は不明である。

14　Ernst & Young GmbH, *EY Studentenstudie 2016*, August 2016. 大学が所在する 27 の都市で 3,500 人の学生を対象に実施された調査の結果。

15　身分法上の官職の保有者たる法的地位は、ラウフバーン及びラウフバーン群への所属、属する給与等級の最終俸給額の保障、ふさわしい官職名の保有により特徴付けられる。Vgl.Battis, a.a.O. (Fn.4) §27, Rdnr.3.

16　人事院『平成 24 年度年次報告書』第 1 編第 2 部第 2 章第 3 節ドイツの項

17　1 ユーロ＝ 126.271 円 (OECD のデータによる購買力平価換算)。なお、OECD は各種データの修正を随時行っており、本章においては 2018 年 3 月 5 日時点で公表されている 2017 年の値を用いた。

18　*Zweiter Erfahrungsbericht der Bundesregierung zum Bundesgleichstellungsgesetz*, 2010.12.16. BT-Drucksache 17/4307, S.26.

19　*Gleichstellungsindex 2016*, 連邦統計庁. 本統計は、本省に限った統計で、14 省の他に連邦大統領府、連邦首相府、連邦議会事務局、連邦参議院事務局、連邦憲法裁判所、連邦会計検査院等を含む。

20　特に採用に当たって男性候補者を優先し得る個別の事情としてはこの他に、当該男性候補者が、家庭の事情により、準備勤務修了後、公務への採用を希望できなかった場合、家庭の事情により短時間勤務であったが、フルタイムでの勤務を希望している場合、任意で兵役義務期間を超えて 12 年以上兵役を行った元任期付軍人である場合、重度障害者である場合、長期にわたり無職であった場合が挙げられる。Dienstrechtliches Einführungsrundschreiben, Gesetz zur Gleichstellung von Frauen und Männern in der Bundesverwaltung und in den Gerichten des Bundes, 28.02.2002.

21　平等問題担当官及びその代理に立候補できるのは女性職員に限られるが、身分 (官吏又は公務被用者) に関する定めはない。また、平等問題担当官及びその代理は人事管理部門の一部であると位置付けられ、官署の長 (本省では総務局でも可) に直属し、業務遂行に当たっては指示を受けない。職員数 600 人以上の官署の平等問題担当官は、他の業務が免除され、専業となる (職員数 600 人未満の場合は正規の勤務時間の 2 分の 1 以上が免除される)。

22　W.Jann and S.Veit, Germany, in：M.V.Wart et al. (eds.) *Leadership and Culture: Comparative Models of Top Civil Servant Training* (Palgrave Macmillan, 2015) p.188, 197. 2002 年～ 2013 年に幹部行政官であった者のうち、22％がボン大学、8％がケルン大学に在学していたとの記述がある。

23　Ibid., p.185.

24　政治的官吏の制度・実態の全般については、人事院『平成 15 年度年次報告書』(2004 年) 第 1 編第 1 部第 2 節ドイツの項を参照

25　1990 年代半ばから 2018 年 1 月までの歴代事務次官の略歴から集計したところ、公務員出身者 (事務次官就任前の主な経歴が連邦又は各州の公務員である者) の割合は、全省では 61.9％、伝統的な省では 76.6％、それ以外の省では 49.3％となっている。

26　T.Bach and S.Veit, 'The Determinants of Promotion to High Public Office in Germany: Partisan Loyalty, Political Craft, or Managerial Competencies?', *Journal of Public Administration Research and Theory*, Volume 28, 2018, pp.254-269.

27　Vgl. F. Ebinger und L.Jochheim, a.a.O. (Fn.5) S.333ff. これによれば、2005 年調査よりも無所属と回答した者の割合が増加したが、明確に所属政党を明かさないといった回答行動の

変化も見られるとしている。
28 S.Veit and S.Scholz, 'Linking administrative career patterns and politicisation: signalling effects in the careers of top civil servants in Germany', *International Review of Administrative Sciences*, Volume 82, Issue 3, 2016, pp.516-535. この研究によれば、政治的官吏ポストに就くまでの昇進スピードを、議会会派での勤務経験は約 3.3 歳、大臣室長、大臣や次官の個人秘書官の経験は約 3 歳早めるとされている。
29 K.Schwanke und F.Ebinger, Politisierung und Rollenverhältnis der deutschen Bundesministerien 1970-2005, in: J.Bogumil, W.Jann und F.Nullmeier (eds.), *Politik und Verwaltung* (VS Verlag, 2006) S.239 を一部修正。Vgl. F.Ebinger und L.Jochheim, a.a.O. (Fn.5) S.334.
30 ただし、2005 年 10 月以降の第 16 議会期の全期間（4 年間）を通して見ると、1998 年 10 月以降の 4 年間と同程度の交代が行われている (Vgl. F.Ebinger und L.Jochheim, a.a.O. (Fn.5) S.332f)。
31 1969 ／ 70 年から 2005 ／ 06 年までについては、K.Schwanke und F.Ebinger, a.a.O. (Fn.29) S.241 を一部修正。2009 ／ 10 年、2013 ／ 14 年については、歴代事務次官の略歴から筆者において集計
32 K.H.Goetz, 'Acquiring Political Craft : Training Grounds For Top Officials in the German Core Executive', *Public Administration*, Volume 75, Issue 4, 1997, p.760.
33 原田久「ドイツの政府中枢」日本行政学会編『年報行政研究 53・政府中枢をめぐる国際比較』（ぎょうせい、2018 年）19-20 頁
34 政務次官等のために事務方が作成するのは概要をまとめた 3 枚程度までの資料であり、基本的には既存の資料を使用するため、超過勤務を発生させるような業務量ではないとされている（連邦内務省公務員局 Paul Fietz 局長より聴取（2014 年 11 月））。
35 野口暢子「ドイツ連邦議会の質問制度」『立法と調査』、2008 年、276 号、100-112 頁
36 清水健一「ドイツの財務官僚」『ファイナンス』、2007 年、502 号、54 頁
37 *Fünfzehnter Bericht über den Einsatz externer Personen in der Bundesverwaltung*, Stand: 12.Oktober 2016 を参照。なお、35 人のうち、派遣元が給与を負担したのは 18 人（このうち 7 人は人事交流）であった。
38 官吏と公務被用者の労働基本権及び勤務条件の決定システムの状況については、人事院『平成 21 年度年次報告書』(2010 年) 第 1 編第 2 部Ⅱ3 及び同『平成 23 年度年次報告書』(2012 年) 第 1 編第 2 部第 1 章第 3 節を参照
39 F.Wind, R. Schimana und M. Wichmann, *Öffentliches Dienstrecht*, 4. Aufl. (Kohlhammer, Deutscher Gemeindeverlag, 1998) S. 501. Vgl. Battis, a.a.O. (Fn.4) § 4 Rdnrn.5, 15-16.
40 近年の本格的ストとしては、2006 年、現業を中心に 15 週間にわたり全体で 78 万人が参加したストがある（縣公一郎「ドイツ公務員制度の近況と労働基本権」『欧米における公務員の労働基本権に関する調査研究報告書』（行政管理研究センター、2007 年) 95 頁、資料編 31 頁）。
41 全ての当事者（連邦、州及び市町村の労使）が共同で交渉に当たるのが長い伝統であったが、財政難を背景として人件費削減を図りたいとする州と他の使用者との間の足並みが乱れ、2003 年から 2005 年にかけて行われた新たな公務労働協約をめぐる共同交渉から州が途中で離脱して以降、連邦及び市町村は共同で、州は別に交渉を行っている。また、連邦の公務被用者の労働条件をめぐる労使交渉は、労使双方において複数主体による共同交渉として実施されており、複数交渉及び複数協約の併存という問題は存在していない。
42 賃金交渉の締結等が、当該予算年若しくは次予算年以降での付加的支出を伴う場合は、連邦

財務大臣の同意を必要とする（連邦予算令第 40 条）とされていることから、連邦関連の交渉には、連邦財務省関係者が同席している（前掲書、縣（注40）94 頁）。

43　1996 年にドイツ官吏同盟及びドイツ労働組合同盟と連邦内務大臣の間で締結された取り決めに基づいて定められた「官吏法上の事項についての一般的規定を準備するに当たっての組合の中央組織の関与に関する一般行政規則」の第 3 条第 6 項。また、政府法案の策定に当たっては、専門家集団や諸団体は早い段階で当該法案に関与することが連邦省共通事務規則第 47 条に定められている。実際、専門家集団や諸団体は連邦各省と良好なコンタクトを有しており、大抵は立法の動きについて早い段階で情報が与えられ、所管省に対して自分たちの見解を主張している模様である（*Handbuch zur Vorbereitung von Rechts- und Verwaltungsvorschriften*, 2.Auflage (Bundesanzeiger Verlag, 2012) S.73）。

44　B. Schwegmann und R. Summer, *Bundesbesoldungsgesetz Kommentar* (Rehm, Stand:1. September 2004) Teil Ⅱ/1, §14, S.11. 最近では、2016 年 7 月 13 日に閣議決定された 2016 年及び 2017 年の給与改定の法改正について、2016 年の改定分（3 月改定予定）について、政府により仮払い決定が行われている（連邦行政庁ウェブサイト https://www.bva.bund.de/SharedDocs/Kurzmeldungen/DE/DLZ/Bezuege/2016/Besoldungsanpassung.html（最終アクセス 2018 年 3 月 5 日））。

45　官職手当は、同じ給与等級に格付けされた他の官職の職務と比較して、より際だった職務遂行を伴う官職を付与された場合に支給される（例：重要度の高い大規模官庁の長に格付けられている給与等級 A16 の首席管理官の官職）。また、俸給の一部とみなされ、当該官職を保有する限り支給される。

46　職位手当は、際だった職務に対して、当該職務を遂行する期間支給される手当であり、所管業務の特殊性に対して（例：公安職手当）又は特定の官署における職の特殊性（例：本省手当）に対して支給される。

47　12 月に支給されていた年次特別給（クリスマス手当）について、その額は 2004 年～ 2005 年当時は年俸の 5％（俸給月額の 60％）であったが、国家財政健全化のため、2006 年～ 2010 年までの 5 年間、半額とされた（2006 年予算付随法）。その後、2009 年 7 月の給与法改正において、この半額分が俸給月額に組み込まれた。2011 年から復活予定であった残り半額分については、一旦は 2015 年まで先延ばしされた（2010/2011 年給与・扶助給付調整法）が再び前倒しされ、2012 年 1 月から、残り半額分も俸給月額に組み込まれた。

48　1997 年の制度発足時には、業績報奨金・業績手当は本省には導入されなかったが、2002 年 7 月には、フレキシブルな運用を可能にするために法令が改正され、本省においても特別昇給を与えなかった場合には、その分の割合を業績報奨金及び業績手当に回すことが可能となった。この結果、本省においては、特別昇給、業績報奨金及び業績手当の 3 つを合計して 15％までという取り扱いになっている。また、業績報奨金及び業績手当はチームに対しても支給することができ、受給者数の計算に当たって、チームは「1」として扱われる。

49　連邦官吏の勤務時間は、1990 年から 38.5 時間であったが、人員抑制のため、2004 年 10 月から 40 時間、2006 年 3 月から 41 時間と徐々に延長された。連邦の公務被用者の週当たりの労働時間は 39 時間と労働協約で定められている。

50　Vgl. Ernst & Young GmbH, a.a.O. (Fn.14).

51　連邦内務省の勤務協定（2013 年 3 月）によれば、テレワークに適する職務の要件として、自己責任で計画的に業務を遂行できること、成果をもって業績管理ができること、本人との急な対話を要する機会が稀なこと、極秘資料を取り扱わないこと等が挙げられている。また、申請者の要件は、子の保育や近親者の介護をしていること、週勤務時間が 19.5 時間以上であること、連邦内務本省に 1 年以上勤務していること、IT 研修を受講していること等とされている。

テレワークは1年以上3年以内の期間を定めて行い（延長可）、勤務時間の40％以上かつ週2日以上は職場、20％以上は在宅で勤務することとし、勤務時間の割振りについて直属の上司との間で個別に取り決めることとされている。
52　テレワークの利用率は連邦家庭・高齢者・女性・青少年省では12％（2014年ヒアリング）、連邦内務省では8.4％（1,599人中、134人。2012年4月現在。*Aktualisierung des Gleichstellungsplans 2014 für das Bundesministerium des Innern*）、連邦保健省では6.8％（657人中、45人。2011年6月現在。*Gleichstellungsplan des Bundesministerium für Gesundheit 2011 bis 2015*）、連邦食料・農業省では15.8％（951人中、150人。2017年6月現在。*Aktualisierung des Vierten Gleichstellungsplans des Bundesministeriums für Ernährung und Landwirtschaft*）。モバイルワークは、2017年には全ての省（本省）で実施されている。*Jedes Alter zählt, Die Demografiestrategie der Bundesregierung, Arbeitsgruppenergebnisse zum Strategiekongress am 22. September 2015*, S.59.
53　見習官吏や高級幹部（政治的官吏や官署の長等）など人事評価制度の目的に馴染まない者は定期評価の対象から除外することが連邦ラウフバーン令で認められており、各省はガイドラインで具体的な定めをすることができる。
54　無給休暇を取得してドイツ連邦議会等の会派に勤務する官吏については当該会派が評価を行い、その際、上位の成績区分の枠は適用されないとの例外が定められている（2014年〜。連邦ラウフバーン令第33条第2a項）。
55　官吏関係は、①免職（連邦官吏法第31条〜）、②官吏権の喪失（同法第41条）、③官吏関係からの追放（Entfernung aus dem Beamtenverhältnis. 懲戒免職。連邦懲戒法第10条）、④恩給付退職（連邦官吏法第50条〜）のいずれかにより終了する（同法第30条）。免職は、法定の事由による場合に限定されており、法定免職（国籍を失った場合等）、やむを得ない事由に基づく免職（服務の宣誓を拒否した場合等）及び申立てに基づく免職がある。官吏権の喪失は、官吏が刑事訴訟において、職務に関係する贈収賄等により半年以上の自由刑、故意の行為により1年以上の自由刑等の判決を受けた場合に、判決の確定をもって生ずる。免職及び官吏権の喪失の場合、恩給権を失い、公務に在職した期間については国が後追い的に公的年金保険に保険料を払い、民間人としての年金を受けることとなる。官吏法上、降任の定めはない。しかしながら、①病気等により勤務不能となった場合は、恩給付退職となるが、勤務能力が残存しているとされる場合には、下位の官職に転任させることができ、②官庁の統廃合等によりその職務領域が影響を受ける場合には、同等の職務に就けることが原則となるが、それができない場合には、下位の官職に転任させることができる。①及び②の場合、従前の官職の俸給額が保障される。
56　1999年以降、官吏の給与・扶助給付額の改定率を公務被用者の賃金引上率より平均0.2％低くし、その0.2％分を特別財産に積み立てている（扶助給付積立金）。この措置は、恩給の最高支給割合が75％から段階的に71.75％に引き下げられた2003年から2010年の間は一時中断されていた。また、2017年以降は、1つの法律で複数回の改定がなされる場合は、初回の改定分にのみこの措置を適用することとなった。扶助給付積立金の導入当初、この措置は2013年末までとされていたが、その後、2017年末まで、さらに2024年末までに延長された。連邦の扶助給付積立金は、将来の扶助給付の財源とされ、2032年以降15年間にわたって支出される予定である。
57　最終俸給に家族加給等の一部の手当を加えた額が恩給算定基礎給与となるが、クリスマス手当の俸給月額への繰り入れに際し、従前は扶助給付受給者のクリスマス手当額が現役官吏のクリスマス手当額を下回っていたことを踏まえ、従来からの両者の関係を維持するため、前述の額に0.9901を乗じた額が恩給算定基礎給与とされている。なお、最終昇格後2年未満で退職

する場合には、昇格前の官職の給与が算定基礎となる。支給率は、在職期間1年につき1.79375％、最高で71.75％（勤続40年）。
58　人事院「民間の退職金及び企業年金の実態調査の結果並びに国家公務員の退職給付に係る本院の見解について」（2017年）参考資料18頁。勤続38年、年金満額支給年齢で退職した場合に受給する退職給付（年金年額に加え、退職一時金が支給される日本については退職一時金を年金換算した額を含む）の退職前の最終年収に対する割合であり、2017年3月現在の退職給付年額及び最終年収を基に、人事院において試算したもの。
59　"Pensionäre erhalten durchschnittlich 3000 Euro Ruhegehalt" (Frankfurter Allgemeine Zeitung, 2017年1月21日付）及び2016年度人事院・日本行政学会共催国際講演会「公務の人材確保と能力開発・キャリア形成」（2016年11月29日）における連邦内務省公務員局 Scheuring 局長常任代理の講演。批判については、"Beamte wehren sich gegen Kritik an hohen Pension" (Die Welt、2010年8月30日付）、"Beamtendasein schützt vor Altersarmut" (Frankfurter Allgemeine Zeitung, 2012年9月19日付）
60　老齢金の額は、算定基礎給与（最後に受けた俸給に一部の手当を加算した合計額×0.9901）×在職期間1年につき1.79375％×0.85。老齢金の請求権は官吏関係が終了した日をもって発生するが、実際に支給されるのは公的年金保険の定年年齢に達してからである。
61　Vgl.Battis, a.a.O. (Fn.4), §105, Rdnr.3.
62　BT-Drucksache 16/1780, 齋藤純子「ドイツにおける EU 平等待遇指令の国内法化と一般平等待遇法の制定」『外国の立法』、2006年、230号、91-123頁
63　BAG, 9 AZR 529/10.
64　官吏の給与及び扶助給付については当初、連邦及び各州それぞれが定めていたが、給与格差が拡大し、給与制度の統一性が失われていく中で、1960年代には教員を中心に人材獲得競争を背景にした給与の引き上げ競争が発生して州の財政を圧迫する結果となった。このため、州の要望も受けて、基本法改正により官吏の給与及び扶助給付に関する事項は競合的立法事項とされ、連邦が各州にも適用される連邦給与法、官吏扶助給付法を制定し、1970年代を通じて給与及び扶助給付制度の統一化が図られた。東西ドイツ統合後は、旧東ドイツ各州における厳しい財政事情や人件費抑制の動きを背景として、2003年に特別給（年次特別給、年次休暇給付）の水準決定権限が各州に委譲されるなど、再び給与の分権化が生じてきた経緯がある。
65　"Jedes Land macht, was es will" (Tagesspiegel, 2013年7月15日付）、"Grüne wollen Beamte stärken:Schneller mehr Geld" (Die Welt, 2013年8月13日付）。一般財団法人自治総合センター「地方公務員の給与決定に関する調査研究会報告書」（2015年3月）155頁によれば、州間に官吏給与の差が10％程度の幅で生じている。
66　ブレーメン、ハンブルク、メクレンブルク・フォアポンメルン、ニーダーザクセン、シュレースヴィヒ・ホルシュタインの5州
67　5つの判断基準とは、各州の裁判官給与の改定状況と①当該州の公務被用者の賃金交渉の妥結結果、②名目賃金指数の推移及び③消費者物価指数の推移との間に過去15年間で乖離が5％以上であるとき、④給与等級間の一定の給与幅を過去5年間に10％以上フラット化した場合、⑤当該州と連邦や他州における各給与等級の平均給与の格差が10％以上であるとき、とされた。なお、以上に加えて、採用者の司法試験の合格点の水準が5年の期間内に極めて低下したり、又は、高級司法職への採用要件が明らかに引き下げられた場合は、官職にふさわしい給与という扶養原則が、裁判官の質を確保するという機能をもはや果たしているとは言えないと判じた。T.Hebeler, 'Die verfassungsrechtlichen Maßstäbe für die Beamtenbesoldung nach der Richterbesoldungsentscheidung des Bundesverfassungsgerichts-Eine kritische Würdigung', *Zeitschrift für Beamtenrecht*, Heft 9/2015, S.289ff.

第5章

フランスの公務員制度

要 旨

概観・改革の動向
- 大きな政府の伝統の下、官僚が政界や財界にも進出しており、特にエリート官僚養成機関である国立行政学院（ENA）や理工科学校（ポリテク）の出身者が社会全体で高い威信を有している。
- サルコジ大統領により、人員削減、労働組合の代表性の見直し、ENA の改革などが行われた。

任用・昇進・育成
- 官僚は、「任官補職」の仕組みによって、公務員の身分を有したままで企業での勤務や議員就任が可能。
- 公務員はいずれかのコール（職員群）に属し、基本的にその中で昇進していく閉鎖的な人事管理が行われており、エリート官僚は引き続き特権的な処遇を維持。
- ENA の改革で、社会的経済的に恵まれない学生を対象とした準備課程の創設や試験科目の見直しを実施。一方で、所属コールの早期固定化を避けるため卒業席次順に学生が就職先を指名する制度は廃止が検討されたが、優秀者を採りたいグラン・コールの反対により現状を維持。
- 新たに任命される幹部ポストについて女性のクオータ制（40%）を導入。

政と官
- 政治任用ポスト（高級職及び大臣キャビネのスタッフ）は公務内外から自由に任用できるが、実際には多くがエリート官僚からの任用。
- マクロン大統領は、政権の方針との親和性を確認するため、各省の現職局長に具体的任務を明らかにするためのミッションレターの作成を指示。

労働基本権と勤務条件
- 法律により、団結権及び争議権は認められているが、協約締結権は認められていない。
- サルコジ政権の下で、政府と主要労働組合との間で組合の代表性等についての「ベルシー合意」が締結され、交渉の範囲や参加資格について見直し。

人事評価
- 従前の勤務評定が形骸化し機能不全に陥ったことから、2012 年に新たな人事評価制度に移行。新たな制度は目標管理の手法により、年 1 回直属の上司が、実績、必要な研修、キャリアプラン等について面接。文書によるコメントで総合評価。研修や配置に活用。

退職管理と年金
- 年金支給開始年齢の引き上げ（60 歳→ 62 歳）に伴い、一般的な定年年齢が 2016 年〜 2022 年に段階的に引き上げ（65 歳→ 67 歳）。
- 年金の本人負担率が民間制度より低いなどの点が官優遇と批判され、段階的な負担率の引き上げを実施。
- 支給開始年齢が定年年齢よりも低く設定されていることもあり、定年まで勤務することは稀。

地方公務員
- 地方公務員制度は基本的に国家公務員制度と共通。
- 州の数の削減など大幅な地方制度改革が進行中だが、公務員制度への影響はほとんどない見込み。

1 概観

(1) 統治・政治形態

　現在のフランスの政体は第5共和制であり、大統領制と議院内閣制の中間形態をとっている。半大統領制と呼ばれることもある[1]。国民から直接選出された国家元首である大統領（任期5年）が、首相、閣僚の任命権と、国民議会（Assemblée Nationale：下院）の解散権等実質的な政治的権限を持つ一方で、大統領は議会に対しては責任を有していない。また、首相は内政を中心として広範な権限を持っているが、大統領によって任命されるとともに、国民議会の信任を必要としている。つまり、首相・政府は、大統領と国民議会の両方の支持に立脚している。

　議会は国民議会と元老院（Sénat：上院）で構成される二院制の立法機関であり、予算法案審議に関する優先権など国民議会の優位性が認められる。国民議会の議員（2017年現在577人）は任期5年であり、直接選挙で選出される。他方、元老院の議員（2017年現在348人）は任期6年であり、上院選挙区のエリアから選挙された下院議員及び地方議会の代表が形成する選挙人団による間接選挙で選出される。

　両院とも大統領選挙後2017年に選挙が行われ、国民議会選挙（6月実施）では、マクロン大統領の新党「共和国前進」が過半数を確保した。また、2014年の法律[2]により、同選挙から国会議員及び欧州議会議員が特定の地方公選職を兼職することが禁止され、兼職の規制が強化されたことが、マクロン大統領に有利に働いたとの見方もある。他方、元老院選挙（9月実施）では、共和党が第一党となり、社会党がこれに続く議席数を獲得したが、共和国前進は伸び悩んだ。この結果は、マクロン大統領が打ち出した地方自治政策の方針に自治体が反発したことと、選挙の方法が地方に基盤のある既成政党に有利に働いたことによるとの指摘がなされている。

　閣僚には、通常、行政各部の大臣（Ministre）、担当大臣（Ministre délégué）及び閣外大臣（Secrétaire d'Etat）の3種類がある。担当大臣及び閣外大臣は大臣から分担領域を与えられ、大臣を補佐する役目を負う。これらはいずれも首相の推薦に基づいて大統領によって任命される。政府内の閣僚そのほかのポストで、議員が就くべきポストと指定されているものはない。憲法上、閣僚と議会の議員との兼職は禁止され、閣僚に選ばれた議員は議席を失うこととされている。

(2) 公務員制度の沿革等
① 概要

　アンシャン・レジームのフランスでは、公的な仕事を担う役人に、3つのタイプがあった。第1のタイプは、オフィシエ（officier：保有官僚）と呼ばれる人たちで、役職を個人的な所有物として保有していた。第2のタイプは、国王から直接に任命され、任務と職権を規定した親任状（lettre de commission）を与えられたため、親任官僚と呼ばれた人たちである。彼らは、国王の代理人として強大な権力を持っていたが、他方で、国王の任免権に対して無条件に従わねばならなかった。そして第3のタイプは、コミ（commis）と呼ばれる人たちで、行政機関の長によって任命され、階層組織に所属し、給与とボーナスを受け取り、引退に関わる権利を保持していた近代的な公務員制度のさきがけのような存在であり、18世紀以降に増大してきた[3]。今日でも著名なグラン・コールの1つである橋梁土木技師群は1747年に設置され、その人材供給源として理工科学校（Ecole Polytechnique：ポリテク）が1794年に創設された。国家機構の構築は、主として、相次ぐ戦争を支えるための技術面と財政システムを整備する必要などから生じていた。

　さらに、大革命とそれに続くナポレオンによる統治の過程で中央集権的で全国的に均一な行政を持つことがフランスの行政機構の大きな特徴となってきた。革命当時約44,000を数えたコミューンは全て同じ法的な地位を与えられ、1789年には約600人に過ぎなかった専門的な「公務員」は、5年後の1794年には約6,000人へと激増している。また、行政機関内部を統制するために国務院群や財務監察官群が創設されたのもこの時期である[4]。

　また、もう1つの歴史的特色は、その後19世紀から20世紀の前半を通じて、伝統的な社会勢力の公務内人事への影響力が続いたことである。採用試験として公正な競争が実施されるようになるのは19世紀半ば以降であるが[5]、それさえも多分に形式的なものに過ぎず、重要なポストを獲得するためには、個人的な能力だけでなく、家系などの社会的背景と経済的な基盤が大きな意味を持っていたのである[6]。

　結局、行政システムの近代化は、フランスでは、ナポレオン以降第2次世界大戦後まで、約150年もの長い年月をかけてゆっくりと進められたと言ってよい。こうした歴史的経緯は、現在のフランスの官僚制・公務員制度を考察する場合にも重要な背景となっている[7]。

② 官僚の社会的地位

　歴史的に、フランスは「大きな政府」の伝統を持ち、政府は経済をはじめ

Column

フランスの「半大統領制」の構造変化？

　フランスの統治制度は、「半大統領制」と呼ばれている。一見、妙な名前である。大統領が国民による直接選挙で選ばれる一方で、同じく国民の直接選挙によって選出される議会と政府との間に信任関係が必要とされていて、この面では議院内閣制の構造を持っているからである。強い行政府と強い議会というのは、往々にして矛盾するもので、各国でそのバランスには工夫が求められているが、この半大統領制は、そのフランス的な答えといってよい。20回近くにわたる18世紀以来の憲法体制の変遷の末にたどりついたものだからである。

　この制度の1つの特徴は、大統領が実質的な政治リーダーとして相当な実権を持つことである。首相の指名や大臣についての実質的な指名権、大統領令による行政への関与など、広範囲にわたる権限をもつだけでなく、政治リーダーとしての強大な影響力をもつ。一方で、1958年に始まったフランスの半大統領制のもう1つの特徴は、政府が議会下院——国民議会の信任を必要としていることである。ところが、大統領の任期が7年なのに対して国民議会の任期が5年であったため、かなり深刻な問題が生じる危険性を抱えていた。それは議会の選挙で大統領に反対する勢力が多数派になる場合であり、「保革共存」（コアビタシオン）と呼ばれてきた。この状況になると、大統領の力は大きく制約される。外交や安全保障などの限られた領域での影響力だけが大統領に残され、その他の政府運営の主導権は、専ら国民議会多数派が掌握することとなっていた。日本での衆参の「ねじれ」やアメリカでの「分割政府」と似たような状況と見てよいだろう。

　しかし、2000年に大統領の任期が5年に短縮されるとともに、国民議会の選挙が原則としてこの大統領選挙の後に実施されるルールが導入された。この結果選挙のタイミングがそろえられ、政治の全体的な流れは大統領選挙を軸として再構成されることとなった。一言で言えば、「半大統領制」は、今や「大統領制＋」といったものに近付いている。実は、2008年の大規模な憲法改正によって、大統領の多選制限（連続2期まで）に関する規定が挿入されるなど執行権の行使方法が見直されたとともに、国民議会の役割は相当に強化された。しかし全体としては、大統領が強いリーダーシップを持つ政治体制になりつつある。2007年からのサルコジ大統領、そして2017年に当選したマクロン大統領の政治スタイルは、グローバル化を背景とした大競争が厳しさを増す時代背景のなかで、まさにそうした制度変化を色濃く反映していると言える。

とする幅広い分野に関与し介入を行ってきた。国家の運営に関与する高級官僚は、フランス国民自身の期待をも背景として強大な実権を持つことが容認され、社会的に高い地位や威信を享受してきた。とりわけ、1945 年に創設された国立行政学院（Ecole Nationale d'Administration：ENA）出身者は、政策決定や調整を実質的にリードするなど、大きな役割を担ってきた。また、これら ENA 出身者及びポリテク出身者を中心とする高級官僚は、行政府だけでなく、政界へ進出したり、国営企業、さらには民間企業において中枢を占めるなど、社会全体の指導的地位に就いている。

　公務員は、身分保障や年金についての有利な取扱いなどから、就職先としても高い人気を誇っている。特に、いわゆる高級官僚（haut fonctionnaire）が、依然として、権威や地位という点でも高い評価を受けていることは疑い得ない。ENA とポリテクの入学試験では、1990 年代と比べて、近年ますます競争倍率が高くなっている。グラン・コール（第 2 節 (1) 参照）に見られるように、民間企業で勤務する経験に恵まれ、公務内に限らず多様なキャリアパスを歩めるという点において、官僚としての職業の魅力が維持されており、ENA とポリテクは、公務以外の職業も含めた出世への近道を約束してくれるとして、人気が高いようである。

　ENA とポリテクを頂点とするグランゼコールの教育システムにより、フランス国内の最も優秀な人材が自然と両校に集まり、幹部公務員には当然優秀な人材が来るだろうと考えられており、公務の魅力についてこれまで問題提起されることもなかったとされている[8]。しかし、他方において、1960 ～ 70 年代と比較すると官僚の社会的地位や職業としての魅力が低下したとの見方がある。

(3) 人事管理の仕組み

① 概要

　フランスでは、まず身分を付与した上で、個別の官職に就けるという任官補職制を採っている。人事管理は省というよりも、約 600（うち現在も採用を続けているのは約 380）に分かれた職員群（corps：コール）を基本単位として行われており、個別の人事もコールごとに行われる。

② 公務員法制

　フランス憲法上、「国の文武官に認められる基本的保障は法律で定める」（第 34 条第 2 項）とされており、「官公吏一般規程」（statut général des fonctionnaires）第 1 部（官公吏の権利と義務に関する法律）及び第 2 部（国の官吏の身分規程に関する法律）が官吏制度の基本的法律として整備されている[9]。

実際の人事管理は、どのコールに属しているかが重要な意味を持つ。特に、ENA卒業生及びポリテク卒業生とほかの一般公務員とでは、異なるコールに属するために勤務や昇進等の条件に大きな格差がある。

③　公務員の種類と数

フランスの公務員には国家公務員、地方公務員及び医療公務員の3類型が存在し、それぞれの類型の中には官吏（fonctionnaire）と非官吏（agent public non titulaire）の別がある。

ア　官吏

官吏には、「官公吏一般規程」が適用される。同規程は4つの法律から構成され、各法律は同規程を構成する1つの部（title）として位置付けられている。第1部[10]は国、地方公共団体及び医療機関の全ての官吏に適用される通則的な法律である。第2部[11]は国の官吏の身分についての細則的な法律となっており、第3部・第4部にはそれぞれ地方公務員・医療公務員についてほぼ同様の規定が置かれている。

官公吏一般規程第2部第2条は、「この部は、官公吏一般規程第1部の規定が適用され、常勤の恒久的官職に任命され、国の行政機関、独立行政機関又は国の公的施設においてグレード（grade：等級）に任官された者に適用される」旨規定している。

したがって、国の官吏とは、
・「任命」（nomination）すなわち行政の一方的行為により採用された者であること
・その占める「官職」（emploi）が恒久的なものであり、かつ、常勤の者であること
・官吏と非官吏とを分ける本質的な要素である、「グレードへの任官」（titularisation dans un grade）を経ていること

の3要件を満たし、官公吏一般規程第1部及び第2部が適用される者である、と定義できる（地方公共団体及び医療機関における官吏についても、それぞれ官公吏一般規程第3部及び第4部に同様の規定が置かれている）。

イ　非官吏

一方非官吏は、大きく見習官吏（stagiaire）及び公法上の契約職員（agent contractuel de droit public）に分類される。見習官吏とは、既に官吏となるため採用された者であるが、正式な官吏となるための「任官（titularisation）」前の研修・試用期間にあたる者である。簡略化して、非官吏を契約職員と呼ぶこともある。

契約職員は、
- その職務を遂行できるコールが存在しないとき
- 国内においてはカテゴリーA（大卒程度）の官職、国外における国の代表機関においてはそのほかのカテゴリーの官職について、職務の性質又は業務上の必要から契約職員の採用が妥当と認められるとき

について、契約により採用することができる[12]。

契約職員の勤務条件を改善する目的で、サルコジ政権下で、2012年3月12日の法律が成立し、契約職員の官吏化が図られ、2018年にかけて、契約職員の官吏化のための特別試験が実施されている[13]。

④ 人事行政機関

第2次世界大戦後、公務員制度の改革、統一的人事政策の遂行、並びに各省人事管理業務の総合調整を効果的かつ強力に推進する目的で、首相が公務員制度に関する最高機関とされた。また、首相の下の事務局として、各省に共通する全体的な人事問題について規定を定めるため、各省から人事の専門家約20名が集められ、1945年に公務員局（Direction de la fonction publique）が設置された。

1958年に第5共和制が樹立されると、公務員局は「行政公務員総局

❖ 表5-1　公務員の数（2015年12月31日時点）

	人数
国家公務員	2,398,031
地方公務員	1,889,310
医療公務員	1,163,278
合計	5,450,619

出典：Rapport annuel sur l'état de la fonction publique édition 2017　DGAFP.

❖ 表5-2　国家公務員の数（2015年12月31日時点）

	人数
官吏（fonctionnaires）	1,542,419
契約職員（contractuels）	378,939
軍人（militaires et militaires volontaires）	300,327
その他（autres categories et statuts）	176,346
合計	2,398,031

出典：Rapport annuel sur l'état de la fonction publique édition 2017　DGAFP.

❖ 表5-3　省（分野）に応じた国家公務員の数（2015年12月31日時点）

	省＋行政的公施設法人	省	行政的公施設法人
外務	3,764	3,598	166
農業・食糧・森林	44,914	32,314	12,600
文化・通信	25,574	11,200	14,374
国防	267,192	258,906	8,286
エコロジー・持続可能開発・エネルギー・住宅	76,532	53,939	22,593
経済・財政	158,627	146,652	11,975
財政・公会計	151,853	139,878	11,975
経済・生産再建・デジタル	6,774	6,774	－
国民教育・高等教育・研究	1,342,971	1,011,288	331,683
内務・海外県	288,219	285,957	2,262
警察	140,723	140,723	－
海外県	1,499	1,499	－
内務、その他	145,997	143,735	2,262
司法	80,639	79,780	859
首相府	10,131	9,579	552
社会保障	99,468	20,461	79,007
社会保障	34,124	10,477	23,647
労働・雇用・社会対話	62,664	9,984	52,680
スポーツ	2,680	－	2,680
合計	2,398,031	1,913,674	484,357

出典：Rapport annuel sur l'état de la fonction publique édition 2017　DGAFP.

（Direction générale de l'administration et de la fonction publique）」と名称を改め、職務も拡大し多様化された。

　官吏に関する権限は首相から国務大臣に委任できるとされており、同総局は組織上首相の管轄下にあったが、2007年以降、経済財政省単独の管轄下となり、2018年2月時点で、担当大臣として、行動・公会計大臣（Ministre de l'Action et des Comptes publics）が置かれている。大臣は、首相からの委任を受け、官公吏の義務と権利及び昇進管理に係る原則の遵守、行政組織の人事管理施策の改革を推進、官吏の年金及び給与政策の立案、個別の身分及び指数に関する規則の調整の確保等を担当するとされている。

また、2016年の政令により、省横断的な人事施策を推進する行政公務員総局の役割が強化された[14]。

　なお、行政公務員総局が事務局を務める服務委員会（Commission de déontologie de la fonction publique）が1995年に設置され、官吏が、それが一時的又は恒久的な場合でも、民間企業に異動する際に審査を行うほか、官吏の起業活動が所属組織の信用失墜行為にあたらないか、また当該組織の通常の運営、独立性、中立性を損なうことはないかを審査している[15]（第4節（4）参照）。

⑤　近年の行政改革

　2007年、サルコジ大統領就任以降、大きな動きが見られるようになった。サルコジ政権下での公共政策全般改正（Revision Générale des politiques publiques：RGPP）では、国家公務員退職者2人につき1人しか補充しない政策により15万人、6.4％を削減し、特に出先機関とカテゴリーCに影響を与えた。また、ENAの改革では、社会的多様性の確保、教育期間の短縮、幹部向け研修の強化に取り組んだが、所属コールの早期固定化を避けるため当初掲げていた卒業席次順に学生が就職先を指名する制度の廃止は結果的に断念することとなった。このほか、特定の労働組合がほぼ固定的に交渉の参加資格を得ていた扱いの見直しや、官吏の流動性を促進し人事管理コストを低減することを目的としたコールの統廃合を行った。

　サルコジ大統領のRGPPを継承しないことを選挙公約として2012年に就任したオランド大統領は、公的活動近代化（Modernisation de l'Action Publique：MAP）を掲げ、公務員（国家公務員、地方公務員、医療公務員）の全体数は維持し、重点分野（教育、司法、警察）で増員を行った。地方公共団体（州（地域圏）、県、自治体、市）の業務の再定義や合併により、州の数を22から13へ削減した。そして、コールの統廃合を引き続き行った。

　マクロン政権は、公的活動委員会2022（Comité Action Publique 2022：CAP 2022）を立ち上げ、公共サービスの質の向上、デジタル化など公務員の勤務環境の近代化、公務員数の削減を含む公共支出の削減を掲げて、2017年10月に第1回会合を行った。委員会は幹部公務員をはじめとする内外の有識者で構成されている。

Column

マクロン大統領の登場

　2017年4-5月の大統領選挙で、マクロン大統領が誕生した。

　マクロン氏は、オランド前大統領の下で大統領府事務次長、そして経済産業大臣を務めるなど、政治的に全く無名な存在だったわけではない。特に、経済産業大臣時代、2014年末から15年の初めにかけて国民議会で審議された「経済成長と活性化のための法律」案は、通称マクロン法と呼ばれ、様々な規制緩和を提案した極めて重要な法案であり、マクロン氏の名前はこの時点で少なくとも政界の中では誰しもが知るものとなった。

　しかし、マクロン氏の政治的な基盤は、とても大統領を狙えるような状態まで至っているとは考えられていなかった。既成大政党の組織力にはとてもかなわないというのが、選挙半年ほど前までの圧倒的な下馬評だったのである。

　ところが、事態は急転する。極右（国民戦線のル・ペン）、極左（不服従のフランスのメランション）の台頭、社会党の壊滅的な凋落、大本命だったはずの共和党右派候補のフィヨンの第1回投票（予選）での敗退など、かつてない大混乱の選挙の結果、本命不在の大激戦となり、マクロン大統領選出に至ったのである。

　マクロン大統領は、圧倒的に若い（39歳で就任）だけでなく、いわば、これまでの既成政党と既成の政治手法から大きく離れ、これらを抜本的に改革することを唱えて当選した。実際、最初の内閣では、それまで議員出身の閣僚は7～8割を占めていたが、政治家と非政治家の比率は半分ずつ、男女の比率も半分ずつという徹底ぶりである。閣僚の男女配分は、改造内閣（6月の国民議会選挙後）でも男性16、女性14である。他方で、マクロン大統領とその支持勢力である「共和国前進」が国民議会選挙でも大躍進を遂げた結果、議会構成は劇的に変化した。兼任ルールが厳格化されたため、577人の前議員のうち約4割は出馬しなかったが、およそ4分の3に当たる434人が新人議員によって占められることになったのである。女性議員比率も一挙に38.6％となった。

　当選したマクロン大統領は、議会の上下両院定数の削減、議員任期の連続3期への制限など、大胆な統治機構改革を提言している。また、国と地方をめぐる税財政体制にも深くメスを入れようとしている。EUの改革にも大胆に取り組む姿勢を見せている。政界地図の大変動の中、マクロン大統領の改革への様々な取り組みがどのような結果をもたらすのか、大いに注目されるところである。

2 任用(採用と昇進)

(1) 任用の基本

フランスは職員分類を根幹とした官吏制度を有し、職員分類の基本単位である「コール」(Corps)が官吏制度の基盤となっている[16]。採用(コールに所属すること)から退職までの間、官吏は自身が属するコールによって、権利・身分を守られ、コールの中で様々な官職を経験しながら異動、昇進を展開しキャリアを積み重ねていく。

コールは、政令(Décret)として定められる個別身分規程(statut particulier du corps)により管理され、各身分規程は、当該コールの職務、コールを構成する「グレード」(②で後述)の数や名称、各グレードの定員数、採用(採用要件等)や昇進の手続き、いずれの「カテゴリー」(③で後述)に属するかなどを定めている。

① コール

コールとは、「同一の個別身分規程の適用を受け、同一のグレードへの適格性を有する官吏の一群」である(官公吏一般規程第2部第29条)。コールは、フランス公務員制度における19世紀以来の伝統的概念であるとされている[17,18]。

コールの新設、改廃は政令により行われる。コールには省横断的なものと特定省だけに存在するものがあり、多くは特定省だけに存在するものであるとされる。そのため、多くの場合、実際の人事管理は各官吏の所属する省によって行われている。

数あるコールの中に「グラン・コール」(grands corps:直訳すれば「偉大なコール」)と呼ばれ、特に威信の高いものがいくつか存在する。ただし、グラン・コールとは単なる慣習による呼称であって法的な裏付けは存在しないため、明確な定義はない。

【事務系グラン・コール】(主にENA卒業生から採用)
　　国務院群(Conseil d'Etat)、会計検査院群(Cour des Comptes)、
　　財務監察官群(Inspection générale des Finances)
【技術系グラン・コール】(主にポリテク卒業生から採用)
　　橋梁土木技師群(corps des Ponts et Chaussées)、
　　鉱山技師群(corps des Mines)

2005年以降、官吏の流動性を促進し人事管理コストを低減することを目

的としたコールの統廃合によるコール数の削減が行われている[19]。2010年時点で、コールの数は380コール[20]であり、2005年の総コール数685と比較すると、カテゴリーCに属するコールを中心に305コールの削減が行われたことになる[21]。なお、1990年頃のコール数は1,000程度であったとされている。380コールのうち140コールに官吏の90%が属している[22]。

② グレード（grades）

　グレードとは、そのグレードに対応する官職に就く適格性を有する者に付与される資格を示すものである。グレードは、各コールの内部での身分の段階（レベル）を示し、通常名称により示される。各国の俸給表における等級（グレード）と同様の役割を担っている。

　各コールは1又は複数のグレードから成り、任官により最初にコールに属する時点では、最下位のグレードが付与される。グレードは複数の号俸（échelon）で構成される。号俸は給与の決定基礎となっており、一定期間在職すると上位の号俸に移る年功的な運用となっている。上位のグレードへの昇進は、昇進の基準を満たす場合にのみ認められる。

　官吏は任官（titularisation）によりグレードを取得し、任命（nomination）により官職を占める。グレードと官職（emploi）は分離されており（官公吏一般規程第1部第12条）、両者はリンクしない。グレードを取得することは、その所有者に官職を占める資格（官吏としての身分）を取得することであり、個別の官職を占めない場合（休職等）でもグレードを保有する限り官吏としての身分を保持する。この分離の効果として、職員の身分保障が可能となること（グレードを失わない限り、官職を保持しなくても公務員の身分を失うことはない）、職員配置に対する管理当局の裁量幅が拡大すること（官職を変えずにグレードを上昇させる、グレードを変えずに異なる官職に配置換えが可能等）などが挙げられる。

③ カテゴリー

　カテゴリーは採用における学歴要件のレベルに従い、官吏を分類するものである（官公吏一般規程第2部第29条）。カテゴリーは、階層の上位からA、B、Cの順で3カテゴリー（官公吏一般規程第1部第13条）が存在する[23]。制度上のカテゴリーはこれら3つであるが、事実上のものとして、カテゴリーAの中にも「特A」（A supérieur）、「A+」などと呼ばれるものがある。ENAやポリテクの卒業生が採用されるコールはこれに該当している模様である。

　A、B、Cは職務階層（ヒエラルキー）における位置や部外試験により採用する場合の学歴要件のレベルを示す。コールがカテゴリーに分類されることは、公務部内における各コールの階層における位置付けを明確にする機能を果たしている。

社会全体が高学歴化して高等教育課程の学位を取得する者の数が急激に増大する一方、カテゴリーAのポストはそれほど増加していない。その結果、カテゴリーB及びCの官吏に「学歴過剰」が発生し、人事管理の上で困難が生じている模様である[24]。

❖ 表5-4　職務別代表的コール・カテゴリー・試験における学歴要件

職務	代表的コール	カテゴリー	試験における学歴要件
企画立案管理監督監察等	・事務系グラン・コール、高等行政官群	カテゴリーA⁺	高等教育3年以上
	・技術系グラン・コール、情報通信技師群	カテゴリーA⁺	
	・アタッシェ群、税務監察官群	カテゴリーA	
法令解釈、運用等	・事務書記官群	カテゴリーB	バカロレア取得
	・税関・国庫統制官群	カテゴリーB	
技能職等	・事務補助員群	カテゴリーC	中学修了、職業訓練修了
	・守衛群	カテゴリーC	
	・用務員群	カテゴリーC	

出典：フランス政府公式ウェブサイト（Service-Public.fr）等を基に筆者作成
参考：国家公務員のカテゴリー別人員構成（2015年）
　　　カテゴリーA：55%（うちA⁺4%）、カテゴリーB：25%、カテゴリーC：20%

❖ 表5-5　コール（カテゴリー）・グレード・号俸の例

コール（カテゴリー）	グレード	号俸
高等行政官群 (Corps des administrateurs civils) （カテゴリーA⁺）	総高等行政官	1～5、特別号俸
	特別級高等行政官	1～8
	高等行政官	1～9
事務書記官群 (Corps des secrétaires administratifs) （カテゴリーB）	高級事務書記官	1～11
	上級事務書記官	1～13
	事務書記官	1～13
事務補助員群 (Corps adjoints administratifs) （カテゴリーC）	1級主任事務補助員	1～10
	2級主任事務補助員	1～12
	事務補助員	1～11

出典：個別身分規程を基に筆者作成

(2) 採用の制度・実態、異動

① 任命権

任命権者は大統領（憲法第13条に規定）となっているが、実際の任命権は、中央省庁局長、地方長官、大使及び特使、国務院及び会計検査院職員群、ENA及びポリテク卒業生が構成する職員群については大統領で、その他については、大統領の任命権が首相に委任され、さらに各大臣又は地方長官に再委任されている。

② 国籍

官吏については、公権力の行使に直接・間接に関わる官職への任用はフランス国民に限定されており、その他官職への任用は、フランス国民に加え、EU加盟国又はその他欧州経済領域（EEA）参加国等の国籍保持者に限られている。なお、契約職員等の非官吏については国籍要件はない[25]。

③ 採用

採用は公務外の者が新たに公務に入ること及び、既に公務に従事している者が上位のランクのコールに入り直すことをいう。

採用は、基本的には競争試験による（官公吏一般規程第1部第16条）。競争試験には、「部外試験」「部内試験」「第3種試験」の3種類がある。コールごとに採用試験が行われる。

「部外試験」は、各省が大臣令／省令（arreté）において採用者数を決定し、採用試験を実施する。「部内試験」は、既に官吏である者を対象とする試験で、フランス公務員、国際機関職員等が受験できる。「第3種試験」は、一定期間の民間企業、議会での任務経験等を有する者を対象とする試験である。第3種試験は、ENA、地方行政学院（Instituts régionaux d'administration：IRA）、及び国立司法学院（Ecole Nationale de la Magistrature：ENM）等で実施されている。

試験は、一般的には筆記試験及び口述試験で構成される。試験合格者について、成績順の採用候補者リストが作成され、成績順に採用が行われる。リストは次回の試験開始時に失効し、有効期間は最長2年間とされている。なお、カテゴリーCの一部のコールでは高水準の能力が求められないものについては競争試験の原則の例外として採用が行われている。

カテゴリーAに属する職員のうち、幹部候補職員の採用・育成はENA及びポリテクが、これ以外の中央省庁中堅職員候補及び出先機関の中堅職員候補の採用・育成はIRAがそれぞれ行っている。カテゴリーB、Cに属する職員の採用はそれぞれのコールが置かれている機関が行政公務員総局の同意

❖ 表5-6 カテゴリー別採用者数（2015年）

	カテゴリーA	カテゴリーB	カテゴリーC	計
部外採用	27,203	4,581	5,192	36,976
部内採用	8,319	7,487	1,866	17,672
計	35,522	12,068	7,058	54,648

注1：部外採用者のうち試験採用以外は総計866人
注2：部外試験は488試験実施
注3：カテゴリーAの部外採用のうち教育以外の採用は4,089人
出典：Fonction publique Chiffres-clés 2017 Ministère de l'action et des comptes publics

を得た上で実施しており、異なるコールについて共通の試験が行われることは稀である。

官吏は、平均1年間の見習期間を経て任官の上官吏となるが、見習期間中は別途の規程が適用され、その間の身分は非官吏となる。ENA卒業生の場合は、ENAでの研修期間が見習期間とみなされる。

④ 国立行政学院（ENA）
ア 沿革等

ENAは第2次世界大戦直後の1945年に首相の直属の機関として創設されたが、その背景には従来の省別・コール別試験で職務上必要とされる能力の有無よりも出身・財産等が判断基準とされていたことへの批判や、行政官に必要とされる政治・社会・経済・行政の総合的な学問が必ずしも大学で教えられていなかったという事情があったとされる。

そこで、政治行政に関わる総合教育のためにパリ及び一部の地方に大学の付属機関として「政治学院」を設置した上で、ENAは主としてこの政治学院卒業者を念頭においた「部外試験」と既に公務員である者を対象とした「部内試験」の2つの公開競争試験によって選抜する仕組みとなった。その後、1990年に、民間勤務歴又は地方議員歴のある者を対象とした「第3種試験」が導入された。現在ではこの3種類の試験により年間約80人がENAに入学している。

ENAへの入学者数は毎年首相により決定されるが、そのうち第3種試験に提供されるポスト数は全体の5～10％、部外試験に提供されるポスト数は全体の60％以下とされている。

なお、設立当初はパリに置かれていたが、ミッテラン政権下で移転が決定され、現在はストラスブールにある。

イ 近年の改革

サルコジ大統領が、20代半ばでの競争試験の結果や成績が、長い職業人生を決定づける状況を批判したことなどから、サルコジ政権、オランド政権において、ENA が社会に開かれること、将来の幹部候補生に最高の教育を提供することなどを目指して以下の改革が提案、実施された。

　2009年、社会的多様性を確保する目的で、社会的経済的に恵まれない階層の学生を対象とした ENA 準備課程（Classe Préparatoire au concours externe d'entrée à l'ENA : CP'ENA）を創設した。同じく2009年に、教育課程が27ヶ月から24ヶ月に短縮された。また、2016年からは、生活面での負担軽減のため、それまで数ヶ月単位での実務研修と講義の組み合わせで構成されていた教育課程について、1年目に実務研修を、2年目にストラスブールでの講義を配置することとなった[26]。

　さらに、公務のニーズに適合する人材を確保する目的で試験科目を見直し、具体的には、2015年より多様な人材の確保の観点から、主張する能力だけでなく聴く能力などの理性的な資質を評価するための「集団討論」科目を新設、国の財政状況、EU における財政規律の重要性から「公共財政学」を必須科目化、EU 関係の重要性から「EU 関係」を必須科目化、グローバル化に対応するため2018年から「英語」を必須科目化することとした（「選択科目」及び「体育実技」は廃止）。

　サルコジ政権下で、所属コールの早期固定化を避けるため卒業席次順に学生が就職先を指名する制度を廃止し各省が選抜することについて検討がなされたが、制度改正のための法案が憲法評議会で無効と決定されたこと等を経て制度変更はせず現状を維持している。

　長年、採用の多様化が重要視されており、とりわけ、受験者、合格者に占める女性割合の向上が課題とされている。また、現在、自然科学分野での博士号取得者を対象とした第4種試験の試験的導入が検討されている。

ウ　合格者のバックグラウンド

　合格者の大半はグランゼコール（政治学院）の ENA 準備課程出身者となっており、2以上のディプロマ（政治学院に加え経営大学院、高等師範学校等）を有する合格者も一定数存在しており、同質的な社会階層からの合格者が多い状況にある。部外試験の合格者の多くを輩出しているパリ政治学院は、同校に設置されている ENA の入学試験を含む公務員試験準備課程を、2018年から同校の学生以外にも開くことを決定した[27]。

エ　卒業生の任用

　卒業時に試験が行われ、この試験結果と実習評価により学生はランク付けられ、上位者から希望するコールを選択できる。成績優秀者の多くはグラ

❖ 表5-7　ENA 入学試験内容（2018年）

【第一次試験】

科目	試験時間	配点	試験方法	
			部外試験	部内試験・第3種試験
公法	5時間	4	論文	分析・提言作成
経済学	5時間	4	論文	分析・提言作成
公務の役割	5時間	4	論文	論文
社会問題	5時間	4	分析・提言作成	分析・提言作成
公共財政学	3時間	3	説明・資料解釈	説明・資料解釈

【第二次試験】

科目	試験時間	配点	試験方法
			部外試験・部内試験・第3種試験
EU関係	1時間30分	3	口述
国際関係	40分	3	口述
人物試験	40分	6	口述
集団討論	1時間	3	討論（3つの役割を順次担当）
英語	45分	3	口述

出典：ENA ウェブサイトを基に筆者作成

❖ 表5-8　ENA 入学試験の推移

【部外試験】

	2017年	2016年	2015年	2010年	2005年	2000年
募集（人）	40	43	43	40	45	60
申込者（A）（人）	924	1,096	1,066	924	1,082	510
合格者（B）（人）	40	43	43	40	45	60
倍率（A/B）（倍）	23.1	25.5	24.8	23.1	24.0	8.5

【部内試験】

	2017年	2016年	2015年	2010年	2005年	2000年
募集（人）	32	38	38	32	36	48
申込者（A）（人）	336	342	335	400	519	280
合格者（B）（人）	32	38	37	32	36	48
倍率（A/B）（倍）	10.5	9.0	9.1	12.5	14.4	5.8

【第3種試験】

	2017年	2016年	2015年	2010年	2005年	2000年
募集（人）	8	9	9	8	9	12
申込者（A）（人）	108	112	116	169	155	108
合格者（B）（人）	8	9	9	8	9	12
倍率（A/B）（倍）	13.5	12.4	12.9	21.1	17.2	9.0

出典：ENA ウェブサイト等を基に筆者作成

❖ 表5-9　女性割合の推移

【受験者】

	2017年	2016年	2015年	2010年	2005年
部外試験（%）	41.8	40.9	41.0	44.0	―
部内試験（%）	40.5	40.5	46.1	40.0	―
第3種試験（%）	33.8	31.6	32.4	27.7	―

【合格者】

	2017年	2016年	2015年	2010年	2005年
部外試験（%）	37.5	25.6	25.6	30.0	46.0
部内試験（%）	43.8	52.6	51.4	37.5	41.0
第3種試験（%）	25.0	11.1	22.2	25.0	39.0

出典：ENAウェブサイト等を基に筆者作成

ン・コールを選択し（選択者の割合は全卒業生の10%程度）、外交官群、地方長官群も人気が高い。選択者数が圧倒的に多いのは高等行政官群となっている（同70%程度）。

オ　卒業生の動向

創立以降、2016年11月現在、6,019人が卒業し、うち4,358人（72.4%）が現役として活躍している。現役の卒業生のうち、71.9%が国家公務員（省、司法行政等）で、国以外（28.1%）の勤務先は、公共企業、民間企業（22.2%）、公共機関、地方政府、国際機関等（5.2%）、国会議員（0.7%）となっている。

フランス企業のトップの半数以上はENA卒業生とポリテク卒業生により占められている[28]とも、ENA卒業生が政財界トップの75%を独占する[29]とも言われている。現に、歴代大統領や首相、大臣の中にはENA出身者が数多く含まれており、高級官僚は政治家の重要な供給源という側面も有している[30,31]。しかし、以前と比べると、政界に進出するENA出身者が減少傾向にあると言われており[32]、高級官僚にとって、待遇面で民間企業の勤務が魅力を増してきていること、国政レベルの選挙に出馬する際に、地方議員や政党勤務経験が重要視されるようになったことが要因と考えられている。

カ　授業料返還に関する政令

2014年の政令[33]により、卒業後、公務員としての勤務が10年未満で退職した者を対象とする授業料返還義務について定められた。返還義務自体は従前から存在したが、省又はコールごとに徴収に関する運用が異なっていたため政令が発出された。

⑤ **理工科学校（Ecole Polytechnique：ポリテク）**
ア　沿革等
　事務系のENAに対して技術系官僚の供給源としてポリテクがある。ポリテクは1794年革命政府により中央技術学校（Ecole centrale des travaux publics）の名の下に創設されたグランゼコールであり、1805年にはナポレオンにより工兵将校を養成するための軍の機関として位置付けられた。現在でも国防省（Ministère de la Defense）の所轄の下に置かれている。フランス国籍を有する学生は、在学中陸軍士官の身分を保有し俸給の支給を受ける。
　修業年限は4年間であり、4年目は希望する進路に応じ、次の4つのコースに分けられる。

(i) 鉱山技師群（corps des Mines）、橋梁土木技師群（corps des Ponts et Chaussées）等のコールに採用され、各所属コールの監督下において教育を受けるコース（すなわちその時点で国家公務員の身分を取得するコース）
(ii) 国立土木学校やパリ国立高等鉱山学校等の提携グランゼコールにおいて専門教育を受けるコース
(iii) 論文を執筆し修士号の取得を目指すコース
(iv) 論文を執筆し博士号の取得を目指すコース

(i)によるポリテクから各コールへの採用は、ENA卒業生の各コールへの採用と同様、在学中の成績順に希望するコールへ採用される。

イ　最近の改革
　入学に際し、バカロレア取得後2年間のグランゼコール準備学級に在籍する必要があるが、コースによっては2017年よりバカロレア取得直後に入学可能となった。
　ENA同様、2015年の政令[34]により、卒業後、公務員としての勤務を10年未満で退職した者を対象とする授業料返還義務について定められた。

⑥ **地方行政学院（Institut Régional d'Administration：IRA）**
　IRAはカテゴリーAに属する中堅職員又は出先機関の中堅職員の採用・育成について、府省ごとに行われていた従来の方式を改め統一的に行うことを目的に1971年に設置された。首相直属の機関であり、全国に5校置かれている（バスティア、メッス、リール、リヨン、ナント）。
　教育課程は1年間で、ENAと同じく講義と実習により構成されている。卒業時の成績により学生はランク付けされ、上位の者から順番に入りたいコールを選択できる点も同じである。IRAの卒業生が所属するのは、大学

等教育機関のアタッシェ、本省アタッシェなどのコールである。このうち本省アタッシェは高等行政官を補佐してカテゴリーAに割り当てられている職務を遂行する中堅職員であり、各省ごとに置かれているが採用は行政公務員総局が一括して行っている。

⑦　カテゴリーB、カテゴリーCへの採用

カテゴリーB、Cへの採用については、各コールの所属する省が試験の実施、種類、時期を決定する。ただし、一般事務のコールについては各省共通の試験が行われており、合格者は本人の成績と希望に応じた省に配属される。

(3) 昇進・人材育成

幹部要員、中堅要員を問わず人事当局が昇進や異動を決定することはなく、官職に空席が生じると公務内公募が行われ、本人のイニシアティヴで応募することが基本となっている。幹部要員の場合、採用から10年程度は年功的な要素があり、各職員の昇進ペースはあまり変わらないことが多い（採用後2～5年で課長、9～10年で局次長など）。本省総局長[35]・局長級について公募は行われず、自由任用となっている。

グラン・コールについては、それぞれシェフ・ド・コール（chef de corps）と呼ばれる各コールのトップに当たる職員が存在し、コールに所属する職員の人事に関し影響力を有している（例：国務院群（国務院副院長）、会計検査院群（会計検査院長）、財務監察官群（財務監察院院長）、鉱山技師群（経済産業エネルギー技術総評議会（旧鉱山総評議会）副会長））。

他方、ENA出身者の多くが所属する高等行政官群にはシェフ・ド・コールは存在せず、職員自らがポスト獲得のための活動を行っている。

①　昇進

フランスの公務員制度は、外からの人材流入が比較的限られる閉鎖的な枠組みとなっている。昇進にはコールの中でグレードが上がる場合と所属コールそのものを替えて上位のコールに移る場合とがある。

ア　上位のグレードへの昇進（avancement）

コール内での昇進のパターンとしては①機関の長が昇進委員会[36]の意見を聴取して作成する昇進候補者名簿からの選考（choix）、②機関の長が職業能力審査（examen professionnel）の結果と昇進委員会の意見を聴取して作成する昇進候補者名簿からの選考、③競争試験による選抜とがある。なお、前述の通り、グレードの上昇の結果として官職が変更する場合としない場合とがある。

イ　上位の職員群への昇任（promotion interne）

既に官吏である者を登用するため、一定数の割合で上位のコールに移る道が開かれている。その方法としては①部内試験（一般的）、②部内職員及び国際機関に勤務する国際官吏を対象とした職業能力審査（examen professionnel）、③部内職員及び国際官吏を対象とする適性リスト（liste d'aptitude）からの選抜とがある。なお、③の適性リストは職員の職務能力を評価し、受入先コールの労使同数人事管理協議会（第4節（1）④参照）から意見を聴取した上で作成される。

ウ　ENA 出身官吏の昇進パターン

（グラン・コール）

大臣キャビネなどの中枢ポストを中心に省や公務の枠を超えた異動を行い昇進も早い。グラン・コールはいわば閉鎖的特権集団となっており、最上層の政治任用ポスト（局長、事務総長、地方長官、大使等）をはじめ公務内の有力ポストの多数を占める。大臣キャビネでの勤務も多いが、その中でもキャビネの長である官房長などの中枢を占める場合が多い。

【キャリアパス例：エマニュエル・マクロン氏（財務監察官職員群）】
1977 年生まれ
2004-2008　　財務監察院
2008-2011　　ロスチャイルド銀行
2012-2014　　大統領府事務次長
2014-2016　　経済産業大臣
2017-　　　　フランス共和国大統領

（高等行政官群）

ENA 卒業後最初に配属された省を中心にキャリアを積むのが一般的である。2つ目のポストの後、配属された省の外に出て（所属省外に1回（2年間）勤務することが義務付けられている[37]）、その後再び戻り局次長になることが多い。

実際の昇進スピードは省によって異なっており、傾向としていえば、伝統のある有力省では遅めに昇進するもののかなり上位まで昇進する。他方、一般の省では当初は早く昇進するものの、局長など上位のレベルには到達しにくいという実態が見られる。

【キャリアパス例：マリーアンヌ・レヴェック氏】
1965 年生まれ
1993-1995　行政公務員総局身分規程課長補佐
1995-1997　行政公務員総局身分規程課長
1997-1998　予算局設備・住宅・観光予算課長補佐
1999-2000　公務担当大臣キャビネ実務参事官
2000-2002　首相キャビネ実務参事官
2002-2007　国民教育省財政局長補佐、部長
2007-2011　行政公務員総局長補佐、部長
2011-2012　経済財政監督部人事管理・給与監察委員長
2012-2013　首相キャビネ公務員制度担当参事官
2013-2015　行政公務員総局長
2015-2017　国務院評定官
2017-　　　国民教育省事務総長

　なお、一部のコールに、公務内外から試験を経ずに採用することが認められており、これを外部者登用（tour extérieur）というが、実際には、ENA 卒業生で構成されるコールに、既に公務に属している者（ENA 卒業生以外）を試験によらずして登用する場合に用いられることが多い。

② 異なる官庁や民間等での勤務
　制度上、本来のコールに所属しつつ、様々な形で別の省や民間などで勤務する道が広範に開かれている[38]。
　別の省で勤務する形態としては、併任及び派遣があり、民間企業など公務外における勤務を可能にする制度としては、上記派遣のほか、離籍出向、休職などがある。

ア　併任（mise à disposition）
　併任は、原コールに所属してその官職を占めているとみなされ、給与を支給され続けながら、別の省や国際機関、地方公共団体等において勤務することを指す。身分だけでなく、退職・昇進などの権利も通常の勤務と全く同様に扱われる。基本的には 3 年以下であるが、更新も可能とされている。

イ　派遣（détachement）
　官職を保有しないがグレードを保持し、原コールにおいて昇進・昇給及び退職年金の権利を保持したまま、他の機関で勤務できる制度である。派遣先としては他の省やコールのほか、地方公共団体（その公施設を含む）、国際機関、閣僚などの公職、組合の任務、国民議会又は元老院の議員、軍事訓練な

どのほか「一般的利益を追求する」あるいは「科学技術や商工業の分野で国益となる研究業務を遂行し、公益性がある」とされる民間企業や団体も可能とされている。

派遣は、官吏の申出に基づく場合と職権により申し渡される場合がある。閣僚、国会議員の職務、組合の任務、任官に先立つ実習又は部内競争試験準備講座受講のための派遣のみ、当然の権利として認められる。職権による場合は、労使同数人事管理協議会に諮問しなければならない。職権による国の官庁等への派遣の結果、派遣先で受け取る給与の額が下がった場合、元のコールにおけるグレードと号俸に対応する給与が支払われる。

派遣期間は、長期派遣（他の職員がそのポストを埋める）と短期派遣とがあり、長期の場合は5年（国際協力の場合は2年）以下とされているが5年（同2年）を限度として更新することができる。短期の場合、6ヶ月を1期間とし更新不可であり、海外領土又は海外への派遣のみ1年となる。

ウ　離籍出向（年金算定外派遣）（position hors cadres）

離籍出向（年金算定外派遣）は、派遣期間満了後の官吏がその申出に基づき当該派遣先のポストに留まって職務を継続するために置かれる身分となる。離籍出向中は出向先の身分・職務規程及び退職年金制度の適用を受けることとなり、原コールでの昇進と退職年金に関する権利は保持できない。出向中の期間は退職年金の算定基礎に含まれないが復帰は可能で、一定の条件で退職年金のスキームにも戻れる。出向が認められるためには原則として15年以上の公務歴を要する。出向期間は5年以下を1期間とし5年を超えない範囲で更新することができる。

エ　休職（disponibilité）

休職は昇進・退職年金の権利が停止される状態であり、原コールへの復帰の権利を保持し優先的に復帰することができる制度である。傷病後などに職権により申し渡される休職もあるが調査・研究、地方議会議員への就任、配偶者との別居の回避や子供の養育などに加えて民間企業への勤務を理由とする場合についても、本人の申出に基づく休職が幅広く認められている。休職期間中は原則として無給であり、その期間は昇進及び退職年金請求に必要な勤務年数に通算されない。

本人の申出に基づく休職（調査・研究を除く）の場合は、公務での勤務年数が4年を超えていることが条件とされており、3年以下（通算で10年間を限度に更新可能）取得できるとされている。休職中の勤務先としては公的企業はもちろん事実上ほとんどの民間企業が可能となっている。

オ　EU勤務

　EU機関には約3千人のフランス人職員がいるが、そのうちフランスの国家公務員で併任（Expert National Détaché：END）を利用してEU機関に勤務する者は約300人である[39]。約3年間勤務し、フランス政府より給与が払われるが、現地での手当（在外手当等）はEU機関から支給される。EU機関に勤務する職員が最も多い省は経済財政省で、国防省、環境省、外務省、内務省と続く[40]。

(4) 身分保障

　定年（第6節(1)参照）のほか、官吏が自らの意思に反して身分を失うのは、第4節(4)で掲げた第4グループの懲戒処分のほか、次の場合である。

①　失職

　国籍の喪失、公民権の失効、裁判所による公職遂行禁止の決定により、官吏の身分を失う[41]。

②　免職

　以下の場合には、官吏の意に反して免職することができる[42]。
（i）　職務遂行能力が不十分（insuffisance professionnelle）な場合
（ii）　休職後に提示された3つの官職を拒否した場合
（iii）　病気休暇、長期病気休暇、長期休暇の終了後、その健康状態と密接な関係を有する理由なくして提示された部署に就くことを拒否した場合
（iv）　身体的不適合（inaptitude physique）のため職務に耐えない場合で、障害年金の受給資格がないとき
（v）　職場放棄の場合（懲戒手続に付す必要はない）

　免職手続に際しては、それぞれ上記アは懲戒評議会、イ及びウは労使同数人事管理協議会、エは賜暇委員会への諮問が必要である。

(5) 女性の採用・登用、ダイバーシティー

①　女性の採用・登用

　フランスでは、1960年代まで、「男性は外で働き、女性は家庭を守る」という考え方が一般的であったが、1968年の5月革命が女性解放運動のきっかけとなり、フェミニズム運動が生まれた。その後、1970年代以降、女性の権利が確立され、女性の社会進出や女性の登用の重要性は国民的なコンセンサスとなっていった。成績主義原則に例外を設けるアファーマティブアクション（discrimination positive）は、フランス社会になじみのないものであったが、2回の憲法改正を経て、現在では、女性の採用・登用の措置が可能と

なっている。

　国家公務員の在職者に占める女性の割合（軍人、教員含む）は、2015年には55％と高いものの、高級職に占める女性の割合は、本省の総局長、局長では33％、大使では13％、地方長官では15％となっている。幹部登用の有力なルートの1つとされている大臣キャビネでの勤務と家庭の両立が難しいなどの理由により、高級職等の責任ある地位への昇任に依然として男女の間で差が生じていることが長年課題とされていた。

　1999年の憲法改正では、憲法に政治における男女共同参画を規定し、この規定に基づいた法律（通称パリテ法）が制定された。パリテ（parité）とは男女同数を意味し、同法は議員等の候補者の男女の割合を同率にすること等を求めている。さらに、2008年の憲法改正により、経済・社会における男女共同参画が規定され、民間部門及び公的部門においてクオータ制導入が可能となった[43]。

　公務における男女平等を推進させる目的で、サルコジ大統領の依頼により、国会の「女性の権利及び男女機会均等委員会」の委員を務めていたフランソワーズ・ゲゴ議員から、報告書「公務における男女平等」が2011年3月に大統領に提出された[44]。同報告書を受けて[45]、国家公務員については、本省事務総長、総局長、局長、部長、局次長、大使、地方長官等の幹部職員にクオータ制を導入することとされた。

　具体的には、2013年から2018年までに新たに任命されるクオータ制の対象ポストについて、どちらかの性（実質的なターゲットは女性）の割合を段階的に40％（2013年からは20％、2015年からは30％、2018年からは40％）とすることが義務付けられ、同法令に定められた女性割合を達成できない行政機関には罰金が科せられることとされた[46]。

　フランスでは、あらゆる分野で女性が責任あるポストに就任する必要性について広く理解されてきており、現状においてクオータ制の導入に対する批判や混乱はないようである。公務における女性の登用は、国全体で取り組む優先課題と位置付けられており、2014年には当初の目標が1年前倒しされ[47]、2017年から40％とすることに変更された[48]。

② ダイバーシティー施策

　フランスでは、公務は社会を反映したものでなければならないという考えがあり、機会の平等の推進は、与野党、右派左派に関係なく、重要政策として捉えられている。国立司法学院（ENM）や地方の政治学院に続き、2009年10月、社会的経済的に恵まれない階層の学生を対象とした定員15名の入学試験準備課程（CP'ENA）がENAに開設された[49]。

この入学試験準備課程では、高等教育機関において3年間の就業修了学位を有する者を書類選考と面接試験（人物試験及び志望動機）で選抜する。選考基準として、親及び本人の所得、本人の学歴、志望動機が考慮される。応募者のその他の要件が同一の場合、より恵まれない環境で育った者が優先される[50]。

　約1年間（実質10月～翌6月）のプログラムで、創設以来、毎年15名（2015年以降は20名）受け入れており、例年150名程度の応募がある。在籍者の平

Column

フランスの高等教育制度

【バカロレア】
　通常の教育を受けてきた生徒は、18歳でバカロレアを受けることになる。バカロレアは高等学校教育の修了を認証する国家試験であり、次の高等教育にアクセスするための必要条件である。高等教育制度は二元性をとっており、伝統的な大学とグランゼコールが共存している。

【大学】
　大学入学に必要なのは原則としてバカロレア合格証書のみである。1999年に署名されたボローニャ協定によりヨーロッパの教育課程が均一化され、フランスではバカロレア合格から数えて、学士（licence）3年、修士（master）5年、博士（doctorat）8年という修了年限が定められた。

【グランゼコール】
　グランゼコールは19世紀のフランスにおいて、効率的な管理職、幹部層を確保するために創設されたものであり、名門のグランゼコールに入ると社会の各分野で職業上高い地位が保障される。また、陸軍士官学校、理工科学校（ポリテク）、高等師範学校、国立行政学院（ENA）など将来一定のカテゴリーの公務員になる者には在学中から給与が支給される。
　グランゼコールの選抜は、バカロレア取得直後に書類選考又は入学試験により行われる場合もあるが、普通はバカロレア取得から1～2年後の入学試験により行われる。入学試験に備えるための準備学級があるが、この準備学級に入ること自体が狭き門であり、準備学級の課程を修了すると、対応する大学教育を受けた者に等しい資格が付与される。

出典：フランス大使館ウェブサイトを基に筆者作成

均年齢は 25 歳で、地方政治学院出身者が多く占めている。応募者の 4 分の 1 が、親又は本人の所得が年収 10,000 ユーロ以下である[51]。生徒にはパリ大学国際大学都市の宿舎が無料で提供される。授業は、ENA パリ校舎で行われるが、授業料の負担はなく、奨学金（年間 2,000 ～ 10,000 ユーロの間で支給額は経済状況によって異なる）が支給される。その他、パソコンの貸与、ENA パリ校舎図書室の貸し出し、パリ大学の学食の利用等のサービスを享受できる[52]。課程の特徴として、他の ENA 受験者との社会的文化的亀裂を埋める目的で、オペラ座[53]や上級行政機関訪問[54]等の文化プログラムが組まれている。

CP'ENA 在籍者は、課程終了後の 8 月に ENA 部外試験を受験することが必須となっている。2018 年 2 月までに、138 人の在籍者を数えるが、ENA に合格した者は 7 名に過ぎず、ENA 以外の公務員試験を併願して受験し、合格実績を伸ばしている。

3 政と官

憲法は、第 20 条で政府は国家の政策を決定し実行すると規定し、第 21 条で首相が政府の行動を指揮すると規定している[55]。首相は、各省間の業務を調整し、必要ならば裁定による決定を行う責任と権限を負っている。このプロセスでは首相キャビネと内閣事務総局の役割が大きい[56]。

フランスでは、政治と行政の橋渡しは実質的に官僚が担っている。法令により政治任用として定義されているものはないが、ポストからの離任に関して身分保障が適用されず、成績主義原則が適用されない自由任用を可能とするポストとして、「高級職」と「大臣キャビネのスタッフ」の 2 種類がある。これらが政治任用のポストと考えられるが、その多数は官僚が占めている。

(1) 政治任用のポスト

① 高級職

官公吏一般規程第 2 部（国の官吏の身分規程に関する法律）第 25 条では、「国務院の諮問を経て制定される政令は、省ごと及び機関ごとに、その任命が政府の決定に委ねられる高級職を定める」と規定され、これが成績主義原則に基づく任免ではない自由任用の根拠となっている。この規定を受け、政令[57]において自由任用の対象となる高級職の具体的な職が列挙されている。

高級職に属する主なポストは、本省の事務総長、総局長及び局長、大使、地方長官、大学区長などである。総数は 600 程度で、そのうち本省ポストは 300 程度、中央省庁の局長級以上のポストは 180 程度[58]である。

高級職の中心である局長は、既に19世紀の王政期に局長（directeur）という職名が一般化しており、その当時から、自由任用によるポストとされている。

② 大臣キャビネ

フランスの行政組織においては、ラインの部局とは別に、首相や大臣の側近組織として「大臣キャビネ」が置かれている。大臣キャビネの設置については、高級職とは異なり、法令上の明確な根拠がなく、そのスタッフが自由任用とされていることも慣行による[59]。大臣キャビネのスタッフは、大臣が省令により任命し、その氏名が官報に掲載される。

大統領府には、大統領のキャビネが置かれており、サルコジ大統領及びオランド大統領の下では50人程度であった。また、首相府には首相キャビネが置かれており、大臣、担当大臣及び閣外大臣にもそれぞれのキャビネが置かれている。

大統領キャビネ及び首相キャビネを含むキャビネ全体の総数は予算が事実上の制約となっており、政権により幅がある。サルコジ・オランド両大統領は人数を制限するために上限を設けたが、これまで遵守されてこなかった。

マクロン大統領は、大統領就任直後、大臣キャビネでは10人、担当大臣キャビネでは8人を上限とすることを定め、上限を拘束力のあるものとするために、省令に掲載されていない者がキャビネで勤務することを政令[60]によって明示的に禁じた。また、マクロン大統領は、大統領キャビネと首相

❖ 表5-10　省（分野）ごとの高級職の政治任用ポスト（例）

各省共通	参与官 事務総長 総局長及び局長
首相府	内閣事務総長 国防国家安全保障事務総長
対外関係省	大使級の外交職員
内務・地方分権省	地方長官 総監察室長
教育省	大学区長
海外領土省	海外領土政府代表者

出典：1985年7月24日の政令第85-779号を基に筆者作成
　　　省（分野）は政令発出当時のもの

キャビネのスタッフを兼任させることにより、人数の削減と意思疎通の改善を図っている。

(2) 政治任用者の服務及び身分保障等[61]

① 服務
　高級職及び大臣キャビネのスタッフには、自由任用職としての固有の服務規程は存しない。ただし、政治任用者の多くを占める職業公務員出身者については、これらのポストに在任中も官公吏一般規程が適用され、守秘義務や兼業規制などが課せられる。

② 身分保障
ア 高級職
　一般の職業公務員に対しては身分保障が講じられている（後述）のに対し、高級職には身分保障の規定がなく、大臣の判断によって自由に更迭することが可能である。したがって制度上は、政権交代に際して一挙に全員を更迭することが可能であるが、実際には、時間をかけて段階的に政権の考え方に近いと思われる者を任命していくことが慣行となっている。

　なお、職業公務員が高級職に任命される場合には、派遣の形で、官吏の身分を保有したままでその職務に従事することになるため、局長等のポストを辞任した後も引き続き官吏の身分を保有し、通常ポストへの復帰や昇進可能性及び年金期間が保障される。

　これに対し、官吏以外の者が高級職に任命された場合、官吏の身分が付与されることはなく、高級職を免ぜられると同時に国家公務員ではなくなる。

イ 大臣キャビネ
　大臣キャビネのスタッフにも身分保障はなく、自由に免職できる。さらに、大臣キャビネの場合には、実際上も政権や大臣の在任と運命をともにしており、大臣が交代するとスタッフとしての身分も失われる。

　ただし、職業公務員の場合は、高級職と同様に派遣の形をとっており、官吏としての身分は保障されている。他方、民間から起用された場合は、官吏の身分が付与されないため、大臣キャビネのスタッフとしての身分を喪失すると政府内には残れないこととなる。

③ 処遇
　局長、大使等の高級職には、特別俸給表が適用され、ポストごとに俸給額の幅が決まっている。ただし、フランスでは、所属機関やコール、グレードなどによって異なる額の特別手当（prime：プリム）が支給されており、特に高級職にはかなりの額が支給されている模様である[62]。

職業公務員から大臣キャビネのスタッフに任命された者には、派遣元の省から任命前の基本給が支給されるほか、大臣が予算の範囲内で裁量により決める額のキャビネ手当（通常基本給の10～20%程度）が加えられる。職業公務員以外からの採用者に支給される給与は、大臣が予算の範囲内で裁量により決定する。

(3) 政治任用の任命手続き等

① 高級職の任命
ア　概要
　高級職の任命は、各大臣による選任の後、大統領が主宰する閣議に諮った上で、大統領により行われる。

　高級職への任用では政治的色合い等も考慮されるが、通常、十分な能力と経験を有するエリート職業公務員の中から、実績等を考慮した上で大臣自身によって選ばれる。次長など高級職直前のポストに就いていた者から選任されることが多い。高級職は45～50歳であることが通例である。

　制度上は職業公務員以外から高級職への任命も可能であるが、実際は高級職に就く者の7～8割程度はENAやポリテク出身のエリート職業公務員だと言われている。省によっても異なるが、局長については、同じ省の中で勤務した経験のある者の中から就くことが多い模様である。

イ　幹部公務員の省横断的人材プール
　（Vivier interministériel des futurs cadres dirigeants de l'Etat）
　2008年のサルコジ大統領による提案を受け、2012年に内閣事務総局が管理する幹部公務員の省横断的な人材プールが完成した。

　人材プールは、幹部公務員のキャリアパスに統一性・透明性を持たせ、職員の能力を向上させ、女性登用を図ることを目的として設けられた[63]。本省の事務総長、局長、公的機関の長、地方長官、大使、大学区長等の閣議で任命される自由任用の計600程度のポストが空席になった際、人材プールの中から必要な人材を探すことになるが、高級職の任命は政府の自由任用であることから、このプールの中から任命することを政府に強制するものではない。

　人材プールには、各省が推薦し、内閣事務総局の選考（民間企業によるアセスメント等）を通過した者が登録される。登録者の情報をデータベース化した「幹部公務員情報システム（Système d'information des cadres dirigeants）」は、公務内LANで運用されている[64]。データベースには自由任用の対象となる高級職ポストも掲載されており、登録者数における男女内訳などの統計的なデータも併せて紹介されている。

データベースに登録された幹部公務員は約1,800人、そのうちまだ自由任用ポストに任命されていない者約500人が人材プールに登録されている。2015年以降、内閣事務総局は人材プールに新たに登録された官吏に省横断マネジメント研修（Cycle interministériel de management de l'Etat）の受講を義務付けている。

　人材プールに登録された者は、行政機関、公施設法人、民間企業での勤務を続けながら自由任用ポストに任命されるのを待つことになる。中でも本省の局長に任命される場合は、聴取委員会（第3節（3）①ウ参照）の手続きを経ることになる。

ウ　聴取委員会

　2016年以降、自由任用のポストのうち、治安や安全保障等の戦略的なポストを除いた本省局長級以上約150のポストの任用を対象に、聴取委員会（Comité d'audition）が開催されることとなっている[65]。聴取委員会が設置される以前にもインフォーマルな面談は行われていたが、手続きの透明性の向上と女性登用を目的として制度化されたものである[66]。

　聴取委員会で評価される被評価者は3～5名程度である。この構成については、首相通達によって、男性1名、女性1名、幹部公務員人材プールから選ばれた者1名が入るように規定されている。

　聴取委員会の構成員は、内閣事務総長又は事務次長、ポストに関連する省の事務総長、ポストに関連する外部の専門家、ポストに関連する政府内の専門家、内閣事務総局の幹部公務員人材プール担当局長など人事の専門家の5名となっている。この構成については最低でも2名は女性とすることになっている。

　あるポストに応募するには、既に局長等に就いている者が自ら手を挙げる方法、人材プールから内閣事務総局が推薦する方法、各省（コール等）が提案する方法の3通りがある。さらに聴取委員会に呼ばれるためには、ポストに関係する省と内閣事務総局による合議で行われる書面審査を通過しなくてはならない。

　聴取委員会は評価を行うが、候補者間の順番をつけるものではなく、各々の候補者の強み・弱み等について分析した評価書を作成する。この評価書は実質的に最終的な決定を行う者、つまり各省に送付され、各省の大臣が誰を任命するか決定・承認することになる。評価書に順位をつけないのは、聴取委員会の評価が政府の決定を暗に拘束するのを避ける狙いがあるとされているが、これまでのところ、大臣は聴取委員会の意見を尊重しており、大臣自身が推薦してきた候補者が最終的に選ばれなかったという事例も存在するよ

うである。

　なお、高級職任命の手続きに合わせて、本省の部長級の任命についても同様の形式の聴取委員会が設置されることとなった[67]。

② **大臣キャビネスタッフの任命**

　大臣キャビネのスタッフの任命権は各大臣にあり、官房長をはじめ全ての任免は大臣の自由裁量によっている。通常の人選方法は、大臣が自己のネットワークを通じて信頼できる者を官房長に選び、官房長が、そのネットワークを通じて、直接に又は関係者の推薦を得ながら進めていくと言われている。この場合、政党色と同時に有力政治家あるいは有力行政官の個人的人脈が大きな意味を持つとされるが、能力や実績等の要素も相当程度考慮されると考えられている。

　民間からの起用も可能だが、実際には、官房長はグラン・コール所属の職業公務員から選ばれることがほぼ通例となっている。また、そのほかのスタッフも7～8割程度は職業公務員である。職業公務員の中でも、やはりENA出身者が最も多く、ほかに技術系グラン・コール（鉱山技師群、橋梁土木技師群など）などから任命されている。公務員以外では、政党・労働組合やマスコミなどの関係者が挙げられる。キャビネの官房長は40～50歳で就任するのが通例であり、大臣キャビネのスタッフはENA又はポリテクを卒業して3～4年以降から起用される可能性がある。

　なお、職業公務員にとっては、有力な大臣のキャビネでの勤務経験がその後のキャリアアップにつながると言われており、これが人材確保の大きな誘因となっている。

(4) 政治任用者の役割（職業公務員との役割分担）

① 高級職の役割

　高級職のうち、本省の総局長と局長は、情報の分析、政策の立案、法令の実施、各部局の総合的監督などを任務としており、部局の長として担当部局の業務執行に責任を負っている。局長以外の高級職も全て政府内の上位ポストであり、政権への忠誠を確保し、大臣や大臣キャビネとの連携を高めるために自由任用にされていると考えられる。他方において、局長等は、引き続きコールに所属し、各省行政で責任を担ってきた立場にあるので、その立場から政治に向き合うことになる。

　本省の事務総長は、以前は外務省及び国務省のみに設置されていたが、制度が改められ、現在では各役所に1人ずつ設置されている。事務総長の職務は、各局間の調整や労働組合関係、他省との各省間調整が中心であり、各省

間にまたがる特定のテーマについて事務総長会議が月に数回開催されている。大臣キャビネと省内各局との調整が図れない場合も事務総長が調整する。各局の総局長、局長が決定した中身については事務総長は関与しない。

② 大臣キャビネスタッフの役割

キャビネのスタッフの役割は、議会・マスメディア対策のほか、大臣に関わる総務的・秘書的業務なども含んで多岐にわたるが、最も重要なものは、政策立案に関する大臣の補佐、並びに大臣とラインの部局との関係の構築である。

大臣キャビネの長である官房長は、大臣に次ぐ省内第2位のポスト[68]で、大臣キャビネを統轄するだけではなく、大臣の職務の多くを代行している[69]。実際、各省間での政策調整において官房長の果たす役割は極めて大きい。

また大臣キャビネ全体としても、大臣が関心を持つ重要事項について、省内での政策立案に加えて、政策面の各省間調整でも主導的役割を担っている。政策を立案する場合、大臣キャビネが基本方針を作成し、その具体化について担当のライン部局に指示がなされる。そして、技術参事官、特命担当官等のキャビネのスタッフが中心となってライン部局の案を審査するのが原則とされる（ただし、内容によってはラインの部局の側から政策の提案がなされることもある）。このような形で、大臣キャビネは、大臣と省の内外の部局長等との意見調整などを行い、政治と行政の間の橋渡しの役割を担っている。大臣の国会対応もキャビネのスタッフが中心となってサポートしている。

(5) 政治任用職を退いた後の行き先等

① 行き先

ア 高級職

職業公務員が任用された高級職から離れるときは、官吏身分を継続して保有しているため、通常の職業公務員のポストに戻ることができる。交代した局長は、元のグレードに相応する官職に就くこととなり、給与は保障される。実際に戻るか否かは本人の選択に委ねられており、通常、公務内又は公営企業などに同等の給与が得られるポストを見つけて就任することが多い。民間企業や国際機関などに移ったり、あるいは政治家になることもある。

イ 大臣キャビネ

大臣キャビネのスタッフについても、職業公務員出身者から任用されている場合には、大臣キャビネを去っても職業公務員のポストに戻ることが保障されている。職業公務員が出身省に戻る場合には、一般的な慣行として、昇進に結びつくポストを与えられることが多いとされている[70]。

Column

大臣キャビネ体験談

セシル・フォンテーヌ氏へのインタビュー（2017年5月）

【略歴】
HEC経営大学院、パリ政治学院、ENA卒業
1998-2003　経済財政省予算局（高等行政官群）
2003-2004　パリ市財務局特許契約課長
2004-2005　予算閣外大臣キャビネ参事官（サルコジ経済財政産業大臣の所管）
2005-2006　内務大臣キャビネ予算・国家改革担当参事官（サルコジ内務大臣）
2007-2011　大統領キャビネ国防・財政・国家改革担当参事官（サルコジ大統領）
2011-2014　会計検査院主任評定官
2015-2017　休職（配偶者の日本赴任に同行、4児の母）
2017-　　　会計検査院主任評定官、公的活動委員会（CAP 2022）委員

【キャビネ勤務のきっかけ】
　以前よりサルコジ氏の人柄に惹かれていて、2004年に同氏が経済財政産業大臣に就任した際、面識のあった予算閣外大臣キャビネ官房長に電話し、「キャビネで働きたい」と伝えた。官房長は、私の元上司に連絡して、過去の仕事ぶりを聴取したようだ。水曜にサルコジ氏が大臣に任命され、翌週月曜には私のキャビネでの勤務が開始した。急な話で、当時小さい子供が2人いたので続けられるか心配だったが、結局7年半もキャビネで勤務することになった。

【キャリアパス】
　予算閣外大臣キャビネで、当時サルコジ経済財政産業大臣キャビネの官房長だったクロード・ゲアン氏＊と出会ったことが、その後のキャリアパスに影響を与えることになる。2005年にサルコジ氏が内務大臣に就任した際、内務大臣キャビネの官房長に任命されたゲアン氏より声がかかった。内務大臣キャビネでは、日中の通常業務のほか、夜間には大統領選挙対策チームと選挙の準備をした。

> 　2007年の大統領選挙祝勝会で、大統領府事務総長に任命されたゲアン氏より、「明日から大統領キャビネで働かないか」と声をかけられ、即答した。大統領キャビネの勤務期間中に第4子を出産したが、自分の強い希望で、出産4時間前まで大統領府で会議に出席し、出産後6日目には職場復帰した。
> 　大臣キャビネでの勤務が次のキャリアの弾みになるというのは事実だが、経済財政省で局次長や部長に就任すべき時期に、自分は7年以上キャビネにいた。40歳を過ぎた自分が経済財政省に戻るには適当なポストがなく、他の道を探す必要があった。ゲアン氏から、外部者登用制度で会計検査院に行ったらいいのではとの助言を頂き、現在に至っている。
> 【仕事と家庭の両立】
> 　キャビネでの業務量は膨大だが、自分の仕事をこなせば、場所や時間については柔軟に勤務できるところもある。家族のサポートに加えて、フルタイムの保育ママとパートタイムの家政婦を雇っていた。経済的な負担は大きかったが、民間企業に勤務する配偶者の理解もあって、続けられた。
> *ENA出身の高級官僚（地方長官群）で、サルコジ氏に近い人物として知られ、大臣キャビネの官房長、大統領府事務総長、内務大臣を歴任した。

　民間からの任用者については、採用した大臣が転職先の面倒を見るかどうかは、ケースによって異なるようであるが、通常は一定の配慮がなされていると考えられる。ただし、予期しない政権交代の場合などには、再就職支援は行われていない模様である。

② **再就職規制**

　高級職、大臣キャビネのスタッフはともに、一般の職業公務員出身者か民間からの任用者かにかかわらず、離職した後3年以内に民間企業等に就職して活動するためには承認を受けなければならない。職務上離職前3年以内に許認可等や契約に関与した企業への再就職は認められない。

③ **年金**

　年金については、高級職、大臣キャビネのスタッフともに独自の制度はない。職業公務員出身者については官吏に係る年金制度が引き続き適用になる。民間出身者についても任用前と同一の年金に継続して加入している場合が多いとされる。

4 労働基本権と給与その他の勤務条件

(1) 労働基本権

　フランス公務員の労働基本権については、法律により、団結権及び争議権は認められているが、協約締結権は認められていない。サルコジ政権（2007～2012年）の下では、国家公務員の削減や争議行為に一定の制限を設ける等の取り組みが行われる一方で、労働組合との社会的対話が促進された。特に社会的対話については、2007年から公務担当大臣の下で労働組合、使用者団体、制度官庁による議論が進められ、2008年に「社会的対話を促進するためのベルシー合意（Accords de Bercy sur le dialogue social dans la fonction publique）」が政府と主要労働組合との間で締結された。このベルシー合意に基づいて、交渉の範囲、参加資格等について見直しが行われた。

① 労働基本権の現状
ア　団結権
　官公吏一般規程第1部[71]第8条において「官吏は、団結権を保障される。官吏は自由に組合組織を結成し、これに加入し、その活動に従事することができる」とされ、団結権は認められている。ただし、地方長官、副地方長官、軍人など、団結権の認められない職員グループもある。

イ　協約締結権
　従前より官吏の組合が労使交渉を行うことは認められているが、上述のベルシー合意に基づき2010年に制定された「公務における社会的対話の改善に関する法律（Loi relative à la rénovation du dialogue social et comportant diverses dispositions relatives à la fonction publique）」[72]により官公吏一般規程が改正され、交渉資格や交渉範囲などについての規定が整備された。

　労使交渉については、官公吏一般規程第1部第8条の2において、「官吏の組合は、官吏に係る給与改定及び購買力について、全国レベルで政府、地方公共団体及び医療機関の代表と交渉を行う資格を有する」とされているが、給与等の勤務条件は法令で定められており、協約締結権は認められていない（ただし、議定書を締結することは可能）。フランスでは、公務員制度は法令で定めるべきとの認識が広く共有されており、公務員制度を民間と全く同様の労使交渉に委ねることは適切でないとする考え方が協約締結権を認めない理由となっている模様である。

　交渉の参加資格については、従前は7つの労働組合にほぼ固定的に認められていたが、2010年の制度改正に伴い、直近の職場協議会の選挙において

議席を獲得したことを要件とするよう改められた。また、交渉の範囲については、給与のほか、勤務条件、キャリア形成、昇進、研修、福利厚生等についても対象となることが同改正により新たに明示されたが、給与改定も含め、実際に交渉を行うか否かは当局側の判断による。

ウ　争議権

官公吏一般規程第1部第10条において、「官吏は、法律が規制する範囲内で、争議権を行使することができる」とされ、争議権は認められている。ただし、警察官、矯正職員、軍人など、争議権が認められない職員グループも存在する。

②　労使交渉の実態

フランスの公務は国家公務員、地方公務員、医療公務員の3分野から構成されているが、労使交渉は基本的に3者合同で実施され、政府案について協議する形で進められる。協約締結権は認められていないものの、労使交渉において合意に達した場合には、政府が作成した議定書（法令上、統一的な名称の定めはなく、accords、protocole、constats、relevé de conclusions などまちまち）に労働組合が署名して終結する形を取る。ただし、議定書は法的には双方を拘束する効力はなく、倫理的、政治的な拘束力があるのみであり、第三者に対する効力もなく裁判に訴えることもできないとされている。

2010年の制度改正により、議定書についても、直近の職場協議会選挙において職員の50％以上を代表している労働組合の署名があった場合に発効することとされている。これらの見直しによって、労使交渉と職場協議会とのリンクが制度上も強まるとともに、職場協議会での投票は組合員であるか否かにかかわらず可能であるため、どの労働組合が職員全体からどれだけの支持を得ているかが個別の交渉や合意署名の効力に影響するようになっている。さらに、勤務条件などに関して議定書を結んだ他組合を批判しつつ、成果だけは享受するという従来の労働組合の対応は難しくなるため、政府としては政策に対する労働組合の参加責任を明確にする効果も狙ったとされている。

（給与改定に関する交渉）

フランス公務員の俸給体系は、後述のとおり、グレードごとに号俸を設け、号俸に指数を付すとともに、指数100当たりの金額（単価）を定めている。この構造の下で、給与改定の方法としては、指数に対応する単価の引き上げ（ベースアップ）と指数の改定の2つの方法があるが、専ら単価改定により行われている。給与改定に関する交渉は決裂するケースが多く、1998年を最後に俸給指数の単価改定に係る議定書は締結されていない。合意に至らない

❖ 表5−11　俸給指数100当たりの単価（€）の改定経緯（過去10年間）

07年2月	08年3月	08年10月	09年7月	09年10月	10年7月	16年7月	17年2月
5,441.13	5,468.34	5,484.75	5,512.17	5,528.71	5,556.35	5,589.69	5,623.23
（改善率）	0.5%	0.3%	0.5%	0.3%	0.5%	0.6%	0.6%

出典：行政公務員総局ウェブサイト等を基に筆者作成

場合には、政府の責任において改定率を決定し、政令等の改正により実施している（2016年3月に決定された同年7月及び2017年2月の単価改定も同様）。
　なお、2015年に結ばれた「キャリア形成と給与に関する合意（Accord relatif à l'avenir de la fonction publique : la modernisation des parcours professionnels, des carrières et des rémunérations：PPCR）」においては、号俸や俸給指数の改善、指数の上乗せによる手当（プリム）の俸給繰り入れ等についての具体的な合意がなされている。当初は2020年までの間に段階的に実施することとされていたが、マクロン政権が財政難を理由に2018年は実施しないこととしたため、期間が1年後倒しされ、2021年までの実施となった。

③　争議の実態

　フランスの公務員には協約締結権が認められていないにもかかわらず、争議権が認められるという変則的な仕組みとなっている。この点については、前述のとおり、公務員制度は法令で定めるべきものとの認識が共有されていることに加え、歴史的に見て、民間においてもまず争議権が与えられ、次いで団結権、団体交渉権が認められたという経緯があり、争議権がことのほか重要視されていることがその背景となっているようである。市民革命により近代国家を築いた伝統の下、異議申立ての権利を重視する風潮が残っていることも背後にあると思われる。
　争議はかなり頻発している。フランスにおいては、公務員は個人の資格でストライキに参加できるため、多くの非組合員が個人としてストライキに参加している。また、労使交渉事項かどうかや労使交渉プロセスに関わりなく、個人の意見表明や示威行為として、まず争議を実施するケースが多いのが実態である。例えばサルコジ政権下で行われた年金改革に関しては、2010年5月から9月にかけ、空港、郵便、医療、教育等の分野に従事する公務員を含む労働者が長期にわたるゼネストを実施した（主なものだけで9回）。
　なお、小学校等の教員については、サルコジ政権下の2008年の立法措置[73]により、労使交渉の後でなければストの通告ができないよう改められた。

④　職場協議会

　フランスでは、労使交渉（négociations）のほかに、職員が代表者を通じて

協議に参加する（débattre）職場協議会の仕組みが設けられている。職場協議会には以下のア〜オのように様々な形態がある。どの事項を職場協議会又は労使交渉で取り上げるかは当局の裁量が大きいこと、また労使交渉が協約締結を伴わないことから、実際の運用においてこの両者の線引きは曖昧であるとされる。

2010年の制度改正[74]により、労使交渉の参加資格として直近の行政管理委員会の職員代表選挙における議席の獲得が必要とされるようになったほか、新たに公務員制度共通協議会が設けられるなどの見直しが行われた。また、従前は官側委員及び職員側委員が同数で構成されることが要件とされていたが、この改正でシステムの簡素化が図られ、労使同数人事管理協議会を除き、官側が同数の出席をする必要はなくなった。ただし、少なくとも、労働組合と直接交渉する政府担当者は決定権を持つ者でなければならないとされている。

Column

公務員・公共部門のストの受け止められ方

　フランスの世論調査研究所（IFOP）が行った公務員・公共部門の争議権等にかかる世論調査（2011年）では、公共部門労働者に比べて民間部門労働者は、公共性の高い部門において争議を禁止するという提案を歓迎する傾向がある。

【問】一般的に、公共部門のストライキ日数の方が民間部門より多いのは、公務員の身分保障によるものだと思うか。

【答】そう思う…81％（うち民間部門労働者：86％、公共部門労働者：68％）

【問】官吏身分を持つドイツの公務員は争議権を持たないが、フランスで同様の措置の導入を望むか。

【答】望む…50％（うち民間部門労働者：52％、公共部門労働者：26％）

　また、パリ地下鉄及び国鉄についてストライキ禁止措置の導入を望む民間部門労働者は6割を超えており（公共部門労働者は4割強）、公務員・公共部門のストライキに一定の理解はありつつも生活への影響を懸念していることがうかがえる。

出典：税制・財政研究所委託によるIFOP「争議権に関する調査」（2011年12月）（IFOP pour l'Observatoire de la Fiscalité et des Finances Publiques, "Enquête sur le droit de grève", Décembre 2011）

政府は、職場協議会の諮問結果には拘束されないが、事実上、職員の昇進等について、職場協議会の意向を無視することは難しいとされている。

それぞれの協議会については、以下のとおりである。

ア 最高官吏制度協議会
（Conseil supérieur de la fonction publique de l'Etat）

官公吏一般規程等の官吏に関する法令の改正等について、首相からの付託事項について審議し、意見を述べる。また、懲戒処分、分限免職処分等に関する審査を行う。

イ 行政管理委員会（Comité technique）

各省大臣の下に置かれ、組織の全体的問題、仕事の方法、身分上の規制、研修計画等について意見を述べる。2010年の制度改正により、諮問事項に定員や職務、権限に関わる問題を加える等の見直しがなされた。

ウ 公務員制度共通協議会（Conseil commun de la fonction publique）

2010年の制度改正により新設された協議会で、公務担当大臣が議長を務める。国家公務員、地方公務員、医療公務員に共通する法令等について審議し、意見を述べるほか、異動、研修、男女共同参画等に関する制度的なテーマについて協議する。

エ 労使同数人事管理協議会（Commission administrative paritaire）

コールごとに設置され、個々の任官、昇進、懲戒処分、休職、異動、分限免職等について意見を述べる。当局は協議会の意見に反する決定を行うときは、協議会に対してその理由を通知しなければならない。なお、2010年の制度改正以降は、この労使同数人事管理協議会のみ官側、職員側それぞれの委員の同数の出席が必要とされている。

オ 衛生安全労働条件委員会
（Comité d'hygiène, de sécurité et des conditions de travail）

各省の人事担当局長の下に設置され、職務上の危険の分析、勤務中の事故等の調査、衛生安全面の職員教育に関する提案や実施状況の監督等を行う。従前は衛生安全協議会として設置されていたが、2010年の制度改正により名称が変更された。

(2) 給与

給与は俸給と諸手当で構成される[75]。

① 俸給

俸給は、職員のグレード及び号俸に基づき決定される。日本の国家公務員の俸給表は、職務の級及び号俸に対応して金額が表示されているが、フラン

スの俸給体系においては、グレードごとの号俸に対応する俸給指数と、「俸給指数100当たりの単価(年額)」をまず定め、これらを用いて俸給年額を算出する仕組みとなっている。したがって、各職員の俸給(年額)は、「号俸に対応する俸給指数÷100×俸給指数100当たりの単価」により算出されることとなる。

この「俸給指数100当たりの単価」は政令で定められている[76]。

指数には、各号俸の階層上の序列を示す格付指数（indice brut）と俸給額の算定に用いる俸給指数（indice majoré）の2種類がある。当初は格付指数のみが設けられていたが、後に俸給カーブの是正を図るために俸給指数が追加され、俸給額の算定には後者が用いられるようになった。

格付指数は政令で定められ、その変更は最高官吏制度協議会への諮問が必要となる[77]。俸給指数も政令で定められているが、最高官吏制度協議会への諮問は不要である。

他方、高級職の職員及び高等行政官群の上位の号俸の職員等には指数は設定されておらず、上から順にG、F、E、D、C、B bis、B、Aの8段階に分類（更にAからDまではそれぞれ3段階、Eは2段階に区分）されている[78]。これらについては、特別俸給表が設けられている[79]。

俸給指数100当たりの単価については2010年以降凍結されていたが、オランド政権下の2016年3月に計1.2%のプラス改定が決定され、同年7月及び2017年2月にそれぞれ0.6%ずつ引き上げられたことにより、2017年2月以降は5623.23ユーロとなっている。なお、上述のとおり、現在では2015年のキャリア形成と給与に関する合意（PPCR）に基づいて号俸や指数の格付改善等が進められており、単価のプラス改定と合わせて各職員の俸給は上昇している。

② 昇給

昇給は号俸の引き上げにより行われる。コール別の個別身分規程において、号俸引き上げのための昇給期間が定められており、それを満たせば号俸引き上げが行われる[80]。後述のエヴァリュアシオン（人事評価）の結果に基づき、労使同数人事管理協議会の意見聴取を経て昇給期間の短縮又は延長を行うことも可能な仕組みとなっているが、2015年のキャリア形成と給与に関する合意（PPCR）により俸給制度の見直しが行われていることから、当面昇給期間については一律的な運用となっている模様である。

このほか、コールの中でグレード（等級）が上昇した場合にも、それに伴い号俸が改定される。例えば高等行政官群に属する官吏が上位のグレードに昇進した場合には、直近下位のグレードにおける格付指数と同等又は直近上位の格付指数が適用される号俸に格付けられることとなる。

③　諸手当

　フランスの公務員制度における手当制度は不透明な部分が多い。各省共通の手当である居住地手当、扶養手当、超過勤務手当等に加え、各省、各コールにおいて別途の手当（prime：プリム）が設けられているからである。また、各省共通の手当にも各省に支給要件が委ねられているものもあり、支給額が公表されていないものも多いため、その実態は明らかでない。国家公務員（教員を除く）の給与に占めるプリムの割合は約４割とされるが、省によっては半分を占める例もあると言われている[81]。

　以下では、各省共通の手当のうち主なものについて説明する。

ア　居住地手当（indemnité de résidence）

　勤務する地域による生活費の格差を補填する手当であり、俸給額の３％又は１％が支給される[82]。主要都市の支給区分は以下の通りである（このほかに、コルシカ島についても３％が支給される）。

　３％地域：パリ、マルセイユ

❖ **表５-12　特別俸給表**　　　　　　　　　　　　　　　　　（2017年２月以降適用）

		俸給年額（€）	官職の例
G		84,629.58	会計検査院長（Premier président de la Cour des comptes） 国務院副院長（Vice-président du Conseil d'Etat）
F		77,206.92	会計検査院部長（Président de chambre） 国務院部長（Président de section）
E	2	74,451.54	本省総局長・局長 (Directeurs généraux et directeurs d'administration centrale)
	1	71,639.93	
D	3	71,639.93	本省総局長・局長・本省部長（Chefs de service）
	2	68,659.62	
	1	65,679.30	
C	3	65,679.30	本省総局長・局長・本省部長・ 本省局次長（Directeurs adjoints et des sous-directeurs）
	2	64,273.50	
	1	62,923.92	
B bis	3	62,923.92	本省部長・局次長
	2	61,293.19	
	1	59,718.68	
B	3	59,718.68	本省部長・局次長
	2	56,682.14	
	1	54,376.62	
A	3	54,376.62	本省部長・局次長
	2	51,733.70	
	1	49,765.57	

出典：俸給表は1985年10月24日の政令第85-1148号第６条の規定による
注：官職の例は、1948年７月10日の政令第48-1108号別表、2008年８月22日の政令第2008-836号第11条及び第12条より抜粋

表 5−13　高等行政官群俸給表（カテゴリー A＋(ENA 卒)）

（2017 年 2 月以降適用）

グレード grade	号俸 echelon	格付指数 indices bruts	俸給指数 indices majorés	俸給年額（€） 俸給指数 100=5,623.23€	昇給期間
総高等行政官 Administrateur général	—	D	3 2 1	71,639.93 68,659.62 65,679.30	—
	5	C	3 2 1	65,679.30 64,273.50 62,923.92	—
	4	B bis	3 2 1	62,923.92 61,293.19 59,718.68	3 年
	3	B	3 2 1	59,718.68 56,682.14 54,376.62	3 年
	2	A	3 2 1	54,376.62 51,733.70 49,765.57	3 年
	1	1,021	825	46,391.65	3 年
特別級高等行政官 Administrateur civil hors classe	8	B bis	3 2 1	62,923.92 61,293.19 59,718.68	—
	7	B	3 2 1	59,718.68 56,682.14 54,376.62	4 年
	6	A	3 2 1	54,376.62 51,733.70 49,765.57	3 年
	5	1,021	825	46,391.65	3 年
	4	971	787	44,254.82	3 年
	3	906	738	41,499.44	2 年
	2	857	700	39,362.61	2 年
	1	807	662	37,225.78	2 年
高等行政官 Administrateur civil	9	971	787	44,254.82	—
	8	906	738	41,499.44	2 年
	7	857	700	39,362.61	2 年
	6	807	662	37,225.78	2 年
	5	755	623	35,032.72	1 年 6 ヶ月
	4	706	586	32,952.13	1 年
	3	659	550	30,927.77	1 年
	2	593	500	28,116.15	1 年
	1	533	456	25,641.93	6 ヶ月

出典：俸給表の形式では公表されていないため、以下の情報により筆者作成
　　　号俸ごとの格付指数（2017 年 1 月 1 日現在）：2008 年 8 月 22 日の政令第 2008-836 号第 1 条
　　　格付指数と俸給指数の対応関係：1982 年 12 月 23 日の政令第 82-1105 号別表
　　　俸給指数 100 当たりの単価（2017 年 2 月 1 日現在）：1985 年 10 月 24 日の政令第 85-1148 号第 3 条
　　　昇給期間：1999 年 11 月 16 日の政令第 99-945 号

❖ 表5-14　アタッシェ職員群俸給表（カテゴリーA（大学卒等））

（2017年2月以降適用）

グレード grade	号俸 echelon	格付指数 indices bruts	俸給指数 indices majorés	俸給年額（€） 俸給指数 100=5,623.23€	昇給期間
特別級 Attaché hors classe	—	A 3 A 2 A 1		54,376.62 51,733.70 49,765.57	—
	6	1,022	826	46,447.88	—
	5	979	793	44,592.21	3年
	4	929	755	42,455.39	2年6ヶ月
	3	882	719	40,431.02	2年
	2	834	683	38,406.66	2年
	1	784	645	36,269.83	2年
主任職員 Attaché principal	9	979	793	44,592.21	—
	8	929	755	42,455.39	3年
	7	879	717	40,318.56	2年6ヶ月
	6	830	680	38,237.96	2年6ヶ月
	5	778	640	35,988.67	2年
	4	725	600	33,739.38	2年
	3	672	560	31,490.09	2年
	2	626	525	29,521.96	2年
	1	579	489	27,497.59	2年
職員 Attaché	11	810	664	37,338.25	—
	10	772	635	35,707.51	4年
	9	712	590	33,177.06	3年
	8	672	560	31,490.09	3年
	7	635	532	29,915.58	3年
	6	600	505	28,397.31	3年
	5	551	468	26,316.72	2年6ヶ月
	4	512	440	24,742.21	2年
	3	483	418	23,505.10	2年
	2	457	400	22,492.92	2年
	1	434	383	21,536.97	1年6ヶ月

出典：俸給表の形式では公表されていないため、以下の情報により筆者作成
　　　号俸ごとの格付指数（2017年1月1日現在）：2008年8月22日の政令第2008-836号第3-1条
　　　格付指数と俸給指数の対応関係：1982年12月23日の政令第82-1105号別表
　　　俸給指数100当たりの単価（2017年2月1日現在）：1985年10月24日の政令第85-1148号第3条
　　　昇給期間：2011年10月17日の政令第2011-1317号18条

　1％地域：リヨン、リール、ニース、ナント、ストラスブール
　非支給地：トゥールーズ、ボルドー、レンヌ

イ　子女扶養手当（supplément familial de traitement：SFT）

　子女を扶養している職員に支給される手当である[83]。定額部分と俸給比例部分で構成されており、子女の人数に応じて額、率が決定される。

ウ 超過勤務手当(indemnités horaires pour travaux supplémentaires: IHTS)

　超過勤務を行った職員(カテゴリーB及びCの官吏、非官吏に支給。カテゴリーA(大卒程度)には支給されない)に対し支給する手当である[84]。支給額については、超過勤務1時間当たりの単価を以下により算出し、これに超過勤務の時間を乗じて決定する。月間の支給限度は25時間分とされている[85]。なお、時間単価については、夜間勤務の場合は100％、日曜・休日勤務の場合は3分の2の加算措置がある。

　月間14時間まで：(年間俸給額＋居住地手当)÷1820×1.25
　月間14時間超：(年間俸給額＋居住地手当)÷1820×1.27

エ 本省超過勤務手当(indemnité forfaitaire pour travaux supplémentaires des administrations centrales: IFTS)

　超過勤務を行った本省職員(カテゴリーA及びB)に対し支給する手当である[86]。省令により年間の平均支給額がグレード又は官職ごとに定められており[87]、実際の支給額は超過勤務の時間や責務の重要性に基づき、年間の平均支給額の3倍を上限として支給される。

　なお、2002年の地方分権により地方移管された業務に従事する者についても、本省職員超過勤務手当の支給対象とされている[88]。

オ 購買力保障手当(garantie individuelle du pouvoir d'achat: Gipa)

　過去4年間において俸給の上昇率が消費者物価指数の上昇率に満たない職員を対象として、購買力を補うために支給する手当である[89]。2003年から2007年にかけての物価上昇を受けて導入された。支給額については、以下により決定される。

(支給年5年前の俸給年額×(1＋4年間の物価上昇率))－支給年前年の俸給年額

❖ 表5-15　子女扶養手当の額

扶養する子女の数	定額部分(月額)(€)	俸給比例部分(月額)
3人を超える場合(1人当たり)	4.57	6％
3人	15.24	8％
2人	10.67	3％
1人	2.29	なし

出典：1985年10月24日の政令第85-1148号第10条の2
注：俸給比例部分については、俸給指数449の者が受ける額が最低限度額、俸給指数717の者が受ける額が最高限度額とされている。

カ　職能手当（régime indemnitaire tenant compte des fonctions, des sujétions, de l'expertise et de l'engagement professionnel dans la fonction publique de l'Etat：RIFSEEP）

　従前のプリムは年功やグレードにより支給額が決定される傾向があったことから、サルコジ政権が、2008年の政令により人事評価（エヴァリュアシオン）の結果を反映する手当である「職能業績手当」（PFR）を導入したが、評価の反映を行えなかった。これを踏まえ、オランド政権は、2014年に同手当に替えて職能手当を創設した[90]。2019年からの完全実施を目指し、コールごとに段階的に導入されている過程にある。

　この職能手当は職務内容等に応じて毎月定額を支給する部分（indemnité de fonctions, de sujétions et d'expertise：IFSE）と、職員の業績により年1回又は2回支給することができる部分（支給は任意）（complément indemnitaire annuel：CIA）により構成されている。しかしながら、エヴァリュアシオンは文章による評価であり、活用方法も決められていないことから、この業績反映部分は実際には機能していないと言われている。また、手当の支給額や積算根拠は公表されていないため、省によっても支給実態は異なる模様である[91]。

(3) 人件費管理[92]

　予算組織法によって、人件費の配分については、省ごとではなく政策目的別のプログラムごとに行われるが、定員については、同法において各省ごとに雇用上限が課されている。実数に基づいた管理は行われておらず、雇用上限の範囲内であれば、各部局は官吏、非官吏を問わず自由に雇用する職員を選べる。

　この雇用上限の策定に当たっては、年間労働時間1,600時間以上の正規職員に換算する方法が採られており、フルタイムを1とし、年間労働時間の

❖ 表5-16　本省超過勤務手当の年間平均支給額（例）

グレード・官職	年間平均支給額（€）
本省総局長・局長（E）	7,589.68
本省総局長・局長（C・D）	6,712.55
本省部長	5,838.63
本省局次長	5,835.41
高等行政官（特別級）	4,468.23
高等行政官	3,699.39

出典：2014年5月12日の省令第1条より抜粋

80％のパートタイムは0.8、年間労働時間の80％で労働期間が半年の場合は0.4などと換算される。

(4) 勤務条件・服務等

① 勤務時間

　正規の勤務時間は、週平均35時間、年間で1,607時間である。超過勤務を含めて1日10時間、週48時間、12週間で平均44時間が限度とされている[93]。超過勤務の実態は不明であるが、カテゴリーA（大卒程度）には超過勤務手当が支給されず、一般的には多くの超過勤務は見られないようである。また、少なくとも大臣キャビネのスタッフは、土日も含め、長時間勤務を行っている模様である。

　職員はパートタイム勤務の申出をすることができる。機関の長は、公務の継続性を損なわないと判断した場合は、この申出を受諾することができる（6ヶ月〜1年を1期間とし、3年を限度として更新可能）。パートタイム勤務の場合の勤務時間は、正規の勤務時間の50〜90％に設定され、給与については勤務時間に応じて決定される。パートタイム勤務の期間は、勤務時間に比例して退職年金算定の基礎となる勤務日数に通算されるほか、昇進等に必要な勤務期間については、フルタイムで勤務したものと見なして加算される[94]。

　なお、3歳未満の子を有する者については、権利としてのパートタイム勤務（temps partiel de droit）が認められている[95]。

② 休暇

ア　年次休暇

　1年に対し、1週間の勤務日の5倍の日数の年次休暇が与えられ、勤務を要しない日を含め31日まで連続して取得することができる[96]。使用しなかった日数については「年次休暇貯蓄口座（compte épargne temps：CET）」に蓄積することができる[97]。うち20日は休暇として使用することに限定されているが、20日を超える日数分については、60日を限度とする繰り越し、官側による買い取り、年金への加算のオプションがある。

イ　病気のための休暇

　疾病の種類や程度に応じて、「病気休暇（congé de maladie）」（1年）、「長期病気休暇（congé de longue maladie）」（3年）及び「長期休暇（congé de longue durée）」（5年）がある[98]。いずれも有給（ただし、一定期間経過後は俸給が半減）であり、取得期間は昇進及び退職年金に必要な勤務年数に通算される。これらの休暇については、各省ごとに設置される賜暇委員会（commission de réforme）又は医師協議会（comité médical）への諮問が必要である。

ウ　親としての休暇

　「母性休暇（congé de maternité）」が出産前 6 週間・出産後 10 週間、「父性休暇（congé de paternité）」が子の誕生後 4 ヶ月以内に連続 11 日与えられる[99]。また、「養子縁組休暇（congé d'adoption）」もあり、養子が家庭に到着してから 10 週間与えられる[100]。これらの休暇の取得期間は、昇進及び退職年金に必要な勤務年数に通算される（なお、第 3 子以降や双子の場合等については、付与期間が上乗せされる）。

　また、上記の休暇とは別に、子が 3 歳に達するまで「育児休暇（congé parental）」が認められる[101]。育児休暇を取得した場合には無給となり、最初の 1 年間を除き昇進及び退職年金に必要な勤務年数には通算されない。さらに、「子の看護休暇（congé de présence parentale）」（無給）もある。

　なお、フランスでは保育施設の充実等女性が出産後も働きやすい環境が整備されており、両立支援策として、保育に対する金銭的援助である官民共通の「共通雇用サービス小切手（CESU）」等の制度がある。一般に乳幼児を外に預けて働くことに抵抗がないこと、保育サービスは保育園に限らず様々な選択肢があること、小学校を含め学校の授業時間が長いことなどから、育児休暇はあまり利用されず、CESU の利用が中心である。

エ　その他の休暇

　終末医療を受ける親族等がいる職員に与えられる「終末期の介護休暇」（無給だが手当を支給。最長 6 ヶ月）、資格取得等を目的とする「職業研修休暇」（無給だが手当を支給。最長 3 年）、配置換えのための研修休暇（有給。最長 6 ヶ月）等がある。

③　服務

　服務規制として、職務中の義務、職務内外を通じて課せられる義務及び兼業規制がある。慎重の義務のように国務院の長期にわたる判例の中で形成されてきた法理も多いが、いくつかは 2016 年の官公吏一般規程の改正により明文化された[102]。

ア　職務中の義務

　職務専念の義務、与えられた職務を自ら遂行する義務、遂行する職務に適用される法令に従う義務、職場放棄の禁止、上司への服従の義務、国民の情報請求に応える義務がある。また、2016 年の官公吏一般規程改正により、中立性、公正性、誠実さ、政教分離の原則の尊重等が明文化された[103]。

イ　職務内外を通じて課せられる義務

　信用失墜行為の禁止、慎重の義務（obligation de réserve）（官吏の表現の自由を前提とした上で、その表現の仕方が一定の限度を超えてはならないとする義務）、個人

の秘密を守る義務、官庁の秘密を守る義務、中立の義務、利害関係からの独立の義務がある。

また、透明性確保の観点から、2013年に「公職者の透明性に関する法律（Loi relative à la transparence de la vie publique）」[104]が制定され、大臣や議員に加え、大臣キャビネ及び大統領府のスタッフ、閣議で任命される高級職ポストの者等についても保有資産や利害関係の届出が義務付けられた。さらに、2016年の官公吏一般規程第1部の改正[105]により、その対象が部長等に拡大されている。

ウ　兼業規制[106]

（付随的な活動との兼業）

独立性及び中立性において職務に影響を与えないという条件の下、所属組織の許可を得て鑑定、コンサルタント業務、教育、文化活動等の付随的な活動（activité accessoire）を行うことができる。

（営利活動との兼業）

従前は付随的な活動以外との兼業は認められていなかったが、サルコジ政権下で個人の起業促進による経済活性化・雇用創出を目指す「個人事業者制度（auto-entrepreneur）」導入の動きがあったことなどを受けて、2007年より一定の条件の下で起業など営利活動との兼業も認められることとされた。職員の兼業は、服務委員会において、所属組織の信用失墜行為に当たらないか、組織の通常の運営、独立性や中立性を損なうことがないかを審査した上で、パートタイム勤務をすることを条件に認められることとされている（最長2年。1年の更新可）。

④　懲戒

懲戒処分については、軽い方から順に

> 第1グループ：譴責、戒告
> 第2グループ：昇進候補者名簿からの削除、号俸の引き下げ、15日以内の職務からの排除、強制転任
> 第3グループ：グレードの引き下げ、3ヶ月以上2年以下の職務からの排除
> 第4グループ：退職年金請求権付き強制退職、罷免

の4種類がある[107]。

懲戒事由に関し定めている規定はないが、一般的には、法令で課せられている義務の不履行、業務の良好な運営又は業務の品位を損なうような行為がこれに該当する。

原則として任命権を有する者が懲戒権者となるが、懲戒権者は、処分を決定する前に懲戒評議会（conseil de discipline）に諮問を行う必要がある。懲戒評議会は、コールごとに設置され、処分の対象者が属するコールの労使同数人事管理協議会における当該職員のグレード及び直近上位のグレードの職員側委員、並びにこれと同数の官側委員で構成される。審査は非公開とし、委員の多数の賛成を得た意見を評議会の意見として表明する。

　処分を受けた職員は、本人が望めば、最高官吏制度協議会に不服申立てをすることができる[108]。

(5) テレワークの推進（働き方改革の動き）

　これまで、諸外国と比較して、フランスのテレワーク普及はほとんど進んでおらず、主に障害のある職員が利用するものであった。2016年の政令[109]によって、週3日を限度にテレワークが本格導入されることになった。テレワークのメリットは、通勤が不要になることによる職員の疲労軽減だけではなく、在宅勤務が進むことで交通渋滞が緩和され、環境及び地球に優しいことであると考えられている。また、地方制度改革により、2016年から州が22から13に統合されたが、行政の合理化のため国の出先機関の統廃合が今後進められる予定であり、通勤距離が長くなる職員への救済策としてテレワークの活用も考えられている。

5　人事評価

　従前は、数値による評点と文章による総合評価によって構成される勤務評定（notation：ノタシオン）が実施されていたが、多年にわたりその形骸化、機能不全について厳しい批判があった[110]。このため、ノタシオンに替えて2002年より新たな評価制度（évaluation：エヴァリュアシオン）が順次導入され、国の官吏については、2012年より個別身分規程で別途定められているコールを除きエヴァリュアシオンに完全移行した。

　エヴァリュアシオンは、目標管理の手法により実施され、年1回、直属の上司が、目標に対する職員の実績、必要な研修、キャリアプラン等について職員と面接することとされている。職員は面接結果に係る上司作成の評価シートの提示を受け、内容を確認の上署名するものとされているが、その際、職員は面接についての所感や人事上の希望等について加筆することも可能である。

　この評価シートの様式は各府省において定めることとされており、文書によるコメントによって総合評価を行う方式が採用されている。試験的導入の

際にはアルファベットによる評語を付していた時期もあるが、現在では取り止められている[111]。このため、評価結果が上位の評語に「上振れる」といった状況は生じていない。評価結果は、給与には活用されていないが、配置や研修に活用されている模様である。

職員は、面接結果に係る報告書の内容に不服がある場合、機関の長にその見直しを請求することができる。また、当該請求に対する機関の長の見解に不服がある場合、労使同数人事管理協議会に当該報告書の見直しを請求することができる。

6 退職管理と年金

(1) 定年と退職管理

一般的な職員 (catégorie sédentaire) に適用される定年年齢 (limite d'âge) は、従前は原則65歳とされていたが、サルコジ政権下で行われた年金改革[112]に伴い、2016年から2022年にかけて段階的に67歳への引き上げが行われている。また、国家警察の警察官、矯正職員等の危険と苦痛を伴う現場業務に従事するコール (un corps de catégorie active) については、従前から定年年齢の特例 (55歳～60歳) が設けられていたが、この特例定年についても同様に2歳引き上げの過程にある。なお、国務院、会計検査院、財務監察院のコールに属する職員、高等教育機関教員については、従前より定年は68歳とされている。

離職後3年以内に民間企業等に再就職する場合（休職等による官吏としての身分を残したままの一時的なものも含む）については、服務委員会の承認が必要とされる[113]。2016年の官公吏一般規定の改正により、服務委員会の権限が明文化され、服務委員会においては、民間企業等において予定する業務内容について、過去3年に占めた官職[114]の信用を失墜させないか、元の所属組織の通常の運営、独立性や中立性を損なうことがないか、中立性等の公務における服務義務に反しないか、利益相反とならないかについて審査を行うこととされた[115]。

フランスの場合、第2節（3）で見たように、高級公務員を中心に、官吏としての身分を残したままで民間企業等に就職することが頻繁に行われており、「pantouflage：（安楽な）スリッパへの履き替え」と呼ばれる。その後公務に復帰するか、民間企業に移るかは個人の選択によって異なるが、多くの公務員は、年金受給後は退職するのが一般的とされる。

なお、従前は57歳以上かつ勤続33年以上等の条件を満たす者について、

年金支給開始年齢又は定年年齢に達するまでの期間、パートタイム勤務が選択できる退職前勤務制度（cessation progressive d'activité：CPA）が設けられており、カテゴリーAの職員を中心に相当数の者に活用されていたが、サルコジ政権下での年金改革に伴い2011年に廃止されている。

(2) 退職年金制度

退職年金権は、1958年の憲法第34条に規定する官吏の基本的保障の一つであるとされ、文武官退職年金法典にその詳細が定められている[116]。

官吏の年金制度は、1851年に軍人年金制度、1853年に武官年金制度として民間に先行して設けられ、1945年、社会保障法の成立により全ての被用者に同法が適用されることとなった後も、官吏等は適用除外とされている。官吏の年金は確定給付型であるが、近年になり確定拠出型の制度も導入されている。退職に伴う一時金制度は、組織再編等に伴う早期希望退職者を対象とするもの（indemnité de départ volontaire dans la fonction publique d'Etat：FPE）を除き設けられていない[117]。また、非官吏については、一般の被用者年金制度が適用されるとともに、その上積みとして、付加年金制度が設けられている。

以下においては、官吏の退職年金制度について解説する。

① 退職年金（pension de retraite）

官吏の退職年金については、勤続15年以上の者に受給資格がある。この年数を満たさない場合には、最初から一般の被用者年金制度の適用を受けていたものとして扱われ、当該官吏の勤続年数分の保険料（本人及び国の分）は一般制度に移管される。

かつて支給開始年齢は60歳とされていたが、年金改革の一環で2011年より段階的な引き上げが行われ、2017年以降は支給開始年齢は62歳とされている（一般の被用者年金制度についても同様の引き上げを実施。なお、定年年齢と同様、危険と苦痛を伴う現場業務に従事するコールについては52～57歳とする特例が設けられている）。支給開始年齢が定年年齢よりも低く設定されていることもあり、定年まで勤務することは稀であるとされている。

また、民間制度より本人の負担率が低い（2010年時点において、公務員制度7.85％、一般制度10.55％）などの点が官優遇との批判があったため、上記改革に合わせ、段階的な負担率の引き上げが行われており、2020年には11.1％となる予定である。

支給額（年額）については、「退職前6ヶ月に適用されていた俸給年額（諸手当を含まず）×在職期間に応じた支給率（75％÷最高支給率が適用される在職四半期数×実際の在職四半期数）」により決定される。最高支給率が適用される在職

期間については、1948年以前生まれの者については40年（160四半期）であったが、段階的な引き上げの途上にあり、1955年生まれの者の場合、最高支給率が適用される在職期間は41年6ヶ月（166四半期）となっている。最終的に1973年以降生まれの者については、43年（172四半期）に引き上げられる予定である。

また、早期退職者については、最高支給率が適用される在職期間に満たない期間（四半期）ごとに1.25％減額（décote）される一方、最高支給率が適用される在職期間を超えて在職した者については、四半期ごとに1.25％増額（surcote）される。支給額については物価スライドする。

なお、一般の被用者年金制度では、被保険者に最も有利な25年間の平均賃金を基礎として支給額を算定するため、退職前6ヶ月の俸給年額を基礎とする官吏の退職年金との間で官民格差が生じているとの指摘がなされている。この点については、2013年に国務院が作成した年金改革に関する報告書において、退職前10年間の俸給年額を算定基礎に改めるよう提言がなされたが、見直されるには至らなかった。

② 公務員補足年金
（Retraite Additionnelle de la Fonction Publique：RAFP）

退職年金の上乗せとして2004年に確定拠出型の公務員補足年金が創設され、2005年1月より運用が開始された[118]。官吏及び国は、退職年金に係る掛金の基礎となっていない諸手当等の年額（ただし、俸給年額の20％を上限）の5％相当額をそれぞれ拠出することとされている。

支給額（月額）については、拠出額をポイントに換算した上で、ポイント総数に1ポイント当たりの単価及び退職年における年齢に応じた係数を乗ずることにより決定される。なお、ポイント総数が一定数に満たない場合には、月々の支給に代えて、一時金として支給する。

7 最近の主な改革と今後の動向

(1) 幹部公務員の任命

フランスでは、政権交代の際に、一斉に中央省庁の総局長、局長を交代させる慣習はなく、徐々に時間をかけて交代させることが多い。例えば、サルコジ大統領と比べると、オランド大統領は就任直後に交代させた幹部公務員の数は少なく、それも政権後半に集中していると言われている。こうした理由から、これまでも、新政権が何らかの新たな政策を実行する際、行政側か

らの抵抗を受けたことがあった。マクロン大統領は、大統領選挙期間中から、「幹部公務員は政権に忠実であるべきだ」と発言し、政権の政策を確実に実行するために、本省の総局長、局長に政権の優先課題に親和性のある人物を任命したいとしてきた。現在大統領は、各省の局長に対して、組織の戦略的な指針をまとめたミッションレターを6ヶ月で作成するよう指示し、政府が取り組もうとしている優先課題とミッションレターの方向性が一致しているかどうかを確認し、局長を交代させるか留任させるかを決めようとしている。

また、マクロン大統領は大臣キャビネの規模を小さくすることで、閣僚に原局（行政機関）とより密接な関係で業務を遂行することを求めている。これも幹部と政権との親和性の確保という方針に沿うものである。

(2) グラン・コールの改革

現在、ENAやポリテクを上位で卒業するとグラン・コールに入れるが、これを見直し、卒業後5年間、いずれかの行政機関で勤務し、そこで能力や適性を実証した上でグラン・コールに入れるかを決めるように制度を改めることが検討されている。なお、これまで歴代の政権下でグラン・コールへのアクセスについて様々な見直しが検討されてきたが、その都度大きな反対にあい、改革は実行されていない。

(3) その他

2018年2月1日に首相及び公務担当大臣が記者発表を行い、マクロン大統領の新たな方針を発表した。公務員数を削減するための自主退職を促す制度の導入、成果主義強化のための業績給の導入、柔軟な人事管理推進のための契約職員の増加が主な柱となっており、組合はこれに反対して同年3月にストを行った。

8 地方公務員制度

(1) 地方公共団体の概要

フランスの地方公共団体には、州（地域圏）（région：複数の県をまとめたもの）、県（département）、市町村（commune）がある。

まず、最小単位である市町村は、2016年現在35,756団体存在し、そのうち人口200人未満の零細コミューンが約1万ある。市町村は、幼児・初等教育施設の整備と維持管理、公共住宅、上下水道、ガス、電気、家庭ゴミその

ほかの廃棄物の収集などを担っている。

次に県は、2016 年現在 96 団体存在する。県は、中学校、公共輸送、港湾設備、福祉サービス、教育文化振興、商工業振興などを所管している。

最後に州は、2016 年現在 13 団体存在する。州は、高等学校、職業教育訓練、公共交通のほか、各種の計画の策定などを担当している。

オランド大統領は大幅な地方制度改革を掲げ、公的支出を削減すること、市民のニーズをより考慮に入れることを目的として、フランスの地方構造を数十年かけて変えることとした。2014 年の法律によりメトロポールという新しい自治体の地位が創設され、2016 年にはフランス本土の州の数が 22 から 13 に削減された。

中央政府によって選ばれる県地方長官は、かつて県の執行機関としての権限や市町村への後見監督権限を有していたが、これらの権限は廃止され、現在は地方自治体の仕事の合法性を監督することとされている。地方自治体の首長は、地方議会において地方議員の中から互選される議長が務める。州地方長官は、州を構成する県の地方長官の 1 人が務める。

このほか、市町村事務組合、市町村社会福祉センターといった「公施設法人」も存在し、地方公務員には、以上の市町村、県、州の職員のほか、公施設法人に勤務する職員も含まれている。

(2) 地方公務員制度

① 概略

地方公務員の人数は、約 188.9 万人(2015 年 12 月 31 日時点)であり、その多くは市町村に所属している(内訳:市町村 102.2 万人、県 30.0 万人、州 8.2 万人、そのほか 48.5 万人)。フランスの地方公務員制度は、基本的に国家公務員制度と共通である。前述のとおり、地方公務員にも官公吏一般規程第 1 部が適用され、同規程第 3 部において、国の官吏に関する制度と同様の内容が盛り込まれている。法律の下位規範として地方公務員制度を規律するのは、基本的に政令(décret)であり、ここにも中央集権の色彩が表れている。

なお、メトロポール創設や州の統合に伴い、国の部局の再編等が行われたが、公務員制度そのものへの影響はほとんどないとされている[119]。

② 地方公務員の分類

地方公務員も国家公務員と同じく、カテゴリー、職員群、グレード、号俸に区分される。ただし、職員群については、国家公務員が「corps(コール)」と呼ばれているのに対し、地方公務員の場合は「cadres d'emplois(カードル・ダンプロワ:職群)」と呼ばれている。地方公務員の職群の代表例としては、

地方上級行政職、地方行政職、地方事務職、地方事務補助職等があるが、国家公務員のコールが約600存在すると言われるのに対し、地方は数十程度となっている。

なお、カテゴリーについては、国と同じく、A、B、Cに分かれており、それぞれの定義も基本的に国と同様であるが、業務の性質上、地方公務員の場合、国に比べ、カテゴリーCが多い。ただし、最近、カテゴリーA、Bが増加する傾向が見られる。

③ 任用

地方公務員の採用も国と同様、試験に基づいて行われることが原則となっている。

昇任については、国と同様、職群内の上位の等級への昇進と上位の職群への昇進という形で行われる。

地方公務員の幹部要員育成機関として、ストラスブールに全国地方行政幹部研修所（Institut national des études territoriales：INET）が設置されている。ENAの地方行政課程では、INETとの合同授業が行われており、育成課程での両校の交流は次第に深まってきている。INETでは、初任研修以外に、既に管理者である者を対象とした研修も行われている。

派遣、離籍出向、休職の仕組みも基本的に国と同様である。ただし、派遣については、地方公務員の場合は職員の申出に基づく場合に限られている。なお、国の場合の高級職に相当するものとして、州及び県の各部局の総局長及び総局長補佐、人口5,000人以上の市町村の事務総長及び事務総長補佐などが自由任用のポストとされている。

④ 労働基本権と勤務条件

労働基本権の状況は国家公務員と同一である。団結権及び争議権を有し、協約締結権は有していないが、合意に至れば議定書への調印は行われている。労使交渉は前述のとおり、国家公務員、医療公務員と合同で行われている。

給与をはじめとする勤務条件の仕組みも基本的に国家公務員と共通である。なお、給与については「国家公務員と同等の職務を遂行する地方公務員は、最大で同等の給与を受ける」旨定められており、国の給与が地方の上限を設定する仕組みとなっている。地方公務員の給与も基本的には政令で定められているが、手当については、一部地方公共団体ごとに支給されるものがある。勤務時間、休暇のほか、服務や懲戒についても国と同様の仕組みとなっている。

なお、職場協議会についても国と同種のシステムが設けられている。

⑤ 退職管理と年金

退職に関する仕組みも基本的に国家公務員と同様である。なお、退職年金

については、「国家公務員と同様の特典を含んでおり、より高度の特典は定めることができない」制度とされ、全国地方公務員退職年金金庫（Caisse nationale de retraite des agents des collectivités locales）によって運営されている。

Column

EU事務局の職員構成

欧州連合（EU）には複数の組織があり、政治レベルの最高協議機関でありEU首脳等から成る欧州理事会、特定分野の立法における欧州理事会との共同決定権やEU予算の承認権等を有する欧州議会、加盟国から1名ずつ選出される委員から成り政策の提案や執行機能を有する欧州委員会等がある。

これらの組織のうち、欧州委員会は、各省庁に相当する各分野のセクションが設置され、法案提出やEU基本条約等に基づく諸規則の適用等を担い、対外的にEUを代表している。本コラムでは欧州委員会の職員構成について紹介する。

1 雇用形態別の職員数（2017年10月時点）

（表1）

正規職員	臨時職員	契約職員	各国派遣	その他	計
21,542人 (66.7%)	869人 (2.7%)	7,162人 (22.2%)	566人 (1.8%)	2,142人 (6.6%)	32,281人 (100%)

欧州委員会事務局の職員数は全体で32,281人であり、雇用形態別の職員数の内訳は表1のとおりとなっている。正規職員が全体の約70％、各国からの派遣職員は全体の約2％を占める状況である。

2 出身国別職員数

（表2）出身国別職員数と全体（32,546人）に占める割合（1,000人以上の国のみ掲載）

①ベルギー	5,229人 (16.1%)	⑥ポーランド	1,426人 (4.4%)
②イタリア	3,891人 (12.0%)	⑦ギリシャ	1,284人 (3.9%)
③フランス	3,192人 (9.8%)	⑧ルーマニア	1,281人 (3.9%)
④スペイン	2,389人 (7.3%)	⑨イギリス	1,046人 (3.2%)
⑤ドイツ	2,175人 (6.7%)		

（2017年1月時点）

(表3）法令立案等職（AD 職）の出身国別職員数と AD 職全体（13,428 人）に占める割合
(500 人以上の国のみ掲載)

①イタリア	1,404 人 (10.5%)	⑥ポーランド	769 人 (5.7%)
②ドイツ	1,370 人 (10.2%)	⑦ルーマニア	595 人 (4.4%)
③フランス	1,333 人 (10.0%)	⑧ギリシャ	548 人 (4.1%)
④ベルギー	1,310 人 (9.8%)	⑨イギリス	541 人 (4.0%)
⑤スペイン	1,053 人 (7.8%)		

(2017年7月時点)

　全体の職員数に占める各国別職員数は表2、AD 職における各国別職員数は表3のとおりとなっている。
　上位国の顔ぶれはいずれも変わりないものの、ドイツにおける AD 職の割合の高さが興味深いところである。
出典：欧州委員会ウェブサイト、日本外務省ウェブサイト

(人事院国際課　神宮司英弘)

1　政治制度の基本については、M.Duverger (1986) , J.-L.Quermonne (1987) などを参照
2　2014年2月14日の法律第 2014-125 号、第 2014-126 号
3　Y.Thomas, Histoire de l'administration, Editions La Decouverte, (1995) , Chap.1.
4　L.Rouban, La fonction publique, Editions La Decouverte, (2004) ,Y.Thomas (1995) .
5　例えば財務監察官は 1847 年、会計検査院は 1854 年など
6　Y.Thomas (1995)
7　クロジエによれば、フランス的官僚制モデルは、特殊な中央集権制 (頂点における権力の集中ではなく、意思決定の権利を持つ者とその決定によって動かされる者との間の、十分な距離ないしスクリーンの設置) と成層化であり、コミュニケーションが断裂されて柔軟性が欠如し、無数の例外に見舞われると分析している。クロジエは、こうした行政行動が、トックビルが観察した 19 世紀に止まらず、アンシャン・レジーム以来普遍の伝統であり、何ら変化していないことを強調している。クロジエ (1981) , pp.97-100.
8　平成 29 年度人事院・日本行政学会共催国際講演会パリ政治学院公共政策大学院院長ヤン・アルガン氏の発言より
9　第2次世界大戦に至るまで官吏に関する一般法は存在せず、一部のコールで、政令や省令によって個別身分規程が定められていただけであった。第4共和制下で、官吏に関する一般法の制定作業が開始され、1946 年 10 月 19 日の法律によって初めて官吏の身分規程が制定された。その後、第5共和制下のド・ゴール大統領による 1959 年 2 月 4 日のオルドナンス (行政命令の一種) による新たな身分規程を経て、1983 年に法律として「官公吏一般規程」第1部が制定された (晴山一穂「フランスにおける公務員の政治活動」『専修ロージャーナル』第5号 (2010 年 1 月))。

10 官公吏の権利と義務に関する 1983 年 7 月 13 日の法律 (loi n°83-634 du 13 juillet 1983 portant droits et obligations des fonctionnaires)
11 国の官吏の身分規程に関する 1984 年 1 月 11 日の法律 (loi n°84-16 du 11 janvier 1984 portant dispositions statutaires relatives à la fonction publique de l'Etat)
12 官公吏一般規程第 2 部第 4 条
13 当初、2016 年までの特別措置であったが、その後 2018 年までに延長された。しかし、あえて契約職員のままでいることを選択する者が一定数おり、特に長期にわたり契約職員として勤務している者にその傾向が見られる。
14 2016 年 12 月 22 日の政令第 2016-1804 号
15 2015 年の例では、公務全体 (国家公務員、地方公務員、医療公務員) で 3,149 件の申請があり、そのうち 70％強が起業活動との兼業に関する申請である。
16 下井康史『公務員制度の法理論―日仏比較公務員法研究』(弘文堂、2017 年)
17 同上
18 例えば、財務監察官群は 1816 年の省令により個別身分規程が定められ、20 世紀には一般身分規程が定められている。
19 「公務の未来に関する白書」(2008) において、フランス公務を近代化するための提言が行われ、コールに基づく人事管理から職務によって 7 つの大きな系統に分けた職員グループ (métier) に基づく人事管理への移行が提言されたが、2018 年 2 月現在、特段検討はされていない模様である。
20 カテゴリーA (大卒程度) のコール 223、カテゴリーB (高卒程度) のコール 91、カテゴリーC (中卒程度) のコール 66
21 削減された 305 のうち 254 はカテゴリーC
22 コールの削減については、政府がコールの正確な数を定期的に公表していないこと、2005 年に設定された削減目標「2018 年のコール数 230」は達成されない見通しであることを問題視し、官吏の流動性の促進のためコールの削減をさらに進める必要があるとの分析もある (フランスのシンクタンク ifrap の調べ (「公務員：なぜコールの数を削減しなければならないか」2014 年))。
23 従前は階層の下位にカテゴリーDが存在したが、カテゴリーCに漸進的に移行することとなり 1995 年に消滅した。
24 2015 年部外試験採用者の学歴内訳は次のとおり。
カテゴリーA：(教育関係以外) 博士 15.7％、高等教育 5 年 63.2％、高等教育 4 年 39.3％
カテゴリーB：博士 0.4％、高等教育 5 年 20.3％、高等教育 4 年 13.6％
カテゴリーC：高等教育 4 年 16.1％、高等教育 2、3 年 31.6％、バカロレア 32.9％
(出典：Les recrutements externes dans la fonction publique de l'Etat et la fonction publique territorial 2015 Ministère de l'action et des comptes publics)
25 官公吏一般規程第 1 部第 5 条、第 5 条の 2
26 導入 1 ヶ月、海外研修 4 ヶ月、地方政府研修 5 ヶ月、企業研修 3 ヶ月、講義等 9 ヶ月、卒業準備 2 ヶ月
27 具体的には、地方の政治学院出身者、技術系グランゼコール出身者、医学部出身者、博士課程の学生や研究者等を想定しており、採用時の多様性確保のため第 4 種試験の実施を検討している ENA とも方向性を同じくしている。
28 軍司泰史『シラクのフランス』(岩波書店、2003 年)
29 山口昌子『大国フランスの不思議』(角川書店、2000 年)
30 ENA 卒業生の大統領としては、マクロン大統領、オランド前大統領、シラク元大統領、ジ

スカール・デスタン元大統領がいる。
31　ENA 出身者で国政レベルの政治家になっている者は、1％にも満たない。政界全体ではENA 出身者の数は多くないが、その多くが閣僚経験を有していることから、国民の目にはENA が政治家育成校であるかのように映るようである。
32　例えば、2017 年の大統領選挙での主要候補者のうち、ENA 出身者はマクロン大統領だけであった。
33　2014 年 11 月 14 日の政令第 2014-1370 号
34　2015 年 5 月 20 日の政令第 2015-566 号
35　行政組織上、大規模な局を総局という。
36　労使同数人事管理協議会（第 4 節 (1) ④参照）の委員のうち、昇進候補者名簿に記載される資格を有する者及び下位のグレードの者を除く職員側委員と、同数の官側委員で構成される。
37　2008 年 1 月 4 日の政令第 2008-15 号
38　フランスでは、「公益」ないしは「公務」の概念が極めて広く解釈され、国会議員や大臣などは公益を担う存在として公務員職務の延長ととらえられている。また、民間企業の中にも「公益」に貢献するものがあると考えられている。このため、官吏としての所属・身分を残したままで民間を含めた様々なポストでの勤務が可能となっている。
39　EU 機関での勤務は、人脈形成に役立つほか、その後のキャリアアップにつながる面もある。また、近年の異動 (mobilité) を促進させようとする人事管理の動きも追い風となっている。しかし、あまり長く EU 機関に勤務すると、戻る場所がなくなるリスクもある。国内官庁の職員は、あくまで本省や出先機関で勤務することが前提になっている（欧州問題事務総局より聴取）。
40　フランス側から給与を支給され続けながら、本務を離れ EU 機関で勤務することになるので、予算に余裕のある省に限定される傾向にある（欧州問題事務総局より聴取）。
41　官公吏一般規程第 1 部第 24 条
42　官公吏一般規程第 2 部第 51 条・第 71 条、1985 年 9 月 16 日の政令第 85-986 号、1986 年 3 月 14 日の政令第 86-442 号
43　1982 年、憲法院が地方議会等におけるクオータ制の導入を図る地方選挙法の改正案を違憲としたが、他の欧州諸国などと比べて女性の政治参画が低調であること等を背景として、女性の政治参画及び職業上の男女平等の促進のためには憲法自体の改革が必要であるとして、二度にわたる憲法改正が行われた。
44　同報告書では、①女性のキャリア形成における障害を特定するための統計データを充実させること、②高級職に占める女性の割合に関する明確かつ拘束力のある目標 (40%) を設定すること、③女性のキャリア形成を促進させる人事管理を実施すること、④ワーク・ライフ・バランス実現のための「時間管理憲章」を行政全体に広げていくこと、⑤職場における男女平等を図るための研修及び広報を実施すること、⑥労働組合との公務における男女平等に関する合意を目指すことが掲げられた。
45　「公務における任官、契約職員の職務実態の改善、差別との闘い等の措置に関する法律 (2012 年)」及び同法に基づく「幹部公務員任用における男女平等に関する政令 (2012 年)」が制定された。
46　2013 年から 2014 年までの間は 30,000 ユーロ、2015 年から 2017 年までの間は 60,000 ユーロ、2018 年以降は 90,000 ユーロ
47　2014 年 8 月 4 日の法律第 2014-873 号
48　それまで目標を達成できなかった行政機関は存在しなかったが、2017 年 12 月時点で司法省と国防省が罰金を支払う見込み (2017 年 12 月 30 日付 Le Monde 紙)。
49　2009 年 5 月 18 日の省令

50 例えば、同じ大学で学士号を取得した応募者が複数いた場合、出身高校が教育優先地区（ZEP）に指定されている者、ひとり親家庭で育った者が優先される。
51 選考する側は、応募者の人種や民族の情報を把握していないが、親の国籍や出生地の分析から、過去に入学が認められた者の半分以上が移民二世・三世であると言われている。
52 少人数制であること、ENA パリ校舎で学べることも魅力の一つとなっている。
53 恵まれない環境に育った者は、文化に接する機会が少ないことが社会学的な調査によって証明されており、同課程の在籍者の大部分が子供時代に美術館や劇場に行く機会に恵まれなかった。具体的には、文化的なコードを身につける目的で、オーケストラの生演奏を聴くだけでなく、指揮者と直接対談する機会を設けて、音楽家という職業に対する理解を深める等のプログラムがある。
54 行政機関訪問では、国務院、外務省、パリ警視庁、国民議会等を訪問し、組織の歴史を学び、職員と面会して業務内容について知識を深めることが期待されている。
55 佐々木毅編『21 世紀デモクラシーの課題』(吉田書店、2015 年) 322 頁
56 同上 323 頁
57 1985 年 7 月 24 日の政令第 85-779 号
58 内閣事務総局より聴取
59 19 世紀の王政期に開始された後、長年にわたってポストの増設・増員が図られてきたが、生成期から現在まで、大臣の側近として一貫して自由任用とされている。
60 2017 年 5 月 18 日の政令第 2017-1063 号
61 以下に記述する政治任用の実態等は現地で実施したインタビューに基づくものである (インタビュー先：行政公務員総局、公務・国家改革・国土整備大臣のキャビネ、経済財政産業省、国立行政学院、国務院、内閣事務総局等)。
62 高級職の給与水準について民間と比較したデータはないが、民間に比べ最低でも 2 ～ 3 割は低いと言われており、これが民間から人材を誘致する上での制約要因と見られている。逆に、官吏からキャビネスタッフを任命すると、給与のための経費が最小限に抑えられることになり、民間から採用する場合よりも多くの人材を確保できる利点があると考えられている。
63 内閣の人事管理機能を強化するという日本の幹部候補者名簿とは導入の趣旨が異なる。
64 アクセスにはパスワードが必要で、アクセス権は任命に関連した部署の約 160 名に限られている (大統領府、首相府、国務院、会計検査院、財務監察院、行政公務員総局、各省の人事当局等)。
65 2016 年 5 月 24 日の政令第 2016-663 号
66 内閣事務総局より聴取
67 2016 年 5 月 24 日の政令第 2016-664 号
68 フランスではわが国の次官に相当するポストはない。
69 官房長は、閣議への出席と議会での大臣答弁を除き、大臣から権限の委任を受けてそれを代行することが可能とされている。
70 キャビネ勤務が重視される理由として、各省横断的な視野での業務遂行となること、大臣や各局との交渉が重要な要素であること、不規則な勤務時間の中で膨大な仕事をすることになるため、高い質・量の業務遂行能力が示せることなどが挙げられる。
71 1983 年 7 月 13 日の法律第 83-634 号
72 2010 年 7 月 5 日の法律第 2010-751 号
73 2008 年 8 月 20 日の法律第 2008-790 号
74 2010 年 7 月 5 日の法律第 2010-751 号
75 官公吏一般規程第 1 部第 20 条、1985 年 10 月 24 日の政令第 85-1148 号

76　1985年10月24日の政令第85-1148号
77　1948年7月10日の政令第48-1108号
78　1948年7月10日の政令第48-1108号
79　1985年10月24日の政令第85-1148号
80　例えば高等行政官（カテゴリーA＋(ENA卒)）の身分規程は、1999年11月16日の政令第99-945号による
81　実態については、現地で行政公務員総局、各省、組合等に実施したインタビューによる
82　1985年10月24日の政令85-1148号、2001年3月12日の行政公務員総局通達
83　1985年10月24日の政令85-1148号
84　2002年1月14日の政令第2002-60号
85　25時間を超えて勤務することは想定されていない（CFDT（フランス民主主義労働連盟）への聴取による）。
86　2002年1月14日の政令第2002-62号
87　2014年5月12日の省令
88　2002年1月14日の政令第2002-63号
89　2008年6月6日の政令第2008-539号
90　2014年5月20日の政令第2014-513号
91　実態については、現地で行政公務員総局、各省、組合等に実施したインタビューによる
92　文部科学省平成24年度委託調査「スポーツ庁の在り方に関する調査研究」WIPジャパン株式会社（2013年3月）
93　2000年8月25日の政令第2000-815号
94　1982年7月20日の政令第82-624号
95　1982年7月20日の政令第82-624号
96　1984年10月26日の政令第84-972号
97　2002年4月29日の政令第2002-634号
98　官公吏一般規程第2部第34条、1986年3月14日の政令第86-442号
99　1995年8月9日の通達FP1864号、2002年1月24日の通達FP2018号
100　1995年8月9日の通達FP1864号
101　官公吏一般規程第2部54条、1985年9月16日の政令第85-986号
102　2016年4月20日の法律第2016-483号
103　官公吏一般規程第1部第25条
104　2013年10月11日の法律第2013-907号（具体的な対象者は第11条に規定）
105　官公吏一般規程第1部第25条の3、第25条の5等。具体的な対象者については、2016年12月28日の政令第2016-1967号及び第2016-1968号により規定
106　2017年1月27日の政令第2017-105号（従前の2007年5月2日の政令第2007-658号は廃止）
107　1984年10月25日の政令84-961号
108　ただし、この申立ては、処分が譴責、戒告、昇進候補者名簿からの削除以外であること、及び懲戒評議会の提案より重いか又は同評議会の多数の賛同を得ていないものであることを条件とする。
109　2016年2月11日の政令第2016-151号
110　0点から20点の間で決定される評点が実態として14点から19点までしか使われておらず、また、一般的に、年功により毎年少しずつ機械的に上昇するよう運用されているなどの批判があった。

111　実態については、現地で行政公務員総局、各省、組合等に実施したインタビューによる
112　2010年11月9日の法律第2010-1330号
113　2017年1月27日の政令第2017-105号
114　従前は離職後5年間とされていたが、2007年4月26日の政令第2007-611号により離職後3年間に改められ、現行の2017年1月27日の政令第2017-105号においても同様となっている。
115　なお、当該ルールは既に職員に周知されており、審査において再就職が不可とされる例はほとんどない模様である（経済財政省より聴取）。
116　1964年12月26日の法律第64-1339号
117　2008年4月17日の政令第2008-368号
118　2004年6月18日の政令第2004-569号
119　CFDT（フランス民主主義労働連盟）より聴取

第6章
各国の比較からの知見

1 制度別にみた各国の状況

❖ 表6−1 各国国家公務員の数・種類

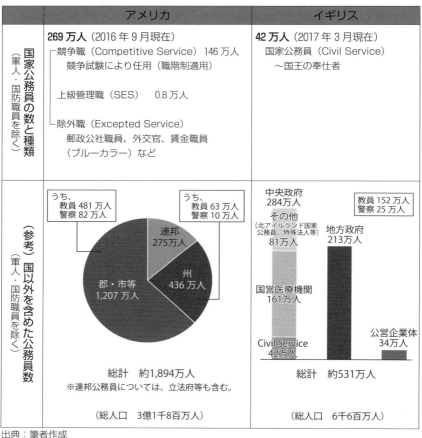

出典：筆者作成

（1）採用

　採用の枠組みを見ると、ドイツ、フランスでは、学歴に基づくラウフバーンやコール別の試験が行われている。強力な入口選抜主義であり、学歴エリートを明確な幹部候補として採用している。高等文官試験の合格者を幹部候補として任用していた戦前の日本もこれに類似していた。採用方法の詳細に多少の変化はあるが基本思想は変わらず、最近も就職先としての公務の人

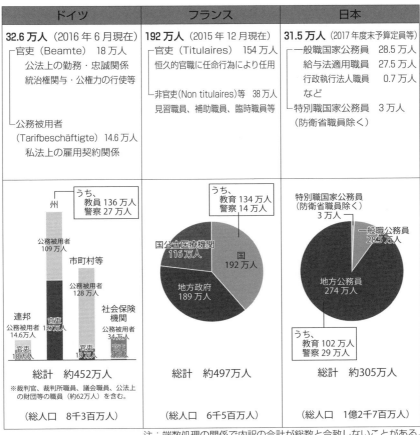

注：端数処理の関係で内訳の合計が総数と合致しないことがある。

気は引き続き高いという。

　イギリスも入口選抜が基本であるが、近年、採用試験における統一試験はファストストリーム試験のみとなり、各府省別の採用試験のほか、ポストごとに公募してリクルートする個別選考採用が一般化している。公募広告には、新聞、ネットなども使われる。また、幹部への民間からの登用も行われている。外部からの中途採用者が公務の中核的存在になるかは今後の運用を見て

いく必要があるが、現時点では就職先としての人気はあるようである。

他方、アメリカは、各段階で外部との人材の出入りがあり得る開放的で流動性の高い仕組みとされてきたが、新卒インターンから転換する形での採用も多く、さらに実態としては同一機関で長期勤務する者が相当数存在する。意外に、公務を職場と決めている集団が各世代に存在しているようである。

ただ、イギリス、アメリカにおいてもファストストリームや大統領研修員など、優秀な学卒者のための政府統一的な採用プログラムが必要とされている。将来の幹部候補となる若年層の公務への誘致はイギリス、アメリカを含む各国共通の課題と言える。

採用に当たっては、現在では各国ともダイバーシティーが重要な考慮要素となっているが、この点は（8）で後述する。

(2) 昇進

採用後の異動・昇進は、各国とも職員が自ら空席に応募するのが基本で、日本のような当局主導の人事異動は少ない。そのためキャリア形成は職員個人主導であるが、組織としても人材の育成・登用のため様々な形で工夫が図られている。

アメリカ、イギリスでは、課長級以上の職員に適用される幹部公務員制度を設けることにより、政府横断的な視野を持った幹部職員の確保を図っている。ただ、早くから上級管理職（SES）制度を導入したアメリカでも、期待されたような省を超えた幹部職員の流動性が低いなど、理想どおりではない面もあるようだ。

ドイツでは、官吏が公務体系の中で就任し得る役職段階及び昇進の範囲は、基本的には、各官吏がどのラウフバーンに属するかで決まっており、各省が、ラウフバーンごとに成績主義に基づき官吏の異動・昇進を実施している。昇進は官吏の適性、能力及び専門的業績を基に決定され、その基礎となるのは人事評価である。

フランスでは、職員分類の基本単位であるコールが官吏制度の基盤となっている。コールにより昇進可能範囲が固定されており、コールの中で様々な官職を経験しながら異動、昇進を展開しキャリアを積み重ねていく。グラン・コールの中には、それぞれシェフ・ド・コールと呼ばれる各コールのトップに当たる職員が存在し、コールに所属する職員の人事に関し影響力を有しているものもある。

ラウフバーンとコールは類似点があるが、後に見るように違いもある。それを決定的な差と見るかどうかは、どれだけ実態を見るか、どれだけ法制面

を基準に見るかによるのではないか。

　現在では、採用と同様、昇進においても、各国ともダイバーシティーが重要な考慮要素となっているが、この点も（8）で述べる。

(3) 育成

　アメリカでは、幹部候補生を対象にSESに必要な資格要件を認定するための研修として、SES候補者育成プログラムが行われている。また、近時、SESの能力向上のための各種プログラムが導入されるなど、広く職員の人材育成面の強化が図られているのが注目される。

　イギリスでは、高度潜在能力課程など部内の有望な職員を見出し支援する枠組みが整備されているほか、専門グループ（Profession）を通じた専門性強化が行われている。

　ドイツでは、ラウフバーンにより職員の専門性が担保されているが[1]、加えて、連邦行政アカデミーにおける管理職員・幹部職員の研修では、専門知識等に加えて、変化に積極的に対応することや変化を促進するようなマネジメントの方法等を修得させるとともに、コミュニケーション能力及び社会的能力の強化を図っている。

　フランスでは、本来のコールに属しつつ様々な形で別の省や民間などでも勤務する道が広く開かれており、多様な勤務経験を積むことを通じて人材の育成を図ろうとしている。

(4) 政と官

　アメリカは、政権交代ごとに公務外から入ってくる政治任用者が各省のトップを占め、短期的に入れ替わるこれらの者を職業公務員が補佐する独特の制度である。外から厳しい批判もあるが、今日まで継続しており、強固に根付いていると言えよう。

　「公務員試験」でその能力のゆえに、公職に就いているという意味で、イギリスは、伝統的には政治による公務員人事への介入は抑制されてきたが、近年、メリット・システムの下で任用される職業公務員である事務次官の選考について、首相の関与の強化がある。1990年代以降、公務外からの政治任用者である特別顧問の利用増加や役割の変化、大臣補佐組織の設置と廃止など、政治と行政の役割と協力の関係がどうあるべきかについて模索が続いているようにも見える。

　他方、職業公務員の伝統を持つドイツ・フランスでは各省の上級幹部は政治的に任用されるが、その人材供給源はあくまで職業公務員であることに注

意すべきである。ただし、フランスでも、マクロン政権の下で、高級職任命に当たり政権の優先課題との親和性を確保するよう取り組んでいるとのことである。変化は、これから生じるものと思われる。

(5) 労働基本権と給与その他勤務条件

　給与制度については、各国とも職務の種類や官職の上下と給与とを連関させる仕組みとなっているが、その程度は国により異なる。

　アメリカでは、官職分類に基づき、職務の困難・責任の度に応じて官職が各級に格付けされる。SESはその例外である。

　イギリスでは、職務に応じて給与の等級が設定されている。

　ドイツでは、職員の給与等級への格付けは、保有する身分法上の官職によって決まる仕組みになっており、具体的な職務を大括りにして身分法上の官職に対応させている。

　フランスでは、基本的に各コールにおけるグレードに応じて俸給が決定される。

　各国とも、程度の差はあるものの給与と官職の間には関連がある。また、長期雇用と年功的な要素が組み合わされている。

　労働基本権の状況としては、給与等の中核的勤務条件について協約締結権があるのはイギリス及びドイツ（公務被用者（Tarifbeschäftigte）のみ）、争議権を認めるのがイギリス、ドイツ（公務被用者のみ）及びフランスである。

　イギリスでは、上級公務員（SCS）については協約締結権は実際には行使されておらず、また、一般職員については、俸給表をはじめ給与・勤務条件制度が各省別に交渉により設定され、現在では統一的な制度が存在しない状態になっている。

　給与改定手続きは各国により異なるが、改定状況を見ると、リーマンショック以降の世界的経済危機の間も含め、諸外国ではマイナス改定はなく、アメリカやイギリス、フランスで改定凍結が行われたに留まる。これと比べると、人事院勧告に基づき連年のようにマイナス改定が行われた日本の状況は特異である。日本では、法律に基づき人事院による民間給与調査と勧告が行われ、政府及び国会もこれを尊重している。給与水準の高低は一概に論ずることは難しく、立場により評価も分かれるであろうが、公務外の人材の出入りを想定するアメリカやイギリスでは、幹部や専門家を確保する上で競争力不足との指摘もあるようだ。法律体系の中で他国と比べてみても日本は給与水準の官民均衡が取れているのである。

　その他の勤務条件については、ワーク・ライフ・バランス等の観点が重要

になってきているが、この点はダイバーシティーの問題と併せて後述する。

　人件費管理については、各国において行われているが、日本のような人頭数による厳格な定員管理を行っている国はない。勤務形態に応じた勤務時間数に基づき業務量を管理するなど柔軟な対応が行われている。大きな環境変化がある時代に硬い定員ルールには問題があるとの指摘もある[2]。

(6) 人事評価

　人事評価は各国で導入されており、現代では公務員制度の基本的要素の一つとなったと見ることができよう。しかし、活用も含めた実態を見ると、限られたデータ・情報による評価に基づき短期業績で差を付ける人事管理は必ずしも徹底されていないようである。

　アメリカでは、1970年代にいち早く目標管理型人事評価を導入した。一般職員については人事評価で「良好」以上と評価された者が定期昇給やキャリア昇任の対象とされ、SESについても毎年の給与は人事評価によって決定されることとなった。また、人事評価の結果に基づく業績報奨の制度があり、人事評価の結果を給与等に活用する制度となっている。ただし、実際には大多数の者が高い評価を受けており、人事評価による処遇差は少ない。

　イギリスは、最近、人事評価に分布率を定め相対評価としたが、必ずしもうまくいっていないようだ。SCSは評価結果と給与が直ちにリンクする仕組みになっているものの、一般職員に関して見ると評価結果を給与に活用するかどうかは各省の判断に委ねられており、適用方法は省庁により様々である。多くの省庁が評価結果をボーナスに反映していると見られており、中には昇給に反映させている例もあるという。しかし、従来マイノリティーの評価が悪く出る傾向があったため、ダイバーシティー推進上の懸念から昇進には評価を用いていない例も多い。

　ドイツにおいては、人事評価の成績区分の割合に基準値を設けて「上振れ」のないようにするなどの目的で、人事評価制度の見直しが行われている。人事評価の結果は、主として、任用面で活用されている。他方で、給与制度において年齢による昇給から経験年数に応じた昇給への見直しや業績給の拡大が行われているものの、評価結果を給与にリンクさせる仕組みとはなっていない。評価期間が3年以内という中期に設定されていることも、このことと関係しているのではないか。また、昇進時期等を考慮して「逆算」的な評価を付す実態もあるという。

　フランスにおいては、従前の勤務評定制度では定量的評価（評点）が一部取り入れられていたが、目標管理の手法による新たな人事評価の下では定性

的評価（文章）のみ行われている。人事評価結果は、昇進や配置を決定する際の参考資料として活用されている。また、一時的に人事評価結果を給与に反映させる動きが見られたが、現在では行われていない。

(7) 退職管理と年金

少子高齢化に伴い、公務員制度上も対応が求められているという事情は、各国共通である。以前から定年がないアメリカに加え、イギリスも2010年に定年を廃止しており、これらの国では年金受給資格を得た段階（おおむね60歳台）で退職するのが一般的である。ドイツ、フランスはもともと65歳であった定年を、67歳へと引き上げている。年金支給開始年齢についても、これと連動して引き上げが行われている。

年金・恩給制度については、各国とも社会の高齢化への対応や官民の制度の共通性向上などの観点で改正が行われ、かつて有利さを持っていた公務員の年金は、以前に比べると不利な方向に見直されている。しかし、それでも、所得代替率は最終所得の6割程度以上となっており、依然日本よりも相当高い。

このように、諸外国では、退職と年金支給は連動しており、年金の水準も恵まれているため、再就職しなければ退職後の生活に困るということはなく、日本でしばしば指摘されるような官による再就職あっせんや定年後の再任用者の家計不安といった問題は生じていない[3]。なお、自発的に再就職して第二の人生を送る者は各国ともいるが、公務への信頼を維持するために各国とも一定の制限を置いている。公務員退職者の生活はその国の制度を見る場合に注意すべき点である。

(8) ダイバーシティーと働き方改革

現代の公務においてはダイバーシティーの観点がより重視されるようになり、各国とも取り組みを進めている。ダイバーシティーの内容は様々であり、対象とする属性に国柄の違いも見て取れる。まず、女性は各国共通で取組対象と

❖ 表6-2　各国の年金・恩給の給付水準（局長級で退職した場合）

	アメリカ	イギリス	ドイツ	フランス	日本
金額（年額）	$123,114	£81,699	€91,036	€42,916	－
邦貨換算[4]	1,209万円	1,142万円	1,150万円	528万円	529万円
所得代替率	71.5%	62.1%	67.5%	59.1%	30.0%

出典：筆者作成
注：退職一時金も年金換算して金額に含めている。

なったが、イギリスなどでは既に施策対象を脱しつつある。人種的マイノリティーは、多民族国家のアメリカでは古くから焦点となっており、イギリスでも近年取り組みの対象となっている。また、伝統的に幹部公務員がエリートであったヨーロッパ諸国において、戦後一貫して社会経済的出自（出身地、所得など）の観点でのダイバーシティー向上が図られていることも興味深い。このほか、障害者、退役軍人などをダイバーシティー施策の射程に含める国もある。

4ヶ国の女性の在職状況を概観すると、各国とも全体の4～5割、管理職でも3分の1から4割を女性が占める。もちろんダイバーシティーの測定指標は他にもあろうが、女性の登用状況について言えば、女性管理職が5％に満たない日本とは桁が違うのが現実である[5]。

多様な人材の活躍を可能とする上で、各国とも一層のワーク・ライフ・バランスの確保や働き方の柔軟化・多様化が重要性を増しているようだ。「柔軟な勤務時間設定」や「休暇・休業制度」の整備のほか、技術の進展に伴う「テレワーク」などの新しい働き方についても、各国課題を抱えつつも対応が進められている。

(9) 地方公務員制度

統一的な「地方公務員制度」は必ずしも全ての国で存在するものではない。アメリカは州により多様であり、類型化はできるものの、必ずしも制度としての共通項が見られるわけではない。イギリスは民間と同じ労働法令が適用され、統一された地方公務員制度は存在していない。ドイツは官吏については連邦・州・市町村とも共通制度の下に置かれるのが基本である。フランスは国と類似するが別建ての地方公務員制度を中央レベルで法律が定めている。

ドイツにおいては、最近の改正で、従前、連邦と州で共通制度となっていたラウフバーンや給与について、各州が独自に設定できるようになった。これにより、州ごとにラウフバーン資格が簡略化されたり、同一レベル官職の給与水準に差が生じたりしている。連邦・州間での官吏の流動性や人材確保などへの影響が注目されるところである。

中央・地方が相互に連動するということが観察され始めている。今後の検討課題である。

2　各国との比較からみた日本の特徴

政治的ポピュリズムや経済的グローバリズムについては、各国において共

通して見られるものであり、各国とも同様の政治的・経済的環境に直面していたと考えられる。しかしながら、第1節のとおり、公務員制度改革の在り方に、国により、また制度により、バリエーションが生じていることがわかる。

他方、公務員制度には、採用、昇進、給与などの細分化された個々の制度の部分（パーツ）と、それらの全体的な相互依存関係としての一種の体系性がある。そして、この体系性の在り方についても、国ごとに違いが見られる。

そこで、各国の改革において、公務員制度のどの部分がどのように変化したのか、あるいはしなかったのかの整理を踏まえ、各国の公務員制度における諸要素の相互の関係に着目しながら、改革の動きが大きかった採用・昇進、給与、人事評価の各制度改革の関連性を検討する。最後にそれらを踏まえて、日本の改革の特徴を見ていくこととする。

(1) 採用・昇進制度

① 各国における制度の体系性と諸部分との関係

採用・昇進制度の体系性をパターン化したものとして、A「開放型任用制」と呼ばれるものがある。これは、ピラミッドの上から下までの各レベルで、採用資格を定めた上で公募を行い、適任者を公務員として採用し、その活用を図る類型が典型である。第二に、B「職業公務員集団の存在を前提とし、資格試験の合格者を使用する任用の型」がある。従来、Aはアメリカ型、Bは大陸型と言われてきた。かねてB型に近いと認識されていたイギリスについては、最近の変化は大きい。この30年間を見ると、アメリカでもSES制度を導入したり人材の計画的採用を図ろうとしている。AとBが反対の極にあるとする見方に修正が必要かもしれない。また、この類型化はよいとしても、「開放型」「閉鎖型」という呼び名は誤解を招くものがある。むしろ、20年前と現在を比較するならば、AもBも一方で政治化が進んでいる中で、「恒久性」を守ろうとする共通の動きが注目されるのである。特に、アメリカにおいて恒久性を求める改正が行われていることに注目したいのである。

また、B型を正統付けている資格任用試験は、アメリカでは個別ポストに求められる能力の検証という意味合いが強いが、他国では一般的な公務員としての適格性の判定という意味もある。公務員は、公務の忠実な執行者であることによって、中立的であり、そのことを確保することは大事なことである。各国は、公務員集団に規律を課し、他方で身分保障をしているのである。

ア　アメリカ

アメリカについては、内外公募を通じた開放型任用制を採用しているとさ

れてきた。現在に至るまで、官職への就任を希望する者は空席ポストの公告に応募し、競争の結果その官職を得ることによって採用・昇進するという原則は変わっておらず、制度的には「開放型」である。

では、あらゆる官職が主として外部からの公募によりその都度補充され、職業公務員の流動性が全体として高くなっていると言えるのか。この点については、やや予想に反して、エントリーレベルを除けばそうではなく、職業公務員の在職期間は比較的長く、人事異動は空席への応募が原則とはいえ勤務成績に応じた内部昇進も多く、同一省庁での長期在職、内部昇進が一般的でさえある。

幹部要員については、若年層の流動性が高い。2年間の実務や講義の研修が行われる大統領研修員プログラムなど若者向けプログラムが提供されているのは、幹部要員を確保し、その定着性を高めるためとされている。人材確保上の誘因として、大統領研修員プログラムによる採用者はプログラムの期間中は早期に上位の官職に昇進できるようになっており、多くの研修員は引き続き正規職員に任用されている。

また、政府が統一的に上級職員のマネジメントを行えるようにするため、部課長級公務員に上級管理職（SES）制度が導入されている。これは、上級職員に幅広い視野を持たせ、柔軟な人事異動を促すことを目的としているが、長期間公務に従事し内部で昇進した上級職員をさらに育成・活用するために、職務中心のシステムから個人の資格要件を重視する職能主義的なシステムに改めたものと見ることができる。

イ　イギリス

イギリスのファストストリームは幹部候補生を採用・育成する仕組みであり、行政官としての一般的な能力と専門性の検証を重視した採用試験と採用後数年の配置・研修とで構成されている。特定のファストストリームの試験区分からの採用者は、4年間、多岐にわたるポストを経験するが、本人の選択ではなく、空席ポストの状況や本人の適性に基づいて配属が決定されている。ファストストリーム試験による採用者は将来の幹部要員とみなされており、入口選抜の機能を有していることは明らかである。しかしながら、プログラム終了後は、ファストストリーム試験採用者以外の職員と同様に空席公募に応募して異動していくことになることから、その機能は限定的である。

そうした中で、管理職の外部公募の拡大と民間部門からの登用が進んでいる。空席が発生すると補充方法（外部公募、部内公募、又は同レベルのポストからの異動）が決定されるが、ポストの性質上公務外から合格者を見出すことのできる可能性が低い場合を除いて外部公募をすることとなっている。部長級

以上のポストでは、ほとんどが外部公募を経て行われるようになっている。したがって、政策立案に関わる業務であれば内部登用が多いものの、専門知識を要する業務であれば民間出身者登用が多くなっていると言われ、その分、以前に比べ職業公務員が幹部公務員に昇進できるルートは狭くなりつつある。

　こうした背景もあって、人材育成においては、能力開発における専門グループの長の役割強化、契約やデジタル分野の専門性向上、職務機能別モデルの導入、公務員コンピテンシー・フレームワークと公務員ラーニングの活用による専門性の強化といった方針の下、研修の充実が図られている。また、優秀な職員を見出し幹部要員として選抜するため、職員のポテンシャル（潜在能力）を直接的に測定する手法である"9ボックス評価"（第3章第2節（3）図3-2参照）が導入された。公務員の将来性についての3段階の評価（高成長、中成長、不十分）と業績の3段階評価を組み合わせてできている。

　各省や各エージェンシーの課長級ポスト以上に在職する上級職員については、行政をめぐる変化に対応し、さらに、より戦略的な行政運営、政府横断的な視野が必要とされるようになって、上級公務員（SCS）というグループが設けられ、人事管理についての各省共通の枠組みが設定されている。

ウ　ドイツ及びフランス

　ドイツ及びフランスについては、学歴や職種に基づき、ラウフバーンという官職の集団や、コールという職員分類が設けられており、ラウフバーンの身分法上の官職に任命されたり、コールに所属したりした上で、具体的な職務に就けられるという、戦前の日本でも採られていたいわゆる「任官・補職」（まず公務員としての身分を付与し、その後に具体的な職務を割り当てるという考え方）的な採用・昇任制度が採られている。ドイツ、フランスでは、任官に伴って属するラウフバーンやコールという枠組みの自律性が高いことが特徴になっている。

　すなわち、高級職ラウフバーンやグラン・コールは幹部公務員に連なる専門的な職業公務員集団についての包括的な制度である。公務の入口段階での優秀な人材の採用、優秀公務員の育成、評価・選抜をこれらの枠組みの中で行うとされているのである。このような手続き内で然るべき処遇を与え、一定の昇進の後に政治的任用の幹部公務員のレベルに昇進させる仕組みである。

　ドイツにおいては、連邦各省の事務次官、局長ポストは公募の例外とされているが、これらのポストに就く者にも高級職ラウフバーンの要件を充足する能力・実績が求められており、要件を充足する官吏の中から次官等の意見を聞いて大臣が適任者を選ぶこととなっている。同時に、外から採用される民間人の場合にも同レベルの能力・実績を証明させることになっている。行

政の専門性、組織管理や関係者調整の能力などの面から、これら政治的任用ポストである幹部職も、実際には、職業公務員が多くを占めている。

フランスでも、高級職への任用については、制度上は職業公務員以外からの任命も可能であるが、実際上は高級職に就く者の7～8割程度はENAやポリテク出身のエリート職業公務員だと言われている。

このように、高級職ラウフバーンやグラン・コールという枠組みの中で、幹部公務員要員の確保、育成、選抜、登用が行われるという資格重視の任用制は、大陸型国家では変化していない。また、公益を体現する公務員が担うべきとされる一定の分野・領域があるとの考え方に基づき、公務員制度が作られている。ドイツ、フランスでは、Bの大陸型のパターンは引き続き機能しているのである。

なお、ドイツのラウフバーンは、「身分法上の」官職の集まりである。新人は、身分法上の官職に就くこと（任官）によって、当該人物はラウフバーンにも「所属」し、具体的な職務に配置される（補職）。採用後の異動は、当該人物の空席への応募と選考を経て行われる。任官や補職を決定するのは各省であるが、その際にラウフバーンにおける資格や経験が要件とされることから、結果的に幹部公務員は高級職ラウフバーンに所属する職員が就いている。

フランスのコールは「職員」の集まりである。新人はまずコールに入る（任官）。採用試験はコール（身分）に入るための試験であり、任官はコールが自ら決める。入ってきた新人をどの具体的職務に就けるか（補職）のステップでもコールが影響力を有している。

このように、公務員制度をやや厳密に見る場合、コールとラウフバーンの違いを感じる。

② 制度体系性の類型

以上の議論をまとめると、B型のドイツ、フランスについては、採用・昇任制度のパターンは変化していない。従前、B型に近いとされてきたイギリスについては、幹部公務員の要員確保のための仕組みは依然として機能しているように見える。しかし、イギリスをどう見るかは難しい。幹部公務員に係る採用・任用制度や運用が変化し、公務外からの任用が増えているからである。しかし、専門グループを通じた能力開発、9ボックス評価や高度潜在能力課程による優秀者の発掘・育成など、職業公務員の恒久性を強化する改革も行われているのである。A型のアメリカは採用・昇任制度自体は変化していないものの、政治任用者である最上級の職を除き、1970年代末にSES制度など幹部公務員の要員確保のための仕組みを設け、その活用に努

❖ 図6-1　ラウフバーン内の運用のイメージ

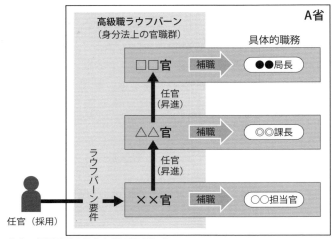

出典：役田平氏の協力を得て筆者作成

❖ 図6-2　コール内の運用のイメージ

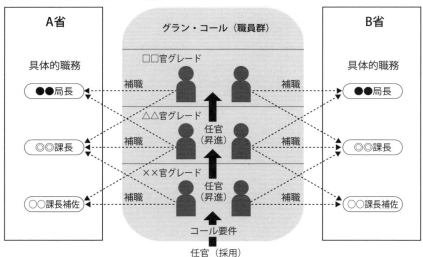

出典：役田平氏の協力を得て筆者作成

めている。また、大統領研修員制度など、公務へのインセンティブを与えることも行われた。

このように、幹部公務員の要員の確保・育成に特別な仕組みを設けている点や、幹部公務員の任用を中心として職業公務員の能力を重視している点は、各国に共通して見られるものである。従前、各段階において外部公募による採用を行う制度か否かに着目して、「開放型」「閉鎖型」という任用制度の分類が行われてきた。しかし、運用実態も含めて見れば、さらに、採用や昇進だけではなく、身分保障や年金といった周辺的な仕組みも含めて見れば、各国とも程度の差はあれ、ある意味で"閉鎖的"に組織の中核となる職員を早い段階で確保し、長期的に育成することを求めているのである。A型のアメリカや近年の動きの大きいイギリスにおいても、制度やその運用実態を細かく見れば、こうした要請があることは明らかである。これらの国でも、大統領研修員やファストストリームなどの幹部要員採用制度が設けられ、部内職員の能力育成の取り組みが組織的に行われている。核となる幹部公務員については、SES、SCSといった特別な制度を用意し、その候補者向けの研修も整備して、政府横断的に高い能力を備えた人材の登用・活用を図っている。在職実態からしても、多くの者は長期勤続しており、幹部も多くは部内昇進者である。

各国の公務員人事管理について見られるこうした性格について、「閉鎖性」と呼ぶよりも、むしろ「恒久的公務員制」が求められていると見てみたい。これが各国共通的に見られるのは自然なことである。というのは、行政運営に必要な専門実務家を安定的に確保するというニーズはどの国においても共通だからである。いずれの国においても、行政の中核領域においては、政策の企画立案、中長期的な研究、諸施策との整合性の確保、関係方面との調整、法律の執行などが行われており、これらの専門実務的な知識や経験は、「恒久的」な公務員集団の力によって初めて得られるものなのである。また、行政の専門性を確保するためには、公務員の人事管理が専門性、すなわち、能力や実績に基づき、中立・公正に行われる必要がある。この点、各国においては、実務に責任を有する本省課長級の人事管理は、各職員の専門能力を把握・評価できる各省の人事当局により行われている。

(2) 給与制度と人事評価制度

① 各国の公務員処遇のパターンと改革の影響

給与を支給する際に着目する主な要素としては能力、職務、成果があり、それらをどのように組み合わせるかにより、給与制度のパターンが生じる。

一般的には、職務を重視した給与制度（職務給）は、外部労働市場の存在を前提としており、外部採用を基本とするA型任用制に親和的であるとされている。他方、終身雇用を前提とするB型任用制の場合には、多くのポストが部内昇進により補充されることから、いわゆる日本型人事管理に見られるように、能力を重視した給与制度（職能給）と親和的であるとされている[6]。

　各国の給与制度を見てみると、イギリスは職務給と呼ぶことができる。これに対して、アメリカは職務給の建前を採っているが、長期勤続者はGSの上位等級まで昇格することも多く職能給的な運用部分を持つ。ドイツやフランスでは、給与はラウフバーンやコールにおける位置付けに基づくもの（身分給）となっており、両国ともその基本構造は変わっていない。このことは、ドイツ、フランスのような恒久的官僚制では、属人的ないし職能給的な性格が強いことを示している。

　他方、人事評価制度や評価結果の給与への反映などの業績管理に関する制度改正の動きを見ると、アメリカ、イギリスにおいては、人事評価の精緻化・体系化が行われ、評価結果を昇給や一時金に反映する仕組みが導入されており、特にイギリスでは、業績管理を強化する制度改正が行われているが、運用実態は、分からないところも多い。

② **昇進によるインセンティブと給与によるインセンティブ**

　幹部公務員に優秀な人材を確保し、部内で育成した上で能力を発揮させるためには、公務部内における能力の開発や公務上の成果に対して個々の公務員にインセンティブを付与することが必要であると考えられる。

　仕事におけるインセンティブについて論じた研究として、ハーズバーグの「動機づけ―衛生理論」が面白い[7]。従業員の満足に影響する要因には２種類あり、一つは、満足度を高め、仕事への動機づけを高める動機づけ要因（仕事そのもの、承認、達成、昇進など）であり、もう一つは仕事における不満を回避・防止する衛生要因（労働条件、給与、人間関係、会社の政策と経営、雇用の安定など）であるとした。ここでは、その理論の適否には言及しないが、少なくとも、仕事や昇進によるインセンティブと労働条件や給与によるインセンティブを区別する根拠とはなるだろう。

　そこで、各国の公務員制度におけるインセンティブの在り方について見てみよう。

　ドイツ、フランスでは、ラウフバーンやコールを基盤とする「任官・補職」的な採用・昇任制度が採られている。ラウフバーンやコールごとに昇進可能な範囲や昇進に必要な要件も規定されているのである。コールとラウフ

バーンには違いもあるものの、両者はインセンティブ供与の方法に極めて共通性が高く、これまで能力開発や昇進の道筋として有効に機能してきた。公務員個人がそのインセンティブ構造の中で自己研鑽しポストを選んでいくことを通じて、幹部公務員要員が育成され、選抜されていくので、終身雇用に似た保障になっている。実際、幹部公務員の大部分は高級職ラウフバーンやグラン・コールの出身者によって占められているのである。このことから、高級職ラウフバーンやグラン・コールは、個々の幹部公務員志望者の矜持の源泉となり、さらに、その潜在能力を職務に必要な能力の開発や公務上の成果に向けることへのインセンティブを付与するものとして機能しているのである。日本でかつての"キャリア組"の職員の育成・昇進のルールが仮にあったとすれば、それが制度化されている印象である。

　これに対し、幹部公務員に連なる職業公務員集団についての包括的な制度を持たないアメリカやイギリスにおいては、幹部公務員への登用を想定して採用と育成を行う仕組みが整備されているものの、公募制の下で個々人が自発的なキャリア形成を行うことを原則とするため、能力の開発や発揮についての明確なガイドラインや昇進可能性の保障がない。そこでは、公務員が公務部内に留まり、継続的に能力開発を行ったり、公務上の成果を目指して努力したりするインセンティブが不足していると言える。それを補うために最近の諸改革が実施されたのではないかとの仮説が考えられる。

　まず、これらの国では、公募制の下、異動が自己責任に委ねられているが、人事評価の導入は、能力開発や昇進の方向性について組織や上司から助言・指導を行うということになるのではないか。また、この評価情報は、各人のキャリア形成の指針を提供する役割を持つことになる。上司から見れば、評価情報で各人を把握しながら部下に指針を示すことができる。アメリカでは、個人の能力や業績を直接的に評価し、その結果を本人にフィードバックする方向で人事評価制度の改善が進められてきたように思われる。

　ただし、公募制の下では、計画的な人事配置によって昇任によるインセンティブを直接的に付与するのは困難である。そのため、これを補完するものとして、給与によるインセンティブを付与し、業績を給与により反映させる改正が行われたと見てよいのではないだろうか。NPMにおいては、業績にリンクした資源の割当てと報酬が与えられるとされ、中でも短期業績給が重視されている[8]。この点、NPMの動きが顕著なアメリカやイギリスにおいては、業績給導入の試みがなされたり、実際に導入されたりしている。しかし、これがNPMの影響によるものと言えるかは、依然明確でない。

　アメリカのSES制度は、公務員に必要とされる能力を明らかにした上で、

資格審査の導入と研修プログラムの充実を伴っていて、一般職員よりも業績を給与に強く反映する仕組みと言うことができる。昇任によるインセンティブと給与によるインセンティブの相乗効果を狙ったと言えよう。幹部公務員制度の機能がアメリカではどう認識されているか、さらに調査を進めたいところである。

アメリカ、イギリスでは給与を手段にしてインセンティブを引き出そうとしている一方で、ドイツとフランスでは、入口選抜に基づく職業公務員集団を通じた昇進によるインセンティブが強く作用している。

Column

韓国の高位公務員団の導入とその後

1 導入の経緯と導入後に行われた改善

大韓民国（以下、韓国）の高位公務員制度は、開放性と競争を拡大し職務と成果中心の体制を強化することによる政府の競争力向上を目標とするものであり、2006年7月に導入された。中央政府一般職員約16万人のうち、局長級以上の約1,500人が対象となっている。

具体的には、民間人と現職公務員の競争を通じた最適格者の採用、各省庁公務員間の競争を通じた適任者の配置を基本概念としている。力量評価（昇進試験）を通じ能力・資質が検証できる場合に限り、高位公務員に任用することが可能とされている。また、「職務成果給制」が導入され、年功序列ではなく、職務の困難度・責任の重さにより職務等級を設定し、職務等級と成果により報酬に差を付けることとなっている。

高位公務員団となるまでの過程はおおむね以下のイメージである。

```
各省による候補者教育課程への推薦
         ↓
高位公務員候補者教育課程（サイバー研修2週＋集合研修5日）
→思考能力、業務能力、関係能力について学ぶ
         ↓
各省による力量評価への推薦（候補者教育課程修了者の中から、各省が任意に選抜）
         ↓
```

力量評価（実施期間：7時間）
→思考能力、業務能力、関係能力の授業。ロールプレイ、インバスケット、ディスカッションも行う。約18％が不合格となる。2回不合格の場合半年、3回不合格の場合1年受験できない

力量試験合格者は高位公務員団候補者名簿に掲載。官職への任用は各省が選抜する場合（自府省内異動）と個人で応募（公募）する場合とがある。自府省内異動が約65％、公務員のみ対象の公募が約15％、民間人対象の公募が約20％

　高位公務員団制度の導入は、公務に活力を与え、能力・成果主義の公務文化の形成に寄与したと評価されている一方で、形式的な制度運営に陥っていることも指摘されたため、厳正な成果評価と適格審査要件厳格化が行われることとなった。

2　最近の状況（2013年以降）
(1) 民間からの採用促進
　開放型採用システムを導入しているにもかかわらず、民間セクターからの採用はわずか20％に過ぎず、名目だけの開放システムとの批判を招いている。この状況を受け、2014年7月に民間出身者のみから成る中央選考評価委員会（Central Selection Evaluation Committee）を創設し、全ての外部公募ポストを選定するとともに、それに適した候補者を各省に対し推薦する権限を持たせた。さらに、2015年7月には民間人のみが応募できる56ポストを指定する取り組みも開始された。

(2) 能力・成果主義の人事管理の強化
　高位公務員団制度導入後も、権威主義・年功主義に基づく古い慣習が続いているため、より公平な業績評価に基づく信賞必罰を徹底しようとしている。例えば、業績によって支払われるボーナスの割合を年収の7％分から15％分に拡大（2020年）、業績不振者は必ず最低ランクの評価とする、といったインセンティブを高める取り組みが開始された。

（人事院国際課　神宮司英弘）

(3) 日本の特徴

① キャリアシステムと職能給
　(1) においては、4ヶ国とも採用・昇任制度がある程度入口選抜的に運用されている共通性があることを見た。また、それは閉鎖性というよりも恒久性の確保という方針を含んでいるということもわかった。職業公務員という

土台が据えられ、その点は不変であることも確認した。

(2) においては、適切な公務担当者を得るという目的のために、国ごとに異なるインセンティブ付与のパターンがあることを示した。そこで、これらの点を踏まえつつ、日本の公務員制度改革の特徴について検討を加える。

戦後の日本の採用・昇任制度は、直接の公務員法制だけを論じるならば、アメリカ型の職階制・開放型任用制をモデルとして採用した。しかし、実態として見れば、沿革的にドイツ・フランス型の職業公務員集団に連なる「官吏」の存在を前提として、大臣の任命権、成績主義による任用、強い身分（官職）保障という制度的な枠組みの中で、採用された省庁や試験区分に基づく「職業公務員集団」が戦後も維持され、省庁ごとに採用試験を基準に幹部候補者が育成されるキャリアシステムであった。

また、給与制度も職階制に対応した職務給の導入が意図されたが、職階制に基づく官職分類が実施されない中で、職務の複雑・困難・責任の度だけではなく、勤続期間や職員の生計の事情なども考慮するとされ、官職を役職段階に応じて格付けする仕組みの下、職能給的な運用が行われてきた。

キャリアシステムと職能給的処遇の枠組みの組み合わせによって、国家公務員の上級職試験やⅠ種試験などの「試験の種類」と法律や経済などの「試験区分」を基準として、同期採用者を一定の段階まで早期に同時に昇進させるとともに給与にも大きな差を付けない「庇護異動」的な昇進管理が行われてきた[9]。他方、人事グループ内では長期かつ多人数による人物の観察とその情報が蓄積され、いわゆる「評判」という形での人物評価が共有されていた。また、従前、「評判」の測定においては、政策形成過程を共にした複数の国会議員の人物評も影響を与えていたと言うべきであろう。理論的には、多様な情報の均衡が昇進を決めていくシステムであるということになる。能力の伸長が期待できる政策の企画立案を担当するポストに就ける人事は、「仕事で報いる処遇」である[10]。公務員法制上の勤務評定は形骸化していたと言えるが、少なくとも管理職への登用においては、能力・実績に基づく人事が行われてきたとも言えるのである。このことから、日本もキャリアシステムが昇任によるインセンティブ付与の機能を果たしていたと見ることができる。公務員集団の中で優秀であると評価されている者がきちんと昇進していくことが、集団全体の士気を高めることにつながるのである。

また、結果として、各省庁の政策が短期的ではなく、中長期的な視点に立ち、かつ、様々な方向性をもって研究・検討され、各府省の政策オプションに多様性を持たせていたと考えられる。

② キャリアシステムへの批判と幹部候補育成課程等の制度化

　キャリアシステムが果たしていた人材の確保、育成、登用、処遇の機能は、ある意味で"機能しすぎた"。そのために、逆機能に転じたと考えたくなるような面もある[11]。例えば、上級職試験に合格して本省に採用されれば、大過のない限り、必ずしも能力や実績が十分といえない者も指定職ポストまで昇進することがあるのではないか。退職後も人事当局のあっせんによる再就職を繰り返し（いわゆる「わたり」）、高額の退職金を得るケース等がありはしないか、といった批判も生じたのである。こうした中で、バブル経済崩壊後、有効な政策を打ち出せなくなったことや、不祥事が頻発したこともあり、省庁のセクショナリズムや公務員の資質に対する不信が生じた。省庁別、採用試験別の人事管理の枠組みであるキャリアシステムに対する批判も高まったように思われる。

　戦後の占領下におけるGHQの強い改革志向の中、民主的な公務員制度の確立を進めながら、従来どおりドイツ、フランスのような制度を維持することは困難であった。キャリアシステムは部分的には採用試験の種類・区分に依拠していたものの、占領下において制定された国家公務員法（以降「国公法」とする）の基本構造（職階制・開放型任用制）とは相容れない性格もあったために、ドイツ、フランスのように、正面からこれに制度的根拠を与えることができなかった。また、法的基礎が弱かったために入口選抜に強く依拠し、人事が恣意的・硬直的に見えた部分があったのかもしれない。その点では、確かに、早くから特権的・非民主的であるとし政治やマスコミなど各層から指摘されていたところである。しかし、肯定されていた印象もある。

　戦後続いたキャリアシステムの見直しの直接的な契機となったのは、2007年の国公法改正であろう。国公法に第27条の2（人事管理の原則）が追加され、「職員の採用後の任用、給与その他の人事管理は、職員の採用年次、合格した採用試験の種類にとらわれてはならない」旨が規定され、全ての職員に人事評価に基づく昇進機会の平等を提供するという理念が掲げられた。これと同時に、職階制が廃止されている。また、採用試験が、従来のⅠ種試験、Ⅱ種試験、Ⅲ種試験から、総合職試験、一般職試験、専門職試験に再編された。各試験の違いは採用しようとする係員の官職の職務の内容の違いに由来し、将来の昇進とは関係のないものとされた。

　他方で、建前として法規定に置かれていた職階制が廃止された（国公法第29-32条削除）。試験については、採用試験の対象が基本的に係員級に限定され（同第45条の2）、その合格者の中から任命権者が面接の上で採用することが定められた（同第56条）。また、昇任試験の規定（同第37条）が削除され、

係長級以上への昇任については、職員の人事評価に基づいて（同第58条）、部内の個別選考により行うことが明確になった。こうして各府省内で人事担当部局が人事権を持つという実態は追認されたが、人事評価が従来よりも重視され、内閣人事局による人事方針も重要になった。

　また、人事評価に基づく昇進機会の平等を確保するために、「職員の能力開発についての機会の平等」がうたわれることとなった。具体的には、幹部候補に新しく育成上の配慮がなされることになったのである。各大臣が人事評価に基づいて幹部候補者を選定した上で、候補者は、管理職員に求められる政策の企画立案及び業務の管理に係る能力の育成を図るため研修の機会が与えられる。また、各候補者は多様な勤務を経験する機会を与えられることとされた。

　幹部育成の透明化の動きも感じられるが、新しい仕組みは運用次第であり、評価は今後に待たれる。

　したがって、どのような者が育成対象者に選定されるかが運用の鍵である。

③　年功的処遇への批判と人事評価制度の導入

　職能給とは、仕事において求められる能力の段階が定義され、また、それに応じて個人の能力の評価が行われる給与体系である。

　しかし、日本では、公務員のスキルは、課係等の単位の活動の中でOJTとして経験的・暗黙知的に習得されていた。また、したがって勤務評定は基準がはっきりせず、むしろ主観的で不透明であるとされ、その活用実態は様々であった。昇進の多くは、紙に書いた評価というよりも、毎日の仕事の中に生じる多数者の評価により行われてきた。その結果、給与体系は職能給的・年功的に運用されてきた。

　この給与に関して、2006年から行われた給与構造改革には新しい要素が含まれている。それは、職務の級と給与との対応の強化、同一級内での最高号俸を超えた昇給の廃止、昇給や勤勉手当における勤務成績反映の強化などの施策が講じられた点である。能力・実績に基づく給与処遇が目指されたのである[12]。

　また、職階制廃止に伴い、標準職務遂行能力が制定され、各職制上の段階に求められる能力が定義されるとともに、国公法に人事管理の原則として「職員の採用後の任用、給与その他の人事管理は、人事評価に基づいて適切に行われなければならない」と規定され、人事評価制度が職階制に代わる基幹的な仕組みとして位置付けられた。これを受けて、人事評価にコンピテンシー評価に基づく能力評価と目標管理手法に基づく業績評価が導入され、評価基準の客観化が図られるとともに、人事評価結果に基づき任用や給与を決

定する仕組みが整備された。

　先述のように、人事グループ内での「評判」という形での人物評価やそれに基づく選抜は、主観的で不透明であったという批評もあるが、これまでの仕組みは、長期かつ多人数による観察と評価の蓄積によるものであったことは指摘されておかなければならない。そこには、職務遂行の能力、実績等の総合的判断があった。誰が昇進していくかについては、当事者や周囲に「納得」があったように思われる。さらに人事評価制度の導入に当たっては、ヒアリングやアンケートを通じてそこに共有された評価イメージを制度に落とし込む作業もあり[13]、大きな混乱もなく人事評価は行われていた。

　そこから10年が経過した。給与面では、非管理職も含め、人事評価を活用して昇給やボーナスに相当の差を付けることを可能とする仕組みはどう運用されてきたか。観察するところ、人事評価の実際の運用は各省庁の考え方により異なっているようである。昇進面では、現状の能力評価の「上振れ」傾向があって、多くの者が昇任時の人事評価上の要件を満たすとしているようである[14]。前述のとおり、欧米の公務員の処遇も年功的であると言えることから、あたかも常識になっている感がある「実力主義の諸外国に比べ日本は年功的処遇」とのイメージは今日では必ずしも当たらない。ただし、日本において、人事評価が人事管理に与えた影響はまだ限定的である。現状については、定着すべき仕組みを模索しながらも、少しずつ進んでいると言うくらいであろうか。昇進管理への影響や評価の納得性など、今後も注目していくべき点がある。

④　職業公務員集団への公務員制度改革の影響

　日本の幹部公務員の人事管理（育成、評価、昇進）は、従来非公式のシステムであった面があるが、公務員制度改革の結果、制度の中に正式に位置付けられることとなったと言えそうである。その結果は予測し難いが、特に公務員試験の受験者層や公務員のモラール、インセンティブへの影響が注目される。今後の問題は、「昇進インセンティブによる幹部公務員の確保」にあると思うのである。しかし、ここには2つの懸念がある。第1に、これまでの日本官僚制の特徴であった法的専門能力や政治的決定についての知識や感覚を十分持った若者が公務を志望するか。第2に、採用者の省庁への帰属意識が薄くなり、省庁ごとに存在したプロ意識が弱まる危険はないか。いずれにせよ、職業公務員集団の制度的基盤が弱くならないか。

　また、各国の公務員制度改革の検討の結果について、運用面の変化や結実しなかった取り組みも含めて見てみると、程度の差はあれ、官僚を「政治化」しようとする動きはいずれの国でも見られる。ただし、日本の公務員制

度改革では、幹部職員人事の一元管理的方策の導入や、その事務を担当する内閣人事局の設置が注目される。省庁セクショナリズムの弊害を是正するとの文脈で、内閣機能を強化するとともに、「大臣任命制の下でのかなり自律的な人事制」から、本府省の審議官以上の官職への任用に関して、内閣総理大臣・官房長官による適格性審査、幹部候補者名簿の作成、任免協議等の制度への移行が「一気に」行われた。国公法改正の議論は20年以上行われているが、90年代後半から今現在までの間は、この改革に関する限り1つの固まりであり、民主党も加わって「一気に」推し進められたと言えるように思う。これは、内閣総理大臣等が、幹部公務員に対して昇進によるインセンティブを付与するという大きな権限を得たことを意味しており、これにより、任用プロセスにおける政治の関与の余地を制度的に拡大し、政官関係の変化を招いたと指摘されている[15]。さらに、近時、官邸の高位ポストに任用されている幹部公務員の経歴や果たしている役割に注目が集まっているが、ドイツやフランスにおける政治的な任用との異同について考察していく必要がある。

　ここではわずかに触れ得たに過ぎないものの、幹部人事の一元管理的方策は、他国の例と比べても、職業公務員集団の自律性を弱める可能性を感じさせる。公務員人事の中立公正性の確保は、一連の公務員制度改革の議論での中心課題であった。新たに導入された枠組みの中で、これがどうなっていくのかが注目されるところである。中立性は、官僚制の存在理由として重い課題である。

3　比較分析からみた日本の課題

(1) 職業公務員の専門性の向上

　今般の改革によって懸念されるのは、職業公務員が「過剰適応」することである。近代国家の伝統と行政公務員制度の形成の中で培われた専門性、中立性、職業的恒久性を特徴とする公務員像は大きく後退している。すなわち、政権の意向に対する応答性が最優先の行動基準とされ、専門的知識を駆使して政権に具申するという行動をとらない、さらには、中立ということに忠実であっても、専門性を高めても仕方がないといった意識が広がるおそれがある。

　こうした政治的な傾向とは逆に、近年、高度な専門知識を有する人材の必要性が世界的に叫ばれており、行政が経済環境の変化や科学技術の進展に対

応できるよう職業公務員の専門性を高めるという点で各国は共通している。公務員には専門的能力の向上が求められているのである。

こうした専門能力の要請に対して、ドイツやフランスは採用試験の段階で高度な専門性を要求している。アメリカは研修プログラムの充実、イギリスは専門グループごとの育成等により対応している。日本でもⅠ種試験や総合職試験においては、学術分野の知識を問う専門試験を課しており、専門性を重視した採用を行っているが、採用後の異動や昇進に際しては、事務系では公務員を種々の専門分野に育てていく方向はあまり考慮されていない。また、技術系職員については、上位に格付けられるポストが事務系に比べて少ないなど、専門性を持った技術系職員の処遇が十分でない。

関連して、我が国では1986年からの年金改革の結果、2015年には公的年金の一元化（公務員年金の引き下げ）が完成した。また、各府省のあっせんに基づく再就職が「定年はあるが終身職」という仕組みを支えてきたが、それが法的に禁止された結果、処遇不確実性が増大した。このインパクトは、幹部への昇進が不安定になったシステムでは、公務員のリクルートや職場のモラールに影響するに違いない。

したがって、職業公務員への優秀な人材の確保、また、専門的な仕事の遂行の上で困難が生じるおそれがある。今後、公務員制度の運用に際しては、①組織として能力開発や専門性習得を支援し、②専門性の高い職員の処遇を改善し、欧米型の付加年金を整えるなどにより、生涯を通じたキャリア制（終身制）を得られるようにするための対策が必要なのである。公務員が恒久的であることの必要性は、大部分の国で支持されてきたことである。

(2) 職業公務員の多様性

各国とも、公務のダイバーシティーの確保が共通の課題となっている。ここで検討してきた国々では、共通して女性の参画に熱心であるが、そのほか、人種的マイノリティー、社会経済的出自（出身地、親の所得など）、障害者、退役軍人なども射程に含めている。

中でもこのところ、関心は女性の採用・登用状況にあった。各国とも全体の4～5割、管理職でも3分の1から4割を女性が占めている。女性管理職が5％に満たない日本では取り組みのさらなる継続が求められる。

多様な人材の活躍を可能とする上で、ワーク・ライフ・バランスの確保や働き方の柔軟化・多様化は重要性を増している。柔軟な勤務時間設定や休暇・休業制度の整備のほか、技術の進展に伴うテレワークなどの新しい働き方についても、各国は課題を抱えつつも対応を進めている。日本の霞が関の

ような一般の職員を巻き込んだ深刻な長時間労働は他国では見られず、このことは我々が特に着目すべき世界各国の一般現象である。日本では長時間勤務の要因として国会対応業務が指摘されるが[16]、他国から学ぶべき議会対応や業務処理方法などを研究して、業務執行の見直しや職員の働き方改革を一層進めていくべきである。

また、公務員の人材供給源である大学についても変化が見られる。優秀な学生が医学部志向を増しているようである[17]。それはなぜなのか。地方難関大学の人材吸収力が増しているように見える。それでもなお、東京への人的資源の偏在傾向があるが、今後のマイナス原因にならないか[18]、各国とは事情はやや異なるが、今後、日本でも例えばいわゆる幹部国家公務員要員の確保の対策、出身地域によるダイバーシティーの確保が課題となると考えられる。

(3) これからの公務員の役割

質の高い職業公務員集団を引き続き保持するには、社会的な評価や支持が必要である。このような視点に立つとき、我々は、ヨーロッパ諸国においては、依然として就職先としての公務の人気が高く、行政及びそれを担う職業公務員の仕事にも変わらぬ評価があることに注目したい。グローバリゼーションゆえに外交交渉が多くなる時代には、むしろ「国家」は強化される必要があるのである。どこの国にも公務に優秀な人材が必要であるという国民のコンセンサスがあるように思われる。

これに対して、日本では、行政・公務員への評価が低い。国家の力が近代化をリードしてきた国として現状は問題である。行政への信頼が落ちている、あるいは、そのように報道されている。本当に「行政への信頼が落ちている」かどうかはともかく、「行政不信」とか「官僚叩き」の言葉が氾濫しているのは確かである。その理由としては、バブル崩壊後、行政が有効な政策を打ち出せなくなったことや、不祥事が頻発したこともある。この間、公務員に対する批判が厳しさを増した。この傾向は民主党が一時政権を取って行政に批判的に対応した際、自民党も行政批判をして対抗したなどの経緯があるが、この風潮は世論に反映し、さらに、森友学園、加計学園問題にあらわれたような「忖度政治」の中で、行政の欠点も見えた。優秀な人材を確保するためにも、行政も威儀を正し、政治の側にも自己抑制するという制度外の課題も生まれた。

公務員が将来を見据え政策案を検討し、政治や関係者と調整しながら、政策を決定し執行していくことは、各国に共通して見られる基本的な政策決定

構造であり、この構造を強くし、信頼を得なければ国はもたない。国会論争が国民にとって有意義なものとなるためには、国会審議に付される政策や予算の内容が十分に準備されていなければならない。職業公務員の役割は今こそ重要なのである。日本の公務員が、政策立案や公正な行政執行を通じ、国民に対し良質な行政サービスを提供する役割を担うためには何が必要であるのか、検討していかねばならない。

---

1 第7章「Ⅱ 人的資源管理の変容」参照
2 権丈善一「不磨の大典『総定員法』の弊」『週刊東洋経済』2010年10月16日号
3 人事院「退職公務員生活状況調査報告書」(2018年3月) 5頁・33頁
4 OECDのデータによる購買力平価換算。なお、OECDは各種データの修正を随時行っており、2018年3月5日時点で公表されている2017年の値を用いた。
5 日本の国家公務員に占める女性の割合は、2017年9月現在、指定職相当で3.8%、本省課室長相当数で4.4%(内閣人事局「女性国家公務員の登用状況及び国家公務員の育児休業等のフォローアップ」(2017年10月))
6 例えば、今野浩一郎・佐藤博樹『人事管理入門(第2版)』(日本経済新聞出版社、2009年) 198頁
7 F. Herzberg (北野利信訳)『仕事と人間性』(東洋経済新報社、1968年) 83頁
8 第7章「Ⅰ NPMと公務員制度改革―英米独仏日の状況」参照
9 稲継裕昭『日本の官僚人事システム』(東洋経済新報社、1996年) 34頁
10 同上6頁・31頁、高橋伸夫『虚妄の成果主義』(日経BP社、2004年) 29頁
11 岸宣仁『財務官僚の出世と人事』(文藝春秋、2010年)
12 人事院「職員の給与に関する報告」(2005年8月15日)
13 総務省『人事評価に関する検討会報告書』(2014年2月7日) 5頁
14 一般職員の場合、昇任には能力評価で上位の評語を得ることが必要となるが、前掲『人事評価に関する検討会報告書』11頁によれば、2011年10月~2012年9月期の能力評価において上位の評語を付された職員は6割弱である。
15 石原信雄「全体の奉仕者と政権」『学士会会報』No.929
16 『霞が関の働き方改革を加速するための懇談会提言』(2016年6月)、霞が関で働く女性職員有志『持続可能な霞が関に向けて―子育て等と向き合う女性職員の目線から―』(2014年6月)等
17 「過熱化する医学部受験」『週刊東洋経済』2015年3月21日号
18 朝日新聞朝刊1面、3面 2016年5月1日

第7章
研究者による各国比較からみえたもの

I　NPMと公務員制度改革—英米独仏日の状況

早稲田大学政治経済学術院教授　稲継裕昭

1　NPMと諸外国における普及

　NPM（ニュー・パブリック・マネジメント）という言葉は、日本では1990年代の後半から使われはじめた。1980年代から国家レベルでNPM型改革が進められたイギリスやニュージーランドと異なり、日本では1990年代半ば以降、地方自治体における取り組みがその口火を切ることになる。特に三重県などの改革について論じる際に「NPM型自治体改革」とのタイトルがつけられるようになり、ローカルガバナンスに大きな影響を与えていくことになった。その後、行政改革会議最終報告やそれに伴う中央省庁等改革を論じる際にも「NPMの導入」について言及されるようになった。中央省庁再編と時を同じくして導入された政策評価制度、独立行政法人制度は諸外国におけるNPM型改革の影響を明らかに受けている。その後、小泉純一郎内閣における構造改革路線は、郵政の民営化、PFIの一層の推進、地方自治体における指定管理者制度の導入などのNPM型の改革を強力に推し進めていった。

　これらの改革と時期を同じくして、公務員制度改革の議論も進められていったが、NPM型改革と公務員制度改革はどのような関係にあるのだろうか。本稿ではこの点について考えていきたい。

　NPMの問題を考えるに際してまず留意する必要があるのは、その概念の多義性である。NPMが何を意味するかについては必ずしも共通の認識が得られているわけではなく、これまで様々に特徴付けられてきた。管理哲学としての特徴を強調するもの、国際的なメガトレンドだとして特徴付けるもの、公共サービス組織の普遍的なスタイルであると特徴付けるものなど、論者により重点の置かれるところはかなり異なっている。

　本稿では、NPM研究において最も頻繁に引用されるクリストファー・フッドに依拠して議論を進める。フッドは、NPMを「多くのOECD諸国における1970年代末からの官僚制改革アジェンダを特徴付けてきた、広範囲に類似している行政教義（主義、教え（administrative doctrine））の傾向を表す簡略な名称」であるとゆるやかに把握しつつ、その特徴を表7-1-1のようにまとめている。

　この7つの教義のうち、同表①②③⑥⑦は主としてマネジェリアリズム（新経営主義）から来たもの、経営学の実践から来たものであるのに対して、

同表④⑤は新制度派経済学の主張から来たものである。NPMの教義は、マネジェリアリズムと新制度派経済学という異なる2つの流れから来ており、これらは時に潜在的な緊張関係をはらんでいる（Hood, 1991, p.6）。

このような諸特徴を持つNPMを一言で定義付けることは困難であるが、あえて短く要約するなら、「ビジネス・メソッド（の特定の概念）に近い経営・報告・会計のアプローチをもたらす公共部門の再組織化の手法」（Dunleavy and Hood, 1994, p.9）ということになるだろう。従来の行政から見ると、公共部門と民間部門の（人事、構造、経営手法の）差異を少なくし（down-group）、資金やスタッフ、契約を司どる担当者の自由裁量の権限に関する規則などの縛り

❖ 表7−1−1　NPMの教義上の構成要素

	教義	意味	典型的な正統化根拠
①	専門家による行政組織の実践的な経営	トップには可視的なマネージャー（匿名ではない）。委譲された権限により自由に管理（free to manage）	アカウンタビリティは権限の拡散ではなく、責務の明白な割当てを要求する。
②	業績の明示的な基準と指標	成功の物差しとして定義され測定可能なゴールやターゲット	アカウンタビリティは明確に述べられた目的を要求する。効率性を追求するには、ゴールを鋭い目で観察することが必要。
③	結果（output）統制をより一層重視	業績にリンクした資源の割当てと報酬	手続きよりも結果を強調する必要性
④	公共部門におけるユニット（組織単位）分解への転換	公共部門を製品ごとに組織され・委譲された予算を持つ・互いに対等な関係で処理される傘下のユニットに分散する。	ユニットを管理できるものにする。生産と供給の分離、公共部門の内外の契約・フランチャイズを用いて効率化をはかる。
⑤	公共部門における競争を強化する方向への転換	期間契約・公共入札手続への動き	より低廉な費用、より良い水準の鍵としての競争関係
⑥	民間部門の経営実践スタイルの強調	軍隊スタイルの公共サービス倫理を離れ、より柔軟な給与、採用、規則、広報などへ	既に民間部門で証明済みの経営ツールを公共部門へ適用する必要性
⑦	公共部門資源の利用に際しての規律・倹約の一層の強調	直接費用削減、労働規律の向上、組合の要求への抵抗、ビジネスへの応諾費用の制限	公共部門の資源需要をチェックし、より少ない資源でより多く行う（do more with less）必要性

出典：Hood, Christopher, 'Exploring Variations in Public Management reform of the 1980s', in Bekke, Perry, Toonen eds., *Civil Service Systems in comparative perspective*, Indiana University Press, 1996. などの諸論文より筆者作成（初出は、稲継（2000年）260頁）

を少なくする (down-grid) 方向へのシフトと見ることができる。

　フッドが言及しているように、多くの OECD 諸国における 1970 年代末からの官僚制改革アジェンダは比較的類似の性質を持っていた。各省庁・各部門への予算裁量の増大、各課への権限委譲と責任の明確化、公務員制度に関する分権化と柔軟な給与体系、トップとの契約雇用形態の導入、業績の評価の徹底、政策立案部門と政策実施・執行部門との分離、公会計への発生主義会計の導入などである。

　NPM が普及した要因として、(i)有権者の所得レベルと配分の変化、(ii)社会技術システムの発展により公的セクター労働と民間セクター労働の伝統的バリアが取り除かれたこと、(iii)公共政策における国家主義的で均一なアプローチに対して批判的なホワイトカラーの増大、などがあげられる (Hood, 1991, pp.7-8)。同時に、ある国での成功事例が他の国の政策担当者に政策ネットワーク・経営コンサルタント等を通じてリアルタイムで伝えられ、マスメディアも自国の改革と比較する形で他国の先進事例を頻繁に紹介したことも相当寄与している (Halligan,1996)。同一言語圏・法制度圏である英語圏諸国、英米法系諸国での政策伝播が顕著である。これに対して大陸法系諸国では英米法系諸国ほどは進んでおらず、本書が対象とする 4 ヶ国のうち、ドイツ、フランスでは NPM 型改革の普及はあまり見られない。

　NPM 型改革は既に 1990 年代に英米法系諸国において世界的な一大潮流となっていたが、様々な批判もなされてきている。例えば、NPM のアイデア自体、刻々と変化しており、内的に相互に矛盾するものも多いとの指摘や、異なる国の間の類似性は皮相的なものであるとの指摘がある。また、NPM による諸政策の効果を測定するデータがなく、喧伝されるほどの効果は挙げ得ていないと主張する懐疑派もいる。市場志向という概念は、常に、公平性や合法性、正統性などといった伝統的な行政概念と摩擦を起こす可能性があり、公務部門への NPM の展開は積極的になされるべきではないという主張も見られる。さらに 2000 年代に入ってからは、NPM について既に一時代のトレンドとしては終焉を迎えており、今後はデジタル時代のガバナンスがトレンドとなるとする主張も出てきている (Dunleavy et al., 2005)。

2　NPM と公務員制度改革

　以上見てきたような NPM は公務員制度にどのような変化をもたらすことになったのだろうか。顕著な変化が見られたのがニュージーランドの公務員制度改革である。ニュージーランドでは、各省庁の事務次官 (CE) を人事委

員会が任期付で公募して選考・採用した上で（表7-1-1①）、業績契約を結んでその達成を求め（同表②）、そのパフォーマンスは契約更新や給与に影響する（同表③）。そして、各省庁における組織編制・人事管理・給与決定の権限は各省庁CEに大胆に委任された（同表④）。公務員は国家公務員というよりも、各CEのもとで働く機関のスタッフというイメージに近づいた。一般の公務員についても期間限定雇用や（同表⑤）、フレキシブルワークが多く見られるようになった（同表⑥）。そして大胆な民営化などを行って人件費の大幅削減を行った（同表⑦）。このような大胆な改革を矢継ぎ早に行ったが、ここには先述の表7-1-1①から⑦の要素が全て入っている。

　では、本書で検討した4カ国および日本においてはどうだろうか。本稿では以下、(1)人事評価結果を給与に短期的に反映する短期的業績給（Performance Related Pay：PRP）の動き（同表③⑥）、(2)公務の範囲を切り出していったり（入札、民営化など同表⑤）、イギリスのエージェンシーに見られるようなユニットを分解したりする動き（同表④）、人員削減や給与の抑制などの動き（同表⑦）、(3)人事管理権限・給与決定権限の分権化の動き（同表⑥）、について見ていく。これら5カ国の中でNPM改革が最もラディカルに進められたのがイギリスなので、イギリスから順にそれぞれ見ていくこととする。

(1) 人事評価結果に基づく給与への動き

　イギリスではサッチャー政権下の1985年、局長級から課長補佐級までを対象として、年間給与に最大20％の一時金を付与する短期的業績給制度（PRP）を試行し、1990年にはこれを全職員に広げている（最上級のグレードを除く）。幹部クラスには1986年に給与レンジ制度が導入され、そのレンジの中から業績等を考慮し決定する方式となった。また1996年に創設された上級公務員（Senior Civil Service：SCS）については、年1回の各人の業績評価に基づいて個々の職員の給与の引上げが行われることとなった。さらに2012年には、公務員業績管理制度（Civil Service Performance Management System）が導入され、SCSには、統一的分布率（上位（25％以下（ボーナス支給））：中位（約65％）：下位（10％以上（昇給なし）））が適用され、評価結果と給与のリンクが強められた。また、一般職員についても相対評価が実施されるようになった。このように、イギリスでは1980年代から人事評価と短期的業績給の仕組みがとられてきている。

　アメリカ合衆国連邦政府（以下、「アメリカ」という）では、カーター政権下の1978年に公務員改革法（Civil Service Reform Act）が制定され、上級管理職（Senior Executive Service：SES）には新しい評価制度に基づく成果重視の給与

体系が導入された。SES の俸給表は 6 段階の額で設定され（個人の資格により格付け）、定期昇給がない仕組みとされるとともに、評価に基づく報奨制度が導入された。これは 2004 年に改正され、業績と給与のリンクを強めるために俸給表の段階をなくしたバンド給とし、一定の範囲（バンド）内で業績評価により毎年の給与改定を行う方式に改められた。さらに、人事管理庁の認定を受けた評価制度を有する省庁では上限額が高く設定され、従前よりも高い給与を支給できることとなった。このようにアメリカでは既に 1970 年代末からマネジャリズムの影響を受けて幹部職員に関しては業績給への志向が始まっていた。

　ドイツでは従来、給与は業績とは無関係に年齢による自動昇給となっていた。しかし 1997 年に「公勤務法改革法」が施行され、特別昇給（最高号俸受給者を除く官吏の 10％以内）と昇給延伸、及び、業績報奨金（一時金）・業績手当（月額制で最長 1 年）が導入されて勤務実績の給与への反映が始まり、2002 年には強化された（特別昇給対象職員割合を 15％に引上げ。特別昇給で使わなかった割合を業績報奨金・業績手当に回すことが可能に）。2009 年に「勤務法再編成法」が制定されて連邦給与法等が改正され、給与における年功主義を修正し成績主義を強化しようとした。ただ、その反映の程度はイギリスなどに比べるとゆるやかである。

　フランスの公務員給与は、従来コールごとに年功的な運用が行われてきた。2002 年に目標管理の手法による業績評価を中心とした新たな評価制度（évaluation：エヴァリュアシオン）が導入され、昇給期間の短縮等にも活用されることとされたが、その活用も俸給制度の見直しに伴い 2017 年に停止されている。また、2008 年、サルコジ政権下で職能業績手当（PFR）が導入されたものの、オランド政権下で見直しが行われている。このように、フランスにおいては、NPM 的な人事評価結果の給与への反映は、政権による一時的な試みに終わっている模様である。

　日本では、1948 年施行の国家公務員法に勤務評定制度が規定され形式上は勤務評定があったものの、実質上は持ち回り特昇、あて特昇になっており、業績の短期的な反映を行わない給与制度が継続してきた。これは様々な議論をよび、公務員制度調査会でも検討されて、2001 年の「公務員制度改革大綱」で能力評価と業績評価からなる新たな評価制度の導入が政府方針化された。そして、2004 年 12 月の「今後の行政改革の方針」の閣議決定に基づき、4 回にわたる人事評価の試行が行われた。その後、2007 年国家公務員法の一部が改正され、従来の勤務評定制度に代え、新たな人事評価制度を構築することになる。既に試行されていた人事評価の枠組みが制度化されて 2009 年

Column

カナダの地方公務員給与について

　カナダの多くの州政府、自治体では、上級幹部職員などに適用される給与表と、労使交渉の対象となる職の給与表を分けている。いずれの給与決定においても、①まず職務分析を行って、当該職務の価値を決定し、それを等級と結びつけ、②そのうえで、各等級の給与額、範囲を決める。つまり、年齢による給与や勤続年数による給与という建前は全くとっていない。また、日本のような扶養手当、通勤手当、住宅手当などは存在せず、職務給が徹底されている。下位の役職であれば年齢が高く勤続年数が長くても給与は低く、上位の役職者であれば年齢が若くても給与が高いのが普通である。

　アルバータ州政府の例を見てみよう。人口400万人余りのアルバータ州は天然資源関連の事業（エネルギー、森林）が基幹産業となっており過去20年間で年率3.1%の成長を遂げている。州政府の公務員数は、約2万7千人である。州政府の給与表は、事務次官・幹部職員給与表、管理職員給与表、労使交渉職員給与表などに分かれている。職務評価によりそれぞれの職の等級が決まる。上級職や管理職給与表はレンジ給になっており、給与範囲の中でそれぞれの職の給与が決定され、1年経過後に当該職員の業績が満足いくものであったら、3%以内での昇給がある（等級レンジの最高額を限度とする）。

　具体的な給与を見ると、まず事務次官についてはシングルレートで約28万7千カナダドル（以下、＄と略記。日本円で約2,800万円）となっている。日本の県庁の部長級の給与よりも、国の中央省庁の事務次官の給与に近い金額となっている。事務次官補以下の幹部職員には4つの等級があり、それぞれの職ごとにどの等級に属するかが決まっている。最高のD等級は＄21万3千〜＄28万7千、C等級は＄15万6千〜＄21万7千などとなっている。管理職では、最も上の上級マネジャーⅡでは、幹部職員のC等級にほぼ見合った給与となっている。労使交渉職員給与表は5等級から56等級まであり、それぞれ7号給からなっている。中位である31等級を見ると、年収ベース換算で＄4万3千〜＄5万3千となっており、管理職や幹部職との給与の差は大きい。より上位の等級に移れば給与が高くなるため、資格を取得したり、職務実績をあげたり、研修に積極的に参加したりするインセンティブが高い。

（早稲田大学　稲継裕昭）

4月から施行され、同時に評価結果の給与への活用も始まった。人事評価結果は、査定昇給及び勤勉手当に反映されるようになっている。NPMの影響を受けた短期的業績給への動きが2000年代に入ってから急速に進んだと振り返ることができる。

(2) 公務を分解する動き

　イギリスでは第2次世界大戦終了後の労働党政権下で様々な民間企業の国有化が進められたが、1979年に誕生したサッチャー政権は民営化を積極的に進めた。次の一歩は公務に残った部分についての切り分けであり、1988年のネクスト・ステップス報告書を受けて、サッチャー政権下では、政策の企画立案と執行部門を分離して、執行については、大臣から権限委任を受けた長が行うエージェンシーの設立が進められた（職員の身分は国家公務員）。また1991年には地方自治体に関して進められていた強制競争入札制度（CCT）の中央政府版にあたる市場化テスト（Market testing）が、さらに1992年にはプライオリティテスト（Prior options test）が全省庁に課せられた。

　このように、イギリスでは公務をよりスリムにする民営化や競争的な入札、ユニットを分解するエージェンシーへの動きが見られた。さらに、リーマンショック以降の財政危機下で、人員削減も大幅に進められてきている。

　アメリカでは、イギリスのようなエージェンシーへの切り分けというような動きは見られない。もともと政府機関が非常に多くの庁やエージェンシーから構成されていることもあり、民営化やユニット分解の動きはあまり見られないといえる。ただ、政府職員数の削減という観点でいうと、1993～2000年にかけて「国家業績レビュー（National Performance Review：NPR）」と呼ばれる行政改革の一環として職員削減が行われ、8年間で40万人以上が削減されている。なお、2017年に就任したトランプ大統領は、「至るところに重複や余剰がある」として、連邦政府の組織改編を検討するよう各省に指示する大統領令を発出しており、今後の動きが注目される。

　ドイツでは、1994年に連邦鉄道の民営化、1995年に連邦郵便の民営化がなされたが、その他にエージェンシーを設立してユニットを分解するといった動きはあまり見られない（組織及び事務事業の継続的見直しは実施されている）。

　フランスにおいては1980年以降、公務員数（国家公務員、地方公務員、医療公務員）が長期的・持続的に増加している。またNPM的な公務を分解する動きも見られない。

　日本では、中曽根政権下で第2次臨時行政調査会（1981～83年）による行政の範囲の見直しが行われ、3公社の民営化が進められたほか、国の行政機

関についても組織や事務事業の合理化が行われた。

2001年に創設された独立行政法人制度は、当初、小規模の研究機関が先行したが、のちに現業や病院も続き、2004年からは非公務員化も進んだ。2004年から国立大学も法人化され、国立大学教職員は非公務員とされた。2007年には郵政が民営化され約25万人が非公務員となり、その後も社会保険庁の廃止・独立行政法人化（2010年、約1万人が非公務員化）、独立行政法人国立病院機構の非公務員化（2015年、約6万人）などが続いた。これらの変遷を経て、一般職国家公務員数は2000年の約82万人から、2015年には約28.5万人へと激減することとなった。公務の範囲を切り分けるというNPM的な動きは日本でも見られたと振り返ることができる。

(3) 人事管理権限・給与決定権限の分権化の動き

イギリスにおいては、従来、採用・給与決定等の人事管理が一元的に行われてきたが、1980年代から1990年代中ごろにかけて、各省への分権が進展していった。まず、1982年の勅令により、下位グレードへの採用権限が各省に委譲され、1991年の勅令で権限委譲の範囲が中位グレードにまで拡大した。その結果、現在ではファストストリーム試験を除いて公務員共通の試験はなく、府省ごとに空席公募や独自の採用試験を実施して採用するようになっている。また、1993年から1996年にかけて給与及び給与関連の勤務条件の決定権限が各省に委譲された。一般職員の勤務条件に関しては、（国家公務員管理規範の定める原則の範囲内で）各省が独自に制度を構築するようになっている。給与については、財務省が毎年発出するPay Guidanceに基づき、大臣が承認する歳出枠の範囲内で、省庁ごとに組合交渉を実施し給与決定を行っている。このように採用、給与決定について各省への分権が進められた。

アメリカでは、1978年に制定された公務員改革法により、従来連邦人事委員会が一括して引き受けてきた人事管理の諸権限はいくつかの機関に分化していった。また、各省庁への分権も進められている。1993～1996年頃にかけて、人事管理に関する規制緩和として、採用に関する各省への権限委譲が行われ、また、1万頁に及ぶ人事管理マニュアルが廃止されている。さらに、国土安全保障省（2002年）及び国防総省（2003年）については、弾力的かつ現代的な人事管理を行えるようにするため、長官に人事制度の大幅な特例措置を設ける権限が認められ、大括りの給与バンド制、業績給与制などの導入が試みられた。ただ反対も強く、国防総省の新制度は2012年に廃止され、また、国土安全保障省では実現に至っていない。

ドイツでは最近に至るまで人事管理権限・給与決定の分権化の動きは見ら

れず、連邦内務省及び連邦人事委員会が人事管理について多様な決定権限を持ち続けている。わずかに、2009年の「勤務法再編成法」により、各省の判断で初任官職よりも上位の官職に採用することが可能となったという程度のものである。依然として中央人事機関による縛りはきつくNPM的な分権化の動きは見られない。

フランスにおいては、人事管理権限には変化はなく、現在もコールの上層部が決定権を持っている点には変わりはない。

日本では、1997年の行政改革会議最終報告や1999年の公務員制度調査会答申などで、中央人事行政機関から各任命権者への権限委任、人事管理上の規制緩和が求められていた。この動きの中で、1998年5月、本省庁の課長等の官職への任用に係る選考機関を人事院から各任命権者に変更し、人事院の関与の方法を事前審査制から事後報告制に転換した。2001年12月に閣議決定された「公務員制度改革大綱」でも各省の裁量を拡大する方向での見直しを方針化している。2002年には人事院が人事管理全般にわたる個別承認等を基準化して個別承認・協議手続を大幅に削減し各府省限りで実施可能な事項が拡大されている。これらは先に指摘したNPMの特徴の一つであるDown-Gridの方向への改革である。また、採用試験に関して、人事院試験のスクリーニングを通過する最終合格者数を採用者数の何倍にするかという点での議論があり、一部拡大された。これも各省の採用の裁量を大きくするという方向だと見ることができる。ただ、イギリスのように給与決定を分権化する動きは見られない。労働基本権の代償措置としての人事院勧告制度が存続する限り、各省への分権は考えにくい。

3 まとめ

アメリカのSESで導入され、イギリスでも幹部職員に先行して導入され、その後一般職員にも適用を拡大された短期的業績給の動きは、NPMの考え方の公務員制度への典型的な具体化であった。日本でも2000年前後から議論が顕在化し2009年から本格的に全職員に導入された。アメリカやイギリスでSESやSCSにより強く現れているのに対し、日本では幹部職員や管理職員のみならず一般職員に関してもほぼ同時期に導入されたことが特徴的である。動きのほとんどなかったドイツでも1997年以降導入が試みられているが、ゆるやかなものである。なお、フランスでは短期的業績給は政権によって導入が試みられるに留まっている。

公務を分解する動きについてもイギリスで大規模かつ一貫して見られた。

民営化を進め、公務に残ったものについても執行部分をエージェンシーとして切り出し、また、市場化テストやプライオリティテストにかけて常に民間と競わせるという政策がとられてきた。さらに歳出削減圧力から人員削減も進められている。NPMにおける公務の分解の側面は、アメリカではあまり見られないが、NPRの一環としての公務員数削減は進められた。こういった動きは、ドイツでは鉄道及び郵便の民営化のほかは見られず、フランスのサルコジ政権下で行われた国家公務員数削減も、退職者を補充しないというものであり、公務を分解する動きとは言えない。日本に関しては、第2次臨時行政調査会報告に基づく3公社の民営化以降の動きはゆるやかだったが、2001年の省庁再編を機に独立行政法人や国立大学法人が誕生して公務部門の切り分けが進められた。さらに郵政の民営化などもあり国家公務員数は激減した。日本におけるNPM的な公務を分解する動きは、イギリスほどではないにせよ、アメリカやドイツ、フランスよりははるかに本格的に実施に移されてきていると言えるだろう。

人事管理権限・給与決定権限の各省庁への分権化は、イギリスにおいて相当進められたものの、アメリカでは（国土安全保障省や国防総省への分権化が議論されたものの）進展は見られない。ドイツやフランスでは、そのような動きは全く見られない。また、日本においては各省への分権という動きがわずかながら見られる（採用試験の最終合格者数枠の拡大、各種の規制の緩和など）ものの、イギリスの比ではない。

NPM型改革は、特にイギリスにおいて公務員制度を大きく変容させ、また、アメリカや日本でも一部についての変容をもたらした。ドイツやフランスにおいては、NPM型改革の普及があまり見られないこととも関連して、公務員制度に関しても大きな変化は見られない。このように見てくると、NPM型改革の普及の有無は公務員制度改革にかなりの程度の影響を与えていると言うことができるだろう。

日本の公務員制度においても、2000年代以降、公務の分解、短期的業績給の導入が急速に進んだ。もし日本でNPMの動きが継続するとすれば、次なる改革の可能性があるのは、イギリスの例を見ると、採用試験や給与決定の各省や現場への分権化ということになるが、後者については労働基本権の代償措置としての人事院勧告制度がある限り動くことはないと考えられる。他方で、フランスやドイツのようにNPMのムーブメントからかなり距離を置いた国もあり、日本におけるNPM改革が終焉を迎える可能性もゼロではない。今後、政府経営改革はどのように進められていくのか、公務員制度改革はどうなるのか、予断を許さない。

Ⅱ　人的資源管理の変容

立教大学法学部教授　原田　久

　公務部門の人的資源管理（Human Resource Management：HRM）は、人件費の支出を伴うが故に各国政府の懐具合に左右される運命にある。それでは、OECD加盟国における公務部門のHRMは、前著『公務員制度改革』（村松 2008）の出版後に発生したリーマン・ショックによってどのような影響を被ったのであろうか？　本章では、リーマン・ショック以降の各国におけるHRM改革を概観した上で、各国のHRMを類型的に把握してみたい。

　具体的な論述としては、まず、アメリカ・イギリス・ドイツ・フランス・日本における採用、民間人材の活用及び昇進について本書第2～5章で述べたことを要約すると同時に、OECDのデータを用いて上記5ヶ国におけるHRM改革の全般的状況を記述する。その上で、HRMが職務遂行に関し幹部候補の公務員に対してどのようなインセンティブを付与しているのかという観点から各国のHRMを類型的に捉えてみたい。最後に、従来はHRMと異なる文脈で論じられてきた公務部門のダイバーシティーについて本書第2～5章で述べたことを要約した上で、行政組織の有効性や効率性に資する「資産」という観点から捉え直してみたい。

1　各国における近年のHRM改革

(1) HRM改革に関する各国別記述部分の要約

　本書第2～5章で論じた、各国のHRM改革（特に、採用、民間人材活用及び昇進）は下記のように要約することができる。

　公務員の採用の基本的枠組みについては、アメリカ・イギリスでは統一試験から個別選考への移行が（イギリスでは採用ルートの多様化も）進む一方、その他の国では維持されている。幹部候補の採用については、各国とも統一的なスキームが設けられており、日本・イギリス・フランスでは新卒者を対象とする統一試験が行われている。また、知識・学歴だけでなく職務経験を重視するなどの柔軟な採用も可能とする方向での動きが共通して見られるが、その度合いは国により異なる。

　次に、民間人材活用については、もともと開放型であるアメリカを除き民間人材の登用関連の取組が各国で行われているが、手法としては特別の採用枠組みを設ける方式（日本・ドイツ・フランス）と開放的な任用に移行する方式

(イギリス) が見られる。

　最後に、昇進については、アメリカ・イギリス・ドイツ・フランスでは日本のような人事当局による計画的な人事配置ではなく、個人が空席に応募し異動（昇進）していくことが基本である。ドイツ・フランスでは、徹底した入口選抜を前提としつつ職務経験の蓄積の奨励など人材育成の観点での取組も併せて行われており、イギリスにおいては、近年、幹部候補育成のための役職段階別の研修が導入されるなど、組織的な人材育成が重視されつつある。

(2) リーマン・ショック以降におけるHRM改革

　2008年秋のリーマン・ショック以降、各国のHRM改革は財政緊縮（fiscal austerity）のあおりを受けて多様な「軌道（trajectory）」（Pollitt and Bouckaert 2017：87）を辿っている。以下では、OECDによるサーベイ・データ（調査時点：2014年）を用いながら、2008年以降における上記5ヶ国を含むOECD加盟国のHRM改革の特徴を記述したい。

　各国のHRM改革をどのような視点から論じるべきかについては様々な考え方があり得るところである。ここではDemmke（2016）に倣って、HRMを複数の「束（bundle）」から構成されるものとして捉えてみたい。HRMの「束」が組織のパフォーマンスにどのように寄与するかを実証的に捉えようとするアプローチは、経営学では「戦略的人的資源管理論（Strategic HRM、SHRM）」（平野2012：35）と呼ばれている。経営学におけるSHRMのアプローチの特徴は、個別のHRMの内容（例：業績給の導入）に関心を寄せるのではなく、HRMの「束」が全体としてもたらす各種効果（例：被用者の態度・行動の改善、生産性・顧客サービスの向上など）を捉えようとするところにある。

　Demmke（2016：80-81）は、OECD加盟国によるHRM改革の7つの「束」・49項目[1]に関するサーベイ・データを用いて、OECD加盟国における予算制約の深刻さがより多くのHRM改革につながっているという仮説を検証しようとしている。

　OECD調査のうち上記5ヶ国におけるHRM改革の実施状況は、イギリス（29項目）、フランス（15項目）、アメリカ（14項目）、日本（12項目）、ドイツ（3項目）とかなりの差異がある。次に、図7-2-1は、Demmke（2016：90）の仮説に倣い、各国のHRM改革の実施項目数と（プライマリー・バランスから景気要因と一時的特殊要因を除した）構造的プライマリー・バランス（underlying primary balance）対潜在GDP比の2010～2013年における変化（OECD 2014：239-240、以下「PB比」と略）との関係を表したものである。後者の指標の大小は、リーマン・ショックが各国における持続的な財政運営に与

えた影響だと捉えることができる。図7-2-1にはアメリカ（4.5%）・イギリス（3.9%）・フランス（3.9%）・ドイツ（0.3%）・日本（-0.9%）の5ヶ国以外のOECD加盟国もプロットしている。そこで、OECD加盟25ヶ国を対象としてPB比を独立変数、2008年以降に実施されているHRM改革の項目数を従属変数とする単回帰分析を行うと、当該回帰モデルは有効に成立し、しかも独立変数の係数は1%有意となる。

たしかに、リーマン・ショック以前の段階における各国のHRMのベース・ラインが異なること、独立変数を1つしか用いていないこと[2]、及び財政指標は短期的に大きく変化しうること等からすれば、分析結果の解釈には慎重を要する。その意味で本章の主張は一定の留保付きにならざるを得ないが、上記の分析結果は、リーマン・ショックがOECD加盟国の持続的財政運営に与えた影響が大きければ大きいほど各国がHRMに積極的に取り組まざるを得なかったとするDemmke（2016）の予想を支持している。

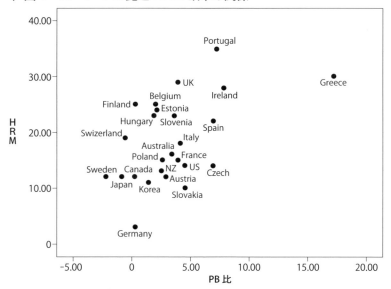

❖ 図7-2-1　PB比とHRM改革の関係

出典：筆者作成

2 リーマン・ショック後の各国における HRM の類型化

(1) HRM の類型的把握

それでは、リーマン・ショックを契機とする各国の財政悪化によって、各国の HRM はその根幹部分にまで見直しがなされたのであろうか。以下では、1(2)で述べた SHRM の視点に倣いつつ、HRM の「束」が職務遂行に関し幹部候補の公務員にどのようなインセンティブを付与しているのかという観点から、リーマン・ショック後の各国における HRM の類型化を試みたい[3]。

HRM の「束」が幹部候補の公務員に付与するインセンティブは、公務就任前の専門教育に加え業務遂行や研修等を通じて培う専門性の程度という水平的観点と幹部候補の公務員とそうでない公務員との間の処遇の差という垂直的観点から整理することができる（表7-2-1参照）。

表7-2-1のマトリックスのうち一つ目の軸（水平観点）は、一国の公務員制度における HRM の「束」が、幹部候補の公務員を特定領域における政策の立案や実現を志向するスペシャリストとなるよう動機づけようとしているのか、それとも彼らが異動を繰り返し幅広い政策分野を渡り歩く過程で習得する、ジェネラリストとしての組織運営能力を発揮できる高位ポストへの昇進を目指すよう動機づけようとしているのかに関わる。表7-2-1のうち「スペシャリスト養成志向」が高いか否かを判断するメルクマールは、例えば、幹部候補の公務員の就任に際し要求水準の高い資格が設定されていること、職種が豊富に用意されていること、及び政策領域を跨がるヨコの異動が少ないこと等である。

表7-2-1のマトリックスのうちもう一つの軸（垂直的観点）は、一国の公務員制度における HRM の「束」が、幹部候補の公務員とそうでない公務員との間の給与格差に関し後者に妥協的か否か、すなわち給与の配分局面に関する公務部内の均衡にどの程度配慮しているのかに関わる。表7-2-1のう

❖ 表7-2-1　公務員制度における HRM の「束」

	スペシャリスト 養成志向・高い	スペシャリスト 養成志向・低い
部内均衡・差大	①プロフェッション型	
部内均衡・差小	③職人型	②出世型

出典：筆者作成

ち「部内均衡」であるか否かを判断するメルクマールは、例えば、幹部候補の公務員とそうでない公務員との間の基本給[4]の格差が小さいこと、幹部候補として採用されなかった公務員にも管理職への昇格の可能性が一定程度確保されていること、及び基本給を補う手当が十分支給されていること等である。

そこでこの二軸を用いて整理するならば、一国の公務員制度におけるHRMのヴァリエーションとしては、給与・昇進・政策実現の各インセンティブのいずれかを重視する以下3つの類型が考えられる。

① （医師や弁護士に類するという意味での）プロフェッション型：幹部候補の公務員の給与を厚遇すると同時に、彼らの専門知識を用いた政策の立案や実現を動機づけるHRM（昇進＜給与・政策実現）
② 出世型：幹部候補の公務員の給与を必ずしも厚遇しないが、ジェネラリストとしての組織運営能力を発揮しうる高位ポストへの昇進を動機づけるHRM（給与・政策実現＜昇進）
③ 職人型：②と同様に幹部候補の公務員の給与を必ずしも厚遇しないが、彼らの専門知識を用いた政策の立案や実現を動機づけるHRM（給与・昇進＜政策実現）

(2) HRMの国際比較

それでは、2008年のリーマン・ショック以降、各国の公務員制度におけるHRMの「束」は全体として変化したのであろうか。ここでは、HRMに関するデータが比較的利用しやすい日本とドイツを比較対象としてHRMの類型的把握を行ってみたい。

まず、HRMにおけるスペシャリスト養成志向の程度について日本とドイツを比較してみよう（表7-2-2）。ドイツの場合、高級職任用にあたっての資格要件として大学院修士課程修了又はこれと同程度の資格（例：国家試験合格）を求めている。次に、専門性と学歴等の条件から構成されるラウフバーンのうち高級職のそれは、リーマン・ショック前の39種類（2002年）から今日では大幅に削減され8種類（連邦官吏ラウフバーン令第6条第2項及び別表4）となっている。最後に、異動については1(1)で述べたように個人が空席に応募することで行われるため、異動の回数・範囲は限定的である（ただし、先述のように近年では多様な職務経験の蓄積が奨励されている）。これに対し日本の場合、総合職の受験資格は大学院修了程度と並んで大卒程度も用意されており、その要求水準はドイツに比べて低い。次に、日本では厳密な意味における職種は存在しないが、これに類すると思われる総合職の試験区分総数は旧Ⅰ種採

用試験時代と同じ 13 である（人事院 2008：53、人事院 2017：80）。しかし、「行政」「法務」「政治・国際」「法律」「経済」「教養」の各試験区分を同一の職種相当と考えるならば 8 となり、ドイツの高級職ラウフバーンの総数と同じになる。最後に、異動については 1(1)で述べたように人事当局による集権的な管理がなされており、異動の回数や経験する政策領域もドイツに比べて多い。したがって、HRM におけるスペシャリスト養成志向の程度は日本よりもドイツのほうが強いということができる。

次に、HRM における部内均衡の程度について日本とドイツを比較してみよう。ドイツでは、俸給表 A における高級職の最高号俸である A16 級（課長級）8 号俸の額と上級職の最高号俸である A13 級（課長補佐級）8 号俸の額との比率は——リーマン・ショック前の 2007 年の比率（1.41：1）に比べ微減しているが——1.37：1（2017 年段階）である[5]。また、上級職から高級職へのラウフバーンを越えた昇任は依然として非常に少ない。さらに、基本給を補う各種手当は、職位や官職に応じて支給される手当や人材確保の観点から認められている手当を除けば、家族加給、業績手当及び超過勤務手当に限定されている。これに対して日本では、行政職俸給表（一）における本省課長級（10 級）の俸給の最高額と大半の旧Ⅱ種・Ⅲ種等採用職員にとって事実上の昇格の頭打ちとなっている本省課長補佐級（6 級）の最高額の比率は 1.36：1（2007 年時点は 1.35：1）でありドイツとほぼ同じである[6]。さらに、旧Ⅱ種・Ⅲ種等採用職員による本府省課長級以上への任用数は、本府省課長級以上のポスト数全体に占める割合としては依然として低いものの 2007 年度の 119 人（人事院 2008：63）から 2016 年度には 232 人（人事院 2017：94）へとほぼ倍増しており、ラウフバーンを越えた昇任が依然として少ないドイツと対照的である。また、基本給を補う各種手当は、俸給の特別調整額（管理職手当に相当）や 27 種類に及ぶ特殊勤務手当といった職務の特殊性に基づく手当以外にも、生活補助給的手当（4 種類）、地域給的手当（4 種類）、時間外勤務等の特別の勤務に対する手当（4 種類）及び賞与等に関する手当（2 種類）に本府省業務調整手当を加えると総計 15 に上る。したがって、日本はドイツに比べて、多くの手当の支給を通じて管理職のみならず、それ以外の職員への非常にきめ細やかな配慮がなされている（2017 年 12 月現在）[7]。つまり、HRM における部内均衡はドイツよりも日本において配慮されているということができる。

したがって、両国における公務員制度の HRM をトータルとして捉えるならば、近年は一部において相互に近接するところはあるものの（「スペシャリスト養成志向」のうちの「職種等」や「部内均衡」のうちの「基本給格差」）、日本の公

❖ 表7-2-2　HRMにおけるスペシャリスト養成志向及び部内均衡

		ドイツ：高級職（22,057人（2017年予算定員））		日本：総合職（旧Ⅰ種等含む、12,236人（2016年段階））	
スペシャリスト養成志向	資格要件	大学院修了（変化あり）	強い	大卒程度（変化なし）	弱い
	職種等	8（減少）		8（変化なし）	
	異動の範囲	狭い（ほぼ変化なし）		広い（変化なし）	
部内均衡	基本給格差	約1.37倍（ほぼ変化なし）	差大	約1.36倍（変化なし）	差小
	昇格可能性	稀（変化なし）		少ない（増加）	
	各種手当数	少ない（変化なし）		多い（変化なし）	

出典：筆者作成。なお、（　）は2008年以降の変化を示している。

務員制度におけるHRMはリーマン・ショックの前後を問わず②の出世型（インセンティブとしての昇進の重視）に近い。これに対し、ドイツの公務員制度におけるHRMは、従前と同様に①のプロフェッション型（インセンティブとしての給与・政策実現の重視）に近いということができよう。

この類型を踏まえていえば、霞が関の官僚が約7.8%（本府省課室長相当職員以上については9.77%）という給与の大幅削減（2012〜2013年）よりも幹部職任用に際しての内閣総理大臣による適格性審査の導入（2014年）をより深刻に受け止めたのは、「出世型」という日本の公務員制度における——リーマン・ショック以前と変わらぬ——HRMの特性に起因するということができる。

3　HRMとしてのダイバーシティー？

公務部門におけるダイバーシティー推進に関する本書の各国別記述は、下記のように要約することができる。

公務部門におけるダイバーシティー推進の対象として女性を含めることについては上記5ヶ国で違いがない。人種について、アメリカでは以前から公務部門におけるダイバーシティー推進の対象と位置づけているほか、近年ではイギリスも対象としている。そのほか近年では、障害者（アメリカ・イギリス）や社会経済的出自（イギリス・ドイツ・フランス）等が公務部門におけるダイバーシティー推進の対象とされている。さらに、公務部門におけるダイバーシティー推進の手法としては、各国とも目標設定が行われているほか、

ドイツ・フランスは優先任用・クオータ等の強制力の強い手法を導入している。日本・アメリカ・イギリスでは、仕事と家庭の両立支援が女性の採用・登用と密接に関連するものと位置づけられ、推進されている。

以上述べた公務部門におけるダイバーシティー推進は、通常、1〜2で述べてきたHRMとは別のカテゴリーに属するものと捉えられている。例えば、OECD（2016）は、「公共雇用部門における女性」の項目をHRMとは異なるカテゴリーで取り上げている。そのため行政実務では公務部門のダイバーシティーが何をもたらすのかについての関心が乏しい。そこで以下では、公務部門のダイバーシティーを独立変数として公務員の行動や市民の服従・法遵守を説明しようとする海外の実証研究の動向を取り上げてみたい。

今日のいわゆる代表的官僚制論（representative bureaucracy）はかつてのキングスリー（D. Kingsley）やモシャー（F. Mosher）が展開した議論（坂本2006）からさらに進展し、実証的な研究が積み重ねられつつある（Riccucci and Ryzin 2017）。警察行政を例にとるならば、①女性の性犯罪被害者は女性の警察官に対して性被害の状況を積極的に報告しようとするし、女性警察官も積極的に性被害の報告書をまとめ性犯罪防止法の執行に努めようとするといった、公務部門のダイバーシティーが代表されるべき人々の利益に合致する公務員の行動につながることを実証する研究がある（「受動的代表（passive representation）」→「能動的代表（active representation）」）。また、②黒人の警察官の存在が――彼らの行動の如何に関わりなく――市民の警察に対する信頼を高め円滑な法執行に至るといった、公務部門のダイバーシティーが市民の行政への協力や法服従につながることを経験的に示す研究もある（「受動的代表（passive representation）」→「象徴的代表（symbolic representation）」）。つまり、近年の代表的官僚制論は、公務部門のダイバーシティーが異なる種類の代表を経由し、最終的に政策アウトカムの改善に至るという因果メカニズムを解明しようとしている。

本書が取り上げた5ヶ国では「組織の有効性や効率性に資する重要な資産（asset）」（Riccucci and Ryzin 2017：28）という観点から、公務部門におけるダイバーシティーを推進する取り組みは見られない。しかし、ここで述べた研究成果は、HRMの観点から各国の公務部門におけるダイバーシティー推進を捉え直すポテンシャルを秘めているといえよう。

Column

スウェーデンの国家公務員制度

　スウェーデンの行政組織の特徴の一つは小さい府省（departement）と大きな行政庁（myndighet, verk 等）である。この原型は16世紀のグスタヴ・ヴァーサ王の時代に遡るとされる。行政庁は独立の法人格をもち、政策の実施部門を担当する。業務分野に応じ形式的に各府省の下に分類されるが、個々の主務大臣との間に指揮命令関係はない。あくまで、内閣の下に置かれている。そして、2016年には11の府省に4,590人が勤務し、300程度の行政庁にはのべ25万人超が働いていた（注）。府省に限ると、最大で外務省の1,265人、最小が文化省の138人、その他は数百人程度の規模である。職員の男女比は府省全体で女性61％、男性39％で、男性が過半数（51％）を占めるのは防衛省のみである。管理職ポストの女性割合は徐々に上昇し、2016年で男女比が拮抗している。

　さて、スウェーデンでは公務員と民間労働者とは同じ労働関係法令が適用されるほか、労働組合も業種別・職種別で構成される。そして、公務員も民間労働者と同様に給与等労働条件が労使交渉を通じて決定される。労使間交渉が決裂した場合、ストライキという事態も発生する。2008年に保育士など地方公務員労組が大規模ストライキを決行した際は、市民生活にも相当の影響が出た。とはいえ、大勢としては労組を応援する声が大きかったようだ。

　このように、日本の公務員制度とは大きく異なるが、同様の課題も抱えている。例えば、高齢化への対応である。近年、1.8から1.9の高い出生率を維持しているが、平均寿命は男女とも80歳を超え、高齢化率は20％に迫る勢いだ。労働力の確保や年金給付水準の維持が課題となる。そこで、雇用保護法に定める定年年齢を2023年にかけて67歳から69歳に引き上げるほか、61歳から受給可能な公的年金を2026年目処に64歳まで引き上げる予定である。

　また、男女機会均等とともにダイバーシティーを推進している。府省や行政庁の職員には必ずしもスウェーデン国籍は要求されない。むしろ、国籍保有を要件とするポストの方が少ないのは、人口の20％を超える者が外国のバックグラウンドを持つスウェーデンならではである。さらに、4週間から7週間の有給休暇や柔軟な勤務時間制などはワークライフバランスを可能としている。

　なお、高負担国家ゆえ、ＩＴを活用して行政事務を効率化し、情報公開や高い倫理観が職員に要求されていることも付け加えておきたい。

注：機関数の出所は政府ウェブサイトの各府省別に掲載されている「Myndigheter med

flera」であり、また職員数には非常勤職員が含まれている。
参考：Regeringskansliet. 2016. Regeringskansliets årsbok 2016. など

（高崎経済大学　秋朝礼恵）

1　Demmke (2016) のいう 7 つの「束」とは、①雇用 (8 項目、例：民営化)、②給与 (6 項目、例：幹部職員の給与削減)、③研修 (6 項目、例：研修予算の削減)、④コスト抑制 (6 項目、例：早期退職)、⑤労働時間 (10 項目、例：労働時間の改革)、⑥職の安定性 (6 項目、例：公務員の免職の容易化)、及び⑦法的地位 (7 項目、例：有期雇用の改革) である。なお、OECD のいう HRM とは、HRM に関する「制度やマクロ配分に個別の具体的な人事運用を加えた広い概念」(小田・深尾 2009：134) であることに留意されたい。
2　Lodge and Hood (2012) は、ヨーロッパ諸国における近年の HRM 改革が単に予算制約の深刻さによってのみ規定されるわけではないことを指摘している。
3　以下の立論は、かつて原田 (2009) で展開した議論を修正・発展させたものである。
4　Brans et al. (2012) は、各国における基本給 (base salary) 以外の手当や付加給付がユニークでバラエティに富んでいるため、基本給を含めた報酬 (reward) の総額を比較の基準として用いにくいことを指摘している。
5　ドイツ連邦内務省ウェブサイト "Besoldungstabellen ab 1. Februar 2017" https://www.bmi.bund.de/SharedDocs/downloads/DE/themen/oeffentlicherDienst/beamte/besoldungstabellen-februar-2017.pdf?__blob=publicationFile&v=1 (最終アクセス 2018 年 3 月 9 日)
6　能力・実績主義型の人事評価の導入 (2007 年) 以前における国家公務員給与の「部内均衡」について論じた文献として、稲継 (2005) 参照
7　人事院ウェブサイト "国家公務員の諸手当の概要" www.jinji.go.jp/kyuuyo/index_pdf/teate_gaiyo.pdf (最終アクセス 2018 年 3 月 9 日)

III　比較政官関係論からみた日本の公務員制度

学習院大学法学部教授　野中尚人

　本稿では、英米独仏4か国における政官関係について基本的な仕組みと特質をまとめ、それらと比較することを通じて、日本における公務員制度、特に政官関係から見たその特徴を検討する。まず第1節では、政治的中立性と応答性とのバランス、政治的な任用の実態、政官の機能的インターフェースのあり方などに着目しながら各国での政官関係をまとめる。これを受けて第2節では、政治的な任用のパターンと幹部公務員の身分保障の問題を軸としながら改めて各国の特質を整理し、それとの比較で日本での政官関係の特質を明らかにする。それによって、55年体制時代と、90年代以降の変化の末に形成された現状との間には大きな質的相違の見られることが明確となる。

1　各国における政官関係の基本構造とその変化

　本節では、以下のようないくつかの論点を念頭に置きつつ、各国における政官関係の基本的な特質を比較する[1]。
1．政治的中立性と応答性―両者間のバランス
2．政治的な任用のパターン―その程度・ルールと適用範囲―「政治任用（スポイルズ・システム）」と「緩やかな政治的任用」[2]
3．政官のインターフェースの特質と「政治化」のパターン・程度

(1) アメリカ

　アメリカでは、政権交代に伴う幹部公務員の政治的中立性の規範は重視されていない。本書で扱う国の中で最も大々的に政治任用（スポイルズ・システム）が行われており、その程度も適用範囲も広い。ただし、ごく一部の最上級のポストを除けば、議員・政治家向けの処遇ポストの数は限られている。大統領が指揮する行政府と、議員によってコントロールされるコングレスとが、大きな権力集団として対峙していることも反映されている。そして、少なくとも幹部層に関しては「回転ドア」式に大量の民間（軍人）人材が政府に絶えず入り込んでくる仕組みとセットである。

(2) イギリス

　イギリスでは議院内閣制が早い段階から定着し、小選挙区制の下で政権交代の仕組みが築かれてきた。しかし、政官関係についてはやや特殊な面があ

り、特に組織・人事面から見た場合、分離の規範が最もしっかりと維持されている点には注意する必要がある。

　イギリスでは、上級の公務員が政策の助言を担っているが、公務員の組織管理・人事は基本的に政治的な影響からは遮断されている。例えば、首相の補佐機構と各大臣への限られた数の特別顧問を除けば、政治任用はない。また、本省局長などに関わる人事手続きでも、「政」の関与は抑制されている。さらに、「大臣規範」を見ても、大臣が配下の公務員に不適切な政治的圧力をかけることは禁じられているし、逆に公務員によってなされた中立的な助言に対して適正な考慮を払う義務が明記されている。つまり、２大政党制と政権交代という状況に対して、政治と行政との分業の仕組みを制度化することによって公務員の政治的中立性を確保するという対応を採ってきたといえる。

　具体的に見ると、政治任用（スポイルズ・システム）は特別顧問のみで、その数も限られている。首相は無制限であるが、他の大臣の特別顧問は1-2人に限定されている。2017年の時点では、合計88人であった。その他に、首相周辺の補佐機構に関して、1970年代以来、ポリシー・ユニットやそれに類似した形でその後継組織が設置されてきた。これらの組織は首相の権限で設置されるもので、メンバーの人事についても首相にかなり大きな裁量が与えられている。しかし、首相周辺の比較的規模の小さなものに限定されている。

　他方、幹部職員の人事は、いわゆるファーストストリーム制度と1996年に開始されたSCS（Senior Civil Service：本省課長級以上）制度の枠組みの中で、定期異動の形ではなく、空きポストが生じるのに応じて行われるのがルールである。特に、トップ200人ほどについては、省庁横断的に組織されている幹部リーダーシップ委員会が中心となって選考方式の決定を行う。同委員会が幹部公務員の人事情報を集積し、それを基にして選考方式を決定する。その上で、各省に設置される選考委員会では、人事委員会の委員が委員長となり、この委員会が面接などの選考を行った上で候補者を決定して大臣に報告する。大臣は、この推薦候補を拒絶することが出来るが、その場合には理由が必要で、さらにそれ以降の手続きにも人事委員会の承認が必要である。

　確かに、首相は政府組織の編成そのものを変更する権限を持っているし、内国公務の長や各省次官の交代に際しても、ショートリスト（少数の候補者名簿）に制約されるとはいえ、自らの判断で選ぶことができる。また首相は、各大臣の特別顧問についてもその人事に介入することができる。しかし他方で、大臣の人事権には強い制約があり、全体として見れば政治的な任用は限

定されている。むしろ公務員が自律的な自己組織管理の仕組みを持っていること、そして、その上層部では省庁横断的な仕組みと人事管理機関の関与という仕組みが採られていることが特徴である。そして、これらが全体として公務員の中立性を尊重する規範によって支えられていることが分かる。

(3) ドイツ

ドイツの公務員制度の根幹は依然としてラウフバーンを基礎とした官吏制度であり、政治的な中立性もその中の重要な原則である。しかし他方で、19世紀以来、「政治的官吏」の制度が形成され、政治的な応答性にも配慮してきたことには注意する必要がある。

現在、政治的官吏の制度は、本省の次官・局長、連邦の広報関係高官、大使などの一定レベルの外交官を中心として、400人ほどに適用されている。これらの政治的官吏は、終身官吏でありながら身分保障が弱められており、大臣はこれらの政治的官吏についてはいつでも理由を述べることなく「一時退職」に付することが出来る。また、大臣室長・秘書官、次官の秘書官など（200人ほど）は、法令上は政治的官吏としての指定はされていないものの、実際には同様の扱いになっているとされる。

これらのポストへの任用では、本来の原則である公募手続きが免除されている。しかし、アメリカ型の完全な政治任用とは異なり、大臣に選任権があるものの、高級職ラウフバーンの要件を満たす者（民間人材の場合はそれに見合うことを認証する手続きが必要）の中から選任する必要がある。事務次官の選任については大臣の主導性がかなり重要になっているようであるが、局長については部内昇進のパターンが多く、しかも次官・総務局長が候補者のショートリストを作成し、大臣はその中から選ぶのが通例とされる。結局、確かに政治的な任用を可能にする仕組みではあるが、ラウフバーンの持つメリット・システムの枠組み・手続きを尊重しつつ、その中で一定の政治的イニシアティヴを認め民主的な応答性を確保する方式である。緩やかな政治的任用と言えよう。

他方で、ラウフバーン制度が連邦と地方をまたぐ共通の枠組みとなっていることは、一時退職に付された官吏の処遇という面で一定の保険を与える形になっている。近年、その制度的な統一性は低下しつつあるとはいえ、高級職ラウフバーン資格と法曹資格の同時取得が容易という点も含めて、官吏の地位の安定化に寄与している。総合的に見て、メリット・システムのラウフバーン制度と政治的な応答性のための諸制度が、前者の基底的な重要性を確保した上で組み合わされていると言えよう。

(4) フランス

　フランスでは、公務員の政治的中立性と応答性のバランスは、かなりの程度後者を重視する形になっている。そしてこれは、公務員の世界が全般的に「政治化」されることにもつながっている。別の言い方をすれば、フランスでは政官が融合している。しかもその融合関係は、組織・人事と政策形成・決定という2つの面でともに起こっており、融合関係は深い。

　実は、こうした政官の融合傾向は、「公務」という概念が、狭い意味での政治と行政とを包摂したものとして広く捉えられていることと関連している。つまり、両者の間のハードルが低いのである。この結果例えば、公務員がその身分を維持したままで選挙に出て国会議員となること、あるいは大臣キャビネで政治性の強いポストに就くこともできる。

　幹部公務員については、コール（corps：職員群 − 権利・身分について同一の規程の適用を受ける集団）と各省庁との組み合わせが人事管理の枠組みである。つまり、上のような基本構造の上に（グラン）コールというもう1つの仕組みが存在し、エリート公務員たちに「公務」活動の大きな選択肢を提供しながら、同時にその身分を保障する形となっているのである。いわば、幅広い政治的なキャリア選択肢が2重の身分保障システムと組み合わされているのである。

　そして、政官の人的な融合関係は、最終的には官僚・公務員制度を土台としたエリート主義の上に構築されていると見ることができる。広い「公務」の考え方と仕組みがもたらした実態は、「官」が「政」の領域に入りこみ、それがさらには「官」を政治化するというサイクルを形成しているように思われる。政治のトップエリートの多くが、元はと言えばエリート公務員の出自を持つことがこれを象徴している。ただし、公務の世界を全体として見ると、政治的な応答性のロジックが強い幹部公務員の領域とは異なって、それぞれのコールが担う世界には自律性に近い形での中立性が存在していると考えて良い。この点にも注意が必要である。

　次に、具体的な政治的な任用の実態としては、大臣キャビネと本省局長等の高級職に関わる自由任用がある。まず、局長などの高級職については、合計で600程度、本省ポストとしては300程度が挙げられる。高級職の局長ポストに実際に誰を選任するのかは、一応閣議での承認を必要とするものの、大臣の裁量にほぼ任されているとされる。この自由任用の方式では公務員以外から採用することも可能であるが、実際にはほとんどが部内からの起用である。実質的に、緩やかな政治的任用になっていることがわかる。それに対

して大臣キャビネについては、実質的には完全な政治任用（スポイルズ・システム）であり、大臣が退任する際にはそれに合わせて自動的にポストから去ることがルールとなっている。ただし、キャビネ・メンバーの大半も、実際には派遣元が人件費の大半を負担する出向身分の公務員によって占められている。

このような両者の相違は、機能的な相違を反映している。前者が部局の長として担当部局の業務執行の責任を負っているのに対して、大臣キャビネは大臣の政治的意向を反映し、それに対する政策的な助言や議会・メディアへの対応、そしてライン部局への指示・調整を行うことが任務だからである。

従って、政官の機能的インターフェースでは、かなり強く政治的な主導性が押し出されており、それを担保しているのは広範にわたる政治的な任用である。特に、首相キャビネや大臣キャビネなどへの有力な人材の集約が重要な役割を果たしており、その結果、人的・組織的な融合体制が形成され、公務員の世界にかなり強い「政治化」も生じている。ただし、より広い構造的な視点から見れば、国家が養成するエリート官僚主義がその土台として深い意味を持っているとも言える。

2 比較からみた日本の政官関係

以上のような各国の状況を踏まえて、日本における政官関係の特質は何か、そして近年における変化の意味は何なのかということをまとめてみたい。ここでは2つの側面に注目する。1つは、幹部公務員の人事・組織管理において政治的な任用がどの程度あり、さらに間接的な「政治化」を通じた影響力がどの程度あるかという側面である。図7-3-1（次ページ）の上で言えば、人事上の分離・分業体制から、政治的な影響力を通じた融合体制という軸になる。

もう1つの軸は、幹部公務員の世界に政治的な任用や「政治化」が持ち込まれるのに対して、身分保障のための制度や実態がどの程度存在しているかである。ここでは、公式制度だけでなく、実質的な周辺的仕組み・慣行を含めて、総合的に幹部公務員がどの程度の身分保障を享受できる状態にあるのかを評価してみたい。2つの軸の組み合わせは、図7-3-1に示した通りである。

まずアメリカは、典型的な政治任用が幹部公務員のかなりの部分を占めている。任用の仕組みとして、政治の介入の度合いが強い上に範囲も広いと評価出来る。他方で、回転ドア式の社会的流動性が高く、多様なシンクタンク

❖ 図7−3−1　幹部公務員の組織・人事管理の条件　政治任用・政治化×身分保障

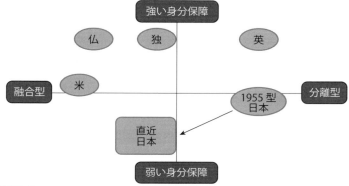

出典：筆者作成

などが受け皿として存在している。つまり、政治任用された幹部公務員には制度的な身分保障はないものの、流動性の高い社会的な環境が実質的な意味でリスクを軽減する働きをしている。

次にイギリスでは、分業の規範の下、公務員の人事は基本的に公務の世界でコントロールされてきたと言えよう。政治的な任用は範囲が限られており、次官や局長といったポストへの任用手続きも、人事委員会の関与が制度化された上で基本的に公務員自身によってコントロールされている。首相には相当な権限が留保されているが、大臣の影響力には強い制約がかかっている。大臣に出来ることは、人事方針の表明、幹部公務員たちがルールと手続きに則って決定し提示する選択肢―ショートリストの場合もある―の中から選ぶことである。

こうした人事管理システムの仕組みは、イギリスの公務員に対して高いレベルの身分保障を与えていると考えられる。確かに、民間人材の登用の増加やエージェンシー化政策の結果、公務の世界はかなり縮小していること、そしてNPM型の管理が伝統的な公務組織の管理の仕組みを変化させつつある点には注意が必要である。しかし全体的に見れば、少なくとも「政治」の影響に対しては、公務員の身分保障は一定のレベルを維持している。

ドイツでは、一部の幹部公務員は政治的官吏として、終身の官吏でありながらその身分保障が弱められている。従って、政治的な応答性を追求したい大臣は、政治的な考慮に基づいて自らを補佐する官吏を選ぶことができる。しかし、アメリカ型の強い政治任用と較べれば、適用の範囲が大臣の周辺と次官・局長などに絞られていること、手続き的にも、確かに公募手続きが免

除されて大臣に選任権があるものの、候補者の要件として高級職ラウフバーンの資格が求められることなどが異なる。また、民間からの登用には、別途人事委員会が関与する形での手続きが必要である。さらに、局長の選任には次官・総務局長が候補者のショートリストを作成し、大臣はその中から選択することが原則となっている。つまり、メリット・システムの貫徹する高級職ラウフバーンの枠組みが相当に重く影響する仕組みとなっており、メリット・システムに基づく緩やかな政治的な任用と言える。

他方、政治的官吏が一時退職に付された場合、ラウフバーンによる身分保障の仕組みが極めて大きな役割を果たしている。ラウフバーン制度は、国と州政府・市町村などをまたぐ共通の制度である。これによって、国の方でポストを失っても、州政府などでポストを得る可能性が残されているからである。全体として、制度的な身分保障に加えて、政治的な実態的条件の面でも、幹部公務員の実質的な身分保障の仕組みが形成されていると考えられよう。

フランスでは、大臣キャビネと本省局長等の高級職を対象として広範囲に政治的な任用が導入されている。特に前者では、制度上ほぼ制約のないアメリカ型の政治任用が可能である。局長等の場合には、メリット・システムの原則を重視するため、ほとんどが部内からの昇進者によって占められるが、任用での政治的な配慮は政治化が強まる原因になっている。全体として、フランスでの幹部公務員をめぐる政官関係は相当に強い融合型である。

しかし、もう1つの特徴は、公務員としての身分保障は相当に手厚いという点である。「政」という別の「公務」の世界へは出向という形で身分を維持したまま移れるだけでなく、コール制度によって政治任用ポストからの退任の後も一定のキャリア展望を持つことが可能になっている。つまり、基礎としての身分保障に加えて、有力コールへの所属が実質的な意味での保障をもたらすシステムとなっている。

(1) 日本 — 55年体制時代

これに対して55年体制時代の日本では、公務員の組織・人事管理は、各省単位で官房人事課・秘書課を中心とする定期的・組織的な異動の仕組みによって自律性の高い運用がされていた。人事権を持つはずの大臣の関与も相当に弱められた状態にあった。他方で、自民党の部会や族議員からの影響はあったものの、政治的な任用の範囲と程度もごく限定され、本省の次官や局長なども一貫して政治的な任用の対象からはずされてきた。つまり、基本的に分離型で、しかも「官」の側が個別省庁単位でかなり強固なイニシアティヴを握っており、「政治化」の浸透を抑止する形になっていた。

他方身分保障については、55年体制の時期においても、それほど堅固であったとは言えない。年金の水準は明らかに他の先進国よりも低かったし、早期勧奨退職の慣行があった。この組み合わせを裏側から支えていたのが天下りの仕組みであった。全体として、年金水準の低さが示すとおり身分保障の制度的な仕組みは弱体で、それを天下りというのいわば「筋の良くない」仕組みで支えていたと言えよう。

(2) 日本 — 近年の変化

　1990年代以降、こうした状況は大きく変化してきた。まず組織・人事管理の面では、2つの大きな変化が起こった。1つは、政治的な任用を適用する特別職公務員の範囲・数が次第に拡大されてきたことである。90年代後半の橋本行革での内閣官房の強化が1つの転機となり、官房副長官の増員と危機管理官の設置に加え、首相秘書官の定数が弾力化された。内閣広報官や同情報官の設置も同じ流れの中にある。さらにその後、国家安全保障局長、内閣人事局長、なども新設された。また、首相補佐官は1996年に法制化されていたが、さらに2014年に国家公務員法が改正されたことにより、大臣補佐官も任命できるようになった。

　しかし、2014年のこの大改正は、公務員制度についてより根本的な変化をもたらしたと言うべきであろう。幹部公務員人事の本体の仕組みが大きく変更されたからである。本府省の事務次官、局長、審議官、外局長官は、「幹部職員」として任用の特例が定められた。首相から権限を委任された官房長官による適格性審査を経て幹部候補者名簿が作成され、幹部職への任命は、任命権者たる各府省大臣が、幹部候補者名簿に記載されている者のうちから、内閣総理大臣及び内閣官房長官に協議した上で行うこととされた。そして、本府省局長は、勤務実績に問題がない場合であっても、そのポストに関してより適任な者がいれば、その者にポストを譲るため審議官級に降任させることもできることになった。

　こうして、適格性審査と任免協議を通じて、幹部公務員に対する人事管理の権限は事実上官邸に集約された。確かに、大臣の人事権は残されているが、官邸の側が任免協議へのイニシアティヴを採れるようになった結果、実質的な人事権が官邸にあるということは、全ての幹部公務員にとって明らかとなったのである。こうした官邸への人事権の集約は、官房長官が主催する人事検討会議がすでに90年代後半に設置されて以来、徐々に進みつつあったが、今や決定的な段階に到ったと言える。この方式は、確かにメリット・システムをベースとしているが、幹部公務員の世界が次第に「政治化」される

リスクを孕んでいる点には十分な注意が必要であろう。

他方、身分保障の面では、旧来型の天下りが、「官」のシステムとしては完全に否定されたことが重要である。その一方で、修正されつつあるとは言え、幹部公務員の早期退職の慣行は依然としてかなり残っている。それに対して、代替的な官民間の人材交流の仕組みが全く作られなかった訳ではないが、それは以前のようなシステマティックなものではない。そして、年金水準は国際比較の観点から見れば突出した低さにあることには何ら変化がない。従って、総合的に見れば、身分保障の実質的なレベルは、相当に低下したと言うべきであろう。表の制度的弱体さが補強されることなく、他方でいわば裏の補完システムがほぼなくなったからである。

(3) 日本の変化をめぐるいくつかの論点

以上の検討をまとめ、またそれに基づきながら若干のコメントを付しておきたい。

なお、これまでの検討を、政治的な任用の強さ（スポイルズ：緩やかなパターン）、任用行為を通じる方式と「政治化」による方式との区別などに注目しつつ、図7-3-2に示しておいた。

① 日本での政官関係は55年体制時代から大きく変容し、この四半世紀の間にいくつかの面で政治的な主導性が格段に強められた。
② 幹部公務員の人事に関しては、かなり強い分離体制から、相当に強い、少なくとも中程度の政治関与を伴った融合パターンへと変容した。しか

❖ 図7-3-2　政官関係の論点構造と実態　政治的任用⇔「政治化」⇔政官分離

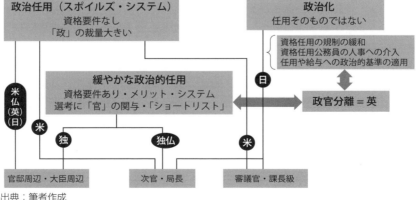

出典：筆者作成

も、直接的な政治的任用という形ではないが、審議官以上という極めて広範囲の幹部職に対して影響力を行使する可能性が設定され、それが官邸に集約される形となった。
③ 他方で、実質的な身分保障のレベルは、相当に低下した。こうした状況の下では、公務員が公務を適正に執行する上での土台が脆弱になりすぎている恐れが強い。身分保障の問題は公務員の世界を規定する根本要因だが、日本ではそれが突出するほどに脆弱になったのではないか。
④ 従って、任用・人事に関する融合体制への変化と、実質的な身分保障レベルの低下という二重の変化が起こったことが分かる。官邸の意向に対するいわゆる「忖度」行動が極端な形で生じるのは、こうした二重の変化の結果である。
⑤ 全体として、日本の現状は「剥き出し」の人事権にかなり近づいており、政治的中立性と応答性とのバランスという観点から見ると、後者の方へかなり強く傾斜した。こうした状況に対応するためには、イギリスやドイツなどの例を参考にしつつ、メリット・システムの土俵を重視すること、「官」が手続き的に明確に責任を持つ範囲を設定すること、あるいは大臣たちが選考する際には「ショートリスト」方式を用いることなどを検討すべきであろう。
⑥ 政官関係は、全体としての統治構造の中に位置づけて理解する必要がある。その意味では、1990年代以降の平成の政治改革の結果、首相と官邸への集権化が進展したことは重要である。残された大きな課題は、むしろ、融合型の政官関係構造に適合する適切な「大臣規範」、つまりは強い権限と影響力を持つことに見合った「政」の側の自己抑制と責任の原則を確立することであろう。

　日本の政官関係は、今や、政治主導、あるいは官邸主導と呼ばれる体制に近づいてきた。グローバル化された世界での大競争や民間と市場のメカニズムを取り入れる公的管理の変革という流れを背景として、幹部公務員に求められる政治的な応答性は格段に強まってきたのである。他方で、少なくとも潜在的な政権交代のロジックは、政官の間の距離感や中立性という問題を改めて突きつけている。今後は、政治への応答性を確保しつつ、長期的・専門的な観点を維持し、過度の「政治化」に陥らないようなバランスを維持することがこれまで以上に重要になってこよう。
　従来、日本政治の問題としては、行政官僚が過度に政治的で、しかも各省が縦割りの割拠主義に陥りやすかったことなどが指摘されてきた。しかし今

や、官邸への極端な「忖度」が見られる通り、状況は大きく変容した。その結果、政治主導、なかんずく官邸主導が格段に強められたことに鑑みれば、今後の本質的な課題は、大きな実質的権力を握った官邸が本来的な（説明と結果への）政治責任を果たすための仕組みやルールをどのように構築するかということに移ったと言える。強い権力にはそれに見合う責任ルールがなければならない。それが民主主義の原則であり、日本での政官関係の再構築という観点からもこれが残された大きな課題である。

---

1 特にこの第1節は、基本的に本書の先行版とも言うべき村松岐夫編著『公務員制度改革』（学陽書房、2008年）での論述に依拠する部分が多い。最近の変化を除けば同書での議論に基づいているため、注記は省略する。村松岐夫編著『最新 公務員制度改革』（学陽書房、2012年）も含めてぜひ参照していただきたい。

2 政治的な任用の中には、任用の対象者に資格要件がなく、「政」の裁量権にほぼ制約がないような場合と、資格要件があり手続き・ルールの面でも条件づけがされている場合とがある。ここでは、前者を「政治任用（スポイルズ・システム）」と呼び、後者を「緩やかな政治的任用」と呼んで区別することにしたい。後者の場合、特にメリット・システムの枠の中にあるのかどうかが重要な論点となる。なお、「政治化」、ならびに政治的任用については、Guy Peters and Jon Pierre, eds., *Politicization of the Civil Service in Comparative Perspective* (Routledge, 2004)、出雲明子『公務員制度改革と政治主導』（東海大学出版会、2014年）を参照されたい。

Ⅳ 外国事例からの観察

京都大学名誉教授　村松岐夫

　本章は、三人の研究者による最近の諸外国における人事改革を論じたものである。これらの論文のなかで筆者が関心を持ったいくつかの点を取り上げてみたい。

　稲継論文「NPMと公務員制度改革—英米独仏日の状況」で特徴的なのは、NPM改革には、管理における分権化志向があるという点である。これは採用人事が分権化される傾向にあるということと関係する。筆者は、人事に関する分権化を考えようとしているのではない。英米のように、職位に空きができたとき公募するという方法では、当該ポストの専門知識を担うことができる人材の採用は現場に近いところの仕事になる。日本では無理である。日本は、同時一斉任用であり、分権化のことは考えていない。同時一斉は、民間の採用に関する経団連のリクルート・スケジュールとしても現れる。毎年、何時「解禁」であるかは企業にとっても学生にも重要であり、公務員試験も世の動向に注意して日程が決まる。ただし、今年は少し違う状況が出ている。2020年・オリンピックのために面接会場を企業のスケジュールでは決められないという問題が出ている。

　原田論文「人的資源管理の変容」は、公務員の労働インセンティブを論じ、プロフェッション型、出世型、職人型などを分析した。日本のいわゆるキャリア組におけるインセンティブが、他のインセンティブに優位して提供されていることも示唆している。インセンティブをどう見せるか、それを現実にどう適用するかは、公務職に関するリクルートの問題になり、さらにダイバーシティの問題に発展するに違いないが、注目されるのは、原田が、分析の一部に、人材管理が、スペシャリスト育成とジェネラリスト推奨のどちらに傾斜していると指摘している点である。スペシャリストを奨励する仕組みの人材管理について、ドイツでは、日本よりも専門職志向であるとしている。修士レベルの学位を持ち、日本に比べると、人事異動の範囲が狭いようである。

　野中論文「比較政官関係論から見た日本の公務員制度」は、本書が基本的に採用している公務員制度の二類型、A型・B型論にチャレンジしているところがある。日本は、独仏とともに公務員制度の強い国であるB型としている。しかし、彼は、実質を分析していくと、日本はA型ではないかと言うのである。日本の公務員の実質的な身分保障が弱いからである。このことは、日本の公務員制度の理解にきわめて重要である。

この稿を終える時点で、文部科学省の担当課長から、地方教育委員会に送ったメールの内容が、国会議員の指示によったものであることが話題になっている。国会議員の行動は、問題が教育問題であるから不適当と言うだけではない。国会議員は、行政に対してその結果を批判する立場にあるのであって、一緒に行政をするのは仕事ではない。

　三権分立はどうなるのか。また国会議員は国会議員としてもっとやるべきことがあるのではないか。

　公務員への身分保障と生活保障が重要であることを書き留めておきたい。公務員に身分保障と生活保障を与えている国では、公務員試験を通じてではあるが、堂々と若者のリクルートができる。職場に専念させることもできるし、「退職後も安心だよ」と言うことができる。こうしたことを言うことができなければ、若者のリクルートは難しくなる。公務員に強い保証をしている国では、エリートを選りすぐることができて早くからの昇進を保証する仕組みのＢ型になるのであるが、質のよい行政を持つことができるかどうかは、身分保障と密接に関係する。野中論文を読んでいただきたい。

Column

OECD 理事会は公務員倫理に関する新たな勧告を採択

　2017年1月、経済開発協力機構（OECD）理事会は、公務部門の清廉性に関する新たな勧告を採択した。この勧告は、1998年に採択された、公務における倫理を管理するための諸原則を盛り込んだ「公務における倫理的行動の向上に関する理事会勧告」に置き換わるものである。

　この勧告では、清廉性が政治的・経済的・社会的制度の柱の1つであって、経済的・社会的福祉並びに個人及び社会全体の繁栄にとって不可欠であることを認め、また、清廉性が公共ガバナンスにとって必要不可欠であり、公共の利益を保護し、法の支配の原則と人権尊重に基づく多元的民主主義へのコミットメントという基本的な価値観を強化するものであることを認め、さらに、清廉性は良いガバナンスのシステム全体の礎石であり、公務部門の清廉性に関するアップデートされたガイダンスは、公共ガバナンスの他の主要な要素との一貫性を促進するものであるという認識に立って、「システム」、「文化」及び「説明責任」という3つの柱で勧告を行っている。

　最初の柱は、一貫性のある包括的な公的部門の清廉性システムを作ること、である。この柱の下に具体的には、

① 公的部門の清廉性の向上と汚職削減に向け、高いレベルでの関与を示すこと、
② 公的部門全体で、制度的な責任を明らかにすること、
③ エビデンスに基づき、公的部門の清廉性に係るリスクを低減する、戦略的アプローチを開発すること、
④ 公務員に高い水準の行為規範を制定すること、

を勧告している。

　次の柱は、公的部門の清廉性の文化を創り出すこと、である。この柱の下に具体的には、

⑤ 公的部門の清廉性の文化を社会全体のものとして向上させること、
⑥ 公的部門組織の清廉性に対する関与を示す清廉性リーダーシップに投資すること、
⑦ 公務の価値及び良いガバナンスに奉仕する、成績主義の原則に基づく専門的な公的部門を推進すること、

⑧ 公務員が公的清廉性規範を職場に適用することができるよう、十分な情報、研修、ガイダンス、適宜の助言を提供すること、
⑨ 清廉性の関心に応える、公務部門における開放的な組織文化を支援すること、
を勧告している。

3つ目の柱は、効果的な説明責任を可能にすること、である。この柱の下に具体的には、
⑩ 公務組織の清廉性を守るため、内部統制及びリスク管理の枠組みを適用すること、
⑪ 公務員の清廉性規範に違反する疑いのある事案が発生した場合には適切に対応することができる執行メカニズムを確保すること、
⑫ 公的部門の清廉性システムにおける外部監視及び管理の役割を強化すること、
⑬ 説明責任及び公益を増進するため、政治プロセス及び政策サイクルの全段階において、透明性とステークホルダーの関与を奨励すること、
を勧告している。

OECDでは、この勧告を実施するため、新たなツールキットの開発を進めている。

OECD「公的清廉性に関する理事会勧告」については、次のサイトで閲覧可能である。
http://www.oecd.org/gov/ethics/integrity-recommendation-jpn.pdf
(最終アクセス2017年12月15日)

（合田秀樹）

主要参考文献

【全体、各国共通】

辻清明『公務員制の研究』(東京大学出版会、1991年)

バーナード・S・シルバーマン(武藤博己、新川達郎、小池治、西尾隆、辻隆夫訳)『比較官僚制成立史―フランス、日本、アメリカ、イギリスにおける政治と官僚制―』(三嶺書房、1999年)

稲継裕昭『人事・給与と地方自治』(東洋経済新報社、2000年)

公務員制度研究会編『諸外国公務員制度の展開』『公務研究』2巻2号(2000年)

村松岐夫『行政学教科書(第2版)』(有斐閣、2001年)

西尾勝『行政学(新版)』(有斐閣、2001年)

日本ILO協会編『欧米の公務員制度と日本の公務員制度―公務労働の現状と未来―』(日本ILO協会、2003年)

坂本勝『公務員制度の研究―日米英幹部職の代表制と政策役割―』(法律文化社、2006年)

人事院『諸外国の公務員年金並びに民間の企業年金及び退職金の実態調査並びに新たな公務員制度としての仕組みについての基本的事項に係る本院の見解について』(2006年)

懸公一郎、坂本勝、牛山久仁彦、久邇良子『欧米における公務員の労働基本権に関する調査研究報告書』(行政管理研究センター、2007年)

飯尾潤『日本の統治構造―官僚内閣制から議会内閣制へ―』(中央公論新社、2007年)

村松岐夫編『公務員制度改革―米・英・独・仏の動向を踏まえて』(学陽書房、2008年)

藤田由紀子『公務員制度と専門性―技術系行政官の日英比較』(専修大学出版局、2008年)

村松岐夫編『最新 公務員制度改革』(学陽書房、2012年)

人事院『年次報告書(平成15・16・19・21~25・28年度)』(2004・2005・2008・2010~2014・2017年)

Hood, Christopher and B. Guy Peters (eds.), *Rewards at the Top: A Comparative Study of High Public Office* (Sage Publications, 1994).

Rhodes, R. A. W. and Patrick Dunleavy (eds.), *Prime Minister, Cabinet and Core Executive* (Macmillan, 1995).

Page, Edward C. and Vincent Wright (eds.), *Bureaucratic Elites in Western European States* (Oxford University Press, 1999).

Rhodes, R. A. W. and Patrick Weller, *The Changing World of Top Officials: Mandarins or Valets?* (Open University Press, 2001).

Hood, Christopher and B. Guy Peters with Grace O. M. Lee (eds.), *Reward for High Public Office: Asian and Pacific-Rim states* (Routledge, 2003).

OECD, *Performance-related Pay Policies for Government Employees* (OECD Publishing, 2005).

Hood, Christopher and Martin Lodge, *The Politics of Public Service Bargains: Reward, Competency, Loyalty—and Blame* (Oxford University Press, 2006).

Matheson, Alex, et al., 'Study on the Political Involvement in Senior Staffing and on the Delineation of Responsibilities between Ministers and Senior Civil Servants', *OECD Working Papers on Public Governance*, 2007/6 (OECD Publishing, 2007).

Van Wart, Montgomery, et al. (eds.), *Leadership and Culture: Comparative Models of Top Civil Servant Training* (Palgrave Macmillan, 2015).

主要参考文献

【日本】
岡田彰『現代日本官僚制の成立』(法政大学出版局、1994年)
稲継裕昭『日本の官僚人事システム』(東洋経済新報社、1996年)
西村美香『日本の公務員給与政策』(東京大学出版会、1999年)
森田寛二『行政機関と内閣府』(良書普及会、2000年)
稲継裕昭『公務員給与序説―給与体系の歴史的変遷』(有斐閣、2005年)
川手摂『戦後日本の公務員制度史―「キャリア」システムの成立と展開』(岩波書店、2005年)
大森彌『官のシステム』(東京大学出版会、2006年)
村松岐夫、久米郁男『日本政治変動の30年―政治家・官僚・団体調査に見る構造変容』(東洋経済新報社、2006年)
中道實編『日本官僚制の連続と変化』(ナカニシヤ出版、2007年)
山口二郎『内閣制度』(東京大学出版会、2007年)
村松岐夫編著『公務改革の突破口―政策評価と人事行政―』(東洋経済新報社、2008年)
真渕勝『官僚』(東京大学出版会、2010年)
桑田耕太郎、田尾雅夫『組織論〈補訂版〉』(有斐閣、2010年)
出雲明子『公務員制度改革と政治主導』(東海大学出版部、2014年)
高橋滋「労働基本権付与を前提とした公務員法制度のあり方―2011年法案の検討」『自治研究』90巻10号(2014年)
森園幸男ほか編『逐条国家公務員法〈全訂版〉』(学陽書房、2015年)
伊藤正次、出雲明子、手塚洋輔『はじめての行政学』(有斐閣、2016年)
原田久『行政学』(法律文化社、2016年)
森田朗『現代の行政』(第一法規、2017年)
金井利之『行政学講義―日本官僚制を解剖する』(筑摩書房、2018年)
西尾隆『行政学叢書Ⅱ 公務員制』(東京大学出版会、2018年)

【アメリカ】
デイヴィッド・ルイス(稲継裕昭監訳)『大統領任命の政治学―政治任用の実態と行政への影響』(ミネルヴァ書房、2009年)
坂本勝「米国連邦公務員制度の人事政策の動向―柔軟な任用と幹部要員の人材育成」『龍谷政策学論集』1巻2号(2012年)
稲継裕昭「アメリカ合衆国の地方公務員の給与制度について」『地方公務員月報』第623号(2015年)
宮田智之『アメリカ政治とシンクタンク』(東京大学出版会、2017年)
Van Riper, Paul P., *History of the United States Civil Service* (Greenwood Press, 1958).
National Commission on the Public Service, *Leadership for America: Rebuilding the Public Service* (1989).
Ingraham, Patricia Wallace, *The Foundation of Merit: Public Service in American Democracy* (The Johns Hopkins University Press, 1995).
Henry, Nicholas, *Public Administration and Public Affairs,* 7th ed. (Prentice Hall, 1999).

Aberbach, Joel D. and Bert A. Rockman, *In the Web of Politics: Three Dacades of the U.S. Federal Executive* (Brookings Institution Press, 2000).
National Commission on the Public Service, *Urgent Business for America: Revitalizing the Federal Government for the 21st Century* (2003).
Cayer, N. Joseph, *Public Personnel Administration*, 4th ed. (Wadsworth, 2004).
Rossotti, Charles O., *Many Unhappy Returns: One Man's Quest to Turn Around the Most Unpopular Organization in America* (Harvard Business School Press, 2005).
Kettl, Donald F. and James W. Fesler, *The Politics of the Administrative Process*, 3rd ed. (CQ Press, 2005).
Kellough, J. Edward and Lloyd G. Nigro (eds.), *Civil Service Reform in the States* (State University of New York Press, 2006).
Naff, Katherine C., Norma M. Riccucci and Siegrun Fox Freyss, *Personnel Management in Government: Politics and Process*, 7th ed. (Routledge, 2013).
Nigro, Lloyd G. and J. Edward Kellough, *The New Public Personnel Administration*, 7th ed. (Wadsworth, 2014).
Riccucci, Norma M. (ed.), *Public Personnel Management: Current Concerns, Future Challenges*, 6th ed. (Routledge, 2017).

《ウェブサイト》
U.S. Federal Labor Relations Authority：https://www.flra.gov/
U.S. Government Accountability Office：https://www.gao.gov/
U.S. Merit Systems Protection Board：https://www.mspb.gov/
U.S. Office of Government Ethics：https://www.oge.gov/
U.S. Office of Personnel Management：https://www.opm.gov/
U.S. Office of Special Counsel：https://osc.gov/
Partnership for Public Service：https://ourpublicservice.org/

【イギリス】
ジューン・バーナム、ロバート・パイパー（稲継裕昭監訳）『イギリスの行政改革―「現代化」する公務―』（ミネルヴァ書房、2010年）
藤田由紀子「英国公務員制度改革における「専門職化」の意義」『季刊行政管理研究』146号（2014年）
内山融「英国の政官関係」『国際社会科学』2013第63輯（2014年）
嶋田博子「公務の『中立性』はどう理解されてきたか―政策立案における行政官の役割確保に向けた考察―」『政策科学』24巻4号（2017年）
高安健将『議院内閣制―変貌する英国モデル』（中央公論新社、2018年）
Drewry, Gavin and Tony Butcher, *The Civil Service Today*, 2nd ed. (Blackwell, 1991).
Cabinet office, *Civil Service: Continuity and Change*, Cm.2627 (HMSO, 1994).
Pyper, Robert, *The British Civil Service* (Prentice Hall, 1995).

主要参考文献

Pilkington, Colin, *The Civil Service in Britain Today* (Manchester University Press, 1999).
Office of National Statistics, *Civil Service Statistics* (2000, 2010, 2017).
Budge, Ian, et al., *The New British Politics*, 4th ed. (Pearson Education, 2007).
House of Commons, Public Administration Select Committee, *Skills for Government Ninth Report of Session 2006-2007 volume1* (The Stationery Office Limited, 2007).
Rhodes, R.A.W., *Everyday Life in British Government* (Oxford University Press, 2011).
Kingdom, John and Paul Fairclough, *Government and Politics in Britain*, 4th ed. (Polity Press, 2014).
Yong, Ben and Robert Hazell, *Special Advisers: Who they are, what they do and why they matter* (Hart Publishing, 2016).
Cabinet Office, *Civil Service Reform Plan: One Year On* (2017).
Civil Service Commission, *Annual Report and Accounts 2016-17* (2017).
House of Commons, Public Administration and Constitutional Affairs Committee, *The Work of the Civil Service: key themes and preliminary findings, Fifteenth Report of Session 2016-17* (2017).
House of Commons, *Special Advisers House of Commons Library Briefing Paper, Number 03813, 1 Feb.2017* (2017).
National Audit Office, *Capability in the civil service* (2017).

《ウェブサイト》
GOV.UK：https://www.gov.uk/
　Advisory Committee on Business Appointment：https://www.gov.uk/government/organisations/advisory-committee-on-business-appointments
　Cabinet Office：https://www.gov.uk/government/organisations/cabinet-office
　Civil Service：https://www.gov.uk/government/organisations/civil-service
　HM Treasury：https://www.gov.uk/government/organisations/hm-treasury
　Review Body on Senior Salaries：https://www.gov.uk/government/organisations/review-body-on-senior-salaries
Civil Service Commission：http://civilservicecommission.independent.gov.uk/
Local Government Association：https://www.local.gov.uk/
The Welsh Government：http://gov.wales/
The FDA：https://www.fda.org.uk/

【ドイツ】
上山安敏『ドイツ官僚制成立論―主としてプロイセン絶対制国家を中心として』（有斐閣、1964 年）
レナーテ・マインツ（片岡寛光監修、縣公一郎訳）『行政の機能と構造―ドイツ行政社会学』（成文堂、1986 年）
原田久『社会制御の行政学―マインツ行政社会学の視座』（信山社、2000 年）

原田久『NPM 時代の組織と人事』(信山社、2005 年)
国立国会図書館調査及び立法考査局『主要国の議会制度』(国立国会図書館、2010 年)
財団法人自治体国際化協会『ドイツの地方自治(概要版)』(財団法人自治体国際化協会、2011 年)
平島健司『ドイツの政治』(東京大学出版会、2017 年)
奈良間貴洋「ドイツ公務員制度の動向―ラウフバーン、給与・賃金制度を中心として」佐藤英善編著『公務員制度改革という時代』(敬文堂、2017 年)
原田久「ドイツの政府中枢」日本行政学会編『年報行政研究 53・政府中枢をめぐる国際比較』(ぎょうせい、2018 年)
Hattenhauer, Hans, *Geschichte des deutschen Beamtentums*, 2., verm. Aufl. (Carl Heymanns Verlag, 1993).
Wind, Ferdinand, Rudolf Schimana und Manfred Wichmann, *Öffentliches Dienstrecht*, 4. Aufl. (Kohlhammer, Deutscher Gemeindeverlag, 1998).
Kunig, Philip, 'Das Recht des öffentlichen Dienstes', in Eberhard Schmidt-Aßmann (ed.), *Besonderes Verwaltungsrecht*, 12.Aufl. (De Gruyter Recht, 2003).
Auerbach, Bettina, *Das neue Bundesbeamtengesetz*, 1. Aufl. (rehm, 2009).
Ebinger, Falk und Linda Jochheim, 'Wessen loyale Diener? Wie die Große Koalition die deutsche Ministerialbürokratie veränderte', *der moderne staat*, Heft 2/2009.
Bundesministerium des Innern, *Handbuch zur Vorbereitung von Rechts- und Verwaltungsvorschriften*, 2. Aufl. (Bundesanzeiger Verlag, 2012).
Bundesministerium des Innern, *Der öffentliche Dienst des Bundes* (Bundesministerium des Innern, 2014).
Bieler, Frank (begründet von Kurt Ebert), *Das gesamte öffentliche Dienstrecht*, 2., neugestaltete Aufl. (Erich Schmidt Verlag, 2015).
Veit, Sylvia and Simon Scholz, 'Linking administrative career patterns and politicisation: signalling effects in the careers of top civil servants in Germany', *International Review of Administrative Sciences*, Volume 82 (2016).
Busse, Volker und Hans Hofmann, *Bundeskanzleramt und Bundesregierung*, 6. Aufl. (Carl Heymanns Verlag, 2016).
Battis, Ulrich, *Bundesbeamtengesetz*, 5. Aufl. (Verlag C.H.Beck, 2017).

《ウェブサイト》
Die Bundesregierung：https://www.bundesregierung.de/Webs/Breg/DE/Startseite/startseite_node.html
Bundesministerium des Innern, für Bau und Heimat：https://www.bmi.bund.de/DE/startseite/startseite-node.html
Deutscher Bundestag：http://www.bundestag.de/
Statistisches Bundesamt：https://www.destatis.de/DE/Startseite.html
DBB Beamtenbund und Tarifunion：https://www.dbb.de/

主要参考文献

【フランス】

ミシェル・クロジエ（影山喜一訳）『閉ざされた社会―現代フランス病の考察』（日本経済新聞社、1981年）

J.E.S. ヘイワード（川崎信文ほか訳）『フランス政治百科』（上下）（勁草書房、1986年）

P. ビルンボーム（田口富久治監訳）『現代フランスの権力エリート』（日本経済評論社、1988年）

桜井陽二編著『フランス政治のメカニズム』（芦書房、1995年）

柏倉康夫『エリートのつくり方―グランド・ゼコールの社会学』（筑摩書房、1996年）

大嶽秀夫・野中尚人『政治過程の比較分析―フランスと日本―』（放送大学教育振興会、1999年）

野中尚人「高級行政官僚の人事システムについての日仏比較と執政中枢論への展望」日本比較政治学会編『日本政治を比較する』（早稲田大学出版部、2005年）

下井康史『公務員制度の法理論―日仏比較公務員法研究』（弘文堂、2017年）

Auby, Jean-Marie, Jean-Bernard Auby, Didier Jean-Pierre et Antony Taillefait, *Droit de la fonction publique* (Dalloz).

Cornu, Gérard, *Vocabulaire juridique* (Presses Universitaires de France).

Suleiman, Ezra N., *Politics, Power, and Bureaucracy in France: The Administrative Elite* (Princeton University Press, 1974).

Suleiman, Ezra N., *Elites in French Society: The Politics of Survival* (Princeton University Press, 1978).

De Baecque, F. et J.-L. Quermonne, *Administration et politique sous la Cinquième République* (Presses de la F.N.S.P., 1982).

Kesler, Jean-François, *L'ENA, la Société, l'Etat* (Berger-Levrault, 1985).

Kessler, Marie-Christine, *Les Grands Corps de l'Etat* (Presses Universitaires de France, 1994).

Schrameck, Olivier, *Les cabinets ministériels* (Dalloz, 1995).

Thomas, Yves, *Histoire de l'administration* (Editions La Découverte, 1995).

Bigaut, Christian, *Les cabinets ministériels* (Librairie général de droit et de jurisprudence, 1997).

Eymeri, Jean-Michel, *La fabrique des énarques* (Economica, 2001).

Hayward, Jack and Vincent Wright, *Governing from the Centre: Core Executive Coordination in France* (Oxford University Press, 2002).

Rouban, Luc, *La fonction publique*, Editions (La Découverte, 2004).

Ministère du Travail, *TOUT SAVOIR SUR LA REFORME DES RETRAITES DANS LA FONCTION PUBLIQUE* (2010).

Rouban, Luc, *La fonction publique en débat* (La documentation française, 2014).

Rouban, Luc, *Quel avenir pour la fonction publique?* (La documentation française, 2017).

DGAFP, *Rapport annuel sur l'état de la fonction publique édition* 2017.

《ウェブサイト》
Ecole Nationale d'Administration：https://www.ena.fr/
Ecole Polytechnique：http://www.polytechnique.edu/
Legifrance.gouv.fr：https://www.legifrance.gouv.fr/
Le portail de la Fonction publique：https://www.fonction-publique.gouv.fr/
Service-Public.fr：https://www.service-public.fr/

【第7章】

小田勇樹・深尾健太「解説―公務員制度の定量的分析の課題と国際比較からみた日本の現状」OECD編（平井文三監訳）『公務員制度改革の国際比較―公共雇用マネジメントの潮流』（明石書店、2009年）

原田久「公務員制度における『部分』と『体系』―共著『公務員制度改革』余滴」『地方公務員月報』555号（2009年）

平野光俊「ハイコミットメント型HRMと人事部の役割が経営パフォーマンスに与える影響」『国民経済雑誌』205巻2号（2012年）

OECD編（平井文三訳）『図表でみる世界の行政改革―OECDインディケータ（2015年版）』（明石書店、2016年）

Hood, Christopher, 'A Public Management for All Seasons?', *Public Administration*, Volume 69, Issue 1 (1991).

Dunleavy, Patrick and Christopher Hood, 'From old public administration to new public Management', *Public Money and Management*, Volume 14, Issue 3 (1994).

Halligan, John, 'The Diffusion of Civil Service Reform', in Hans A.G.M. Bekke, et al. (eds.), *Civil Service Systems in comparative perspective* (Indiana University Press, 1996).

Hood, Christopher, 'Exploring Variations in Public Management reform of the 1980s', in Hans A.G.M. Bekke, et al. (eds.), *Civil Service Systems in comparative perspective* (Indiana University Press, 1996).

Scott, Graham C., *Government Reform in New Zealand* (International Monetary Fund, 1996).

OECD, *In Search of Results: Performance Management Practices* (OECD, 1997).

Halligan, John, 'Comparative Perspectives' in John Helligan (ed.), *Civil Service Systems in Anglo-American Countries* (Edward Elgar, 2003).

Peters, B. Guy and Jon Pierre (eds.), *Politicization of the Civil Service in Comparative Perspective* (Routledge, 2004).

Dunleavy, Patrick, Helen Margetts, Simon Bastow and Jane Tinkler, 'New Public Management Is Dead―Long Live Digital Era Governance', *Journal of Public Administration Research and Theory*, Vol.16, No.3 (2005).

Hornton, Sylvia, 'Contrasting Anglo-American and Continental European civil service systems' in Andrew Massey (ed.), *International Handbook on Civil Service systems*

(Edward Elgar, 2011).

Brans, Marleen, B. Guy Peters and Bart Verbelen, 'Rewards at the Top: Cross-Country Comparisons across Offices and over Time', in Marleen Brans and B. Guy Peters (eds), *Rewards for High Public Office in Europe and North America* (Routledge, 2012).

Lodge, Martin and Christopher Hood, 'Into an Age of Multiple Austerities? Public Management and Public Service Bargains across OECD Countries', *Governance*, Volume 25, Issue 1 (2012).

OECD, *Economic Outlook*, Volume 2014 (OECD Publishing, 2014).

Demmke, Christoph, *Doing Better with Less? The Future of the Government Workforce: Politics of Public HRM Reforms in 32 Countries* (Peter Lang, 2016).

Pollitt, Christpher and Geert Bouckaert, *Public Management Reform: A Comparative Analysis — into the Age of Austerity*, 4th ed. (Oxford University Press, 2017).

Riccucci, Norma M., and Gregg G. Van Ryzin, 'Representative Bureaucracy: A Lever to Enhance Social Equity, Coproduction, and Democracy', *Public Administration Review* 77 (2017).

用語索引

- EUとの関係、EU勤務 …… 189、225
- 一時退職 …… 173
- 異動 …… 36、100、163、215
- カテゴリーレイティング …… 30
- 官職分類 …… 25
- 官吏 …… 23、147、207
- 給与 …… 49、116、179、241
- 勤務時間、休暇、休業 …… 57、122、123、181、248
- 憲法事項改革・統治法 …… 90
- 公募 …… 35、94、159、164、221
- 公務員改革法（1978年）…… 21
- 公務員の種類・数 …… 23、88、147、207
- 公務員法制 …… 21、90、150、206
- 公務改革計画 …… 131
- 公務被用者 …… 147
- コール …… 212
- 国籍 …… 28、93、158、215
- 国立行政学院（ENA）…… 216
- 国家公務員管理規範 …… 90
- 国家公務員規範 …… 90
- 採用 …… 28、94、159、215
- 出向・派遣、官民関係 …… 102、175、176
- 上級管理職（SES）…… 39
- 上級公務員（SCS）…… 92、108
- 上級公務員給与審議会 …… 116
- 昇進・昇任・昇格 …… 35、51、93、100、165、212、221
- 職員協議会・職員代表制 …… 151、179
- 女性の採用・登用、ダイバーシティー …… 38、107、168、225
- 人件費管理 …… 56、121、181、247
- 人材育成 …… 36、103、165、167、221
- 人材の供給源 …… 31、44、115
- 人事委員会 …… 91
- 人事行政機関 …… 21、91、151、208
- 人事評価 …… 60、125、184、251
- 政治的官吏 …… 170
- 政治的行為 …… 169
- 政治的行為の制限 …… 58、124
- 成績主義、成績主義原則、メリット・システム …… 25、90、158、225
- 政と官、政治任用 …… 41、111、169、228
- 専門グループ（Profession）…… 100
- 退職管理と年金・恩給 …… 127、185、252
- 大臣規範 …… 111
- 大臣キャビネ …… 229
- 大統領研修員プログラム …… 32
- 大統領任命幹部職 …… 23、42
- 地方公務員制度 …… 69、133、191、255
- 中立性（職業公務員、官吏）…… 113、169
- 定年 …… 64、127、185、252
- 伝統的な職業官吏制度の諸原則 …… 153
- 特別顧問 …… 112
- 任命権 …… 26、93、158、215
- 働き方改革、多様な勤務形態 …… 58、132、181、251
- ファストストリーム試験 …… 95
- 服務、義務 …… 58、123、155、249
- 分限、身分保障 …… 45、127、185、225
- ペンドルトン法 …… 20
- ラウフバーン制度 …… 155
- 理工科学校（ポリテク）…… 220
- 猟官制 …… 20
- 労働基本権 …… 48、115、177、237

執筆者紹介

【研究者】

村松岐夫（むらまつ みちお）編著　　第1章、第6章、第7章Ⅳ
京都大学名誉教授、京都大学法学部卒業、京都大学法学博士。
主な著書に『戦後日本の官僚制』（東洋経済新報社）、『日本の行政』（中央公論社）、『行政学教科書―現代行政の政治分析』（有斐閣）、『最新 公務員制度改革』（学陽書房）、『政官スクラム型リーダーシップの崩壊』（東洋経済新報社）。

稲継裕昭（いなつぐ ひろあき）　　第2章、第3章、第7章Ⅰ
早稲田大学政治経済学術院教授、京都大学法学部卒業、京都大学博士（法学）。
主な著書に『日本の官僚人事システム』（東洋経済新報社）、『人事・給与と地方自治』（東洋経済新報社）、『公務員給与序説―給与構造の歴史的変遷』（有斐閣）、『地方自治入門』（有斐閣）、『Aftermath: Fukushima and the 3.11 Earthquake』（京都大学出版会 共編）。

原田 久（はらだ ひさし）　　第4章、第7章Ⅱ
立教大学法学部教授、九州大学大学院法学研究科博士課程修了（博士（法学））。
主な著書に『社会制御の行政学―マインツ行政社会学の視座』（信山社）、『NPM時代の組織と人事』（信山社）、『広範囲応答型の官僚制―パブリック・コメント手続の研究』（信山社）、『行政学』（法律文化社）。

野中尚人（のなか なおと）　　第5章、第7章Ⅲ
学習院大学法学部教授、東京大学文学部卒業、東京大学大学院総合文化研究科国際関係論専攻博士課程修了（博士（学術））。
主な著書に『自民党政権下の政治エリート―新制度論による日仏比較』（東京大学出版会）、『政治過程の比較分析―フランスと日本』（放送大学教育振興会 共著）、『さらばガラパゴス政治―決められる日本に作り直す』（日本経済新聞出版社）。

【人事院】

第1章、第6章　練合聡（企画法制課長）、役田平（公平審査局首席審理官）、本間あゆみ、中嶋範子、白石和友、齊藤駿介（企画法制課）

第2章　福田紀夫°（人材局長）、岸本康雄（公務員研修所主任教授）、浅尾久美子°（研修推進課派遣研修室長）、本間あゆみ°（企画法制課）、川浦恵（人材局）、松橋亜祉里（国際課）

第3章　合田秀樹（国家公務員倫理審査会事務局長）、澤田晃一°（給与第一課企画室長）、若林大督（給与第二課）、小川純子（研修推進課）、高原朋子（元企画法制課）、福留理恵子（企画法制課）

第4章　吉田耕三°（人事官）、奈良間貴洋°（内閣人事局企画官）、越石圭子°（国

際課）、**橋本勝**（企画法制課）

第 5 章　猪狩幸子°（人材局試験審議官）、**府川陽子**（国際課長）、**井手亮**（人材局企画官）、**中村るり**（国際課）

※　所属は 2018 年 3 月現在
※　○は『公務員制度改革―米・英・独・仏の動向を踏まえて』（学陽書房、2008 年）の執筆者

公務員人事改革
―最新 米・英・独・仏の動向を踏まえて―

2018年7月24日　　初版発行

編著者　　村松岐夫（むらまつみちお）
発行者　　佐久間重嘉
発行所　　学陽書房

〒102-0072　東京都千代田区飯田橋1-9-3
（営業）TEL 03-3261-1111　FAX 03-5211-3300
（編集）TEL 03-3261-1112　FAX 03-5211-3302
振替口座　00170-4-84240
http://www.gakuyo.co.jp/

装幀／佐藤　博
DTP制作・印刷／加藤文明社
製本／東京美術紙工

ⓒMichio Muramatsu 2018, Printed in Japan.
ISBN978-4-313-13089-0　C2034
乱丁・落丁本は、送料小社負担にてお取り替えいたします。

[JCOPY]〈出版者著作権管理機構 委託出版物〉
本書の無断複製は著作権法上での例外を除き禁じられています。複製される場合は、そのつど事前に出版者著作権管理機構（電話 03-3513-6969、FAX 03-3513-6979、e-mail: info@jcopy.or.jp）の許諾を得てください。